KB049136

안중근평전

안중근 평전

ⓒ시대의창, 2009

1판 1쇄 2009년 2월 5일 발행
1판 7쇄 2016년 11월 21일 발행
2판 1쇄 2018년 11월 26일 발행
2판 2쇄 2019년 4월 8일 발행
3판 1쇄 2023년 12월 1일 발행

지은이 김삼웅
펴낸이 김성실
제작처 한영문화사

펴낸곳 시대의창   **등록** 제10-1756호(1999. 5. 11)
주소 03985 서울시 마포구 연희로 19-1 4층
전화 02) 335-6121 **팩스** 02) 325-5607
전자우편 sidaebooks@hanmail.net
페이스북 www.facebook.com/sidaebooks
트위터 @sidaebooks

ISBN 978-89-5940-829-0 (03990)

안중근 평전

김삼웅 지음

시대의창

일러두기

1. 책표지, 본문에 배치한 사진은 저자와 유족의 소장 및 이미 발표된 자료를 모은 것이다.
2. 책·잡지·관보·신문은 겹꺾쇠표《 》로, 작품·논문·성명서·선언문·통신문·포고문·강령 등은 홑꺾쇠표〈 〉로 표시했다.
3. 중국 인명이나 지명은 신해혁명을 기준으로 표기를 달리한다는 외래어표기법이 있지만, 이 책의 특성상 그에 따르지 않고 한자의 한국어 독음 그대로 표기한 부분도 있다.

안중근安重根(1879~1910년)

'지나간 미래상' 안중근

지난 2009년은 안중근 의사가 국적 1호 이토 히로부미를 처단한 하얼빈 의거 100주년이었고 2010년은 안중근 의사의 순국 100주년이었다. 이러한 때 안중근 의사의 거룩한 생애와 애국혼을 기리고 '지나간 미래상'으로서 국민적 관심을 모으자는 생각에서 《안중근 평전》을 썼다.

《안중근 평전》은 《백범 김구 평전》, 《단재 신채호 평전》, 《심산 김창숙 평전》, 《만해 한용운 평전》, 《녹두 전봉준 평전》, 《약산 김원봉 평전》에 이어 일곱 번째로 진행한 작업이다.

지난 20여 년 동안 안중근 의사 의거 100주년에 즈음하여 평전을 쓰고자 국내를 비롯해 북한, 중국, 러시아, 일본 등지에서 각종 자료를 모아왔다. 기존의 평전과 달리 《안중근 평전》은 2008년 《오마이뉴스》에 먼저 연재했다. 그 글을 보완하여 이번에 책으로 묶은 것이다. 연재하는 동안 많은 분들이 읽어주었고, 격려와 편달을 아끼지 않았다. 지면을 통해 감사의 말씀을 올린다.

어느 중학생이 "안중근 의사가 안과 의사냐?"라고 물었다고 한다. 또 안중근과 안창호를 구분하지 못하는 고등학생도 있다는 얘기를 들었다. 그러나 실제로 안중근 의사를 모르는 사람은 거의 없다. 그런데 그렇다고 안중근 의사를 제대로 아는 사람도 드물다. 안중근 의사보다 체 게바라에 대해 훨씬 더 많이 알고 있는 것이 우리의 실정이다. 안타까운 노릇이다.

지난 안중근 의사 의거 100주년을 맞아 많은 기념행사가 있었다. 그런데 모름지기 선열들의 기념사업은 할 만한 사람과 단체가 해야 한다. 특히 안중근 의사와 같은 '천추의열千秋義烈'을 추모하는 기념사업은 더욱 그러하다. 안 의사를 팔아 장사를 하려거나 친일의 전과, 독재에 부역한 사실을 표백하려는 흑심을 가진 사람 혹은 그러한 언론매체가 나서서는 안 된다. 그것은 안중근 의사의 고결한 인품과 애국혼에 먹칠하는 일이고 안중근 의사를 국민들로부터 멀어지게 만드는 일이다. 박정희가 5·16쿠데타를 일으킨 뒤 이순신 장군을 정략화하면서 '구리 이순신' '박제된 이순신'을 만들어 국민과 거리감을 만든 사력도 있지 않은가.

로마의 시인 페트로누스는 어느 날 황제 네로에게 한 통의 편지를 썼다. "나는 그대가 그대의 어머니와 형제를 죽이고 로마를 불태우고 기독교인과 의로운 사람들을 박해한 것을 책하고 싶지는 않다. 그러나 제발 시詩만은 짓지 말아달라"는 내용이었다. 네로는 못된 짓을 참 많이 했다. 로마에 불을 지른 것도 중뿔나게 '시상詩想'을 찾기 위해서였다는 말도 있다. 다시 말해 추모사업은 할 만한 사람과 기관이 해야 한다는 뜻이다.

안중근 의사는 민족이 누란의 위기에 처했을 때 국적 1호 이토를 처단함으로써 한민족의 독립의지와 기상을 천하에 떨쳤다. 우리는 흔히 이 부분만을 기억한다. 하지만 국채보상운동, 교육사업, 의병전쟁, 단지동맹, 공판투쟁, 《동양평화론》 저술 등 역시 만대를 두고 기려야 할 겨레의 표상이다.

안중근 의사는 한국·중국·일본이 동양평화회의 기구를 구성하고, 국제적 분쟁지인 여순을 중립화해 그곳에 동양평화회의 본부를 설치하자고 제안했다. 또 3국공동의 개발은행을 설립하고 공동화폐를 발행하자고도 했다. 유럽공동체EU와 같은 기구를 100년 전에 구상한 것이다.

이런 의미에서 안중근 의사는 독립운동가로서뿐 아니라 세계평화주의자의 면모를 보여주는 선각적인 지도자로서도 위대하다고 할 수 있다. 그래서 안 의사는 우리에게 '지나간 미래상'인 것이다. 우리는 안 의사를 통해 단절되어가는 민족혼을 잇고, 동양평화의 미래상을 찾게 된다.

그렇다고 안중근 의사가 성인일 수는 없다. 이 책에서는 그가 생명을 내놓고 벌인 의병전쟁에 대해서 그리고 이토 처단을 비롯한 국권회복운동이 왕정회복을 추구한 것이냐, 공화정의 추구냐에 대해서 이야기한다. 또 이토를 처단하면서 일왕에 대해서는 비교적 관대했던 안 의사의 '한계'에 대해서도 어느 정도 조명했다. 그러나 부족한 부분이 너무 많았다. 책을 쓰면서 선학들의 연구에 많이 의존했음을 밝히면서 그분들께 감사드린다.

안중근의사기념사업회 이사장이신 함세웅 신부님과 안중근 의사 연구에 심혈을 쏟고 있는 신운룡 박사께서 바쁜 와중에서도 원고를 꼼꼼히 읽고 좋은 지적을 해주셨다. 이에 각별히 감사드린다.

경기 침체로 출판시장이 어려운 상황임에도 불구하고 이 책을 출간해주신 시대의창 김성실 사장님과 직원 여러분께도 감사의 말씀을 드린다.

저자 김삼웅

제 1 장

북두칠성 정기 안고 태어나다

총명이 과인하고 경사經史와 서예에 통달하였으며 서법에도 능하였다. 유희할 때
는 꼭 화살을 끼고 다루면서 늘상 말타기 연습을 하였다. 그리하여 사격술이 절
륜하여 능히 마상馬上에서 나는 새를 쏘아 떨구었다.   - 백암 박은식, 《안중근전》

망해가는 나라에 의열사 부르네

영웅이 나타날 시대였다. 협객이 필요한 시기였다. 사람들은 의사와 열사를 기다렸다. 먹구름이 태양을 가리고 폭정이 인류를 가른 시대가 되었다. 삼천리강토가 '해변의 묘지'로 변해가고 민초들은 '자기의 땅에서 유배당한 자들'의 신세가 되었다. 용자勇者는 칼을 갈고 인자仁者는 은거하고 덕자德者는 침을 뱉는 상황이었다. 인면의 야수野獸가 육신을 찢고 백귀百鬼가 혼을 빼앗아갔다.

4000년 조선역사에서 이런 일은 처음이었다. 임진왜란과 병자호란을 겪고 숱한 외우내란을 치렀지만, 외적이 이처럼 백성을 토막치고 강토를 분탕하여 나라를 송두리째 빼앗는 일은 없었다. 일본은 1876년 8척의 군함과 600여 명의 무장 병력을 동원해 강화도조약을 체결한 이래 1895년 명성황후를 시해한 을미만행, 1905년 대한제국의 외교권(국권)을 강탈한 을사늑약에 이르기까지 온갖 협박과 무력으로 조선을 침략해왔다.

세계 역사상 전쟁 중이 아닌 때 남의 나라 황후를 시해한 일은 일찍이 없었다. 일제는 조선침략 방침을 굳히고 가장 먼저 배일주의자인 명성황후를 제거했다. 그것도 극악무도한 방법으로 죽이고 사체마저 욕보였다. 을사늑약은 이름 그대로 강압적으로 맺어진 괴조약이었다. 광무황제는 을사늑약에 조인하지 않았을 뿐 아니라 외부대신에게 조약체결의 전권을 위임한 적도 없었다. 어새도 찍지 않았고 조약의 명칭도 없는 한갓 괴문서에 불과했던 것이다. 일본 측은 병력을 동원해 경운궁 중명전을 겹겹이 포위하고 대신들을 위협해 가짜 조약을 맺도록 했다.

《황성신문》이 〈시일야방성대곡〉을 보도하고, 시종무관장 민영환이 을사늑약의 폐기를 상소하면서 자결하는 등 많은 애국지사들의 저항이 있었지만 일제는 침략야욕을 멈추지 않았다.

1906년 2월 1일, 서울에 통감부가 설치되고 3월 2일 이토 히로부미가 초대 통감으로 부임했다. 대한제국은 허울만 남고 모든 실권은 통감 이토의 수중으로 넘어갔다. 을사늑약은 형식상으로는 '외교권'을 일본에 이양한다는 내용이었지만 실제로 모든 권력을 통감부가 행사하게 되는, 대한제국의 사망문건이었다. 통감부는 막강한 헌병·군사력을 동원해 대한제국 황실의 권위를 짓밟고 권력을 빼앗았다.

이 해에 이항로의 제자 최익현과 임병찬 등이 전라도 순창에서 을사늑약 반대와 일제 축출을 내걸고 의병을 일으켰다가 8월에 쓰시마 섬으로 유배되었다. 최익현은 을사늑약 체결 뒤 많은 애국지사들이 목숨을 끊자 "죽는 것도 물론 좋지만 사람들이 모두 죽으면 누가 나라를 위해 싸우겠는가"라면서 노구를 이끌고 직접 전라도 태인에서 의병을 일으켰다. 각지에서 이 소식을 들은 1000여 명의 의병이 모여들었는데, 최익현은 6월 11일 일본군을 대신해 투입된 대한제국의 진위대에게 포위되자 "같은 민족끼리 싸울 수 없다"며 의병을 해산시키고 피체되어 일본으로 끌려갔다. 그리고 쓰시마 섬에 유배되었다가 단식 끝에 숨졌다.

1907년 3월, 나철이 이끄는 오적 암살단이 을사오적을 습격했지만 성공하지 못했다. 7월에는 고종황제의 친서를 가진 이상설, 이위종, 이준이 네덜란드 헤이그에서 열린 제2차 세계평화회의에서 을사늑약의 부당성을 세계 만방에 선포하고자 했지만 일제의 방해와 국제 열강들의 비협조로 회의장에 들어가지도 못했고, 이준 열사는 분사했다.

이토 히로부미, 고종황제 퇴위시켜

　이토 히로부미는 이 사건을 빌미로 고종황제를 강제 퇴위시키고 1907년 7월에는 한일신협약을 체결한 데 이어 신문지법을 제정해 신문발행의 허가제, 신문기사의 사전검열을 규정했다. 또 항일운동을 탄압할 목적으로 보안법을 만들어 집회와 결사를 제한하고 무기 휴대를 금지시켰다. 그리고 7월 31일에는 조선의 마지막 버팀목인 군대를 강제 해산했다. 대한제국군 대대장 박승환이 이에 반대하여 자결했는데 이를 계기로 대한제국군이 봉기해 일본군과 충돌했다. 그러나 대한제국군은 수십 명이 전사하고 대부분이 포로로 잡혔다. 그 후 대한제국군 주력부대는 항일의병에 합세했다.

　8월에는 고종황제의 강제 퇴위와 한일신협약 체결, 군대 해산 등에 맞서 '정미의병'이 일어났다. 서울에서 군대가 봉기하자 뒤이어 원주 진위대, 여주 분견대, 강화 분견대 등이 민간인들과 함께 봉기하면서 의병이 전국적으로 확대된 것이다. 이해 12월 원주에서 활동하던 의병장들은 이인영을 총대장으로 추대하고, 13도창의군을 결성했다. 1908년에는 함경도의 홍범도와 경상도의 신돌석을 비롯해 전국에 의병장이 241명, 의병 수는 3만여 명에 이르렀다.

1908년 3월 23일에는 전명운, 장인환 의사가 통감부 외교고문인 미국인 스티븐스Stevens, D.W를 샌프란시스코에서 처단하는 의거가 있었다. 스티븐스는 "일본은 한국을 보호한 뒤 유익한 일을 많이 했다" 따위의 망발을 하고 다녔던 인물이다. 먼저 전명운이 스티븐스를 총으로 쐈으나 불발되었다. 그러자 전명운은 그에게 달려들어 격투를 벌였다. 이때 이 자리에 도착한 장인환이 스티븐스를 향해 총을 쏴 중상을 입혔다. 그리고 스티븐스는 며칠 뒤 죽었다. 두 의사는 사전에 의거를 상의한 것이 아니라 우연히 같은 장소에서 만난 것이다. 장인환은 25년 징역형을 선고받고 복역하던 중 10년 만에 석방되었고, 전명운은 애국심에 감동한 재판관이 무죄를 선고해 풀려났다. 이 의거는 안중근을 비롯해 한국의 열혈 청년들에게 많은 의분과 용기를 안겨주었다.

1909년 7월, 일본각의는 '한국합병실행에 관한 건'을 의결해 한국병탄을 본격적으로 추진하고 '기유각서'를 통해 대한제국의 사법과 감옥 사무일체를 빼앗았다. 그리고 일제는 전국 각지에서 활발하게 활동하고 있는 의병들을 발본색원할 목적으로 이른바 '남한대토벌작전'을 벌였다. 의병학살작전이었다. 당시 전라도 지방에서는 수많은 의병 소부대와 200명이 넘는 의병 대부대들이 일본군과 치열하게 싸우고 있었다.

일제는 이들을 섬멸하고자 2200여 명의 정예 군대를 파견하고 현지 경찰과 각지의 밀정들을 동원해 의병학살작전을 전개했다. 그들은 마을 외곽에 포위망을 치고 점차 좁혀 들어가서 마을 주민들을 보이는 대로 학살했다. 이른바 '삼광작전三光作戰'이라 해서 사람을 죽이는 것은 물론 마을을 불태우고 양곡과 가축을 탈취하거나 소각했다. 살상·방화·약탈·폭행이 난무해 거리에 지나다니는 사람이 없을 정도였다. 이 작전이 진행된 2개월 동안 수많은 의병들이 현장에서 총살되거나 사로잡혔다. 이후 국내 의병투쟁은 차츰 수그러들었고 남은 의병들은 국경을 넘어 만주나 러시아로 건너갔다.

당시 충북 제천에서 의병학살작전을 취재한 캐나다 출신 기자 맥켄지는 "온전한 벽도 대들보도, 파손되지 않은 그릇도 하나 없을 정도로 파괴되어 지도에서 사라졌다"면서 끔찍한 초토화 현장을 보도했다.

안중근 의사가 한국침략의 원흉, 동양평화의 교란자 이토 히로부미를 하얼빈에서 처단한 사건은, 이처럼 조선의 국맥이 끊어지고 민중이 사지에서 참담하게 신음할 때 일어났다.

〈길〉

풀 한 포기 없는 이 길을 걷는 것은

담 저쪽에 내가 남아 있는 까닭이고

내가 사는 것은 다만

잃은 것을 찾는 까닭입니다

   윤동주의 이 시는 '풀 한 포기 없는' 조국강산의 모습을 상징한다. 1941년에 발표된 시지만 일제가 남한의병학살작전인 '삼광작전'을 시작할 때부터 이미 조선은 '풀 한 포기 살아남기 어려운' 상황이 벌어지고 있었다. 이런 극한의 처지에서도 '잃은 것을 찾는' 사람들이 있었다. 의열사가 그랬고 독립운동가들이 그랬다. 그리고 그중에는 안중근도 있었다.

일본의 조선침략론 불타오르고

　4000년 문화민족을 자부해온 나라에서 국권을 빼앗은 흉
적의 우두머리를 처단하는 의사가 없다면 민족의 정기는 어
디서 찾을 것이며, 500년 동안이나 주자학을 장려해왔다는
왕조의 정신은 어떻게 설명할 것인가.

　조선왕조는 영·정조 이후 변변한 군왕이 나타나지 않았
다. 조선 후기로 접어들면서 지배층은 점점 부패하고 타락했
고 국력이 쇄하고 민력은 졸아들었다. 탐관오리들이 백성들
을 수탈하면서 민심은 이미 왕조를 떠나 있었다. 전봉준이 동
학농민혁명을 일으켜서 마지막으로 왕조 회생의 기회를 갖고
자 했지만 지배세력은 외세를 끌어들였고 틈새를 노리던 일
본에게 조선침략의 기회를 내주고 말았다.

　세계정세는 엄청나게 변하고 있었는데 조선은 창문을 걸
어 닫고 권력싸움에만 몰두하고 있었다. 특히 노론 세력이
300여 년 동안 집권하면서 그나마 좁은 땅의 여러 지역을 배

척했고, 몇 가문의 일족이 세도정치를 자행하면서 부패와 일상적인 매관매직으로 나라의 기강이 무너졌다.

그러는 사이에 일본에서는 칼 가는 소리가 요란하게 일었다. 조선을 침략해 지배해야 한다는 이른바 '정한론征韓論'이 조야를 망라하고 광범위하게 전개된 것이다. 막부 말기에 이미 하야시 순사이林春濟는 "한반도는 일본의 신화에 나오는 신神인 스사노오 노미코토素盞鳴尊가 경력經歷한 곳으로, 이 신이 삼한의 조상"이라고 주장하고 나섰다. 이와 같은 망발은 일본의 국가체제가 확립되어가면서 날이 갈수록 심해졌다. 1785년 하야시 시헤이와 혼다 도시아키는 《삼국통람도설三國通覽圖說》을 통해 조선과 유구(오키나와) 등이 일본 국방에 깊은 관계가 있다면서 국방력 강화와 팽창주의 정책을 제시했다. 19세기 초에는 사토 노부히로佐藤信淵가 "일본의 각 부府가 각각 조선의 함경도, 강원도, 경상도, 충청도, 전라도를 하나씩 맡아서 진공할 것"을 주장하기도 했다.

메이지유신 후 일본 조야의 한국침략론은 더욱 거세게 일었다. 정부 요직에 있던 기도 다카오시木戶孝允는 "조선에 사절을 보내 그들의 무례를 묻고 그들이 만일 불복한다면 그 죄를 따져 그 땅을 공격해 신주神州의 위威를 드높여야 한다"라고 떠들면서, 조선에 사절단을 파견할 것을 내각에 건의했다.

기도의 제안은 한국침략론에 불을 붙였다. 외무권대승 야나기와라 사키미쓰柳原前光는 1870년 "조선을 복속시키면 황국보존의 기초가 되어 앞으로 '만국경영'의 기본이 된다"고 떠들었다. 여기에 외무경 사와 노부요시澤宜嘉도 적극 동조하면서 "러시아가 조선을 침략하려는 이때 일본이 먼저 조선을 점령하자"고 주장했다. 이어서 그는 조선에 사절을 파견할 것을 제의했고 1870년 10월 결국 조선에 사절이 파견되었다. 조선정부는 일본사절이 가져온 오만무례한 국서의 내용을 크게 꾸짖고 이들을 배척했다. 일본이 기대하던 그대로였다.

이때 일본사절로 조선에 파견되었던 사다 하쿠보佐田白芽는 일본으로 귀국한 후 군사작전을 통해 조선을 정벌해야 한다고 주장했다. 사다와 동행했던 모리야마 시게루森山茂도 "유신에 불만을 품은 50만 사족士族을 조선에 이식하면 내란을 밖으로 돌리는 동시에 국리國利를 해외에 개척하는 기초가 되어 일거양득이다"라고 조선침략을 부추겼다. 임진왜란을 일으킨 도요토미 히데요시가 자신의 적대 세력을 조선침략의 희생물로 이용하고자 했던 수법 그대로였다.

'탈아론'의 첫 희생양이 된 조선

일본에서 조선침략론이 더욱 본격적으로 제기된 것은 일본 정계의 큰 실력자 사이고 다카모리西鄕隆盛의 역할 때문이었다. 왕정복고에 큰 공을 세운 사이고는 1873년 8월 외수경, 참의, 태정대신 등 실력자들을 움직이고 조선과의 전쟁 구실을 찾으려는 목적에서 자신을 조선에 파견하도록 각의에 공작했다. 일본각의는 사이고의 주장대로 그를 조선에 파견하기로 결정했다. 그러나 이른바 내치파內治派의 반대로 이 계획은 좌절되었다. 사이고와 그의 추종자들은 귀향한 후 군사를 모아 반란을 기도하다가 결국 정부군에게 패배하여 처형되었다.

그렇다고 해서 일본에서 조선침략론이 완전히 사라진 것은 아니었다. 권력 내부의 헤게모니 쟁탈전에서 잠시 밀려났을 뿐이었다. 내치파들도 조선침략론에는 동조하면서 그 시기를 계산하고 있었다.

사이고 세력이 몰락하면서 이토 히로부미와 구로다 기요다카黑田淸隆, 야마가다 아리도모山縣有朋 등이 실세가 되는, 오쿠보 도시미치大久保利通 정권이 수립되었다. 신정부는 중앙집권 체제를 강화하는 한편 영토 확장주의를 대외 정책으로 내걸었다. 이에 맞춰 국가신도사상과 국수주의가 심화되고 흑룡회와 같은 대외침략주의자들이 활개치게 되었다.

흑룡회는 "일본의 세력범위를 만주 북쪽 흑룡강까지 확대"하는 것을 목적으로 1901년에 설립된 단체로 대륙침략의 첨병 역할을 했다. 1889년에 공포된 〈메이지헌법〉은 만세일계萬歲一系의 일왕이 대일본제국을 통치하고, 일왕을 신성불가침의 존재라고 규정해 신도사상을 명문화했다. 이로써 일본의 군국주의와 침략주의는 국가체제로 확립되기에 이르렀다.

이 무렵 '아시아주의'와 '탈아론脫亞論'이 일본 조야에 풍미했다. '아시아주의'는 미야케 세츠레이三宅雪嶺, 나카에 조오민中江兆民 등이 주창한 "서구열강의 침략 대상이 되고 있는 중국을 일본의 손으로 개혁하여 거대한 국가를 만들면 일본에 의한 세계 통일도 가능하다"는 침략주의론이었다. '탈아론'은 후쿠자와 유키치와 이노우에 카오루井上馨가 제기한 "무지몽매한 아시아주의에서 벗어나 구주적 제국, 구주적 인민으로 변하자"는 주장이었다.

후쿠자와와 이노우에가 각각 주창한 '탈아론'의 핵심은 "이웃나라의 개명을 기다려 함께 아시아를 흥하게 할 유예가 없다. 오히려 대오에서 벗어나 서양의 문명국과 진퇴를 함께 하고, 중국과 한국에 접하는 법도 이웃나라란 이유로 특별히 대할 필요가 없으며, 바로 서양인이 그들에게 하는 방식으로 처분해야 한다. 악우를 친하게 하는 자는 악명을 면할 수 없다. 우리는 마음속으로부터 아시아 동방의 악우를 사절한다"는 것이었다. 즉 아시아를 벗어나 아시아를 지배하자는, 대단히 무례하기 그지없는 침략주의 사무라이 정신의 발로였던 것이다.

후쿠자와는 1893년 《시사신보時事新報》에 〈조선인민을 위해 조선의 멸망을 하賀하다〉는 논문을 기고해 공공연하게 조선정벌을 주창하고 나섰다. 후쿠자와는 1894년에도 《시사신보》에 "조선은 부패한 유생의 소굴로서 위로는 뜻이 크고 과단성 있는 인물이 없고 국민은 노예의 환경에서 살고 있다. 상하 모두가 문명이 무엇인지 알지 못하고, 학자는 있지만 중국의 문자만 알고 세계 정세는 모르고 있다. 그 나라의 수준을 평가한다면 글자를 아는 야만국이라 하겠다"라는 글을 써서 조선을 극도로 폄하하면서 조선침략의 명분을 만들고자 했다.

이들 조선침략론자들은 '야만조선'에 대한 침략을 '탈아론'의 핵심과제로 포장하면서 일본 국수주의 세력을 부추겼다. 그 결과 전통적인 일본의 사무라이 세력이 이웃나라에서 무차별적인 칼춤을 추게 만들었다. 그 첫 희생양이 조선이었다.

이 무렵 조선에서 벌어진 동학혁명은 일본에게 절호의 기회가 되었다. 1894년 4월, 조선정부의 요청으로 청군이 조선에 진주하자 일본군도 함께 들어와 수십만 명의 동학농민군을 학살했다. '폐정개혁'과 '척왜척양'의 기치를 내걸었던 동학농민혁명이 엉뚱하게 외국 군대, 특히 일본군의 진주를 가져오게 된 것은 역사의 아이러니다.

일본이 국수주의와 대외팽창의 칼날을 갈고 있을 때 조선정부는 국제정세를 제대로 파악하지 못하고 있었다. 암우한 군주와 황실 그리고 신료들은 여전히 세력다툼과 백성들에 대한 분탕질로 세월을 보내고 있었다. 1592년 4월 13일, 도요토미 히데요시가 21만 명을 동원해 조선을 침략한 지 400여 년 만에 똑같은 일이 벌어진 것이다. 역사에서 교훈을 얻지 못하면 비슷한 역사가 되풀이된다는, 무서운 역사의 업보가 조선 땅에서 벌어지게 되었다.

7개의 흑점 있어 아명 응칠이라 지어

안중근安重根은 1879년(고종 16년) 9월 2일(음력 7월 16일) 황해도 해주부 수양산 아래 광석동에서 아버지 안태훈安泰勳과 어머니 조趙마리아의 맏아들로 태어났다. 태어날 때부터 가슴과 배에 북두칠성 모양의 흑점이 있어 북두칠성의 기운이 감응한다 하여 아명을 응칠應七이라 지었다. 안중근이 태어난 곳은 백이숙제의 백세청풍비百世淸風碑가 있는 수양산 자락이었다.

안중근은 뒷날 여순감옥에서 집필한 자서전 《안응칠 역사》에서 "나의 성은 안安이요, 이름은 중근, 어릴 적의 이름은 응칠이다. 나의 타고난 성질이 가볍고 급한 듯하여 이름을 중근이라 짓고, 가슴과 배에 일곱 개의 검은 점이 있어 어릴 적의 이름을 응칠이라 하였다 한다"라고 썼다.

안중근이 태어나기 전부터 조선은 풍운이 짙어가고 있었다. 그가 출생하기 3년 전에 강화도조약이 체결되어 개항장에 일본 거류민의 거주 지역이 설정되고 일본 화폐가 유통되었다. 쌀을 비롯한 양곡이 일본으로 무세한 유출되면서 조선 백성들은 심한 식량난을 겪게 되었다. 얼마 뒤 전국에 방곡령이 내려졌지만 여러 곳의 항구에서 공공연하게 일본으로 쌀이 유출되었다.

전국 곳곳에서는 명화적明火賊이 나타나 어지러운 사회를 더욱 혼란스럽게 했다. 이들은 탐관오리들의 착취로 생활이 어려워지자 땅을 버리고 수십 명씩 모여 산속으로 들어가 밤이면 횃불을 들고 관청을 습격했다. 명화적에 이어 동학의 남은 세력과 을미의병의 잔여세력이 결합한 영학당英學黨이라는 무리도 나타났다. 영학당은 농민들을 이끌고 봉기해 백성들을 착취하는 군수를 내쫓는 등 한때 큰 세력을 이루기도 했다.

안중근이 태어난 해에는 일본에서 전파된 콜레라가 전국에 만연했고, 이듬해에는 최시형이 동학을 창도한 최제우의 유문遺文을 모아 정리한 《동경대전東經大典》이 간행되었다. 안중근이 세 살 되던 해에는 임오군란이 발생하고 대원군 이하응이 청나라 군대에 납치되어 천진으로 호송되었다. 이 해에 제물포조약이 체결되면서 일본의 침략과 압박이 점점 가중되었다.

안중근은 이렇게 내외 정세가 급박하게 돌아가던 폭풍전야에 태어났다. 할아버지 안인수安仁壽는 진해 명예현감을 지냈으며, 가문은 지방 무반 호족으로 대대로 해주에서 세력과 명망을 이어온 집안이었다. 본관은 순흥順興이고 고려 때의 유명한 유학자 안향安珦의 26대손이다. 아버지는 성균진사를 지냈으며, 어머니는 백천白川 배씨다.

큰 인물, 아버지 안태훈

안중근 가문의 유족한 경제력은 안인수 대에 확보되었다. 안중근의 선조들은 순흥 안씨 참판공파의 일파로서 순흥에서 해주로 이주했다. 해주에서 12~13대를 거치는 동안 처음에는 향리로, 나중에는 무과에 진출한 향반으로 살았다. 특히 안중근 가문은 5대조 안기옥 대부터 조부 안인수 대까지 무과 급제자만 7명이 나올 정도로 명망 있는 무반가문이었다. 그러다가 미곡상 경영을 통해 막대한 재화를 축적한 안인수가 해주, 봉산, 연안 일대에 대토지를 소유하게 되면서 안중근 가문은 황해도에서 두세 번째를 다투는 부자가 되었다. 대폭 높아진 가문의 위상을 배경으로 안인수는 아들들에게 과거 공부를 시켜 둘째아들 안태현을 초시에, 셋째아들 안태훈을 진사에 합격시켰다. 안인수가 진해 현감직을 명예직으로 제수 받은 것도 그가 해주 일대에서 지닌 경제·사회적 영향력에 힘입은 결과였을 것이다.[1]

안인수가 황해도에서 두세 번째의 재산가였다는 점에 대해서는 다른 견해도 있다. 하지만 안인수 대에 와서 집안이 크게 일어난 것은 사실이다.

안인수는 성품이 어질고 무거웠으며, 살림이 넉넉했을 뿐아니라 자선가로서도 도내에 이름이 널리 알려져 있었다. 슬하에는 6남 3녀를 두었다. 장남은 태진, 차남은 태현, 3남은 태훈, 4남은 태건, 5남은 태민, 6남은 태순이었다.

안인수의 여섯 아들은 모두 글을 잘하고, 살림살이도 넉넉하여 남부럽지 않게 살았다. 그중에서도 셋째인 안중근의 아버지 안태훈은 재주와 지혜가 뛰어나 8~9세에 이미 《사서삼경》을 통달했고 13~14세에 과거 공부와 《통감절요》를 완벽하게 소화해 주변으로부터 '선동仙童'이라고 불렸다.

안태훈에 관해서는 몇 가지 증언이 남아 있다. 대한민국임시정부 제2대 대통령을 지낸 사학자 박은식의 기록에 따르면 "17세 때인 1875년에 《사서삼경》과 《제자서諸子書》를 섭렵하고 개연히 분발하여 말하기를 이 외에 어찌 경세지학經世之學이 없으리요, 하고 고향을 떠나 의사 안중근 씨의 부친 안태훈과 더불어 교유하여 문장이 대성하니 도내 양 신동이라 칭하였다"고 한다.[2]

■■■ 1 오영섭, 〈안중근 가문의 독립운동〉, 《한국 민족운동사 연구》 30, 한국민족운동사학회, 2002, 24~25쪽.

다음은 백범 김구가 안태훈과 그 형제들을 만나고 뒷날 《백범일지》에 쓴 내용이다.

안 진사 여섯 형제는 모두 문사의 풍모가 있었으나 유약해 보이는 점이 하나도 없었고, 특히 안 진사는 눈빛이 찌를 듯 빛나 사람을 압도하는 기운이 있었다. 당시 조정 대관들 중에 글로써 항쟁하던 자들도 처음에는 안 진사를 악평했지만, 얼굴만 마주대하고 나면 부지불식간에 경외하는 태도를 가지게 되었다고 한다. 나의 관찰로는 그는 퍽 소탈하여 무식한 아랫사람에게도 교만한 빛 하나 없이 친절하고 정중하여 위아래 모두 함께하기를 좋아했다……. 안 진사는 또한 황석공黃石公의 《소서素書》 구절을 자필로 써서 벽장문에 붙여두고 술기운이 있을 때마다 낭독했다.[3]

안태훈이 술기운이 있을 때마다 낭송했다는 황석공의 《소서》에 대해 한 연구자는 다음과 같이 분석했다. "전략가 장량이 한고조 유방을 도와 한나라를 건국할 때 크게 이용되었다고 하는 병법서다. 그런데 안태훈이 취흥이 일어날 때마다

2 박은식, 〈백암 박은식 선생 약력〉, 《박은식 전서》 하, 단국대학교출판부, 1975, 286쪽.
3 김구, 도진순 주해, 《백범일지》, 돌베개, 1997, 58쪽.

《소서》의 구절을 읊조렸다는 것은 그가 진사시를 통과한 문사임에도 불구하고, 무술가나 병략가의 생애를 매우 흠모하고 있었음을 나타내준다."[4]

안태훈은 전통적인 무반가문에서 과거에 응시해 급제하고 성균진사가 되었다. 그리고 조 씨를 아내로 맞아 3남 1녀를 두었다. 장남이 중근, 차남이 정근定根, 3남이 공근恭根이다. 안태훈은 일찍부터 개화사상을 받아들여 개화파 박영효 등이 준걸한 젊은이 70여 명을 선발하여 일본에 파견하려 할 때 유학생 가운데 한 명으로 뽑히기도 했다.

이는 안태훈이 개화 인사들과 관계를 맺었을 뿐 아니라 개화성향을 지닌 젊은이로 성장하고 있었음을 보여준다. 1881년 이후 고종의 개화정책과 《조선책략》《이언》 등에 실린 현실 개혁론의 영향으로 조선사상계에는 동도서기론이 크게 유행했다. 이 시기에 해서 지방의 대표적 도회지 해주에 살고 있던 젊은 인재 안태훈은 그러한 시대적 분위기를 적극적으로 받아들여 개화세력과 인연을 맺고 있었던 것이다.[5]

4 오영섭, 〈안중근 의사의 부친과 동생〉, 《한국 근현대사를 수놓은 인물들》 1, 경인문화사, 2007, 225쪽.

5 오영섭, 앞의 책, 228쪽.

신천군 청계동으로 이사

안태훈 일가가 해주를 떠나 신천군 두라면 천봉산 아래의 청계동으로 이사한 것은 안중근이 6세 때인 1884년이다. 청계동은 삼면이 병풍처럼 산으로 둘러싸인 천연 요새였다. 옛날 정래수鄭來秀 의적의 은둔지로도 알려진 곳이다.

집안살림을 모두 팔아 재산을 정리한 다음, 마차를 준비하여 칠팔십 명이나 되는 대가족을 이끌고 신천군 청계동 산중으로 이사를 갔다. 그곳은 비록 지형은 험준하나 기름진 논밭이 있고 산수 경치가 아름다워 그야말로 별천지라고 할 만했다. 그때 나이는 예닐곱 살이었다.[6]

안인수가 대대로 살아오던 해주를 떠나 청계동으로 이사

6 안중근, 《안응칠 역사》(여기서는 신용하 엮음, 《안중근 유고집》, 역민사, 1995), 24~25쪽.

를 하게 된 배경에 대해 "갑신정변 후 개화성향의 셋째아들 안태훈이 급진개화파의 거두 박영효와의 관련 혐의 때문에 피난처를 물색할 때쯤 일단 가산을 정리했던 것 같다. 즉 그는 재산을 친척들에게 분배하고 300석을 추수할 토지만 남겨둔 채 70~80명의 가솔을 이끌고 산수가 수려하고 피난지로 적합한 신천군 청계동으로 이사했다고 한다"[7]는 분석이 있다.

박영효 사건이 터진 후 안태훈은 아버지 안인수에게 "나랏일이 날로 잘못되어가니 부귀공명은 바랄 것이 못 됩니다"라고 은거의 뜻을 밝혔다. 그리고 며칠 뒤에 다시 "일찌감치 깊은 산에 들어가 구름을 일구고 달이나 낚으면서 세상을 마치는 것보다 더 나은 일이 있을 것 같지 않습니다"라고 청하여 청계동으로 이사를 하기에 이르렀다. 안중근이 태어난 수양산 자락의 옛 집터는 안 의사의 의거 뒤 일본의 한 승려가 동본원사東本願寺라는 사찰로 모용冒用했다고 한다.[8]

백범 김구는 안태훈의 초청으로 청계동을 찾아갔을 때의 정황을《백범일지》에서 다음과 같이 기술했다.

나는 곧 천봉산을 넘어 청계동에 다다랐다. 청계동은 사면이 험준하고 수려한 봉란으로 에워 있고 동네에는 띄엄띄엄 사오십 호의 인가가 있으며, 동구 앞으로 한줄기

■■ 7 오영섭, 앞의 책, 25쪽.
■■ 8 이강훈, 〈안중근 의사와 독립운동〉,《나라사랑》제34집, 외솔회, 1979, 35쪽.

개울이 흐르고 그곳 바위 위에는 〈청계동천淸溪洞天〉이라는 안 진사의 자필각자가 있었다. 동구를 막는 듯이 작은 봉우리 하나가 있는데 그 위에는 포대가 있고 길 어귀에 파수병이 있어서 우리를 보고 누구냐고 물었다. 명함을 드리고 얼마 있노라니 한 군사가 우리를 안내하여 의려소인 안 진사 댁으로 갔다. 문전에는 연당이 있고 그 가운데는 작은 정자가 있는데 이것은 안 진사 육형제가 평일에 술을 마시고 시를 읊는 곳이라고 한다. 대청 벽상에는 의려소義旅所 석 자를 횡액으로 써서 붙였다.

안태훈 일족의 청계동 이주와 관련해서는 또 다른 견해도 있다. 대원군이 경복궁을 중수하면서 국고가 바닥나자 백성들에게 원납금을 징수했는데, 특히 서북 3도 백성들에게 이를 강요하면서 많은 주민들이 고향을 떠나게 되었다는 것이다. 안씨 일가도 그 시점에 이향을 한 것이라는 주장이다.

안씨 일가에 대하여 7000냥이라는 방대한 원납금이 황해 감영으로부터 부과되어왔다. 이 금액은 가공할 만한 거액인데, 그 금액이 모두 국고로 완납되어 궁전건축공사비에 충당되는 것이 아니라 군수·감사의 손을 거쳐 중앙에 바치게 되는 것이므로 중간 수탈을 제하면 최종원납금은 십분의 일도 못 되는 것이었다.

인수 옹은 아들 6형제를 모아놓고 중대한 가족회의를 열어 원납금 상납여부에 대한 가부와 선후책을 물었다. 이때 소년 안중근의 아버지되는 태훈과 삼촌되는 태건은 난폭무쌍한 수탈을 단연히 일축하자고 주장했으나 장남 태진 외 3인의 형제가 은인자중하자고 하여, 결국 대농장 등 가산을 팔아서 원치 않는 원납금을 상납키로 하고, 대대로 살아오던 선영의 땅을 버리고 신천군 두라면 청계동으로 옮겨갔다.[9]

그러나 이 주장은 사실과 어긋나는 것 같다. 대원군이 경복궁 중건을 지시한 것은 1865년 4월이고, 막대한 자금과 백성들의 노력으로 경복궁이 중건된 것은 1872년이다. 그리고 안인수 일가가 청계동으로 이주한 것은 1884년이다. 따라서 이 주장보다는 나라가 점점 어려워지고 시국이 혼란스러워지자 안인수가 가족을 건사할 목적에서 산수가 수려하고 피난지로 적합한 청계동 산중으로 이사했다는 주장이 더 설득력이 있다.

안인수는 갑신정변의 실패로 개화파들이 수난을 겪게 되면서 가장 영특한 셋째 아들 안태훈을 보호하고자 피난처를 물색하고 천연의 요새인 청계동으로 이주하게 되었다. 하지

■■■ 9 이강훈, 앞의 글, 36쪽.

만 아들 안태훈은 동학군에 대항하여 싸우게 되었고 손자들
은 독립운동의 꿈을 키우게 되었으니, 인간사의 변화무쌍은
참으로 예측하기 어려운 일이라고 하겠다.

유복했던 어린 시절

안중근의 어린 시절은 비교적 유복했던 것 같다. 할아버지와 아버지가 일찍부터 깨어 있는 분들이었고 생활도 넉넉한 편이었기 때문이다.

그곳에서 나는 할아버님, 할머님의 사랑을 받으며 자랐다. 그러다가 한문학교에 들어갔으나 8~9년 동안에 겨우 보통 한문을 깨우칠 뿐이었다.

열네 살 되던 해에 할아버님께서 돌아가셨다. 나는 사랑하고 길러주시던 할아버님의 정을 잊을 수가 없어 너무 슬퍼한 나머지 병을 얻어 심하게 앓다가 반년이나 지난 뒤에야 겨우 회복되었다.[10]

---

10 안중근, 앞의 책, 25쪽.

할아버지의 각별한 사랑을 받으며 자라던 안중근은 어린 마음에도 할아버지의 죽음이 너무 슬퍼 반년이나 앓았다고 한다. 대단한 효심이었다. 예로부터 충신집안에 효자가 나고 효자집안에 충신이 난다는 말이 전하는데, 안중근의 경우에서 이를 다시 확인하게 된다.

안중근은 글공부에는 소질이 없었던 것 같다. "8~9년 동안에 겨우 보통 한문을 깨우칠" 정도였다고 스스로 썼다. 대신 안중근은 사냥과 말타기를 즐겨하고 무예를 익히는 일에 열중했다. "무과 급제자만 7명을 배출"한 무반가문의 혈통을 타고 태어났기 때문일 것이다. 피는 속일 수 없는 모양이다.

나는 어려서부터 사냥을 특히 즐겨 사냥꾼을 따라다니며 산과 들에서 뛰노는 것을 좋아했다. 차츰 성장해서는 총을 메고 산에 올라 새와 짐승들을 쫓아다니며 사냥하느라고 학업은 뒷전이었으며, 부모와 선생들이 크게 꾸짖어도 말을 듣지 않았다.

어느 날 학생 친구 여럿이 나를 타이르며 이렇게 권고했다.

"너의 부친은 문장으로 세상에 이름을 떨쳤는데, 너는 어째서 무식한 하등인이 되려고 하느냐?"

그때 나는 이렇게 대답했다.

"너희들의 말도 옳다. 그러나 내 말도 좀 들어봐라. 옛날 초패왕 항우가 말하기를 "글은 이름이나 적을 줄 알면 된다"고 했다. 그럼에도 불구하고 만고 영웅 초패왕의 이름은 오래도록 남아 전해지고 있지 않느냐? 나는 학문을 닦아서 이름을 날리고 싶지 않다. 초패왕도 장수요, 나도 장부다. 너희들은 다시 나에게 학업을 권하지 말아라.[11]

물론 이 기록은 안중근의 소년시절 이야기이고, 여순감옥에서 사형집행을 앞두고 쓴 상황이어서 다소의 호기도 섞였을 것이다. 하지만 어느 측면에서는 이것이 안중근의 본령本領이기도 하다. 그는 문반이기보다 무반에 가까웠다. 그럼에도 불구하고 옥중에서 해박한 사적史的 감각으로 당시의 역사적 사실을 분석한 《동양평화론》(미완)이나 애국혼이 넘치는 한시漢詩와 수많은 유묵에 나타난 필력 등은 당대의 석학들과 견주어도 뒤지지 않을 만큼 그의 학문과 식견 그리고 필체가 우수했음을 보여준다.

안중근은 집안 서당에 초빙된 스승에게서 각종 유교경전과 《통감》 등을 배우고 조선사와 만국 역사에 대해서도 두루 섭렵했다. 한편 활쏘기와 말타기를 즐겨 숙부와 사냥꾼을 따라 종종 산을 탔고 그 과정에서 사격술도 익혔다. 안중근이 뒷날 대의를 위해 의병이 되고 '10.26의거'를 감행한 것은 어릴 때부터 가졌던 이와 같은 상무적인 기풍 때문일 것이다.

━━ **11** 안중근, 앞의 책, 25쪽.

●글공부와 더불어 상무기풍 키워

안중근의 부친 안태훈과 각별한 우의를 나누며 안중근의
어릴 적 모습을 지켜보았던 백암 박은식은 중국 망명지에서
《안중근전》을 쓰고, 안중근의 의열투쟁에 관한 '역사의 맥'을
기술했다.

고구려·발해는 무력으로 동방에서 웅거하였고, 신
라·백제·고려 및 이씨 왕조는 세세대대로 문교를 내세워
윤리가 번성하여 세계에서 군자의 나라로 4300여 년을 이
어왔다.

그러나 하루아침에 강폭에 의해 넘어갔다. 어찌 충의
의 피로 그 역사의 빛을 발표할 자가 있겠는가? 옛날 장자
방子房張良이 동해에서 창해군滄海君을 만나 힘의 장수를
얻어 쇠망치로 박랑사博浪沙에서 진시황을 쳐 천하를 진동
시켰다. 오늘의 강릉이 곧바로 옛날 창해역사의 고향이다.

고구려의 동천왕이 위나라 군사에게 쫓겨 바닷가에 이르러 국가가 거의 망하게 되었다.

동부의 유유維由가 단도를 끼고 위나라 장수를 찔러 그 나라를 회복하였다. 신라대신 우로于老의 처는 왜사를 대접하는 척하며 그를 태워 죽여 남편의 원수를 갚았다. 고구려 졸병으로 사신을 따라 강도江都에 들어간 자들은 뇌부로 수나라 황제 양광을 쏘아 국난을 타개하려고 하였다. 이는 의협의 혼이 유전된 것이다.

오늘에 이르러 어찌 분격하여 세상을 놀랠 자가 없겠는가? 그리하여 백산白山과 황해黃海 어간에 안중근이 나타나게 되었다.[12]

박은식은 이 책에서 또 안중근의 어린 시절을 다음과 같이 회고한다.

총명이 과인하고 경사經史와 서예에 통달하였으며 서법에도 능하였다. 유희할 때는 꼭 화살을 끼고 총기를 다루면서 늘상 말타기 연습을 하였다. 그리하여 사격술이 절륜하여 능히 마상馬上에서 나는 새를 쏘아 떨구었다.[13]

▬ 12 박은식, 《안중근전》(여기서는 윤병석 편역, 《안중근전기전집》, 국가보훈처), 279쪽.
▬ 13 박은식, 앞의 책, 279쪽.

안중근은 어려서부터 의협심과 무용력이 뛰어났다. 이것은 안중근 개인에게만 국한된 것이 아니라 안태훈 가문의 많은 인사들이 지니고 있는 성향이었다. 안중근의 의협심이나 상무적인 기풍은 '10.26의거' 뒤 일제의 살을 에는 것 같은 신문과 재판 과정에서 그대로 나타난다. 그가 사형선고를 받고 쓴 《동양평화론》과 자서전에서도 확인할 수 있다. 백범 김구는 안태훈의 배려로 청계동에 의탁하면서 지켜보았던 소년 안중근의 모습을 《백범일지》에서 다음과 같이 기록했다.

진사(안태훈을 지칭-필자주)에게는 아들이 셋 있었다. 큰 아들이 중근으로 그때 나이 열여섯이었는데, 상투를 틀고 자주색 수건으로 머리를 동이고서 동방총(메고 다니기에 편리하도록 만든 장총의 일종)을 메고는 날마다 노인당과 신당동으로 사냥 다니는 것을 일삼았다.

영기英氣가 발발하여 여러 군인들 중에서도 사격술이 제일이라고들 했다. 사냥할 때 나는 새, 달리는 짐승을 백발백중시키는 재주라는 것이다. 태건 씨와 숙질이 동행하는데, 어떤 때는 하루에 노루·고라니를 여러 마리씩 잡아 왔다. 그것을 가지고 군軍을 먹이는 것이었다.

안중근이 '10.26의거'때 이토 히로부미를 백발백중으로 처단한 사격술은 소싯적부터 익힌 훈련의 결실이라 하겠다.

제 2 장
개화인물 안태훈과 상무소년 안중근

그는 문장과 글씨는 물론 지략까지 겸비하여 명성이 해서 지방은 물론 전국에 널리 알려져 조정 대신들도 크게 대접하는 이였다. 그는 동학이 궐기하는 것을 보고 이를 토벌하기 위하여 동생과 아들로 병사를 담당케 하고 300여 명의 산포수를 모집하여 청계동 자택에 의려소를 세우고 경성 모 대신의 원조와 황해 감사의 지도 아래 벌써 동학 토벌에 나서 신천 지역의 동학 토벌에 좋은 성적을 거두고 있다. 때문에 동학의 각 접은 안태훈을 두려워하고, 우리 접도 청계동을 경계하였던 터였다.

– 백범 김구, 《백범일지》

동학군에 맞서 담대한 용기 보여줘

역사 기술에 있어서 가끔 정正과 사邪가 뒤바뀌거나 의義와 불의不義가 전도되기도 한다. 동학혁명 과정에서도 그런 경우가 적지 않다. 예컨대 오늘날 '동학농민혁명'으로 자리매김한 1894년의 동학혁명을 매천 황현은 《매천야록》과 《오하기문》에서 대단히 부정적으로 기술했다. 동학도를 '동도東徒' '동비東匪' 등으로 표현하면서 이들 중 일부의 비행을 상세히 썼다. 박은식도 《독립운동지혈사》에서 "동학당은 호미와 곰방대와 가시나무총을 들고 밭고랑에서 분기하여 우리의 관군과 일병을 상대하여 교전한 지 9개월여 만에 드디어 항복하였다"라고 기술했다.

역사의 기술이 이러할 때 역사현장의 경우는 더욱 심한 편이다. 여기서는 안중근과 그의 아버지 안태훈을 중심으로 살펴본다. 안중근 일가는 동학혁명을 대단히 부정적으로 인식했던 것 같다.

1894년 갑오년, 나는 열여섯 나이에 김 씨를 아내로 맞이하여 지금 아들 둘과 딸 하나를 두고 있다.

그 무렵 이 나라의 각 지방에서는 이른바 동학당(지금의 일진회의 근본 조상)이 곳곳에서 벌떼처럼 일어났다. 그들은 외국인을 배척한다는 핑계로 군현을 가로지르며 관리들을 죽이고, 백성들의 재산을 약탈했다(이것이 장차 이 나라가 위태롭게 된 기초가 되었으며, 일본·청국·러시아가 전쟁을 일으킨 원인이 되었다).

그러나 관군은 그들을 진압하지 못해 드디어 청국 병사들이 건너오고, 또 일본 병정들이 건너와, 두 나라가 서로 충돌하여 마침내 큰 전쟁이 일어나고 말았다.

그때 나의 아버님은 동학당의 폭행을 참기 어려워 동지들을 모으고, 격문을 뿌려 의병을 일으키고, 포수들을 불러 모으는 한편 처자들까지 행렬에 편입시켰다.

이렇게 하여 모인 정병이 무려 70여 명이나 되었으며, 이어 청계산 중에 진을 치고 동학당에 항거하였다.[1]

안중근의 회상에서 안태훈과 그 가족이 동학당을 치기 위해 '의병'을 조직한 정황이 잘 나타난다. 당시 안태훈 가문의 위상은 '기득권층'이었다. 동학농민혁명은 '보국안민' '척왜

━━ 1 안중근,《안응칠 역사》, 26~27쪽.

척양'의 기치와 함께 "횡포한 부호를 엄히 징벌한다" "불량
한 유림과 양반무리를 징벌한다"는 폐정개혁안 12개조를 내
세우면서 봉기한 혁명이었다. 안태훈 일가는 '횡포한 부호'나
'불량한 유림'과는 거리가 멀었지만 '계층의식'만은 어쩔 수
없었던 것 같다. 황해도 동학농민군은 안태훈 가문을 공격하
기로 결정하고 실제로 공격을 시도했다.

동학혁명이 일어난 것은 안중근이 열다섯 살 되던 해다.
동학농민혁명은 처음에는 호남 지방을 중심으로 시작됐으나
곧 삼남 지방으로 번졌고, 이어서 삽시간에 전국으로 확산되
었다. 일찍이 한국역사에서는 찾아보기 어려운 현상이었다.
황해도 지역에도 동학농민혁명의 불길이 번졌다.

당시 황해도 지역에서는 동학의 황해도 도접주道接主
원용일元容日의 지도 아래 동학농민군의 세력이 하늘을 찌
를 듯한 기세로 해주 감영을 위협하고 있었으며 각처의 양
반 부호들을 습격했다. 이러한 상황에서 당시 황해도 관찰
사 정현석은 다수의 포수꾼들을 기식寄食시키며 청계동에
서 상당한 사병을 기르고 있던 안태훈에게 구원을 요청해
왔다. 정현석은 일찍이 1883년에 원산에서 우리나라 최초
의 근대학교인 원산학사元山學舍를 세운 개화파 인사였다.
때문에 개화파 인사인 안태훈은 정현석과는 이전부터 교
분이 두터운 사이였다. 그래서 정현석으로부터 요청을 받

은 안태훈은 포수꾼과 민병 등 70여 명을 이끌고 동학농민
군에게 위협을 받던 해주 감영을 구제한 일이 있었다.[2]

안태훈이 동학혁명군에 맞서게 된 전말이다. 안태훈은 청
계동에서 70명 정도의 포군을 식객으로 거느리고 있었다. 그
는 유사시에 대비하여 이들을 양편으로 나누어 사격술 같은
훈련을 시켰다. 동학농민혁명에 비판적이었던 박은식은 "이
때는 동아시아 전체의 사정이 급변하는 시기였으며 중근이
활동을 시작한 시기이기도 했다. 동학당 무리들이 각지에 세
력을 뻗치고 함부로 살인과 약탈을 감행했는데 그 기세는 대
단히 사나웠다. 오랫동안 태평세월을 지내온 백성들은 모두
겁을 먹고 뿔뿔이 도망칠 뿐 감히 그 예봉에 맞서는 자가 없
었다"[3]라고 기술했다. 이어서 안중근이 아버지가 일으킨 의
병에 참여하게 된 과정을 다음과 같이 썼다.

태훈이 의병을 일으키자 중근도 따라 나서려 했다. 태
훈은 "싸움판은 죽음터인데 어린놈이 어디라고 함부로 덤
비는 거냐?"라고 꾸짖었다. 중근은 "어른들이 나라를 위
해 몸을 돌보지 않고 적당을 토벌하는데, 자식된 저로서
어찌 가만히 앉아 보고만 있겠습니까?"라고 말하고는 총

2 장석흥, 《안중근의 생애와 구국운동》, 독립기념관, 1992, 29~30쪽.
3 박은식, 이동원 옮김, 《안중근전》, 한국일보사, 1994, 56쪽.

을 메고 나섰는데, 싸울 때마다 앞장섰다.

몇 달 동안 수십 차례의 전투를 겪었지만 번번이 승리하였으므로 태훈은 기특하게 여겼다. 적당들은 이 말을 듣고 대로하여 "안 씨 부자가 감히 우리와 맞서다니?"라고 말하고는 격문檄文을 띄워 원근의 동당을 소집하니 그 무리가 무려 만여 명에 달하였다. 그들은 청계동으로 쳐들어와 사방을 포위하고서 모조리 죽이겠다고 고함쳤다. 적당들이 쏘아대는 총소리가 산골짜기를 뒤흔들었다. 그때 의군은 백 명 미만이었을 뿐 아니라 수비도 튼튼하지 못했는데 대적이 갑자기 쳐들어왔으므로 마을 사람들은 놀라 모두 도망치려 했다.

중근은 "적들은 비록 사람의 수는 많지만 전술과 기율이 없으므로 두려울 것 없습니다"라고 말하고 적진을 향해 돌진하며 맹사격을 했는데 헛방을 놓은 적이 없었다. 적군은 사상자가 늘어나자 대경실색하여 뿔뿔이 도망치고 말았다. 의군이 노획한 말과 총알은 부지기수였다.

당시 중근은 키가 다섯 자 미만이었고 붉은 저고리를 입고 있어서 겁을 먹은 적당들은 그를 하늘이 내려보낸 홍의장군紅衣將軍으로 알았다. 본시 한국 풍속에 붉은 저고리는 아동들이 자주 입는 의복이었다.[4]

---

4 박은식, 앞의 책, 57쪽.

40명 정병으로 1000여 동학군 물리쳐

동학농민혁명군이 비록 오합지졸의 '군대'이기는 했어도 정신과 용맹에 있어서는 어느 군대에 못지않았다. 또 그들이 가지고 있던 계층적 위화감 중 어떤 부분은 '계급해방'의 성격을 띠고 있었다. 따라서 그렇게 쉽게 물러설 처지가 아니었다.

당시 황해도의 동학도 접주 원용일과 부접주 임종현은 청계동에 집결한 반동학군을 토벌하기 위해 1700여 명(혹 2000명)의 동학군을 거느리고 출동했다. 이미 동학군은 장연군·신천군·장수산성·수양산성 등 신천군의 인근 지역을 모두 점령한 터였다. 11월 14일 동학군은 청계동에서 북방으로 10여 리 정도 떨어진 박석골까지 육박하여 야음을 틈타 청계동을 기습하려고 했다. 급보를 전해 들은 안태훈은 대책을 강구한 끝에 박석골의 동학군을 선제공격하기로 했다. 그리하여 포군 영수 노제석에게 40명의 정병을 주어 출전하게 하고, 남은 병정들로 하여금 청계동을 지키게 했다. 이에 노제석은 포군을 이끌고 동학군을 공격하여 18명을 포살하는 전과를 올렸으며, 갑오의려의 승첩에 접한 신천 군수는 노제석에 대한 포상을 해주 감영에 상신하였다.[5]

다음은 안중근이 회상한 동학군과 전투 당시의 상황이다.

그날 밤 내 아버지는 여러 장수들과 함께 의논하기를 "만일 내일까지 앉은 자리에서 적병의 포위 공격을 받게 되면, 적은 군사로 많은 적군을 대항하지 못할 것은 필연한 일이라, 오늘 밤으로 먼저 나가 적병을 습격하는 것만 같지 못하다"면서 곧 명령을 내렸다.

닭이 울자 새벽밥을 지어먹고 정병 40명을 뽑아 출발시키고 남은 병정들은 본동本洞을 수비하게 했다. 그때 나는 동지 6명과 함께 자원하고 나서 선봉 겸 정탐독립대가 되어 전진 수색하면서 적병 대장소大將所가 있는 지척에까지 다다랐다. 숲 사이에 숨어 엎드려 적진 형세의 동정을 살펴보니 기폭이 바람에 펄럭이고 불빛이 하늘에 치솟아 대낮 같은데 사람과 말들이 소란하여 도무지 기율이 없으

━━ 5 이전, 《안중근혈투기》, 19쪽, 오영섭, 《한국 근현대사를 수놓은 인물들》 1, 235쪽.

므로 나는 동지들을 돌아보며 이르되 "만일 지금 적진을 습격하기만 하면 반드시 큰 공을 세울 것이다"고 했더니 모두들 말하기를 "얼마 안 되는 잔약한 군사로 어찌 적의 수만 대군을 당적할 수 있겠는가." 하는 것이었다.

나는 다시 대답하되 "그렇지 않다. 병법에 이르기를 '적을 알고 나를 알면 백번 싸워 백번 이긴다'고 했다. 내가 적의 형세를 보니 함부로 모아놓은 질서 없는 군중이다. 우리 일곱 사람이 마음을 같이하고 힘을 합하기만 하면 저런 난당亂黨은 비록 백만 대중이라고 해도 겁날 것이 없다. 아직 날이 밝지 않았으니 뜻밖에 쳐들어가면 파죽지세가 될 것이다. 그대들은 망설이지 말고 내 방략으로 쫓으라"고 했더니 모두들 응락하여 계획을 완전히 끝냈다.

호령 한마디에 일곱 사람이 일제히 적진의 대장소를 향해 사격을 시작하니 포성은 벼락처럼 천지를 진동하고, 탄환은 우박처럼 쏟아졌다. 적병은 별로 예비하지 못했기에 미처 손을 쓸 수 없었고, 몸에 갑옷도 입지 못하고 손에 기계도 들지 못한 채 서로 밀치며 밟으며 산과 들로 흩어져 달아나므로 우리는 이긴 기세를 타고 추격했다.[6]

안중근 부대의 기습공격에 동학군은 혼비백산해 도망쳤

<hr />

[6] 안중근, 앞의 책, 27~28쪽.

다. 날이 밝자 동학군은 자신들을 공격한 부대가 예상과는 달리 적은 숫자인 것을 알고 사면을 포위해 역공에 나섰다. 이번에는 안중근 부대가 위급해졌다. 동학군은 전열을 정비하고 대대적으로 공격해왔다. 안중근은 앞장서서 동학군을 물리치면서 활로를 찾고자 했지만 인해작전으로 몰려오는 상대를 막아내기는 어려웠다.

위기의 순간이었다. 그때 등 뒤에서 포성을 울리며 한 무리의 군사들이 달려와 동학군을 공격했다. 깜짝 놀란 동학군은 달아나기 시작했다. 밤새도록 추위에 떨었던 병사들이라 싸울 기력을 잃고 패주한 것이다. 안중근 부대를 위기의 순간에서 구해준 구원병은 본진에 남았던 후원병들이었다.

동학군은 많은 피해를 입고 후퇴했다. 사상자만도 수십 명이었다. 안태훈 일가는 전리품으로 다수의 총기와 군마, 특히 1000여 포대의 군량미를 획득했다. 나중에 이때 노획한 군량미 때문에 안태훈은 어려움에 처하게 된다. 신기하게도 안중근의 부대원은 단 한 사람도 죽거나 다친 사람이 없었다. 평상시 닦은 군사훈련 덕택이었다.

안중근과 부대원들은 크게 승리를 이룬 데 대해 하늘에 감사드리고 만세를 부르며 노획물을 수거해 '갑오의려'의 본대로 돌아왔다. 황해도 관찰부에 사실을 보고하는 것도 잊지 않았다. 이 싸움이 끝난 뒤에 안중근은 여러 날 동안 심하게 앓았다. 전투가 그만큼 격렬했던 것이다.

'갑오의려'의 개화적 시대인식

　황해도 지역의 동학농민혁명이 평정되고 난 뒤 신천 군수
는 안태훈을 황해도 소모관으로 삼을 것을 청하는 공문을 조
정에 올렸다.

　신천 군수의 첩보. 감영이 임명한 의려장인 본군 진사
안태훈이 포군 70명과 촌정 100여 명을 모집하여 적진의
영장 3명을 포살하고, 조총·환도·갑옷 등을 습득하여 올
려보냈다고 합니다. 안태훈의 유능한 일처리와 기묘한 공
훈은 참으로 지극히 가상하므로 그에게 격려를 내리고 포
상을 내려야 마땅할 것입니다. 본도의 소모관으로 임명할
일을 아뢰어 처리해달라는 뜻을 보고하는 바입니다.[7]

■■■ **7**　정현석, 〈갑오해영비우전말甲午海營匪優顚末〉, 《동학난기록》 하, 국사편찬
　　위원회, 1971, 734쪽.

황해 감사 정현석이 안태훈과 노제석이 의병을 일으켜 동학군을 진압한 공로를 포상하고 장려해야 한다는 뜻으로 중앙정부에 건의한 내용이다.

안태훈이 일으킨 '갑오의려'에 대한 약간의 설명이 필요할 것 같다. 안태훈은 동학농민혁명이 발발해 전국으로 확산되고, 동학군이 황해도까지 밀려오자 지역의 산포수와 청년들을 모아 '갑오의려'를 조직했다. 갑오년에 조직한 일종의 민병이었다.

이 무렵 안태훈뿐 아니라 전국의 여러 지역에서 유사한 '갑오의려'가 조직되었다. 주로 봉건사회의 양반계층이 주도한 '갑오의려'는 두 가지 목적이 있었다. 하나는 동학의 '민란'에서 자신들의 기득권을 지키고자 하는 자위의 수단이었고, 다른 하나는 이번 기회에 동학군을 토벌하여 공을 세우고 입신출세의 기회로 삼고자 했던 것이다. 그렇지만 안태훈의 경우는 달랐다.

안태훈은 일찍이 개화파 세력에 가담한 경력이 있었다. 그리고 이후의 일이지만 천주교로 개종하고 적극적으로 전도사업을 벌일 만큼 서구문물 수용에 앞장섰던 개화파였다. 그런 점으로 미루어 안태훈의 반동학적反東學的 입장은 개화적 인식에서 비롯된 것이 아닌가 싶다.

개화와 동학이 이념적 지향을 달리함은 주지하는 사실이다. 따라서 개화와 동학의 상반된 입장은 이념적 지향의 차이에서 오는 피치 못할 갈등이기도 했다. '반봉건'을 지향한다는 점에서는 양자가 공통점을 지니고 있었지만 '반봉건'의 실천논리에서 이들은 현저한 차이를 보였다(편의상 '반봉건'이라는 용어를 사용했다).

개화가 서구의 논리를 수용하고 이를 추구했던 것에 비해, 동학은 외세를 배척하고 전통논리에 의해 반봉건의 구현을 모색했다. 따라서 양자의 현실적 대응은 상반된 양상을 보일 수밖에 없었다. 즉 동학의 입장에서는 개화 세력이 외세 침략의 앞잡이로 인식되었던 것이다.

반면에 개화 세력의 입장에서는 동학군의 봉기가 민란 내지는 폭도 이상으로는 보이지 않았던 것이다. 이는 역사 인식의 문제에서 개화사상의 한계로 지적될 수 있는 것이기도 하다. 안태훈의 '의려'는 이러한 개화적 인식이 깊게 반영된 것이었다고 보인다.[8]

'갑오의려'는 안태훈의 인덕과 재력에 의해 조직되었고 큰 전공을 세웠다. 여기에는 안중근의 역할도 컸다. 앞에서 살펴본 대로 안중근은 16세의 소년으로서 전략을 짜고 부대의 선봉에 서서 맹활약을 펼쳤다. 수완과 담력이 보통이 아니었던 것이다.

---

8 장석흥, 앞의 책, 30~31쪽.

떡잎부터 남다른 '될성부른 나무'

동학농민혁명이 진압되자 안태훈은 의병을 해산하고 다시 농사를 지으며 일상으로 돌아왔다. 그러나 안중근은 이번 전란을 보면서 느낀 바가 많았다. 그는 새로운 구국 운동의 길을 모색하기 시작했다. 안중근은 어느 날 마을 사람들을 모아놓고 다음과 같이 말했다.

우리나라에서는 글만 숭상하고 무예를 폐지한 결과 백성들은 무기를 쓸 줄 모르고 국력은 약할 대로 약해졌습니다. 오합지졸에 불과한 동학당이 몇 해 동안이나 화를 끼쳤지만 관군이 즉시 난당을 진압하지 못했기 때문에 백성들이 큰 피해를 당했습니다. 이러고 있다가 강한 외적이 우리가 약한 틈을 타서 쳐들어온다면 우리는 총 한 방 못 쏘고 무너지고 말 것입니다.

오늘 우리들이 산속에 살면서 비록 사람의 수효는 매

우 적지만 총 쏘는 연습을 자주하고 무덕을 숭상하는 기풍을 배양하며, 우리 국민을 인도하여 문약文弱한 습성을 개변시키고 상무尙武의 풍기를 점차 키운다면 유사시에 대비할 수 있을 것입니다.[9]

우리 속담에 "될성부른 나무는 떡잎부터 알아본다"라는 말이 있듯이 안중근의 생각이나 행동은 소년 시절부터 남달랐다. 글공부를 통해 과거를 준비하는 것이 당시 양반층 자제들이 밟는 과정이었다. 그러나 안중근은 과거시험 따위는 아랑곳하지 않았다. 아버지 역시 이를 강요하지 않았다.

안중근은 어려서부터 익힌 무예와 병법, 여기에 담대한 용기와 탁월한 지략으로 상무의 기풍을 키우고 동학군과의 전투에 앞장섰다. 그리고 16세 소년이라고는 믿기지 않을 만큼 뛰어난 통솔력을 보여줬다. 주위 사람들로부터 신망을 얻고 칭찬이 따른 것은 당연한 일이었다.

동학군과의 싸움을 경험하면서 안중근은 국가의 안위를 걱정하기 시작했다. 그의 생각은 '나라에서 문文을 숭상하고 무武를 업신여겨 백성이 군사를 알지 못하는 까닭에 나라가 점점 약해져, 만약 갑자기 외국 열강이 우리의 약함을 노려 침략하면 우리는 꼼짝없이 당할 수밖에 없다. 따라서 문약文

---

9 박은식, 앞의 책, 58쪽.

弱에서 벗어나 무강武强의 기풍을 조성함으로써 앞날에 대비
해야 한다'는 것이었다.

이것은 상무정신에 입각한 구국의식이었다. 그는 우선 마
을의 청년들을 규합해 무예를 단련시키는 한편 점차 다른 지
역의 청년들까지 합류시켜 이와 같은 의지를 실천해갔다. 또
의협심을 가진 사람이 있다는 소식을 들으면 멀고 가까운 것
을 가리지 않고 찾아가 감개한 이야기로 국사를 논하며 의기
를 나누기도 했다.[10]

━━ **10** 장석흥, 앞의 책, 33∼34쪽.

안씨 가문에 밀려든 첫 번째 위기

　안태훈의 집안에 위기가 닥쳤다. 뒷날 안중근은 이를 두고 자서전에서 "토끼사냥이 끝나면 사냥개마저 잡아먹으려 하고, 내를 건너갈 때 요긴하게 쓴 지팡이도 건너와서는 팽개친다고 하더니……"라고 분개했다.

　안태훈 일가가 '갑오의려'를 조직해 어렵사리 동학농민군을 격파하고 지역의 평정을 회복한 이듬해 여름이었다. 느닷없이 안태훈 일가에 낯선 손님들이 찾아왔다. 그 용건은 지난해 동학군에게 노획한 양곡 1000여 포대가 동학당의 것이 아니라 절반은 탁지부 대신 어윤중이 사두었던 것이며, 나머지는 전 선혜청 당상 민영준이 농장에서 추수한 곡식이니 지체없이 모두 내놓으라는 것이었다.

　양곡은 군사들의 식량으로 대부분 소비하고 남아 있는 것이 없었다. 이 양곡은 황해도의 동학도접주 원용일이 관아에서 탈취한 것을 안태훈 부대가 압수한 노획물이었다. 따라서

'주인'에게 돌려달라는 것은 이치에 맞지 않는 일이었다. 김홍집 내각의 탁지부 대신 어윤중과 명성황후의 일가인 민영준은 당대의 실력자이자 권력의 실세였다. 그들의 양곡인 것이 사실이라면, 농민들이 먹고 살기 어려워 혁명을 일으키는 상황에서 이들은 한 지역에 양곡을 500석이나 쌓아두었다는 말이 된다. 바꿔 말하면 이런 이유에서 농민혁명이 일어날 수밖에 없었다는 반증이기도 하다.

안태훈이나 안중근의 심경이 어떠했을지는 짐작이 가고도 남는다. 안태훈은 이들의 요구를 거부했다. 그러나 후환이 뒤따랐다. 어윤중과 민영준은 고종황제에게 "안모가 막중한 국고금과 무역을 들인 쌀 1000여 포대를 까닭 없이 도둑질해 먹었기에 알아본즉, 그 쌀로 병정 수천 명을 기르며 음모를 꾸미고 있었다고 합니다. 군대를 보내 진압하지 않으면 앞으로 국가에 큰 환난이 닥칠 것입니다"라고 고변했다.

당시에 '음모' 사건은 곧 '반역'을 의미했다. 안태훈은 지체 없이 서울로 올라왔다. 교우관계이던 전 판결사 김종한을 통해 어윤중에게 억울함을 밝혔지만 재물에 눈이 먼 그가 들어줄 리가 없었다. 그러던 사이에 하늘의 징벌이었다고 할까, 어윤중은 1896년 아관파천 때 고향 보은으로 피신하던 중 용인에서 난민들의 돌에 맞아 참혹하게 죽고 말았다.

어윤중의 일은 이렇게 끝났지만, 그보다 권세가 더 강한 민영준의 위세는 실로 가관이었다. 그는 안태훈을 역모로 몰고자 했다. 사태가 위급해지자 서울에 있던 안태훈은 서양 신부들의 도움으로 천주교 종현성당(명동성당)으로 피신했다. 이것이 계기가 되어 안태훈은 천주교 신자가 된다. 종교적 열정과 현실적 고뇌의 결과였다. 그곳에 몇 달 동안 은신하는 사이 정국이 변하면서 무사할 수 있었다. 안태훈은 종현성당에 머무는 동안 신부의 강론을 듣고 김종한의 도움을 받으면서 천주교의 진리를 깨닫는다.

그리고 몇 달 뒤 다수의 천주교 서적을 가지고 교리에 밝은 이종래와 함께 청계동으로 돌아왔다. 그러나 안태훈의 천주교 입교 시기가 이보다 다소 앞선다고 주장하는 연구자들도 있다. 이에 관해서는 뒤에서 상세히 살펴보기로 한다. 안태훈 집안의 천주교 입교 시기는 안중근의 사상형성과 활동에 크게 영향을 미치기 때문에 대단히 중요한 부분이다.

안태훈은 그 시대에 '정의正義'를 가훈으로 내걸 만큼 대단히 심지가 굳고 강직한 인물이었다. 정통 유학자면서도 열린 개화 정신의 소유자였다. 수십 명의 산포수를 불러들여 유사시에 대비한 일이나, 성재 유중교柳重敎의 문인이며 의병장 의암 유인석柳麟錫과는 동문으로서 당시 해서 지방의 대학자로 추앙받은 고능선高能善을 초빙해 교유하며 자제들의 교육을 맡긴 사실에서도 드러난다. 고능선은 안태훈의 초청으로 청계동에서 살면서 안태훈 형제들과 자주 시회詩會를 열고, 시국을 담론하며 거의擧義할 기회를 찾고 있었다.

안태훈이 개화파에 속했다면 고능선은 척사유림의 학통이었다. 그럼에도 불구하고 두 사람은 의기투합해 함께 어울렸다. 이것은 안태훈이 특정 사상이나 논리, 주장에 편향되지 않았음을 보여준다. 안태훈의 호방한 기품이 드러나는 대목이기도 하다. 안중근은 아버지에게서 이러한 기질을 이어받은 것 같다.

안태훈의 기질은 안중근에게 이어졌다. 안중근의 인격 형성에 아버지 안태훈의 영향은 절대적이라 할 만큼 큰 것이었다. 안중근이 인간관계에서 의리를 가장 소중히 하고, 불의를 보면 참지 못하는 기질은 물론, 후일 안중근이 구국운동에 투신할 때 계몽운동의 방식으로 시작하게 된 것도 개화론자인 아버지 안태훈의 영향을 받은 바에 다름 아니었다. 이처럼 아버지의 영향을 크게 받았던 안중근이지만, 아버지 안태훈과 다른 점이 있었다. 그것은 안태훈이 선비의 모습을 간직한 문사적文士的 인사였다면 안중근은 무사적武士的 성품이 넘쳤던 점일 것이다.[11]

---

11 장석흥, 앞의 책, 38~39쪽.

●백범 김구를 초청하다

고능선이 청계동의 안태훈 집에 머물고 있을 무렵 백범 김구가 청계동에 나타났다. 여기서 '나타났다'라는 표현은 다소 어폐가 있는 것 같고, 안태훈이 밀사를 보내 그를 불러왔다고 해야 타당할 것 같다. 당시 김구는 '청년접주'로서 동학혁명군의 황해 지역 수장이었다. 안태훈과 김구의 만남, 김구와 고능선의 만남 그리고 김구와 어린 안중근의 만남은 이후 파란만장한 한국독립운동사의 정맥正脈을 예고하는 것이었다.

김구가 청계동을 찾아오게 된 사연부터가 기구하다면 기구하다. 김구는 18세 때인 1893년 동학에 들어가 접주가 되고 동학농민혁명에 참가했다. 그리고 이듬해 팔봉 접주로 해주성 공략 작전에 선봉장으로 참전했으나 뜻을 이루지 못했다. 일본군의 신식무기 앞에 일패도지하여 쫓기는 신세가 되고 만 것이다. 김구의 '육성'을 직접 들어보자.

나는 장동군長洞郡 몽금포 근처의 마을로 피신하여 석 달을 숨어 살았다. 동쪽에서 전해오는 풍문을 들으니 이동 엽은 벌써 잡혀가서 사형을 당하고, 해주 각 고을의 동학 은 거의 소탕되었다는 얘기였다.

정 씨와 함께 텃골 본집에 부모를 찾아뵙고 매우 불 안한 상태로 있을 수밖에 없었다. 왜병들이 죽천장竹川場 에 진을 치고, 부근 동학당을 수색하고 있는 중이었기 때 문이다. 양친께서도 내게 먼 땅으로 가서 화를 피하라고 말씀하셨다. 다음날 정 씨는 청계동 안 진사(안태훈을 지칭 함)를 찾아가보자고 하셨다.

나는 주저했다. 안 씨가 받아들여준다 하더라도 패군지 장인 나에게 포로와 같은 취급을 한다면 어쩔 것인가? 그 러나 정 씨는 "안 진사가 그때 밀사를 보냈던 진의는 무슨 책략 같은 그런 것이 아니라, 진심으로 형의 연소 담대한 재기를 아껴서 그랬던 것이오. 염려 말고 같이 갑시다"라 고 자신 있게 말했다. 이토록 힘써 권하는 바람에 나는 정 씨와 함께 그날 천봉산을 넘어서 청계동 동구까지 갔다.

(중략)

우리의 명함을 본 안 진사는 정당正堂에서 우리를 친절 히 맞아들였다. 수인사 후 안 진사의 맨 첫말이 이러했다.

"김 석사金碩士(김구를 지칭함)가 폐엽사에서 위험을 벗 어난 뒤에 심히 우려되어 계신 곳을 탐색하였은즉 계신 곳을 모르던 터에 오늘 이처럼 찾아주시니 감사하외다."

그러고 나서 다시,

"들으니 구경하具慶下(두 어버이 시하)라시던데 양위 두 분은 어디 안접安接하실 곳이 있으시오?" 하며 내 부모에 관한 것을 물으신다.

내가 별로 안접하실 곳이 없노라고 말하였더니 안 진사는 즉시 오일선吳日善에게 총 맨 군사 30명을 붙여주면 서 "당장 텃골에 가서 김 석사 부모님을 모시고 이웃 근동의 우마를 빙발하여 그 댁 가산 전부를 옮겨오게 하라"고 명하였다.

그러고 인근에 집 한 채를 사서 그날로 청계동에 살게 해주었다. 그리하여 우리집이 청계동에 살게 되니 내 나이 스무 살 되던 을미년 2월이었다.

안 진사의 후의는 여기서 끝나지 않았다. 날마다 사랑에 와서 그가 없는 사이라도 자기 동생들과 놀고, 사랑에 모인 친구들과 얘기를 하든지 책을 보든지 마음대로 해가며 아무 상관 말고 안심하고 지내라는 것이다.

(중략)

안 진사의 6형제는 모두가 장사 체격으로 허약하게 보이는 사람은 한 사람도 없었다. 그중 안 진사는 특히 안광이 찌를 듯하여 사람을 위압하는 힘이 있었다. 그래서 당시 조정대관들 중에도 필단筆端이나 면담으로 항변을 당하면, 그 당장에는 안 진사를 나쁘게 평하더라도 직접 면대하면 자연스럽게 경의하는 마음이 일어난다는 것이었다.

내가 보기에도 그랬지만, 그러나 품성이 퍽 소탈하여 무식한 하류들에게까지도 조금도 교만한 빛이 없고 친절하여 상류나 하류나 다 그에게 호감을 가졌다. 얼굴은 매우 청수했으나 술이 과하여 코끝이 붉은 것이 흠이라면 흠이었다.

그는 율律을 잘해서 당시에도 그의 잘된 율시들이 많이 전송되었다. 안 진사 자신도 때때로 나에게 득의의 작을 읊어주곤 했다. 그리고 안 진사는 친필로 황석공黃石公의 〈소서素書〉(三略素書)를 써서 벽장문에 붙이고는 주흥이 날 때면 소리높여 그것을 낭독했다.[12]

━━━ 12 김구,《백범일지》.

안중근 가문과 김구의 인연

김구가 청계동에서 머문 기간은 4~5개월에 지나지 않았다. 그러나 이 기간 김구는 평생을 두고 삶의 지표가 되는 훈도를 받게 되었다. 유학자 안태훈에게 의리와 호방한 기질을, 선비 고능선에게는 유학과 대장부의 기개를 배운 것이다.

일찍부터 김구의 사람됨을 알고 있었던 안태훈은 동학농민혁명군과 '갑오의려'가 치열하게 싸울 때 김구에게 밀사를 보냈다. 김구의 측근인 정덕현은 밀사를 만난 뒤 김구에게 다음과 같이 보고했다. "안 진사는 안목이 높은 사람으로 인재를 아낄 줄 알며 전부터 김 접주(김구)님을 매우 아끼고 있다는 것, 그런데 화학동(김구의 진지)과 청계동 사이의 거리가 20리 밖에 안 되니 만약 김 접주가 무모하게 청계동을 치려다가 실패하면 김 접주의 생명과 성명을 보장하기 어려울 것이라는 점, 그리 되면 아까운 인재를 하나 잃게 될 것인즉 거동을 신중히 하라는 점 등 호의의 충고를 전하더라"는 것이다.

정덕현은 이어서 김구에게 "안 진사는 인재를 아낄 줄 아는 사람입니다. 안 진사의 됨됨이가 보통이 아니니 그의 호의를 받아들이는 것이 좋을 것 같습니다"라고 진언했다.[13]

김구는 참모회의를 열어 의논한 결과 "저편에서 이편을 치지 아니하면 이쪽도 저쪽을 치지 아니할 것, 피차에 어려운 지경에 빠질 경우에 서로 도울 것"이라는 데 합의했다. 밀약이 성립된 것이다. 이런 사유로 김구가 청계동에 머물게 되었다.

안중근 가문과 김구의 관계는 '운명적'이라 할 만큼 질긴 인연으로 이어졌다. 안태훈이 김구의 인물됨을 아껴 청계동으로 초청한 데서 첫 만남이 시작되었다. 이때의 관계는 김구가 안태훈에게 '의병기의義兵起義'를 제의했다가 뜻이 맞지 않아 청계동을 떠나면서 한때 단절되었다. 김구는 동학혁명이 좌절되면서 중국을 돌아보고 오는 길에 강계에서 의병에 참가했으나 실패했다. 이곳저곳을 돌아다니던 김구는 1895년 말경에 스스로 청계동으로 안태훈을 찾아갔다.

김구는 청계동에서 안태훈과 고능선을 만나 자신이 직접 돌아보고 온 저간의 사정을 전하고 함께 의병을 일으킬 것을 제의했다. 그러나 안태훈은 "아무 승산이 없이 일어났다가는 실패할 수밖에 없으니 기의할 생각이 없고, 천주교를 믿다가

▬ 13 김삼웅, 《백범 김구 평전》, 시대의창, 2005, 83~84쪽.

후일 기회를 보겠다"는 뜻을 밝혔다.[14]

이 일로 김구는 청계동을 떠나고, 그동안 안태훈의 후의로 청계동에 거처를 마련하여 살고 있던 김구의 부모도 이곳을 떠나게 되었다. 두 번째 단절이었다.

김구와 안중근 일가가 다시 관계를 맺게 된 것은 안중근의 하얼빈 의거 때문이었다. 안중근 의거 뒤 김구는 청계동 시절의 인연으로 일제 경찰에 피체되어 해주감옥에서 한 달 넘게 구속되었다가 불기소로 풀려나왔다. 이후 "백범에게 있어 안중근 의거는 독립운동의 의리를 상징하는 좌표로 각인"[15]되었을 것이다. 안중근 유족에 대한 김구의 관심은 각별했다.

1937년 일본군의 공세로 상해가 위태로워지자, 백범은 안중근의 부인 김 씨의 구출 문제를 '대사건'으로 기술하면서 "양반집에 불이 나면 사당의 신주부터 옮겨내 온다고 하는데, 우리가 혁명가로서 의사 부인을 적치구역에서 구출하는 것 이상으로 긴급한 일은 없다"[16]고 했다. 김 씨 부인 구출 임무를 끝내 완수하지 못한 안공근의 잘못을 크게 꾸짖던 백범의 모습은 곧 안중근이 실천해간 독립운동의 의리를 지키기 위한 몸부림이었다. 일본군이 상해를 장악한 상황에서 안중

14 김구, 도진순 주해, 《백범일지》, 87~88쪽.
15 장석흥, 〈백범과 안중근 집안의 인연과 독립운동〉, 《백범과 민족운동연구》 제2집, 백범학술원, 2004, 227쪽.
16 김구, 도진순 주해, 앞의 책, 373~374쪽.

근 의사의 부인 김 씨 구출이 사실상 불가능한 것임을 알면서
도 포기하지 않고 홍콩으로 찾아가 안정근과 공근 형제를 다
그쳤던 것도 그러한 맥락에서 이해할 수 있을 것이다.

백범과 안중근 집안의 관계를 놓고 볼 때, 백범이 안태훈
에게서 근대적 가치관을 배웠다고 한다면, 안중근과의 인연
은 직접 맞닿은 것이 적다 하더라도, 바로 독립운동을 실천
하는 과정에서 보여준 '의리'의 결합으로 해석되어야 할 것
이다.[17]

1919년 4월, 대한민국임시정부가 수립되면서 김구와 안중
근 가문은 더욱 가까워졌다. '10.26의거' 이후 안중근 집안은
대부분 중국으로 망명했다. 국내에서는 살아가기가 어렵기도
했거니와 안 의사의 뜻을 이어 독립운동을 전개하기 위해서
였다.

안중근의 두 동생 안정근과 공근은 김구를 도와 독립운동
의 최일선에서 활동했다. 안정근은 김구가 낙양군관학교에
한인특별반을 설치해 국내외 청년들을 모집하는 데 크게 기
여하고, 안공근은 한국독립당 창당 과정에서부터 15년 이상
김구의 최측근 동지로서 동고동락했다. 특히 윤봉길 의거 뒤
김구가 일경에 쫓겨 가흥으로 피신했을 때 안공근은 가흥과
상해를 오가며 한인애국단을 총괄했다.

----

17 장석흥, 앞의 글, 227~228쪽.

김구의 장남인 김인과 안정근의 딸 안미생이 결혼하면서 두 집안의 사이는 더 돈독해졌다.

　　독립운동의 과정에서 백범과 안중근 집안의 직접적 결합은 안중근의 동생과 사촌, 조카들에 의해 계승되어갔다. 특히 안공근과 안경근은 백범의 1930년대 독립운동에서 가장 측근으로 활약했고, 그 밑의 항렬인 생자生字 대에서는 안우생·안원생·안춘생·안낙생 등이 임시정부와 광복군에서 활동하며 백범의 독립운동에 동참했다. 그리고 백범의 큰 아들 김인과 안정근의 딸 안미생의 결혼은 양자의 관계를 혈연관계로 발전시켰으며, 이들의 동지적 관계는 백범 독립운동의 버팀목으로 자리했다고 봐야 할 것이다.[18]

━━ **18**　장석흥, 앞의 글, 236쪽.

술 마시고 노래하던 호방한 시절도

  안중근은 이 무렵 총과 무기를 사서 군인이 될 자격이 있는 청소년들에게 나누어주고 총쏘기 연습을 시켰다. 그리고 틈나는 대로 황해, 평안, 경기의 여러 지역을 돌아다니며 포부가 있는 건장한 청소년들을 모아 단체를 조직하고 군사전략을 연구했다. 그리고 때로는 술 마시고 노래를 부르며 젊은 꿈을 키웠다.

  안중근은 나중에 여순감옥에서 자신이 일상생활에서 가장 좋아하던 네 가지를 밝힌 바 있다.

  첫째, 친구와 의를 맺는 것이요親友結義
  둘째, 술 마시고 노래하고 춤추는 것이요飮酒歌舞
  셋째, 총으로 사냥하는 것이요銃砲狩獵
  넷째, 날랜 말을 타고 달리는 것이었다騎馬駿馬

여기서도 알 수 있듯이 안중근은 청소년 시절부터 의리와 호방함을 갖추고 상무정신으로 심신을 단련했다. 아마 이 때가 안중근의 짧은 생애에서 가장 행복했던 시절이었을 것이다.

안중근은 사냥을 나갔다가 여러 차례 죽을 고비를 겪기도 했다.

하루는 동지 6~7명과 산에서 노루사냥을 하는데 공교롭게도 탄환이 총구멍에 걸려서 빼낼 수도 없고 들이밀 수도 없어 쇠꼬챙이로 총구멍을 뚫으려고 주저 없이 쑤셨더니, '쾅' 하고 터지는 소리에 혼비백산하여 머리가 붙어 있는지, 목숨이 살아 있는지조차도 깨닫지 못했다. 이윽고 정신을 차려 자세히 살펴보니 탄환이 폭발하여 쇠고챙이는 탄환알과 함께 오른손을 뚫고 공중으로 날아갔다.

또 한 번은 남이 잘못 쏜 엽총에 산탄散彈 두 개가 등에 박혔는데, 별로 중상은 아니었고 곧 총알을 빼내 나왔다.[19]

그렇다고 안중근이 젊은 날 매번 사냥이나 다니고 의분에 차서 병정 모으는 일에만 열중했던 것은 아니다. 때로는 동무

19 안중근, 앞의 책, 30쪽.

들과 어울려 기방에 출입하며 술을 마시기도 했다. 그러나 기질로 보아 기생 얼굴이나 처다보면서 술을 마시지는 않았던 것 같다. 안중근은 기방에서 기생들을 호되게 꾸짖기도 했다.

"너희는 뛰어난 자색을 지녔으니 호걸 남자와 짝을 지어 함께 늙는다면 얼마나 좋은 일이겠느냐? 그런데 너희들은 그리하지를 못하고 돈 소리만 들으면 침을 흘리고 정신을 잃어 염치불구하고 오늘은 장 씨, 내일은 이 씨한테 붙어 짐승과 같은 행동을 하니 그래서야 되겠느냐?"

나의 그런 말을 계집들이 새겨듣지 않고, 오히려 미워하는 빛이나 공손하지 않은 태도를 보이면 나는 욕을 퍼붓기도 하고 때로는 때리기도 했기 때문에 친구들은 나에게 '번개입電口'이라는 별명을 붙여주었다.[20]

---

20 안중근, 앞의 책, 32쪽.

제 3 장

개화·천주교 수용을 통해 안중근 사상 형성

형제여 내가 할 말이 있으니 꼭 내 말을 들어주시오. 만일 어떤 사람이 혼자서만 맛있는 음식을 먹고 그것을 가족에게 나누어주지 않는다거나, 또 재주를 간직하고서 남을 가르쳐주지 않는다면, 그것이 과연 동포의 정이라 할 수 있겠소. 원컨대 우리 대한의 동포 형제자매들은 크게 깨닫고 용기를 내서 지난날의 허물을 깊이 참회함으로써 천주님의 의자義子가 되어 현세를 도덕시대로 만들어 다같이 태평을 누리다가 죽은 뒤에 천상에 올라가 상을 받아 무궁한 영복을 함께 누리기를 천만 번 바라오.

－ 안중근

19세 때 영세 입교 후 천주교인으로 활동

안중근은 1897년 1월, 19세의 나이로 영세 입교하여 1910년 3월 죽음에 이르기까지 13년 동안 천주교인으로 종생했다. 안중근이 세례를 받게 된 것은 1894년 결혼한 지 3년이 지나 본격적으로 사회활동을 시작한 때였다. 안중근은 세례를 받은 이후 신앙생활을 소홀히 한 적이 없었다. 죽음에 이르렀을 때도 굳은 신앙심을 보여주었다.

안중근과 그의 가족은 조상의 제사 때문에 입교를 거부한 안중근의 백부 안태진을 제외한 일부 사촌들까지 프랑스인 신부 빌렘J. wihelm(한국명 홍석구)에게서 세례를 받았다. 청계동으로 돌아온 안태훈이 빌렘 신부를 초청해 가족 등 36명이 영세 받도록 한 것이다. 안중근의 어머니와 부인 김아려도 이때 세례를 받았다. 2차로 안중근의 가족과 친척 등 30명이 그리고 이해 부활절에는 또 다른 친척과 마을 주민 33명이 세례를 받았다. 세례를 받은 안중근은 신앙인으로서 열심히 노력했다.

안태훈의 입교 과정이 순수한 신앙에 의한 것만은 아니었지만 그러나 안중근은 세례를 받고 나서 교리공부와 성서공부를 열심히 해 날로 신앙심이 굳세어져 갔다. 그리고 몇 해 지나지 않아서 그에게 세례를 준 빌렘 신부를 따라 활발한 전교 활동을 전개함으로써 신앙심을 더욱 확고히 했다. 이러한 전교 활동을 통한 신앙고백이라 할 수 있는 연설문이 그가 옥중에서 저술한 자서전에 기록되어 있다. 안중근은 빌렘 신부의 복사服事로서도 활동했고 또 신자들에 의해 총대로 선출되어 종교 활동과 사회정의 활동도 활발히 전개했다.[1]

안태훈이 천주교에 입교한 것은 양곡문제로 인한 곤경에서 벗어나고자 프랑스인 신부의 도움을 얻기 위해서 그리고 변화하는 서양의 신문명을 접해보기 위해서였을 것이다. 하지만 안중근의 경우는 달랐다. 그는 순수한 신앙심에서 천주교에 입교했고 성실하게 신앙생활과 선교 활동을 벌였다.

그러면 천주는 누구입니까? 한 집안에는 그 집 주인이 있고, 한 나라에는 임금이 있듯이, 이 천지 위에는 천주가 계시니, 시작도 없고 끝도 없는 삼위일체(성부·성자·성신으

■■■ 1 정인상, 〈안중근의 신앙과 윤리〉, 《교회사 연구》 제16집, 2001, 92쪽.

로 그 뜻이 깊고 커서 아직 깨닫지 못하였다)로서 전능·전지·전선하고, 지공至公·지의至義하여 천지만물·일월성신을 만들어 이루시고, 착하고 악한 것을 상주고 벌주시고, 오직 하나요, 둘이 없는 큰 주재자인 바로 그 분입니다.[2]

안중근의 천주교에 대한 신앙심은 독실했다. 앞의 인용문은 여순감옥에서 쓴 것으로, 천주에 대한 믿음과 "오직 하나요, 둘이 없는" 절대자에 대한 양심을 보여주고 있다.

천주님은 지극히 공정하여 착한 일에 상을 주지 않는 일이 없고, 악한 일에 벌을 주지 않는 일이 없습니다. 그리고 공과 죄의 심판을 몸이 죽는 날 내리는 것입니다. 착한 이는 영혼이 천당에 올라가 영원무궁한 즐거움을 받을 것이요, 악한 자는 영혼이 지옥으로 떨어져 영원히 다함 없는 고통을 받게 되는 것입니다.

한 나라의 임금도 상주고 벌주는 권세를 가졌거늘 하물며 천지를 다스리는 거룩한 큰 임금인 천주님이 어찌 그런 권세가 없겠습니까? 어떤 사람들은 천주님께서는 왜 지금 사람들이 살고 있는 현세에서 착하고 악한 것을 상주고 벌주지 않느냐고 묻지만, 그것은 그렇지 않습니다. 이

■■■ 2 안중근,《안응칠 역사》, 34쪽.

세상에서 주는 상벌은 한계가 있지만 선악에는 한계가 없기 때문입니다.[3]

이와 같은 신앙심을 바탕으로 안중근의 행보는 언제나 당당했다. 학교를 세우고 의병에 나서고 마침내 국적 이토 히로부미를 처단하기까지 그의 삶의 지표에는 항상 신앙심이 있었고, 민족의식이 있었다.

안중근은 1897년 1월에 세례를 받은 이후 "기도문 강습을 받고 교리를 토론하면서 여러 달을 지나는 동안 신덕信德이 차츰 굳어지고 독실히 믿어 의심치 않았다. 천주 예수 그리스도를 숭배하며, 날이 가고 달이 가서 몇 해가 지났다"고 스스로 회고한 것처럼 상당히 오랫동안 교리 연구에 몰두했음을 알 수 있다. 아마도 그는 1896년 10월경부터 교리를 접하기 시작했고, 세례를 받은 이후 적어도 빌렘 신부가 소환되는 1903년까지 6~7년 동안 교리 연구와 전교 활동에 몰두했던 것 같다.[4]

---

3 안중근, 앞의 책, 35쪽.
4 차기진, 〈안중근의 천주교신앙과 그 영향〉, 《교회사 연구》 제16집, 2001, 16쪽.

●좌절된 천주교대학 설립의 꿈

    안중근의 신앙심은 이러한 과정을 거쳐 일반 대중을 상대로 전교 연설을 할 정도에까지 이르렀다. 빌렘 신부에게 교리수업을 받고 빌렘을 수행해 해주·옹진 등을 순회하며 전교활동도 벌였다. 황해도 여러 지역을 순회하면서 전교 활동을 하던 안중근은 일반 대중들의 교육수준이 저급하다는 것을 생생하게 지켜봤다. 이들을 깨우치기 위한 문명개화적 교육의 필요성도 절실히 느꼈다. 그래서 안중근은 1899년경 '천주교대학' 설립운동을 전개했다. 천주교신앙과 문명개화를 위해 학교를 설립하고자 했던 것이다. 그러나 외국인 신부와 주교들은 이를 단호하게 거부했다. 뮈텔G. Mutel(한국명 민덕효) 주교를 비롯한 천주교 신부들은 대학 설립을 반대했다. 한국인이 학문을 하게 되면 믿음이 나빠진다는 이유 때문이었다. 안중근은 대학 설립의 승낙을 얻고자 계속 설득했지만 끝내 외국인 신부들의 마음을 돌리지 못했다.

그때 교회는 점차 확장되어 교인 수가 수만 명에 이르렀고, 황해도에만 여덟 분의 선교사가 머물고 있었다. 나는 그때 홍 신부(빌렘 신부–필자주)에게서 프랑스말을 몇 달 동안 배웠다. 그리고 홍 신부에게 이런 의견을 말했다.

"지금 한국의 교인들은 학문에 어두워 교리를 전도하는데 어려움이 적지 않습니다. 따라서 나라의 앞날은 말하지 않아도 짐작할 만합니다. 민 주교(뮈텔 주교–필자주)에게 말씀드려 서양 수사회에서 박학사 몇 분을 청하여 대학교를 세운 다음, 나라 안의 유능한 자제들을 뽑아 교육시킨다면 몇십 년이 지나지 않아 반드시 큰 효과가 있을 것입니다."

계획을 세운 다음에 홍 신부와 함께 곧 서울로 올라가 민 주교를 만나보고 그 의견을 제시했으나 민 주교는 이렇게 말하는 것이었다.

"만일 한국인이 학문을 배우게 되면 천주교를 믿는 데 소홀해질 것이니 다시는 그런 말을 하지 마시오."

나는 두 번, 세 번 권고해보았으나 끝내 들어주지 않음으로 어찌할 수가 없어 고향으로 돌아왔다. 그러나 분함을 참을 수가 없어 마음속으로 "교의 진리는 믿을지언정, 외국인의 마음은 믿지 않겠다"고 맹세했다. 그리고 프랑스말을 배우던 것도 중단하고 말았다.[5]

5 안중근, 앞의 책, 40쪽.

외국인 신부와 주교는 한국인들에게 천주교신앙은 가르쳐도 교육은 시키려 하지 않았다. 오히려 동포들의 참상을 지켜본 안중근의 학교설립 제안을 냉정하게 거부했다. "학문을 배우게 되면 천주교를 믿는 데 소홀해진다"는 납득하기 어려운 이유 때문이었다.

한국인들의 근대화 내지 변화에 대한 프랑스 신부들의 부정적 시각을 확인한 안중근은 이후 외국인 신부들에 대한 강한 불신을 갖게 되었다. 오로지 전교에만 관심을 가졌던 외국인 신부들의 종교적 가치관과 자신의 민족적 의식 사이에는 커다란 차이가 있음을 명맥하게 확인할 수 있었던 것이다. 그는 천주교의 진리는 믿을지언정 외국인 신부들의 심정은 믿을 것이 못 된다고 판단하기에 이르렀고, 그로 인해 빌렘 신부로부터 수개월 동안 배우던 프랑스말도 중단하고 말았다.[6]

안중근은 프랑스어 공부를 중단한 것과 관련해 뒷날 자서전에서 다음과 같이 썼다.

벗이 묻기를 "왜 배우지 않는가" 하기로, 대답하기를

---

6 장석흥, 〈안중근의 대일본인식과 하얼빈 의거〉, 《교회사 연구》 제16집, 2001, 39~40쪽.

"일본말을 배우는 자는 일본의 앞잡이가 되고, 영국말을 배우는 자는 영국의 앞잡이가 된다. 내가 만약 프랑스말을 배우게 되면 프랑스의 앞잡이가 되지 않을 수 없을 것이니 이를 폐하였다. 만약 우리 한국이 세계에 떨친다면 온 세계 사람들이 한국말을 배우게 될 것이다"라고 했다. 그는 아무 말도 하지 못하고 물러갔다.

안중근에게 천주교대학 설립 좌절은 깊은 충격이었다. 이로 인해 안중근은 외세에 대한 강한 거부감을 갖게 되었다. 나라는 점차 기울어가고 있는데 백성들은 배우지 못해 그런 사정조차도 모르고 있었다. 안중근은 몇 해 뒤 결국 학교를 설립했다. 청년들을 깨우쳐 나라의 독립을 지키기 위해서는 학교가 필요하다고 믿게 된 것이다.

안중근은 '천주교대학' 설립 문제로 주교와 신부들을 불신하게 되었지만 천주교 자체를 부정하거나 신앙생활을 게을리하지는 않았다. 그의 신앙생활은 죽는 날까지 변함이 없었고, 차츰 사회성과 역사의식과 접목되기에 이르렀다.

아버지 안태훈 형제들의 신앙에 대한 열정도 대단했다. 이들은 청계동에 상당한 규모의 성당을 세웠다. 그리고 1898년 4월, 빌렘 신부를 초청해 성당을 맡겼다. 청계동 성당은 황해도에서 두 번째로 큰 규모의 성당이었다. 이후 청계동 성당은 황해도 포교사업의 지휘부와 같은 역할을 담당했다.

해서교안으로 탄압받아

안태훈 일가의 헌신적인 지원으로 청계동 성당의 교세는 날로 확장되었다. 1898년에는 교인 수가 140명이었던 것이 1900년에는 25개 공소에 영세 신자 800여 명, 예비 신자 600여 명으로 급격히 증가했다. 1902년에는 영세 신자가 1200여 명이었는데 인근에 사는 신도들까지 모여들어 대성황을 이루었다. 주일 예배 때는 성당 안으로 들어가지 못한 신도들이 마당에 가득 찰 정도였다. 이처럼 놀라울 정도의 교세 신장에는 안태훈의 열정과 안중근의 전도가 크게 기여했다. 관리들의 가렴주구에 시달리던 인근 백성들이 안씨 가문과 외국인 신부의 보호를 받기 위해 신자가 된 경우도 없지 않았을 것이다.

청계동 성당의 교세가 크게 늘어나고 빌렘과 안태훈이 지역 주민들의 신망을 받게 된 데는 또 다른 계기가 있었다. 1897년 11월 어느 날 뮈텔 주교가 청계동을 찾는 길에 신천군(청)을 방문했는데 그때 군수가 직접 나와 영접한 것이 주위에 알려지면서 천주교의 위상이 더욱 높아진 것이다.

안태훈과 천주교의 위상이 강화될수록 정부기관의 감시와 질시도 심해졌고 마침내 해서교안海西敎案이 일어났다. 1890년부터 황해도 지역에 천주교도가 급속히 증가하면서 관리들의 박해가 심해지자 교도들이 반발한 것이다. 3년여 동안 교도들의 반발이 계속되자 이 지역의 천주교 본부 역할을 하던 안태훈 형제에게도 고난이 닥쳤다.

신천군 일대에서 천주교도와 지방정부의 마찰이 일어날 때마다 안태훈, 안태건, 빌렘 신부는 거의 매번 주역 역할을 했다. 안태훈이 동학농민운동 때의 악행 때문에 신천군 감옥에 갇히자 빌렘 신부가 군수에게 항의하여 안태훈을 석방시켰다. 또 안태훈은 "천주교 신자가 되면 빌렘 신부를 통해 관청에 대항할 수 있는 강력한 보호를 받을 수 있다"며 해주민들을 상대로 전교 활동을 펼치다 해주 감영에 투옥되었는데, 이때도 빌렘 신부의 도움으로 풀려났다.

1899년 2월, 안태건은 빌렘 신부와 함께 무리 100여 명을 거느리고 안악 군아에 돌입해 도적혐의로 구금된 천주교도 3인을 석방시켰다. 이때 안태건의 요청으로 범죄에 가담한 사람들을 대질 신문한 결과 천주교도들의 범법행위가 드러났다. 그러나 안태건은 천주교도들의 무죄를 고집하며 자의로 죄수를 데리고 나갔다.

마침 이날은 장날이라 그 사건을 목도한 많은 이들이 안태건의 무법행위를 개탄했다고 한다. 또 1903년 1월 15일에 조선정부는 군아에 난입하여 군수를 협박하고 행패를 부린 천주교도 6인을 잡으러 갔다가 오히려 사로잡혀 무수히 구타당한 순검들에게 "다시 오면 결단코 목숨을 보존하기 어려울 것이다"고 협박한 빌렘 신부의 소환을 청하는 조회문을 프랑스 공사관에 보냈다. 이처럼 서양 신부를 배경으로 하는 천주교도들의 토호 활동은 대한제국 정부의 반발을 초래했다.[7]

안태훈 가문과 천주교 세력 그리고 정부 사이의 갈등은 날이 갈수록 심화되었다. 정부는 사핵사 이응익을 파견해 그동안의 분쟁 과정을 자세히 조사했다. 이응익은 고종황제에게 올린 보고서에서 안태훈 형제와 빌렘 신부 등을 체포할 것을 건의했다.

이번 교도들의 소요는 옛날에 없던 변고로, 무리를 모아 각각 교파를 세우기도 하고, 관청에서 하는 것처럼 송사를 처결하기도 하며, 형구를 만들어놓고 평민들을 못살

---

7 오영섭, 《한국 근현대사를 수놓은 인물들》 1, 경인문화사, 2007, 253~254쪽, 재인용.

게 굴기도 하고, 사사로이 사람들을 잡아들여 남의 재산을 빼앗기도 하였고, 심지어 땅주인을 위협하고 관청에서 보낸 사람에게 대항하여 쫓아내기까지 하는 등 극도에 달하였습니다. 안태건은 교사敎士라는 신분을 이용하여 사람들을 억누르고 무기를 가진 사람들을 모집하여 제 몸을 보호하고, 이용격은 이웃 고을에까지 호령하며 노약자들에게까지 형벌을 가하였습니다. 무리를 모은 것이 무슨 의도였겠습니까.

이들은 마치 강도들과 흡사하고 명분 없는 재물을 모은 것이 남의 집 재산을 도적질하는 것보다 심했습니다. …… 안태훈은 청계동 와주라는 말을 듣고 있는 자로 황해도의 두목으로 지목을 받고 있는데 아직도 잡히지 않고 있으니 끝내 관대히 용서해주기는 어렵습니다. …… 이른바 홍 교사洪敎士라는 자는 프랑스 사람인데 청계동에 살고 있습니다. 8~9개 고을들이 모두 그의 소굴이 되고 6~7명의 교사가 그의 손발이 되었습니다.

전도를 핑계로 연줄을 맺고 폐단을 키우고 있으며, 행정에 간섭하지 않는 것이 없습니다. 소송도 그가 직접 판결하고 손을 묶고 발에 형틀을 채우거나 무릎을 꿇리는 형벌을 평민에게 함부로 시행했습니다. 이는 천하의 법률을 남용한 짓으로 우리 나라와 프랑스 양국 간의 조약에도 실려 있지 않은 바입니다. 또 곽 교사라는 자는 홍 교사의 못

된 짓을 본떠 행하고 있습니다. 이런 자들을 그대로 놓아
둔다면 후환이 있을까 두렵습니다. 외부로 하여금 프랑스
공사관에 공문을 보내 두 사람을 잡아다 조사하고 그 나라
의 율례에 따라 심리하고 판결하게 하는 것이 진실로 사리
에 부합될 것입니다.[8]

관리들이 천주교를 탄압하기 위해 작성한 보고서이긴 하
지만, 안태훈 일가가 세력을 믿고 지방에서 다소 행세를 했던
것 같다. 조선정부는 1899년 3월 안태건을 구속했지만 빌렘
신부의 노력으로 간신히 풀려났다. 그러나 안태훈 일가의 시
련은 계속되었다.

안중근은 아버지와 삼촌이 관가에 끌려가는 등 어려움에
처하게 되자 서울로 뮈텔 주교를 찾아가 구원을 요청하는 등
몇 해 동안 '해서교안'에 매달려 바쁜 나날을 보냈다. 이 시기
에 안중근의 신앙심은 크게 높아졌다. 그렇다고 안중근이 교
리나 맹신하는 사람은 아니었다. 천주교를 탄압하는 관리들
이나 심지어 빌렘 신부의 오만무례한 행위를 심하게 규탄하
기도 했다. 이 무렵 안중근의 활동 중에서 몇 가지 사례를 살
펴보자.

---

8 《승정원일기》, 1903년(음) 6월 30일, 《고종실록》, 1903년 8월 21일자.

금광의 감독이라는 자리에 있는 주 씨라는 사람이 천주교를 비방하고 다녀 그 피해가 자못 적지 않았다. 그래서 내가 대표로 주 씨가 있는 곳으로 파견되었다.

그에게 사리를 따져가며 질문을 하고 있는데 금광 인부들 사오백 명이 험악한 기세로 각기 몽둥이와 돌을 들고 옳고 그른 것을 따지기도 전에 나를 두들겨 패려고 나오니, 이것이 바로 법은 멀고 주먹은 가깝다는 경우였다.

다급해진 나는 다른 방도가 없어 오른손으로는 허리에 차고 있던 단도를 뽑아들고 왼손으로는 주 씨의 오른손을 잡고서 큰 소리로 꾸짖었다.

"네가 비록 백만 명의 무리를 가졌다고 해도 네 목숨은 내 손에 달려 있는 줄 알아라."

주 씨가 대단히 겁을 내며 둘러선 인부들을 물리쳐 내게 손을 못 대게 했다. 나는 주 씨의 오른손을 움켜쥔 채로 출입문 밖으로 끌고 나와 십여 리를 함께 간 다음에 그를 놓아 보내고 나도 무사히 돌아왔다.[9]

여기에서도 안중근의 상무적인 기풍과 의협심의 일면을 엿볼 수 있다. 그는 어떠한 위급한 경우에도 물러서거나 몸을 사리지 않았다. 다음과 같은 일도 있었다. 옹진군甕津郡에 사

---

9 안중근, 앞의 책. 40~41쪽.

는 교인 중의 하나가 서울의 중앙 대관大官에게 돈 5000냥을 빼앗긴 일이 있었다. 상대가 중앙의 고관인지라 교인은 돈을 빼앗기고도 하소연할 데가 없었다. 이를 알게 된 안중근은 서울의 대관 집에 찾아가 당당하게 이치를 따져 대관을 굴복시킨 다음 돈을 돌려주겠다는 확약을 받아내고야 말았다.

의협심과 정의감으로 사회문제 해결

빌렘 신부와의 충돌은 안중근의 의협심을 돌아보게 하는 하나의 '사건'이었다. 빌렘은 안씨 가문에 천주교를 전도하고 안태훈 일가가 군량미 사건으로 어려움에 빠졌을 때 이를 해결해주는 등 아주 절친한 협력관계에 있었다. 그런 사실 때문인지 빌렘은 때로 신부로서의 품위를 잃거나 한국인들을 무시하는 경우가 종종 있었다.

이에 분개한 안중근이 그 부당성을 제기하자 화가 난 빌렘은 안중근을 심하게 구타했다. 그러나 안중근은 물러서지 않고 사례를 일일이 들어 반박했다. 빌렘은 그제야 자신의 행동을 사과했다. 이처럼 안중근은 종교적 대행자라 할지라도 민족의식을 침해하는 경우에는 이를 단호히 배격하고 반드시 사과를 받아냈다. 다음과 같은 일도 있었다.

무술년(1898) 3월 어느 날 중근은 서울에서 동지 몇 사람과 함께 거리를 산책하고 있었다. 때마침 말을 타고 지나가던 한국 사람이 있었는데 어떤 일본 사람이 갑자기 나서더니 다짜고짜로 그 한국 사람을 잡아당겨 말에서 떨어뜨리고는 말을 빼앗아 가려 했다. 이 일을 목격한 중근은 큰 소리로 질책하여 왼손으로 그자의 멱살을 잡고 오른손으로는 권총을 꺼내어 그자의 복부를 겨누고, "나쁜놈의 자식, 감히 이런 불법 행실을 하다니. 말을 주인에게 돌려주면 너를 살려주고 그러지 않으면 죽일 테다"라고 호통쳤다. 일본 사람들은 주위를 돌아볼 뿐 겁을 먹고 감히 역성을 들지 못했다. 그자가 말을 돌려주겠다며 빌자 중근은 놓아주었다. 한국 사람들은 쾌재를 불렀으며, 중근의 이름을 알아보려는 자가 많았다.

기막힌 일이었다. 한국에 거류하는 일본 사람들은 백주에도 큰 도회지에서 곁에 사람이 없는 것처럼 공공연하게 이런 불법을 저지르고 다녔다. 이것은 무엇 때문인가 하면 우리의 민심을 떠보려는 짓이었다. 본시 일본이 남의 나라를 먹으려 꾀할 때는 임기응변의 교활한 모략과 빈틈없는 계책을 쓴다. 무릇 타국에 사는 일본인은 상하귀천을 막론하고 모두 정치적 두뇌를 가진 자들이어서 행상꾼이든 노동자든 약장사든 매음녀든 할 것 없이 모두가 정탐꾼질을 했다. 이런 자들은 암암리에 국정을 탐지하며 민심을 떠보고는 정계政界에 제공했던 것이다. 이 어찌 무서운 일이라 하지 않겠는가.

　그때 만일 중근이 나서서 일본인의 횡포한 기세를 꺾지 않았더라면 그자는 기필코 한국 사람을 혈기 없고 고통당하는 형제를 모른 체하는 의리가 없는 자, 애국심과 적개심이 없는 자들로 여겼을 것이니, 이런 자들을 노리지 않고 누구를 노리냐고 생각했을 것이다. 그들은 강제로 물건을 뺏는 것으로부터 나아가서는 나라를 빼앗으려 할 것이니 이를 어찌 사소한 일이라 할 수 있으랴. 그자들 가운데는 한국 각지에서 이처럼 민심을 떠보는 수작을 하는 자들이 많았다. 안중근은 제 몸을 천백 쪽으로 쪼개어서라도 각지에서 고통당하려는 동포를 구하려 했다.

　중근의 가정은 본시 살림도 유족하였고 식구도 많았다. 그러나 그는 살림살이를 거들떠보지도 않고 날마다 각지의 유지有志들을 찾아다니며 상무주의를 제창했다. 다른 사람 돕기를 목마른 자 물 생각하듯 하는 성품이어서 그들 가운데 가난한 자가 있으면 중근은 가산을 탕진해가면서라도 도와주려 했으며, 좋은 무기가 있으면 전답을 팔아서라도 사들였으니 살림살이가 점점 궁해졌지만 중근은 조금도 아랑곳하지 않았다.[10]

━━ 10　박은식,《안중근전》, 60~61쪽.

안중근의 의협심과 정의감은 각종 자료에서도 드러난다. 안중근이 여순감옥에서 집필한 자서전에는 젊은 날의 혈기방장한 여러 가지 활동상이 담담하게 기술되어 있다. 안중근의 이와 같은 행동철학은 천주교신앙과 사상에서 싹튼 것이다. '사람이 의롭게 살지 않으면 유한한 삶은 부질없다'는 것이 안중근의 삶과 신앙의 지표였다. 다음은 돈독한 신앙심을 보여주는 두 편의 '신앙고백'이다.

아! 사람의 목숨이란 길어야 백년입니다. 또 어진 사람이나 어리석은 사람이나, 귀한 사람이나 천한 사람이나를 가릴 것 없이 누구나 알몸으로 이 세상에 태어났다가 알몸으로 저세상으로 돌아가는 것이니, 이것이 이른바 공수래 공수거空手來空手去라는 것입니다.

세상 일이라는 것이 이다지 헛된 것인데, 그런 줄 알면서도 왜 허욕의 구렁텅이에서 허우적거리며, 악한 일을 하고도 깨닫지 못하는 것입니까? 나중에 뉘우친들 무슨 소용이 있겠습니까?

만일 천주님의 상벌도 없고, 또 영혼도 몸이 죽을 때 따라 없어지는 것이라면, 잠깐 머물다 가는 이 속세에서 부귀영화를 꾀함직도 합니다. 그러나 영혼이란 죽지도 않고 사라지지도 않는 것이며, 천주님의 지극히 높은 권한도 불을 보듯이 명확한 것이므로 그런 영화는 덧없는 것

일 뿐입니다.[11]

저 하늘과 땅과 해와 달과 별과 같은 넓고 큰 것과, 날고 달리는 짐승들, 온갖 식물들, 이러한 기기묘묘한 만물이 어찌 지은이 없이 저절로 생성될 수가 있겠습니까? 만일 저절로 생성된 것이라면 해와 달과 별이 어떻게 어김없이 운행되며, 봄·여름·가을·겨울이 어떻게 틀림없이 질서 있게 돌아갈 수 있겠습니까?

집 한 칸, 그릇 한 개도 만든 사람이 없으면 생겨날 수 없는데, 하물며 물과 땅 위의 그 수많은 기계들이 주관하는 사람이 없다면 어떻게 저절로 운전될 수가 있겠습니까?

그러므로 믿고 안 믿고는 보고 못 본 것에 달린 것이 아니라, 이치에 맞고 안 맞고에 달린 것입니다.

이러한 몇 가지 증거를 들어, 지극히 높은 천주님의 은혜와 위엄을 확실히 믿어 의심하지 아니하고, 몸을 바쳐 봉사하며, 만약의 사태에 대비하는 것이야말로 우리 인류의 당연한 본분인 것입니다.[12]

11 박은식, 앞의 책, 36쪽.
12 박은식, 앞의 책, 37쪽.

안태훈의 천주교 입교 시기 재론

안중근의 생애에서 천주교 입문은 '획기적'이라 할 만큼 대단한 사건이었다. 안중근 일가는 천주교 입교를 통해 세계와 민족을 만나게 되었고 신앙생활에서도 항상 의로움을 추구하며 행동윤리로 삼았다. 아버지가 '정의'를 가훈으로 내걸고 가정을 일군 것이 안중근에게 이어지고 승화되었다고 할 수 있다. 그래서 안중근 일가의 천주교 입교 시기는 대단히 중요하다. 안중근의 사상형성을 이해하기 위해서다.

일반적으로는 앞에서 지적한 대로 안태훈이 1896년 10월 군량미 사건으로 피신했을 때 프랑스 선교사들의 보호 아래 있으면서 그들을 통해 천주교 신앙에 대해 알게 된 것으로 전해진다. 그후 안태훈은 입교를 결심하고 많은 천주교 서적을 가지고 청계동으로 돌아왔는데 이때를 천주교 입교의 시점으로 보고 있다. 당시 안태훈이 가져온 서적은 《교리문답》과 《12단》 등 120권의 천주교 관련 서적이었다. 그러나 안태훈이 종현성당에 체류하기 전에 이미 천주교를 받아들였다는 주장도 있다.

안태훈이 천주교를 종교로 받아들인 시점은 적어도 1896년 1월, 단발령이 내린 무렵인 것으로 보인다. 즉 그는 1896년 1월, 단발령으로 전국이 들끓고 있을 무렵, 거병하자는 김구의 제안을 "천주교나 봉행하다가 후일에 견기見機하야 창의를 하겠으나"라고 거절했다. 그리고 이때 안태훈은 개화나 천주교에 대한 관심을 '단발'로 표출하기도 했다. 이는 안태훈과 고능선이 결정적으로 노선을 달리하는 계기가 되었다. 김구도 안태훈을 빗대어 같은 민족인 동학도를 토벌하고 양이의 서학을 한다고 불만을 토로하며 청계동을 떠나기로 결심했다.[13]

신진 안중근 연구가 신운룡은 "안태훈이 천주교에 관심을 갖기 시작한 것은 1895년 7월 이전의 일이고 천주교를 종교로 받아들인 시점은 단발령을 내린 1896년 1월경으로 보는 것이 옳을 듯 싶다"[14]고 말한다.

안중근의 경우, 아버지에게서 자연스럽게 천주교를 전수

13 신운룡, 〈안중근의 민족운동연구〉, 2007, 17쪽.
14 신운룡, 앞의 글, 17쪽.

받았지만 그의 신앙심은 부친의 개종에 따라 갖게 된 것은 아니었다. 그의 천주교신앙은 모태신앙이라 할 정도로 독실하고 돈독했다.

안중근의 입교는 가톨릭 가정에서 출생한 것에 의한 귀속적인 것도, 또 강렬한 종교적 경험에 바탕을 둔 개종도 아니었다고 할 수 있다. 그가 가톨릭신앙을 갖게 된 것은 부친의 개종에 따른 하나의 부수적인 결과였으며, 개종의 동기 또한 세속적인 것과 상당한 관련을 맺은 것이라고 할 수 있다. 그러나 이러한 한계성에도 불구하고 교회 활동에 대한 참여가 늘어남에 따라 그의 신앙과 영성은 놀랄 만한 성장을 나타내기 시작했다.[15]

신앙심이 깊어가면서 안중근은 교인들이나 일반 백성들에게 천주를 믿을 것을 권했다. 다음은 여순감옥에서 회상한 설교의 머리글이다.

대개 천지간 만물 가운데 오직 사람이 귀하다고 하는 것은 흔히 신령하기 때문이오. 혼에는 세 가지가 있는데, 첫째는 생혼生魂이니 그것은 금수의 혼으로서 능히 생장

━━ **15** 정인상, 앞의 글, 89쪽.

하는 혼이오. 둘째는 각혼覺魂이니 그것은 금수의 혼으로서 능히 지각知覺하는 혼이오. 셋째는 영혼靈魂이니 그것은 사람의 혼으로서 능히 생장하고 능히 도리를 토론하고 능히 만물을 맡아 다스릴 수 있기 때문에 오직 사람이 가장 귀하다는 것이오.

사람이 만일 영혼이 없다고 하면 육체만으로는 짐승만 같지 못할 것이오. 왜냐하면 짐승은 옷이 없어도 추위를 나고 직업이 없어도 먹을 수 있고 날 수도 있고 달릴 수도 있어 재주와 용맹이 사람보다 낫기 때문이오.

그러나 하많은 동물들이 사람의 절제를 받는 것은 그것들의 혼이 신령하지 못하기 때문이오. 그러므로 영혼의 귀중함은 이로 미루어서도 알 수 있는 일인데 이른바 천명의 본성이란 것은 그것이 지극히 높으신 천주께서 사람의 태중에서부터 부어 넣어주는 것으로서 영원무궁하고 죽지도 멸하지도 않는 것이오.[16]

안중근의 사상형성이 개화사상과 천주교사상의 수용을 통해 시작되었다고 보는 연구결과도 나타나고 있다.

안중근의 사상형성은 개화사상과 천주교사상의 수용

_____
16 안중근, 앞의 책, 33~34쪽.

을 통해 시작되었다고 볼 수 있다. 이 두 가지 사상의 접촉
을 통해 안중근은 근대 민족의식과 민권의식을 확립할 수
있었으며, 이 사상은 항일독립운동으로 실천되어 의병독
립전쟁과 이토 암살 등을 가능하게 했던 것이다.[17]

천주교가 안중근과 안태훈 가문에 미친 영향에 대한 연구
결과도 나왔다.

1900년 전후 안태훈 가문에게 천주교는 긍정·부정의
이중적 영향을 미쳤다. 먼저 긍정적 영향으로는 그들이 천
주교 신앙을 통해 점차 상무적 무반기질과 현세적 공리성
과 세속성을 벗어던지고 종교적 경건성과 순수성을 지닌
애국집단으로 변신했을 뿐 아니라 천주교를 가져온 프랑
스 신부들을 통해 서양의 근대 사상과 문물을 자연스럽게
수용했다는 점을 들 수 있다.
부정적 영향으로는 그들이 프랑스 신부들에게 의지해
가문의 세력을 유지하고 확대하는 동안 제국주의 세력의
침략적 속성을 정확히 파악할 수 없는 한계를 지니게 되었
다는 점을 들 수 있다. 이러한 이율배반적인 양면성은 당
시 서양 종교를 신봉했던 모든 한국인들에게 동일하게 적

---

17 정인상, 앞의 글, 89쪽.

용되는 것이었다.

그러나 다른 가문과 달리 안태훈 가문은 일본제국주의의 침략논리와 식민통치를 적극 옹호하거나 묵인했던 프랑스 신부들과 밀착해 있었기 때문에 이러한 양면성이 더욱 선명히 드러날 수밖에 없었다. 따라서 안태훈 가문으로서는 프랑스 선교사의 제국주의적 속성을 분명히 깨닫는 한편, 천주교 신앙과 근대적 민족주의 사상을 합일시켜 나가야 하는 어려운 과제를 안게 되었다.[18]

---

18 오영섭, 앞의 책, 247쪽.

제 4 장

민권·민족의식에 눈뜨고 구국운동 나서

그렇지 않습니다. 그것은 하나만 알고 둘은 모르시는 말씀입니다. 백성이 없으면 나라가 어떻게 있을 수 있으며, 더구나 나라란 몇 명의 대관들의 나라가 아니라 당당한 2000만 민족의 나라입니다. 국민이 국민된 의무를 다하지 않으면서 어떻게 민권과 자유를 얻을 수 있겠습니까? 그리고 지금의 민족세계에서 어째서 한국 민족만이 남의 먹이가 되어 앉아서 멸망하기를 기다려야 한단 말입니까?

- 안중근

러일전쟁 와중에 한국 침탈한 일제

한반도를 둘러싼 주변 정세는 급격하게 변하고 있었다. 청일전쟁에서 패배한 청국은 열강에 의한 세계분할의 마지막 무대가 되고, 중국에서 이권을 얻으려는 국제적인 대립은 날로 격화되어 갔다. 러시아는 동청철도 부설권, 여순·대련 조차권을 차지하고 조선에 대한 일본의 우위를 위협했다. 이로 인해 두 나라 사이에는 날카로운 대립이 벌어지게 되었다.

국제 정세는 영미일을 축으로 하는 해양 세력과 러시아, 프랑스를 축으로 하는 대륙 세력 간의 대치 양상을 띠고 있었다. 일본은 조선에서 친러파인 명성황후를 시해하는 을미사변을 일으켜 반일감정이 격화되는 등 수세에 처하게 된 반면, 러시아는 친러정권을 성립시킨 데 이어 만주에 출병해 청국과 비밀협약을 맺었다. 또 압록강 하류 용암포를 점령해 포대를 쌓고 극동총독부를 세워 남하정책을 추진했다.

러시아의 남하정책에 위협을 느낀 일본은 1904년 2월 러시아에 최후통첩을 하고 선전포고도 없이 인천에 정박 중인 러시아 군함을 격파하는 한편 여순항의 러시아 함대를 기습 공격했다. 러일전쟁의 단초를 연 것이다.

러일전쟁의 기미가 보이기 시작하자 대한제국 정부는 국 외중립을 선언했다. 그러나 일본은 이를 무시하고 전쟁이 시 작되자 재빨리 서울에 군대를 진주시킨 후 한일의정서를 강 제로 체결했다. 한일의정서는 일본군의 한국 내 전략 요충지 수용과 군사상의 편의 제공을 강요하는 내용이었다. 이 조약 을 빌미로 일제는 광대한 토지를 군용지로 수용했으며, 각종 철도 부설권도 군용 명목으로 가로챘다.

러일전쟁에서 일본군은 이듬해 1월 여순을 함락하고 3월 에는 봉천에서 러시아군을 격퇴했다. 해전에서도 일본 연합 함대가 러시아의 발틱함대를 격파했다. 이로써 일본은 전쟁 의 승기를 잡게 된다. 1905년 1월 러시아는 자국 내 군대반란 과 농민폭동으로 정국이 혼란에 빠졌고 일본도 전력이 고갈 되었다. 그리고 8월, 미국의 루즈벨트 대통령의 중재로 두 나 라는 포츠머스에서 강화회의를 열고 휴전했다.

러일전쟁의 결과 일본은 남만주로 진출하고 러시아에게 서 조선의 독점적 지배를 인정받는다. 여기에 1905년 10월, 러일전쟁 종전 직후 일본 가쓰라 총리와 미국 루즈벨트 대통 령의 특사 태프트 육군장관이 조선을 일본의 손아귀에 넘기 는 내용의 비밀협약을 맺었다. 이 '가쓰라-태프트 밀약'은 미국의 필리핀 지배를 일본이 인정한다는 내용을 전제로 하고 있었다. 미국은 "일본이 조선에 대한 보호권을 확립하는 것이 러일전쟁의 논리적 귀결이며, 극동의 평화에 직접 공헌할 것으로 인정한다"면서 조선을 식민지화하려는 일본의 침략 정책을 묵인하고 방조했다. 이로써 한반도는 일제의 독무대가 되고, 1905년 11월 17일 조선의 외교권을 박탈하는 을사늑약이 강제로 체결되었다. 을사늑약은 사실상 대한제국의 국권을 탈취하는 조약이었다.

망국 위기에 계몽운동 나서다

러일전쟁이 일어나고 국운이 기울어가는 국망지추에 안중근은 20대 중반의 청년이었다. 안중근은 《황성신문》《대한매일신보》《제국신문》과 미국에서 나온 《공립신문》 등의 논설을 통해 내외정세의 변화를 예의주시하는 한편 《태서신사泰西新史》를 비롯해 각국의 역사책을 탐독하면서 민족의 진로를 심각하게 걱정하고 있었다.

러일전쟁을 지켜보던 안중근의 마음은 착잡하기 이를 데 없었다. 안중근은 신문과 세계 여러 나라의 사정이 담긴 책을 통해 국내외 정세의 흐름을 어느 정도 파악하고 있었고, 이 전쟁의 목적이 한국을 가운데 놓고 서로 먹겠다고 벌이는 쟁투라는 사실도 알고 있었다.

청일전쟁 와중에 친일단체 일진회를 비롯한 부일배들이 일본의 승리를 위해 발벗고 나섰다. 이들은 러일전쟁에서 일본의 승리를 기대하며 일본군에 군수품 운송을 지원하는 등

협력을 아끼지 않았다. 일반인들에게 영향력이 컸던 면암 최익현 등 유림계의 거두들도 일본군을 지지하면서 러시아 세력을 물리쳐야 한다고 외치고 있었다.

이런 상황에서 안중근도 러일전쟁에서 일본이 승리하기를 바랐던 것 같다. 당시 러시아가 영토야욕을 보이면서 한반도를 위협하자 일반 민심이 일본이 승리하기를 바라는 쪽으로 기운 것이다.

사실 안중근은 러일전쟁 때까지 일본제국주의 침략의 실상과 본질을 명확하게 인식하지 못했던 것으로 보인다. 러시아가 남하해서 만주 일대를 점령해 군사를 두고 또 여순항을 군항으로 삼아 한반도를 위협하는 상황에서, 한국이 자력으로 러시아의 침략을 막아내기 어렵다고 봤던 것이 사실이다. 그래서 러일전쟁을 일본이 한국을 대신해 러시아와 싸운 것으로 인식하기도 했다. 이 무렵 그는 외세의 침략 가운데 러시아를 가장 경계했다. 그것은 그의 표현대로 '백색인종'에 대한 경계심이기도 하지만, 러시아가 한반도에 침략하게 되면 한국의 처지가 더욱 어려워질 것으로 판단했기 때문이다. 러시아는 서유럽 제국주의 열강 가운데 유일하게 우리와 영토를 맞대고 있었으므로, 러시아의 남하정책은 한국의 위협으로 직결되었던 것이다.[1]

안중근은 10.26의거 뒤 집필한 《동양평화론》에서 러시아의 남하정책을 다음과 같이 비판하고 있다.

러시아는 동양 함대를 조직하고 프랑스, 독일과 연합하여 요코스카 해상에 진입하여, 일본이 청일전쟁의 대가로 빼앗은 요동반도를 청국에 반환할 것과 배상금을 삭감할 것을 요구해왔다. 표면에 나타나고 있는 러시아의 움직임은 천하의 공법을 따르는 정의의 사도처럼 보이나 그 내면에는 사람의 심술보다 더한 것이 도사리고 있었다.

러시아는 몇 해도 못 가서 교활한 수단으로 여순구를 조차해 군항을 확장하고 철도를 건설하기에 이르렀다. 러시아인은 수십 년 이래 봉천 이남의 대련·여순·우장牛莊 등의 따뜻한 항구를 한 곳이라도 차지하려는 욕심이 불과 같았으나 감히 손을 뻗치지 못하고 있었다. 그것은 청국이 영국, 프랑스 양국으로부터 천진을 침범당하고 관동의 각 요새에 신식 병기를 설치하고 경계를 강화한 때문이었다. 그러던 차에 이때를 절호의 기회로 삼은 것이다.[2]

안중근은 러일전쟁이 발발하기 전까지는 특별히 배일사

1 장석흥, 〈안중근의 대일본 인식과 하얼빈 의거〉, 《교회사 연구》 제16집, 한국교회사연구, 2001, 41쪽.
2 안중근, 〈동양평화론〉, 《안중근 전기 전집》, 195쪽.

상을 갖고 있지 않았다. 이것은 10.26의거 뒤의 신문조서에서
도 그대로 드러난다. 그는 "실제 한국 인민은 일러 전역 전까
지는 호개好個의 친우로 일본을 좋아했고, 한국의 행복으로
믿고 있었다. 우리들 따위도 결코 배일사상 같은 것은 가지고
있지 않았다"[3]라고 진술했다.

안중근의 배일사상은 러일전쟁 과정에서 일본의 한국지
배 야욕을 꿰뚫어보면서 싹트기 시작했다. 일본이 러일전쟁
을 도발한 것이 결코 한국을 도와주기 위해서가 아니고, 한국
을 집어삼키고 대륙침략의 발판으로 삼고자 한 것임을 간파
한 것이다.

일제의 한국침략 야욕은 날이 갈수록 심해졌다. 1904년 6월
에 일본은 한국정부에 황무지개척권을 요구했다. 한국에 온
일본인들의 횡포도 심해지기는 마찬가지였다. 그러자 러시아
의 침략을 우려해 일본에 우호적이던 여론이 반일로 돌아섰
다. 이 무렵 일본의 침략에 대항하기 위해 일부 유지들이 보
안회輔安會를 창립했다. 1904년 7월 13일, 심상진 등이 중심
이 되어 조직한 단체다.

안중근은 보안회의 취지에 찬동하고 입회하기 위해 서울
로 올라가 보안회 사무실을 방문했다. 그는 자신의 신분을 밝
히고, 보안회 간부들에게 한국침략의 선도자인 하야시 곤스

---

3 〈안응칠 신문조서〉, 《한국독립운동사 자료》 6, 244쪽.

케林權助 대리공사와 부일배를 처단할 것을 제안했다.[4]

　　명치 38년(1905) 신조약 체결시 경성으로 나가 유생 등
이 창설한 보안회에 가서 그 회會의 수령을 찾아가 해회該
會의 주의 방침을 따지고 그 부진함을 타매하고 또한 말하
기를 "나에게 지금 결사의 부하 50명이 있다. 만약 보안회
에서 결사대 20명을 모아 아我와 일을 같이하게 된다면 경
성에 있는 일한 관리를 도살하고 나아가 일본으로 건너가
일본 당무자를 암살하여 그 압박을 면케 하는 것은 손바닥
을 뒤집는 것보다 쉽다"고 말했으므로 동회 수령이 이를
질책하고 방축放逐한 일이 있다.[5]

　　안중근은 일본의 침략에 위기감을 느끼며 마침 뜻을 같이
할 것으로 보이는 보안회를 찾아가 '의거'를 제안했지만 보안
회 수령은 이를 받아들이지 않았다. 이때부터 안중근은 혼자
서라도 목숨을 걸고 부일배와 일제침략자들을 처단하겠다는
결심을 하고 기회를 엿보기 시작했다. 그는 이미 뜻을 함께하
는 '결사부하' 50명도 거느리고 있었다.

　　이것이 바로 한국의열투쟁사의 효시다. 학계에서는 대체
적으로 의열투쟁의 효시를 1907년 나철 등의 을사오적 처단

▬▬ **4**　신운룡, 〈안중근의 민족운동연구〉, 2007, 26쪽.
▬▬ **5**　안중근, 《안응칠 역사》, 53쪽.

시도로 잡고 있지만 이보다 약 2년 앞선 1904년 안중근의 하야시와 부일세력 처단 구상을 의열투쟁사의 효시로 볼 수 있을 것이다. 그의 의거도 바로 이러한 의열투쟁 구상의 연결선상에서 이루어진 것이라고 할 수 있다.[6]

안중근은 국내에서 발행되는 《대한매일신보》와 《황성신문》 등 우국지사들이 만든 신문을 읽고, 외국에서 들어온 각종 역사책을 읽으면서 내외의 정세변화를 소상히 알고 있었다. 그리고 자신이 나라를 위해 무엇을 해야 할 것인가를 생각했다. 그러나 큰 기대를 걸고 찾아갔던 보안회 수령들을 만나보고는 실망하지 않을 수 없었다. 그는 여기서 다시 한 번 부일배와 일제침략자들을 처단하고자 결심하게 된다. 그리고 이러한 결심은 이후 안중근 사상과 행동의 핵심을 이룬다.

━━ **6** 신운룡, 앞의 글, 26~27쪽.

아버지와 망명계획 세우고

러일전쟁에서 승리한 일제는 전광석화식으로 을사늑약을 체결하고 한국병탄의 수순을 밟아갔다.

해가 가고 달이 바뀌어 1905년 을사乙巳년이 되었다.

인천 항만에서 일본과 러시아 두 나라의 대포 소리가 크게 울리며 동양에 일대 사건이 터지게 되었다는 소식이 들어왔다.

홍 신부가 한국의 장래가 위태롭게 될 것이라고 탄식하기에 내가 왜 그렇게 되느냐고 물으니 홍 신부가 말했다.

"러시아가 이기면 러시아가 한국에 대한 권리를 주장할 것이요, 일본이 이기면 일본이 한국을 관할하려 들 테니 어찌 위태롭지 않은가?"

그때 나는 날마다 신문과 잡지와 각국 역사를 열심히 읽고 있었기 때문에, 지나간 과거와 현재와 미래의 일을 예측할 수 있었다.

러일전쟁이 강화하여 끝난 후, 이토 히로부미가 한국으로 건너와서 정부를 위협해 5조약을 체결하니 삼천리강산과 2000만 인심이 마치 바늘방석에 앉은 것 같이 불안했다.

이런 일을 당하자 아버님께서는 마음의 울분을 참지 못해 병이 더욱 깊어졌다. 나는 아버님과 은밀히 상의했다.

"일본과 러시아가 개전할 당시에 일본의 선전포고문 가운데는 동양의 평화를 유지하고 한국의 독립을 굳건히 하겠다는 말이 있습니다. 그런데 이제 와서 일본이 그 같은 신의를 저버리고 야심적인 책략만을 자행하고 있으니, 이것은 모두 일본의 대정치가라는 이토의 정략 때문입니다. 먼저 강제로 조약을 맺고, 다음에는 뜻있는 사람들의 모임을 없앤 다음, 강토를 삼키려는 것이 나라를 망치는 지금의 새 법입니다. 그러므로 만일 속히 계획을 세우지 않으면 큰 화를 면할 길이 없을 것입니다. 그런데 어찌 속수무책으로 앉아서 죽을 때만을 기다린단 말입니까? 그러나 지금 의거를 일으켜 이토의 정책에 반대한다 한들 일본과 우리의 힘에 차이가 있으니 부질없이 죽음만 당할 뿐 아무런 이득이 없을 것입니다. 요즈음 들리는 말에 의하면 청나라 산동山東과 상해 등지에 한국인이 많이 살고 있다 하니 우리 집안도 모두 그곳으로 옮겨가 적당한 곳에 자리를 잡은 후, 앞뒤 방책을 꾀해보는 것이 어떻겠습니까? 제가 먼저 그곳으로 가서 살펴본 뒤에 돌아올 테니 아버님께서는 그동안에 은밀히 짐을 꾸려 식구들을 데리고 진남포로 가서 기다리시다가 제가 돌아온 다음에 다시 의논해서 결행하는 것이 어떻겠습니까?"

이렇게 부자 사이에 계획이 정해졌다.[7]

을사늑약으로 한국의 국권이 왜적의 손아귀로 넘어가자 안중근은 해외 이주를 결심한다. 해외로 나가서 의병을 모아 독립을 쟁취하려는 생각이었다. 연구가들은 안중근의 생애를 다음과 같이 몇 단계로 나눈다.

1897년 그의 나이 18세에 이르러 천주교 세례를 받기 전의 단계와 이후 사회활동을 전개하는 두 번째 단계로 크게 구분될 수 있다. 이중에서 두 번째 단계는, 첫째 1897년부터 1905년 말 을사늑약이 체결되면서 상해 여행을 하고 돌아오기 전까지 주로 향리에서 활동하던 시기, 둘째 1906년 3월 진남포로 이주한 이후 1907년 10월까지 애국계몽운동과 식산진흥운동, 국채보상운동에 참여하던 시기, 셋째 1907년 10월 북간도로 망명한 이후 1910년 3월

7　안중근, 앞의 책, 55~56쪽.

26일 32세의 나이로 순국할 때까지로 구분될 수 있다.[8]

안중근은 을사늑약 직후인 1905년 말, 가족이 망명해 독립운동을 전개할 곳을 찾기 위해 먼저 답사차 중국으로 건너갔다. 먼저 산동 지역 등지를 두루 답사하고 상해로 갔다. 상해는 일찍부터 국제무역 중심의 해양도시로서 치외법권이 인정되는 조계지租界地가 있는 도시였다. 또 세계 각국의 상인과 외교관들이 내왕하면서 문물이 풍성하고 국제적인 여론형성과 정보수집에 유리한 곳이었다. 상당수의 한국인도 이주해 터를 닦아 살고 있었다.

---

8 조광, 〈안중근의 애국계몽운동과 독립전쟁〉, 71~72쪽.

상해 한국 재산가들에게 실망

안중근은 낯선 이역에서 동포들이 사는 곳을 찾아 여러 날 동안 그들을 만났다. 그리고 망해가는 고국의 소식을 전하고 국권회복에 함께 나설 것을 설득했다. 그러나 대부분의 동포들은 별로 관심을 보이지 않았다. 안중근은 크게 실망했지만 동포들을 만나는 일을 멈추지 않았다.

어느 날 안중근은 대한제국의 대신 출신 민영익閔泳翊을 찾아갔다. 민영익은 민씨 정권의 핵심인물로서 1883년에 전권대사로 미국을 다녀오기도 했다. 그는 러일전쟁 후 상해로 건너가 그곳에서 부유한 생활을 하고 있었다.

민영익을 찾아갔더니 문지기 하인이 문을 닫고 대감께서는 한국인을 만나지 않는다며 들여보내지 않았다.

그래서 그날은 그냥 돌아갔다가 다음날 두세 번 더 찾아갔으나 전날과 마찬가지로 만나는 것을 허락하지 않으

125

므로 나는 크게 꾸짖었다.

"그대는 한국인이 되어가지고 한국 사람을 만나지 않는다면 어느 나라 사람을 만난단 말인가? 더구나 한국에서 여러 대에 걸쳐 국가의 녹禄을 먹은 신하로서 이같이 어려운 때를 만나 전혀 동포를 사랑하는 마음 없이 혼자만 베개를 높이 하고 편히 누워 조국의 흥망을 잊어버리고 있으니 세상에 이런 일이 어찌 있을 수 있단 말인가? 오늘날 우리나라가 위급해진 것이 모두 그대와 같은 대관들 때문이지 민족의 허물 때문이 아니라는 것을 알기에 부끄러워 만나지 않는다는 것인가?" [9]

민영익에게서 실망한 안중근은 서상근徐相根이라는 상인을 찾아갔다. 서상근은 사과司果 감리監理 등을 지낸 인물로 인천에서 부자로 알려져 있었다. 그러나 이용익과 쌀장사를 하다가 충돌하자 상해로 망명했다. 안중근은 그에게 국내 정세를 설명하고 나라를 구할 방도를 물었다. 그리고 설득에 나섰다.

"나에게 한국의 일은 이야기하지 마시오. 나는 일개 장사치로서 몇십만 원이 넘는 돈을 정부 고관에게 빼앗기고

9 안중근, 앞의 책, 56~57쪽.

몸을 피해 여기까지 왔소. 더구나 국가의 정치야 우리 같은 백성에게 무슨 상관이 있단 말이오?"

나는 웃으며 말했다.

"그렇지 않습니다. 그것은 하나만 알고 둘은 모르시는 말씀입니다. 백성이 없으면 나라가 어떻게 있을 수 있으며, 더구나 나라란 몇 명의 대관들의 나라가 아니라 당당한 2000만 민족의 나라입니다. 국민이 국민된 의무를 다하지 않으면서 어떻게 민권과 자유를 얻을 수 있겠습니까? 그리고 지금의 민족세계에서 어째서 한국 민족만이 남의 먹이가 되어 앉아서 멸망하기를 기다려야 한단 말입니까?"

"그대의 말이 옳기는 하나 나는 단지 장사꾼으로 입에 풀칠이나 하면 족하니 나에게 다시 정치 이야기는 하지 마시오."

두세 번 더 설득해보았으나 전혀 반응이 없었다. 그야말로 쇠귀에 경 읽기였다.[10]

안중근은 상해에서 비교적 부유하게 살고 있는 두 사람의 언행에 실망이 이만저만이 아니었다. 안중근은 뒷날 이때의 심경을 《안응칠 역사》에서 다음과 같이 회상했다.

10 안중근, 앞의 책, 57쪽.

나는 하늘을 우러러보고, 우리 한국 사람들의 생각이 모두 이러니 나라의 앞날은 말하지 않아도 알 것 같다고 길게 탄식했다. 여관으로 돌아와 침상 위에 누워 이런 생각 저런 생각을 하니 착잡한 마음을 달랠 길이 없었다.

'민족'의 의미 헤아린 민족주의자

　여기서 우리가 그냥 지나칠 수 없는 대목이 있다. 안중근이 서상근에게 한 말이다. 안중근이 서상근을 찾아가 구국의 방책을 논의하고자 할 때 서상근이 구국운동이 장사꾼인 자신과는 아무 상관없다는 반응을 보이자 "국민이 국민된 의무를 다하지 않으면서 어떻게 민권과 자유를 얻을 수 있겠습니까? 그리고 지금의 민족세계에서 어째서 한국 민족만이 남의 먹이가 되어 앉아서 멸망하기를 기다려야 한단 말입니까?"라고 준엄하게 꾸짖었다.

　안중근은 이때 "지금은 민족세계" "한국 민족만이"라는 표현을 썼다. 이것은 안중근이 '민족'에 대한 근대적 의미와 가치를 명확히 인식하고 있었음을 보여준다. '민족'이라는 용어는 러일전쟁 중에 《황성신문》과 《대한매일신보》가 사용하기 시작하면서 일반적으로 알려지긴 했지만, 안중근이 사용한 용어와 그 안에 담긴 민족의식에 대한 의미와 가치는 각별한 듯하다. 다음은 신운룡 박사의 견해다.

그런데 여기에서 주목할 것은 안중근이 '민족'이라는
용어를 사용하고 있다는 것이다. 물론 이는 민족에 대한
논의가 활발하게 진행되고 있던 상황을 반영하고 있는 것
이지만[11] 그가 민족의 의미를 이해하고 있다는 증거다. 또
이는 그의 해외 이주 계획이 단순히 '해서교안' 이후 향촌
사회에서의 세력약화를 만회하기 위한 수단에서 나온 것
만은 아니었다는 것을 뜻한다. 말하자면 안중근은 해외 이
주 계획을 거시적 안목에서 민족의 장래문제와 결부해 고
려했던 것으로 볼 수 있다.

이와 같이 안중근의 민족의식은 어느 한 시기에 형성
된 것이 아니라, 한국근대사의 전개 과정에서 자연스럽게
이루어진 것으로 보인다. 또 그의 민족의식은 천주교와 결
합되어 의거로 이어졌다고 볼 수 있다. 물론 이는 당시의
민족에 대한 담론이 사회적으로 확산되는 가운데, 《대서
신사泰西新史》 등의 영향을 받으며 이론화되었을 가능성도
배제할 수 없다.[12]

---

[11] 한반도 주민집단을 의미하는 개념으로서 '민족'이라는 용어는 1904년 러일
전쟁 중에 황성신문 등의 언론에서 사용되기 시작해 보편화된 것으로 볼 수
있다(백동현, 〈러일전쟁 전후 '민족' 용어의 등장과 민족의식〉, 《한국사학보》 제
10호, 2001, 165쪽). 《황성신문》 등을 읽고 있던 안중근도 '민족'에 대한 개념
을 알고 있었을 것이다. 이러한 점이 서상돈과의 대화 속에서 드러난 것으로
보인다.

안중근의 민족의식은 일찍부터 가슴속에 자리 잡았다. 천주교를 믿으면서도 일부 신부와 선교사들의 우월의식 그리고 한국인들을 선교의 대상으로밖에 생각하지 않는 저들의 행태에 반항하면서 자아의식이 싹텄던 것이다. 특히 일본의 노골적인 국권침탈과 일본인들의 거들먹대는 행동에서 심한 모멸감을 느끼고 저항심과 민족의식을 갖게 되었다. 《황성신문》과 《대한매일신보》의 논설을 읽으면서 애국심과 민족정신은 더 자라났다.

---

12 박성수, 〈민족애난기의 기독교 신앙 ; 안 의사와 김구의 입교동기가 주는 교훈〉, 《광장》 109, 세계평화교수협의회, 1982, 52쪽.

국내 사명 깨닫고 귀국길에

안중근은 천주교당에서 오랫동안 기도를 드리고 나오다
가 우연히 신부 한 분을 만나게 되었다. 르각Le Ga(한국명 곽원
양) 신부였다. 프랑스 신부인 그는 몇 년 동안 한국에서 전도
활동을 하는 동안 안중근과 가깝게 지냈던 인물이다. 그는 홍
콩에서 한국으로 돌아가는 길이었다.

오랜만에 곽 신부를 만난 안중근은 그동안 일어났던 국내
사정을 말하고, 외국에 있는 동포들과 힘을 모아 의거를 시도
할 목적으로 상해에 왔다는 사실을 설명했다. 얘기를 다 듣고
난 곽 신부는 안중근이 고국으로 돌아가서 해야 할 일을 소상
히 일러주었다.

"첫째는 교육의 발달이요, 둘째는 사회의 확장이요, 셋
째는 민심의 단합이요, 넷째는 실력의 양성이다. 이 네 가
지를 확실히 이루기만 한다면 2000만 마음의 힘이 반석과

같이 튼튼해져서 비록 수천 수만 문의 대포를 가진 적일지라도 공격하여 깨뜨릴 수 없을 것이다. 사나이 한 사람의 마음도 빼앗기 어렵거늘 어떻게 2000만의 마음을 빼앗을 수 있단 말이냐? 그렇게 되면 강토를 빼앗겼다는 것도 형식적인 것이 될 것이요, 조약을 강제로 맺었다는 것도 종이 위에 쓴 헛된 글일 뿐이므로 그들의 일은 허사로 돌아갈 것이다. 그렇게 되는 날에는 사업을 이룰 수 있고 목적도 달성할 수 있을 것이다. 지금 내가 말한 방법은 세계 만국에서 모두 통하는 원칙이니 너에게 권유하는 것이다. 잘 생각해봐라."

그 말을 다 들은 후에 나는 대답했다.

"신부님 말씀이 옳습니다. 그대로 따르겠습니다."

안중근에게 있어서 천주교는 '운명적'이었다. 천주교를 통해 신앙심을 갖게 되었을 뿐 아니라 서양에 대해 그리고 민권의식이 무엇인지에 대해 배우게 되었다. 부친과 숙부들이 어려움에 처했을 때는 천주교의 힘을 빌려 벗어나기도 했다. 그리고 상해에서 동포들에게 크게 절망하고 있던 순간에 우연히 국내에서 가까이 지내던 프랑스 신부를 만나 고국에서 자신이 어떤 일을 해야 하는지에 대해 알게 된 것이다.

안중근은 1905년 12월, 행장을 꾸려 기선을 타고 진남포로 돌아왔다. 돌아와 가족의 소식을 알아보니 가족은 이미 청계동을 떠나 진남포로 이사를 와 있었다. 그러나 도중에 안중근의 아버지 안태훈은 병세가 악화되어 세상을 떠나고 말았다. 가족들은 안태훈의 영구를 모시고 청계동으로 돌아가 장례를 치렀다. 이 소식을 들은 안중근은 통곡을 하며 몇 번이나 까무러쳤다.

안태훈은 진남포로 이사를 오는 도중인 1905년 12월, 처가인 재령의 김능권金能權의 집에서 44세의 한창 나이로 사망했다. 1905년 12월은 을사늑약이 체결된 직후다. 안태훈은 군량미 사건으로 여러 차례 관가에 불려가 고초를 겪어 쇠약해진 몸으로 을사늑약이라는 청천벽력과 같은 소식을 들었고 이 충격으로 쓰러지고 만 것이다.

어느 자식에게 아버지가 소중한 존재가 아닐까마는 안중근에게 안태훈은 '정의'의 가치를 일깨운 스승이자 천주교 입교를 선도한 선지자였다. 정신적 지주였고 든든한 후원자이기도 했다.

이런 일이 있었다. 안태훈이 신병을 치료하기 위해 안악읍에서 청나라 의사의 치료를 받은 적이 있다. 그런데 무슨 이유인지 그 청나라 의사가 안태훈에게 행패를 부렸다. 가슴과 배를 발로 차서 크게 상처를 입힌 것이다. 하인들이 의사를 붙들고 때리려 하자 안태훈은 말리면서 이유가 무엇이든 의사를 때리면 세상의 웃음거리가 된다면서 그들을 제지했다.

친구에게서 이런 사정을 전해들은 안중근은 "아버님께서

는 대인으로서 행동을 지켜 그렇게 하셨겠지만, 나는 자식된 도리로 그냥 참고 지나칠 수가 없다. 마땅히 그곳으로 가서 잘잘못을 알아본 다음에 법에 호소해 그같이 행패하는 버릇을 고치도록 하겠다"고 다짐했다. 안중근은 그를 찾아가 강력하게 항의하고 청국 의사의 사과를 받아냈다. 아버지에 대한 효심과 정의감의 발로였다.

아버지의 사망 소식을 들은 안중근은 다음날 청계동으로 돌아갔다. 그는 상청을 차리고 재계를 지켜 며칠 뒤 상주로서 상례를 마치고, 그곳에서 가족들과 함께 겨울을 보냈다. 안중근은 이때 아버지의 상청 앞에서 평소 즐기던 술을 끊기로 결심했다. 그리고 대한이 독립하는 날까지 독립운동에 정진할 것을 다짐했다. 그는 이때의 금주 약속을 한 번도 어기지 않고 마지막 순간까지 굳게 지켰다.

동의학교와 삼흥학교 세워

언제까지나 아버지의 죽음에만 매달려 있을 수는 없었다. 안중근은 나날이 기울어가는 민족의 현실을 바라볼 때 청계동 산골에 계속 머물러 있는 것은 돌아가신 아버지의 뜻이 아니라는 것을 헤아리게 되었다.

해가 바뀌어 1906년이 되자 안중근은 가족을 이끌고 다시 진남포로 이사했다. 아버지의 산소를 남겨두고 청계동을 떠나는 안중근과 가족의 심사는 편치 않았다. 청계동은 안중근 가족에게 영예와 시련이 겹치는 제2의 고향이었다. 이곳에서 안씨 가문은 당당한 세가勢家로서 활동했고 동학농민혁명군과 대결했으며 군량미 사건으로 숱한 고초를 겪었다. 그런가 하면 천주교를 받아들여 이를 통해 가문이 근대적 서구문명을 접하고 신앙을 갖게 되었다.

당시 진남포는 상해로 가는 주요 거점이자 중국 상선이 수시로 드나드는 번창한 항구도시였다. 안태훈과 안중근이 처음에 상해 이주 계획을 세우면서 진남포를 택한 것은 이와 같은 지리적 이점 때문이었다. 그러나 이제는 상황이 달라졌다. 큰 버팀목이었던 안태훈은 이미 세상을 떠났고 안중근이 가족을 책임지게 되었다. 안중근은 진남포에 망명의 거점을 마련하고 교육구국운동과 배일 사회계몽운동을 펴나갔다.

안중근 가족은 진남포 용정동 36통 5호에 양옥 한 채를 마련하고 새로운 살림을 시작했다. 가장 먼저 한 일은 학교를 설립하는 교육사업이었다. 안중근은 진남포 천주교 복당에서 운영하던 돈의학교敦義學校를 인수해(학생 수는 50명 정도) 교장으로 취임했다. 그리고 천주교 신자들을 교육하던 돈의학교의 교과과정에 교련을 배정해 집총훈련을 시키는 등 구국영재 교육기관으로 탈바꿈시켰다. 또 6월에는 누대에 이어받은 가산을 정리해 영어를 가르치는 중등수준의 야학교인 삼흥학교三興學校를 설립해(학생 수 40명 정도) 청년들의 민족교육기관으로 육성했다. 삼흥학교는 얼마 뒤 오성학교五星學校로 이름을 바꿨다.

안중근은 돈의학교의 제2대 교장을 맡아 학생을 증모하고 교사를 증축하고 교사教師를 증원하는 등 학교운영에 열의를 보였다. 이때 그의 처남 김능권이 엽전 1만 5000냥을 기부해 삼흥학교의 교사校舍 마련을 도왔으며 그의 동생 안정근도 형의 뒤를 이어 오성학교에서 교육을 담당했음이 주목된다. 나아가 안중근은 1907년 4월경 교육구국을 목표로 뮈텔 주교에게 대학교 설립을 건의하기도 했으나 뮈텔 주교의 반대로 뜻을 이루지 못했다.[13]

안중근이 교육구국 사업을 벌인 기간은 1906년 봄부터 이듬해 8월 망명하기 전까지 1년여의 짧은 기간이었다. 하지만 이 시기에 안중근은 누대로 이어진 재산의 대부분을 교육사업에 투자하고, 학생들에게 신식 군사교련과 앞으로 우리나라가 자주독립국가가 되기 위해서는 서양을 알아야 한다는 신념에서 영어를 가르쳤다. 뮈텔 주교의 반대로 꿈을 이루지는 못했지만 오성학교를 통해 대학 설립운동을 벌이기도 했다. 이를 보면 안중근의 교육구국에 대한 열정이 어떠했는지를 알게 된다.

1914년 6월부터 8월까지 러시아 블라디보스토크에서 발행된 《권업신문》에 《만고의사 안중근전》을 쓴 독립운동가 계봉우桂奉瑀는 안중근의 생애를 다섯 가지로 나누어 평했다. 첫째는 상무가尙武家, 둘째는 대종교가, 셋째는 대교육가, 넷째는 대시가大詩家, 다섯째는 대여행가였다.[14]

■ **13** 오영섭, 〈안중근 가문의 독립운동〉, 32쪽.
■ **14** 계봉우, 윤병석 편역, 《만고의사 안중근전》, 《안중근 전기 전집》, 529쪽.

서북학회 그리고 국채보상운동에 참여

안중근에 대한 관심이 독립운동에만 맞추어지다보니 그가 교육구국운동이나 서우학회西友學會 또는 국채보상운동, 회사운영 등에 참여해 활동한 일은 잘 알려져 있지 않다.

안중근은 망명하기 전 교육구국운동을 전개하면서 서북지역 인사들의 계몽단체인 서우학회에 가입해 열심히 활동했다. 서우학회(뒤에 서북학회로 개칭)는 1906년 정운복(회장), 김영준(부회장), 박은식, 노백린, 안병찬, 안창호, 이갑 등이 중심이 되어 조직한 애국계몽운동 단체다. 안중근은 1907년 봄 제8회 회원으로 가입했다. 서우학회는 "생존경쟁과 우승열패의 진화론을 적극 수용해 '자보자전지책自保自全之策'을 강구하고자 하는 동포와 청년의 교육을 계도면려하여 인재를 양성하고 중지衆智를 계발함으로써 국권을 회복하고 인권을 신장시킨다"[15]는 취지를 내걸고 동포들의 계몽과 교육운동을 전개했다. 서우학회의 등장으로 기호학회, 호남학회, 관동학회, 국민교육회 등이 조직되었으며 일제의 병탄에 반대투쟁을 벌였다. 서우학회에 참여한 인사들은 서북 지역에서 민족운동을 주도하는 사회 명사들이었다. 안중근은 28세의 젊은 나이에 당대 명사들과 어깨를 나란히 하고 배일구국운동을 전개했다. 1907년 봄에는 아버지의 친구 김 진사의 도움으로 서울에서 몇 개월을 보내는 동안 안창호, 이동휘, 김종한 등과 사귀기도 했다.

그는 1907년 5월 안창호, 이갑, 유동열, 노백린, 이동휘, 이종호 등과 함께 서울 동문 밖 삼선평三仙坪에서 열린 서우학회 친목회에 참석했고, 진남포에서 안창호의 구국연설을 듣고 그에게 인사를 드렸을 뿐 아니라 러시아 망명 전에는 그와 함께 수차 '배일연설'을 하기도 했다. 이처럼 중앙에서 활약 중인 계몽주의 계열의 민족운동가들과 단기간의 교유를 통해 안중근은 약육강식하는 동아 정세와 세계대세를 파악하는 동시에 한국의 자주독립을 위한 급진적 의열투쟁의 필요성을 깨닫게 되었음은 물론, 이전에 《대한매일신보》나 《황성신문》을 통해 막연하게 구상하고 있던 동양평화론에 대한 논리를 체계화하는 데 커다란 도움을 받았을 것이다.[16]

■■■ 15 〈본회취지서〉, 《대한매일신보》, 1906년 10월 16일자.

안중근이 교육구국운동과 서우학회의 애국계몽운동에 참여해 활동할 때 국채보상운동이 일어났다. 일제는 1904년 이른바 고문정치를 실시한 이래 한국경제를 파탄에 빠뜨려 일본에 예속시키기 위한 방법으로 일본에서 거액의 차관을 들여왔다. 도입된 차관은 침략을 위한 경찰기구의 확장과 일본 거류민 시설 확충에 투입되는 등 통감부가 마음대로 사용했다. 그 결과 외채가 엄청나게 불어나 정부 재정으로는 도저히 갚을 길이 없었다.

그러자 국채를 갚지 않고는 나라를 지킬 수 없다는 자각이 민중 사이에 널리 퍼졌다. 이에 1907년 대구에서 서상돈, 김광제 등이 중심이 되어 국채보상회를 발기해 국민대회를 여는 등 활동을 시작했다. 《황성신문》《대한매일신보》《만세보》등 각종 신문이 여기에 호응해 적극 참여함으로써 이 운동은 불길처럼 번져나갔다. 담배를 끊고 돈을 낸 사람, 금은 패물을 모아 바친 사람도 있었다. 심지어 기생들까지 애국부인회를 만들어 의연금을 모았다.

안중근도 국채보상운동에 적극 참여했다. 당시 평안도에 머물고 있던 안중근은 국채보상기성회의 관서지부장을 맡았다. 안중근은 먼저 아내에게 장신구 전부를 헌납케 하고, 일반 민중들의 참여를 호소했다. 평양에서는 선비 1000여 명을

■■■ **16** 오영섭, 앞의 글, 33쪽.

명륜당에 집합시켜 취지를 설명하고 성금을 모았다. "안중근이 1907년 2월 평양 명륜당에서 뜻있는 선비 1000여 명을 모으고 의연금을 크게 거두었으니 이것은 나라를 사랑하는 충성이니라"[17]라는 기록도 전한다.

국채보상운동은 삼흥학교의 교원과 학생들 그리고 일반인들에게까지 확대되었다. 《대한매일신보》는 삼흥학교의 교원과 학생들이 34원 60전의 국채보상 의연금을 냈다고 보도했다. 안중근은 뒷날 《안응칠 역사》에서 국채보상운동과 관련해 다음과 같이 기술했다.

이때를 당하여 일반 한인이 발기한 국채보상회는 앞을 다투어 돈을 내는 사람이 많았다. 그것을 본 일본 형사 한 명이 와서 그 형편을 알아보고 묻기를,

"회원은 몇이나 되며 재정은 얼마나 모았는가?"라고 했다.

내가 대답하기를,

"회원은 2000만 명이고 재정은 1300만 원을 모은 다음에 보상하려 한다"고 했다.

"한인들은 하등한 사람인데 무슨 일을 할 수 있겠는가"라고 하기에 내가 이르기를,

■■ 17 계봉우, 앞의 책, 521쪽.

"부채라는 것은 갚아야 하는 것이요, 급채라는 것은 갚지 않아도 되는 것인데 무슨 불미한 일이 있을 수 있겠는가. 이 같은 시샘을 하지 말라"고 했더니 그 일본인은 화가 나서 나를 쳤다. 내가 이르기를,

"이처럼 까닭 없이 욕을 본다면 2000만 겨레가 더 많은 압제를 면치 못할 것이니 어찌 이와 같은 나라의 수치를 달게 받을 수 있겠는가?" 하고 분함을 참을 수 없어 마주쳤더니 옆에서 보고 있던 사람들이 가운데 들어 화해를 시켜 서로 헤어졌다.

학교를 운영하고 국채보상운동을 전개하는 동안 안중근의 재산은 거의 바닥이 났다. 구국운동을 하기 위해서는 자금이 필요했다. 그래서 경비를 마련하고자 이해 7월 한재호, 송병운 등과 평양에서 미곡상과 삼합의三合義라는 무연탄 판매회사를 차렸다. '삼합의'란 3인이 설립한 공동체라는 뜻이지만, 서로 간의 불화와 일본인의 방해로 실패하고 말았다. 안중근은 이 일로 수천 원의 재산상의 손해를 보고 정신적인 충격을 받았다.

안중근은 《안응칠 역사》에서 "그 무렵 나는 재정을 마련해볼 계획으로 평양으로 가서 석탄광을 캐었는데 일본인의 방해로 수천 원이나 손해를 보았다"라고 썼다.

안중근의 '삼합의 실패'와 관련해 일본 측의 정보자료에

는 간도 망명을 위해 기금을 마련하고자 회사를 처분한 것이라고 기록되어 있다. 어느 것이 사실이든, 안중근은 일제의 간섭으로 국내에서 사업이나 활동을 더 이상 유지하기 어렵다는 사실을 깨닫게 되었다. 그래서 망명을 앞당기기로 했다.

제 **5** 장
구국의 꿈을 안고 고국 떠나 의병 창설

한 번에 이루지 못하면 두 번, 두 번에 이루지 못하면 세 번, 그렇게 네 번, 열 번에 이르고, 백 번을 꺾여도 굴함이 없이 금년에 못 이루면 내년, 내년에 못 이루면 후년, 그렇게 십 년 백 년이 가고, 또 만일 우리 대에서 목적을 이루지 못하면 아들 대, 손자 대에 가서라도 반드시 대한국의 독립권을 회복하고야 말리라는 각오가 있어야 한다.

— 안중근, 〈의병출전 격려사〉

군대 해산 과정 목격

안중근은 회사를 정리하고 어느 정도 자금을 마련한 후 망명준비에 들어갔다. 교육계몽활동이나 국채보상운동 수준으로는 일제침략 세력을 몰아낼 수 없다고 판단하고 망명을 서두른 것이다.

을사늑약을 체결하는 등 한국침략의 일등 공신인 초대 통감 이토 히로부미는 헤이그특사 사건을 빌미로 1907년 7월 3일 고종황제를 강제 퇴위시켰다. 그리고 순종을 등극시켜 한일신협약(정미7조약)을 맺었다. 일본이 한국에 대한 통제를 더욱 강화하고자 맺은 한일신협약은 '한국정부는 제반 시설개선에서 통감의 지도를 받을 것, 법률제정과 중요한 행정상의 처분은 통감의 승인을 받을 것, 고등 관리의 임명은 통감의 동의를 받고 통감이 추천한 일본인을 한국 관리에 임명할 것' 등을 골자로 한 협약이다. 이로써 일본은 한국의 내정에 대한 감독권을 장악하게 되었다.

그뿐이 아니다. 정미7조약의 시행규칙에 대한 비밀협정서에는 한국 군대의 해산, 사법권과 경찰권의 위임, 일본인 차관의 채용 따위가 들어 있었다. 이에 따라 한국정부에 들어와 실권을 장악한 일본인 고위관리는 1907년 당시 경찰을 제외하고도 2080명에 이르렀다. 이들의 급료는 모두 한국정부의 재정으로 충당되었다.

일제의 쇠사슬은 계속 이어졌다. 신문지법과 보안법을 공포해 언론출판에 족쇄를 채우고 집회와 결사를 원천적으로 차단했다. 또 의병투쟁을 봉쇄하기 위해 총포 및 화약단속법을 만들었고 '한국주차 헌병에 관한 건'을 제정해 일본 헌병의 경찰권을 강화하고 병력을 크게 늘렸다. 그리고 대한제국의 마지막 버팀목인 군대를 강제로 해산시켰다. 당시 구한국 군대는 서울에 주둔한 시위대 5개 대대와 지방에 주둔한 8개 대대가 있었다.

한국 군대를 한꺼번에 해산하면 반발이 생길 것이라 우려한 일제는 먼저 서울의 5개 대대를 해산시켰다. 그날이 1907년 8월 1일이다. 일제는 2000명의 조선 병사들에게 맨손 훈련을 실시하고 공로금을 지급한다고 속여 무장을 해제시킨 채 소집한 다음, 이들을 강제로 해산시켰다. 한국 군인들은 많은 수의 중무장한 일본군에 포위되어 있는 상태였다. 군대를 해산하는 명분은 경비가 없어서 더 이상 한국 군대를 유지하기 어렵다는 이유였다.

제1연대 제1대대장 박승환朴昇煥이 39세의 나이로 군대 해산 소식을 듣고 자결하자 병사 700여 명이 무장항쟁으로 일본군과 맞섰다. 한국 군인들은 기관총으로 무장한 일본군에 맞서 탄약도 얼마 없는 구식총으로 서울 남대문 등지에서 처절하게 싸웠다. 이날의 교전으로 남상덕 등 68명이 살해되고 100여 명이 부상, 500여 명이 포박되었다. 서울의 군대 해산과 항일전투 소식을 전해 들은 지방 진위대 군인들도 일본군과 싸웠다. 이들은 대부분 의병부대에 합류해 항전을 계속했다. 이것이 정미의병의 계기가 되었다. 안중근은 해외 망명을 결심하고, 서울에 올라와 명동성당 근처에 머물고 있을 때여서 마침 한국군이 일본군과 싸우는 처절한 모습을 지켜볼 수 있었다.

이때 안중근은 평양에 있다가 국변이 있다 함을 듣고 급히 경성에 들어와 남문 밖 제중원에 머물고 있었다. 이날 이 참상을 보고 어찌할 바를 몰랐다. 포성이 약간 멎으니 즉시 안창호, 김필순 그리고 미국 의사 몇 명과 함께 적십자표를 달고 싸움터에 뛰어들었고, 부상자를 부축해 들고 입원치료시켰다. 무려 50명이었다.[1]

1 박은식,《안중근전》, 윤병석,《안중근 전기 전집》, 289쪽.

안중근은 대한제국 군대가 해산되고 일본군과 전투를 벌인 그 현장을 목격하고 안창호 등과 싸움터에 뛰어들어 부상자를 입원시키는 등의 역할을 했다. 안중근은 의병투쟁, 무장독립전쟁의 필요성을 이때 다시 한 번 굳힌다. 해산된 군인들은 전국 각지에서 일어난 의병과 합세해 일본군의 토멸에 나섰다.

1908년 유학자 이인영을 총대장으로 한 13도창의군 1만여 명은 서울 동대문 밖 30리까지 진격했다. 그러나 총대장 이인영은 부친의 사망 소식을 듣고 지휘권을 군사장 허위에게 맡기고 고향으로 돌아갔다. 얼마 뒤 창의군은 일본군의 선제공격을 받고 패배하고 말았다. 이후 의병들은 각지에서 독자적으로 의병전쟁에 들어갔다. 전국 각지에서는 크고 작은 의병부대가 조직되었는데 1908년 당시 전국에는 의병장이 241명, 의병이 3만 1245명에 이르렀다.

이런 상황에서 안중근은 교육구국활동이나 국채보상운동에만 머무를 수 없었다. 계몽운동 수준으로는 국난을 극복하기 어렵다고 보고 의병항쟁을 통한 독립전쟁의 방략을 강구하기 시작한 것이다.

현대식 무기와 활·죽창의 대결

   안중근은 구한국군과 일본군이 싸운 모습과 전국 각지에서 전개된 의병전쟁을 지켜보면서 주변의 동지들에게 의병조직의 필요성과 국권수호의 방법을 다음과 같이 제시했다.

1. 일본 제국주의는 팽창과정에서 3국(청·러시아·미국)과 전쟁을 일으키게 될 것이다.
2. 3국 전쟁이 발발하면 일본은 힘들겠지만 한국은 국권수호의 기회가 될 것이다.
3. 한국민의 준비가 없으면 일본이 패전해도 한국은 또 다른 외국 도적의 손아귀로 들어가게 될 것이다.
4. 한민족은 의병을 일으켜 스스로 힘을 길러야 국권수호는 물론 독립을 공고히 할 수 있을 것이다.
5. 한민족은 스스로 힘을 길러 독립투쟁을 전개해야만 패전이라는 최악의 경우에도 세계 각국의 공론公論

으로 독립을 보장받을 희망이 있다.[2]

　일본군과 싸운 구한국군과 의병의 무기는 사정거리가 10보에 불과한 화승총이었다. 그마저도 비가 오거나 바람이 불면 사용할 수 없는 무용지물이 되었다. 대부분은 활이나 창, 심지어 죽창으로 '무장' 했다. 반면 일본군은 이미 동학농민혁명군을 학살할 때 사용한 스나이더 소총과 무리타 소총, 여기에 대포까지 갖춘 신식 군대였다. 무력으로는 비교가 되지 않았다. 이를 지켜본 안중근의 가슴은 천 갈래 만 갈래 찢어졌다.

　이 무렵(1907년) 안창호, 양기탁, 이동휘, 신채호 등 민족진영 인사들이 국내에서 비밀결사 신민회를 조직했다. 국권회복과 공화제 국민국가 수립을 궁극의 목표로 삼고 국민계몽, 인재양성, 경제적 실력양성을 추구하는 한편 해외의 독립군 기지 건설, 무관학교 설립 등을 실행하려고 했다. 1910년에는 회원이 800여 명에 이르렀다.

　신민회의 핵심인물이나 성격으로 볼 때 안중근도 참여할 만했는데도 안중근의 이름은 명단에서 찾아볼 수 없고 구체적 활동상도 보이지 않는다.

　지금까지의 자료에서는 안중근이 신민회 회원이었다

─── **2** 안중근, 《안응칠 역사》, 67쪽.

는 기록이 발견되지 않고 있어 분명한 사실을 밝힐 수 없다. 그러나 서북학회의 주요 인사들이 신민회에 망라되었고 또 신민회의 블라디보스토크 책임자인 이강李剛과 안중근이 그후 긴밀한 관계를 가진 것으로 보인다. 또 이러한 점으로 미루어, 안중근과 서울에서 구국전략을 협의하던 동지들이 신민회 계열의 인사들이 아니었나 추측된다.[3]

안중근의 신민회 참여 여부는 더 연구가 필요한 부분이지만, 안중근이 이토 히로부미를 처단한 뒤 안창호, 이동휘를 비롯한 신민회 간부들이 대거 구속되었던 점으로 볼 때 어떤 형태로든지 참여했을 가능성은 있어 보인다.

---

3 장석홍, 〈안중근의 대일본 인식과 하얼빈 의거〉, 76쪽.

1907년 8월 1일 고국 떠나

안중근이 국외에서 의병부대를 창설해 독립전쟁을 전개하기 위해 망명길에 오른 것은 1907년 8월 1일이다. 안중근은 서울에서 동지 김동억과 함께 부산으로 출발했다. 김동억과는 절친한 사이였으나 그의 부일성이 드러나 간도나 노령에서는 관계가 유지되지 않은 듯하다.[4] 안중근은 남문 밖 정거장으로 전송 나온 정근과 공근 두 동생에게 이렇게 당부했다.

지금은 우리들이 제 몸과 가족만 돌보고 있을 때가 아니므로 나는 집과 나라를 멀리 떠나 여러 곳으로 돌아다니며 나라 일을 위해 목숨을 바치기로 맹세하였다. 모사某事는 사람이 하는 것이지만 성사 여부는 하늘에 달렸으니, 내가 어찌 성사 여부를 미리 짐작할 수 있겠느냐? 옛적부

---

4 신용운, 〈안중근의 민족운동연구〉, 147쪽, 재인용.

터 꼭 성공할 수 있다 하여 사업에 착수한 영웅호걸이란
없다. 그들은 오로지 자기의 열성과 굳센 의지로 백번 좌
절당하여도 굽히지 않았으며 목적을 달성하지 않고서는
그칠 줄 몰랐다.

나 역시 그렇게 할 뿐이다. 우리나라 사회에서 가장 부
족한 것이 단합인데, 이것은 사람들이 겸손의 미덕이 적고
허위와 교만으로 일을 처리하며, 남의 위에 있기를 좋아하
고 남의 밑에 있기를 싫어하기 때문이다. 나는 너희들이
허심하게 좋은 것을 배워 익히고 자기를 낮추고 남을 존중
하며 사회에 해독을 끼치지 않기를 바란다.

삼흥학교는 힘써 유지하도록 해야 하며 실제 효과를
거두기 바란다. 하느님이 화禍를 내린 것을 후회하실 때면
우리들도 나라를 되찾을 날이 오게 될 것이고, 우리 형제
들도 다시 한자리에 모이게 될 것이다. 그러지 못한다면
나의 뼈를 어디서 찾을지 알 수 없을 것이다.[5]

안중근이 고국을 떠나기까지는 곡절이 적지 않았다. 우선
동생 정근이 이를 만류했다. 장남으로서 노모를 봉양해야 하
지 않겠느냐는 것이었다. 당시만 해도 아버지가 돌아가시면
장남이 가장이 되어 가족을 부양하는 것이 당연한 책무였다.

---

5 박은식, 앞의 책, 73~74쪽.

빌렘 신부도 한사코 만류했다. 그는 정교분리의 원칙을 내세우면서, 조선의 힘으로는 강력한 일본을 막아낼 수 없다는 상황론을 펴면서 설득했다. 무엇보다 홀로 되신 어머니와 부인, 장녀 현생賢生, 장남 분도芬道, 갓 태어난 차남 준생俊生을 두고 기약 없이 떠나는 것은 쉬운 발걸음이 아니었다. 그 무렵 단재 신채호는 이때의 안중근의 심사를 헤아리기나 한 듯이 다음과 같은 글을 썼다.

누가 처자를 어여삐하지 않는 사람이 있겠는가마는, 열사烈士가 나라를 위함에는 가족까지 희생하는 법이니, 나라 사랑과 아내 사랑은 서로 같이할 수 없는 것이다.[6]

안중근은 고국을 떠나기 전 마지막으로 청계동을 찾아 부친의 묘소를 참배하고, 다니던 성당에 들러 빌렘 신부와 신도들에게 작별 인사를 했다. 진남포로 돌아와서는 정든 삼흥학교와 돈의학교의 교사, 학생들과 이별의 인사를 나누었다. 학교 운영은 정근, 공근 두 동생에게 맡겼다.

안중근이 망명을 앞당기게 된 데는 특별한 계기가 있었다. 안중근은 이 대목을 《안응칠 역사》에서 다음과 같이 썼다.

---

6 신채호, 《꿈하늘》.

어느 날 한 분이 나를 찾아왔다. 그의 기상을 살펴보니 위풍이 당당하여 자못 도인의 풍모가 있었다. 성명을 통해 보니 그는 김 진사金進士였는데 그는 다짜고짜 나를 충고하려 드는 말투였다.

"나는 본시 그대 부친과 친교가 두터운 사람이라 특별히 찾아온 걸세."

"멀리서 오셨는데 어서 여기 앉으셔서 좋은 말씀을 해 주십시오."

나는 자리를 권하면서 정중히 여쭈었다.

"그대의 기개를 가지고 지금 이같이 나라 정세가 위태롭게 된 때에 어찌 가만히 앉아서 죽기만을 기다리려 하는가?"

사뭇 나무라는 말투였다. 예사 분이 아니라는 직감이 들었다.

"무슨 계책이 있겠습니까?"

나는 간절한 심경으로 물었다.

"지금 백두산 뒤에 있는 간도와 러시아 영토인 블라디보스토크 등지에 조선인 백여만 명이 살고 있네. 그곳은 물산이 풍부하여 과연 한 번 살 만한 곳이네. 그러니 그대 재주로 그곳에 가면 뒷날 반드시 큰 사업을 이룰 것일세."

선생의 사업이란 말 속에는 나라를 위해 할 일을 함축하고 있었다.

"예. 가르치신 대로 하겠습니다. 정말 감사합니다."

김 진사는 이야기를 끝내고는 무언가 바쁘다는 듯이 총총히 사라지셨다.

'김 진사'라는 사람이 누구인지는 알려지지 않고 있다. 당시 우국지사 중에는 간도와 블라디보스토크 등지를 돌면서 의병투쟁을 하거나 해외 망명지를 물색하고 다니는 사람이 더러 있었다고 한다. '김 진사'도 그런 유형의 인물이었을 것이다. 안중근이 서둘러 고국을 떠나 망명길에 오른 것은 꼭 '김 진사'의 '재촉' 때문만은 아니었을 것이다. 그는 이미 떠나기로 결심을 하고 있었고, 머릿속에는 해외에서 전개할 의병전쟁의 밑그림이 어느 정도 그려져 있었다.

간도에서 다시 러시아로

간도에 도착한 안중근은 주로 천주교인의 집에 기숙하면서 동포들을 만나고 향후 계획을 구상했다. 간도에는 일찍부터 천주교가 전래되어 많은 동포들이 신자였고 상당한 영향력을 발휘하고 있었다. 간도는 빈곤과 일제 탄압의 이중고에 시달리던 동북 지역의 동포들이 건너와 척박한 땅을 개간하여 새로운 삶의 터전을 일군 곳이었다. 여기에 천주교가 들어와 용정에 교회당이 건립되고 선교사가 상주하면서 신도들이 늘어났다.

그렇지만 을사늑약과 더불어 용정에 조선통감부 임시 간도파출소가 설치되어 일본군이 주둔하면서 한국인들의 활동을 통제하기 시작했다. 일제가 청나라와 '간도협약'을 맺기 전이었지만 치안명목으로 일본군이 주둔한 것이었다. 일본군은 한인들을 감시하고 천주교를 탄압해 이들의 활동을 크게 위축시켰다. 이동녕, 이상설 등이 1906년 간도에 세운 서전서

숙도 일제의 압력으로 폐교되었다. 안중근이 서전서숙을 찾았을 때는, 그해 4월에 이상설이 헤이그특사의 정사로 임명되어 네덜란드로 떠난 뒤였다. 그래서 두 사람은 만나지 못했다.

그러나 안중근이 블라디보스토크에서 활동하던 1909년 여름, 두 사람은 만나게 된다. 안중근은 거사 뒤 여순감옥에서 일제로부터 신문을 받을 때 "동인同人의 포부는 대단히 크다. 세계대세에 통하고 동양의 시국을 간파하고 있다"고 말하고 "여러 차례 만나서 그의 인물을 보니 기량이 크고 사리에 통한 대인물로서 대신의 그릇됨을 잃지 않는다"[7] 라고 높게 평했다.

안중근이 3개월여 동안 체류하면서 지켜본 간도의 한인들의 생활은 비참하기 그지없었다. 청나라 관리들에게 들볶이고 일제 관헌들에게 탄압을 받았다. 게다가 마적들이 나타나 피땀 흘려 지은 곡식과 가축을 빼앗아갔다. 동포들의 의지처이던 천주교의 활동이 어려워지고 자제들의 민족교육을 담당했던 서전서숙도 폐교되었다.

간도에서 의병 조직이 어렵다고 판단한 안중근은 러시아령 블라디보스토크(해삼위)로 떠났다. 안중근은 간도를 떠나 종성과 경원에서 5~6일간 머문 뒤 국경지대 연추烟秋(크라스키노)에서 며칠을 보냈다. 포시에트에서 기선으로 블라디보

---

7 《일제 경경시境警視의 신문에 대한 안중근의 진술(제3회)》, 1909. 11. 28.

스토크에 도착한 것은 10월 20일경이다. 당시 블라디보스토크에는 한인 4000~5000명이 살고 있었다. 학교도 몇 곳이 있었고 청년회도 조직되어 활동을 하고 있었다. 안중근은 계동 청년회에 가입해 임시 사찰이란 자리를 맡았다.

블라디보스토크에 자리 잡은 안중근은 먼저 연해주 각지의 한인 마을을 순회하면서 동포들의 실정을 알아보았다. 그리고 이들에게 국내의 사정을 전하고 한인 집단거주지인 연추 지역뿐 아니라 하바로프스크 이북의 흑룡강 유역에 흩어져 살고 있는 한인 마을까지 두루 순방하며 애국계몽운동을 전개했다. 신변의 위험을 무릅쓰고 다니는 길이었다.

당시 연추라 부르던 크라스키노 지방에는 국내에서 일제와 싸우다가 북상한 유인석柳麟錫, 홍범도洪範圖 의병장이 이끄는 의병부대와, 이 지방 한인들이 스스로 조직한 의병부대가 있었다. 어느 지역보다 동포들이 구국의 열정에 깃들어 있는 곳이었다. 안중근은 이곳에 온 것을 감사하면서 활동을 시작했다.

그중에는 간도 관리사를 지내다가 러일전쟁 때부터 항일 의병부대를 이끌었던 이범윤李範允도 있었다. 그러나 안중근이 그곳에 도착했을 때는 의병활동이 중단된 상태였다. 이범윤은 러일전쟁에서 패한 러시아군이 귀환할 때 함께 러시아로 와 그곳에서 살고 있었다.

연해주 한인사회에는 최재형崔才亨도 있었다. 그는 함경북도 출신으로 1860년대 러시아에 이주하여 귀화한 인물로서 러시아 당국의 신임이 두터웠다. 그는 신망이 높고 재력이 넉넉해 한인 사회의 중심이 되었고, 의병의 독립전쟁을 적극 지원했다. 안중근은 11월 어느 날 이범윤을 찾아갔다. 함께 의병을 일으켜 일제와 싸우자고 제안하기 위해서였다.

"각하는 러일전쟁 때 러시아를 도와 일본을 쳤는데 그것은 하늘의 뜻을 어긴 것이라고 생각합니다. 왜냐하면, 그때 일본은 동양의 대의大義를 들어 동양평화의 유지와 대한의 독립을 굳건히 할 의사를 가지고 이를 세계에 선언한 다음 러시아를 물리쳤으므로, 이것은 하늘의 뜻에 순응하여 승리를 거두었다고 할 수 있기 때문입니다. 그러나 이제 각하께서 다시 의병을 일으켜 일본을 친다면 그것 또한 하늘의 뜻에 따르는 것이라고 할 수 있습니다.

왜냐하면, 지금 이토는 자신의 공을 믿고 망년되이 건방지고, 눈에 보이는 것이 없는 듯이 교만하고 극악해져서, 위로는 임금을 속이고 아래로는 백성을 함부로 죽이며, 이웃나라와의 의를 끊고, 세계의 신의를 저버려 그야말로 하늘의 뜻을 거역하여 오래갈 수 없기 때문입니다. 속담에 해가 뜨면 이슬은 사라지고, 달도 차면 반드시 기운다고 했습니다.

각하께서는 황상의 거룩한 은혜를 받고도 지금처럼 나

라가 위급한 때에 팔짱을 끼고 구경만 해서는 안 될 것입니다. 하늘이 주시는 것을 제때 받지 않으면 도리어 벌을 받게 된다는 것을 왜 모르십니까? 원컨대 각하께서는 속히 큰일을 이루시어 기회를 놓치지 말기 바랍니다."

"말은 옳지만 군자금이나 병기를 마련할 길이 전혀 없으니 어쩐단 말인가?"

"조국의 흥망이 오늘내일 하는데 팔짱을 끼고 앉아 기다리기만 하면 군자금과 병기가 하늘에서 떨어지기라도 한단 말입니까? 하늘에 순응하고 사람의 뜻에 따르기만 한다면 무슨 어려움이 있겠습니까? 이제 각하께서 의거를 일으키기로 결심만 한다면 비록 재주 없는 저지만 만분의 일이라도 힘이 되도록 노력하겠습니다."

그러나 이범윤은 망설이며 끝내 결단을 내리지 못했다.[8]

---

8 안중근, 앞의 책, 63~64쪽.

이범윤 등 만나 의병전쟁 설득 나서

안중근은 이범윤을 여러 차례 만나 다시 의병을 조직해 일제와 싸울 것을 설득했다. 그러나 이범윤은 거병하는 데 필요한 자금과 무기가 준비되지 않은 상태에서 섣불리 일어났다가는 인명만 희생된다는 신중론을 폈다. 그는 좀처럼 움직이려 하지 않았다. 그러나 안중근은 좌절하지 않고 이범윤을 꾸준히 설득하는 한편, 여러 지방을 순회하면서 많은 동포들을 만났다. 이 지역에서 발간되는 《공립신보》를 열독하면서 정보수집과 상황 인식도 게을리하지 않았다.

하루는 어떤 한인에게서 이유 없이 폭행을 당했다. 결국 그를 설득해 화해했지만 이로 인해 한 달 이상 귓병을 앓기도 했다. 엄인섭嚴仁燮과 김기룡金起龍 같은 좋은 동지들과도 만났다. 두 사람은 담력과 의협심이 뛰어난 청년들이었다. 안중근은 그들과 의형제를 맺었다. 엄인섭이 큰형, 안중근이 둘째, 김기룡이 셋째가 되었다. 엄인섭은 러일전쟁 때 러시아군에 공을 세워 러시아 정부로부터 훈장을 받은 인물로, 안중근과 함께 최재형 의병부대에 참전하기도 했다. 김기룡은 단지동맹의 일원이었다.

안중근은 한인 마을을 순회하면서 나라의 위급한 실정을 설명하고 의병으로 궐기해 왜놈을 몰아내자고 동포들에게 간곡하게 호소했다.

지금 한국의 삼천리강산 13도에서는 의병이 일어나지 않은 곳이 없습니다. 그러나 만일 의병이 패하는 날에는 슬프게도 저 간악한 도둑놈들은 옳고 그르고는 따지지도 않고 폭도란 이름을 붙여 한국 사람은 모두 죽일 것이요, 집집에 불을 지를 것이니, 그런 다음에 한국 민족이 된 사람들은 무슨 면목으로 세상에 나갈 수 있겠습니까?

따라서 오늘 국내외를 막론하고 한국인들은 남녀노소를 가릴 것 없이 총을 메고 칼을 차고 일제히 의거를 일으켜 이기고 지는 것과, 잘 싸우고 못 싸우고를 돌아볼 것 없이 통쾌한 한판 싸움을 벌여 천하 후세에 부끄러움이 없도록 해야 할 것입니다.

만일 이처럼 최선을 다해 싸운다면 세계열강의 공론도 없지 않을 것이므로 독립할 희망도 있을 것입니다. 그리고 일본은 앞으로 5년 안에 러시아, 청국, 미국 등 세 나라와 전쟁을 하게 될 것이니 그때가 한국에게는 좋은 기회가 될 것입니다. 그때 만일 한국인이 아무런 준비가 없다면 설사 일본이 진다 해도 한국은 결국 다른 도둑의 손아귀에 들어가게 될 것입니다.[9]

안중근의 설득은 주요했다. "여러분에게 묻겠습니다. 앉아서 죽기를 기다리는 것이 옳습니까? 분발하여 힘을 내는 것이 옳습니까?" 이러한 안중근의 호소와 설득에 많은 동포들이 뜻을 모았다. 그리고 많은 청장년들이 의병에 지원했다. 자원해서 출전하는 사람, 병기를 내놓는 사람, 군자금을 내놓겠다는 사람이 줄을 이었다.

당시 블라디보스토크 한인 사회에는 《해조신문海朝新聞》이 발행되고 있었다. "블라디보스토크(해삼위)에 살고 있는 조선인들이 만든 신문"이라는 뜻의 《해조신문》은 1908년 2월에 창간되어 같은 해 5월 26일까지 3개월 동안 총 75호가 간행되었다. 주로 러시아 지역에 거주하는 한인들에게 국권수호, 국권회복을 위한 독립운동단체의 통합, 민족의식의 고양, 청년자녀의 교육에 대해 강조하는 내용이었다. 사장 최봉준, 총무 겸 주필 정순만, 편집인 이강·이종운, 주필 장지연 등이 함께했다. 《해조신문》은 원산항을 통해 국내에도 배포되었는데 날카로운 항일 논조 때문에 빈번히 통감부에 압수되었다.

---

9 안중근, 앞의 책, 67쪽.

안중근은 1908년 3월 21일, 《해조신문》에 〈긔서〉라는 글을 발표했다. 의거 전에 발표한 몇 안 되는 글이라, 안중근의 사상을 아는 좋은 자료가 된다.

귀보의 논설에서 인심이 단합하여야 국권을 홍복하겠다는 구절을 읽으매 격절한 사연과 고상한 의미를 깊이 감복하여 천견박식으로 한 장 글을 부치나이다.

대저 사람이 천지만물 중에 가장 귀한 것은 다름이 아니라 삼강오륜을 아는 까닭이라. 그런 고로 사람이 세상에 처함에 제일 먼저 행할 것은 자기가 자기를 단합하는 것이요, 둘째는 자기 집을 단합하는 것이요, 셋째는 자기 국가를 단합하는 것이니 그러한즉 사람마다 마음과 육신이 연합하여야 능히 생활할 것이오. 집으로 말하면 부모처자가 화합하여야 능히 유지할 것이오. 국가는 국민상하가 상합하여야 마땅히 보전할지라.

슬프다. 우리나라가 오늘날 이 참혹한 지경에 이른 것은 다름이 아니라 불합병不合病이 깊이 든 연고로다. 불합병의 근원은 교오병驕傲病이니 교만은 만악의 뿌리라. 설혹 도적놈이 몇이 합심하여야 타인의 재산을 탈취하고 작비군도 동류가 있어야 남의 돈을 빼앗나니 소위 교만한 사람은 그렇지 못하여 자기보다 나은 자를 시기하고 약한 자를 능모하고 같이하면 다투나니 어찌 합할 수 있으리오.

그러나 교오병에 약은 겸손이니 만일 개개인이 다 겸손을 주장하여 항상 자기를 낮추고 타인을 존경하며 책망함을 참고 잘 못한 이를 용서하고 자기의 공을 타인에게 돌리면 금수가 아니거늘 어찌 서로 감화하지 않으리오.

옛날에 어떤 국왕이 죽을 때 그 자손을 불러 모아 회초리나무 한 뭇(묶음)을 헤쳐주며 각각 한 개씩 꺾게 함에 모두 잘 부러지는지라 다시 분부하여 합하여 묶어놓고 꺾으라 함에 아무도 능히 꺾지 못하는지라. 왕이 가로되 "저것을 보라. 너희가 만일 나 죽은 후에 형제간 산심散心되면 남에게 용이하게 꺾일 것이요, 합심하면 어찌 꺾일 것이오"라고 하였다 하니 어찌 우리 동포는 이 말을 깊이 생각하지 않으리오.

오늘날 우리 동포가 불합한 탓으로 삼천리강산을 왜놈에게 빼앗기고 이 지경 되었도다. 오히려 무엇이 부족하여 어떤 동포는 무슨 심정으로 내정을 정탐하여 왜적에게 주어 충의한 동포의 머리를 베어 왜적에게 바치는가.

통재 통재라, 분함이 철천徹天하여 공중에 솟아 고국산천 바라보니 애매한 동포가 죽는 것과 무죄한 조선의 백골을 파는 소리를 참아 듣고 볼 수 없네. 여보 강동(해삼위 지역, 저자) 계신 우리 동포, 잠을 깨고 정신을 차려 본국 소식 들어보오. 당신의 일가가 친척일가가 대한 땅에 다 계시고 당신의 조상 백골 본국강산에 아니 있소. 나무뿌리 끊어지면 가지를 잃게 되며 조상 친척 욕을 보니 이내 몸이 영화 될까 비나이다.

여보시오, 우리 동포. 지금 이후 시작하여 불합 이자 파괴하고 단합 두 급성急成하여 유치자질幼稚子姪 교육하고 노인들은 뒷배 보며 청년형제 결사하여 우리 국권 어서 빨리 회복하고 태극기를 높이 단 후에 처자권속 거느리고 독립관에 재회하여 대한제국 만만세를 육대부주 혼동하게 일심단체 불러보세.[10]

━━ 10 〈긔서〉,《해조신문》, 1908년 3월 21일자.

의병참모중장으로 출전

  안중근은 의병을 일으키기 위해 줄기차게 노력했다. 1908년
봄에는 회령으로 홍범도를 찾아가 만났다. 그러나 홍범도와의
연합작전은 일시 포기하게 되었다. 홍범도를 만나본 결과 시
세에 통하지 않고 무지하다는 것이 이유였다. 그런 평가에도
불구하고 홍범도는 산포수들을 동원해 산악지대에서 일본군
에 크게 타격을 준 대표적인 의병장이었다. 안중근은 다시 이
범윤을 만나 설득하고 최재형과 이위종과도 만났다.

  이범진의 아들 이위종은 헤이그특사의 일원으로 선발되
어, 1907년 헤이그에서 활동하다가 블라디보스토크로 돌아
와 항일투쟁을 준비하고 있었다.

  이 무렵 국경지대에서 의병활동이 활발하게 전개되면서
이범윤도 본격적인 의병전쟁 준비에 나섰다. 그러던 중 이범
윤은 의병전쟁을 준비한다는 이유로 러시아 당국으로부터 추
방 명령을 받았다. 이에 그는 훈춘의 산악지대에서 거병을 모

색했다. 최재형과 이위종도 각각 의병부대를 조직했다. 이범윤 세력과 최재형 세력은 일종의 파벌 싸움으로 한동안 깊은 갈등 관계에 있었다. 그러나 두 세력은 갈등을 뛰어넘어 결국 연합전선을 형성했다. 국권을 침탈하는 적진 앞에서 사소한 이해관계로 언제까지나 분열하고 있을 수는 없는 일이었다.

그리고 마침내 안중근의 서명도 포함된 '결의록'과 '동맹록'을 작성하고 총독 김두성金斗星, 대장 이범윤을 지도부로 하는 연합의병부대가 창설되었다. 총독 김두성이 누구인지는 아직까지 숙제로 남아 있다. 연합의병부대의 첫 자리를 차지한 위치로 볼 때 유인석으로 보는 견해가 유력하다(윤병석 교수). 이때 결성한 의병부대의 숫자는 정확하지는 않지만 약 4800여 명에 이른다는 기록이 있다. 안중근이 속한 최재형 세력의 도영장都營將은 함북관찰부 경무관 출신인 전제익이 맡았고 참모장은 오내범, 참모는 장봉한과 지운경이 각각 맡았다. 안중근은 우영장, 안중근과 의형제를 맺은 엄인섭은 좌영장이 되었다. 좌영과 우영에는 각각 3개 중대가 배치되었다. 소속 의병은 약 300여 명에 이르렀다. 안중근은 '10.26의거' 이후 자신의 공식 직함으로 내세운 '의병참모중장義兵參謀中將'에 선임되었다.

그때 김두성과 이범윤도 함께 의병을 일으켰는데 그들은 이미 총독과 대장으로 피임된 사람들이었고, 나는 의병참모중장에 피선되었다. 나는 의병과 병기들을 비밀리에 수송하여 두만강 근처에 모은 다음 그곳에서 큰일을 의논하기로 하였다.[11]

의병연합부대가 결성되는 데는 최재형과 이범진의 많은 지원과 지역 한인들의 모금 그리고 안중근이 여러 지역을 순회하면서 모금한 약 4000원의 기금이 큰 도움이 되었다. 100여 점의 총기도 마련되었다.

안중근은 의병참모중장이라는 중책을 맡아 의병들의 훈련과 사상교육에 열과 성을 다했다. 그러나 "이곳 사람들의 기질이 완고하여, 첫째 권력이 있거나 돈이 많은 사람, 둘째 주먹이 센 사람, 셋째 관직이 높은 사람, 넷째 나이 많은 사람을 높이 여겨, 나 같이 네 가지 조건 중에서 한 가지도 갖추지 못한 사람의 말은 따르려 하지 않았"[12]기 때문에, 이들의 정신을 바꾸고 전투원으로 육성한다는 것은 쉬운 일이 아니었다. 그러나 안중근은 멈추지 않고 이들을 설득하고 훈련시켜 혁혁한 의병으로 만들었다. 안중근은 의병에 참여한 동포들에게 일장의 훈시를 했다.

지금 우리의 병력은 200~300명밖에 안 된다. 적은 강

■■■ **11** 안중근, 앞의 책, 68쪽.
■■■ **12** 안중근, 앞의 책, 68쪽.

하고 우리는 약하니 적을 가벼이 여겨서는 안 된다. 더구나 병법에 이르기를 "아무리 백 번 급한 일이 있다 해도 반드시 만전의 방책을 세운 다음 큰일을 꾀해야 한다"고 했다. 우리들이 한 번의 의거로 성공을 거둘 수 없다는 것은 명백한 일이다.

그러나 한 번에 이루지 못하면 두 번, 두 번에 이루지 못하면 세 번, 그렇게 네 번, 열 번에 이르고, 백 번을 꺾여도 굴함이 없이 금년에 못 이루면 내년, 내년에 못 이루면 후년, 그렇게 십 년 백 년이 가고, 또 만일 우리 대에서 목적을 이루지 못하면 아들 대, 손자 대에 가서라도 반드시 대한국의 독립권을 회복하고야 말리라는 각오가 있어야 한다. 그렇게 해서 앞으로 나아가고 뒤로 물러나고, 급히 나가고 천천히 나가고, 앞일을 준비하고 뒷일도 마련하여, 모든 것을 갖추면 반드시 목적을 달성할 수 있을 것이다.

그러므로 오늘 앞장서서 나온 사람들은 병약하거나 나이 많은 사람이라도 상관이 없다. 그 다음에 청년들이 사회를 조직하고, 민심을 단합하고, 유년을 교육하여, 미리 앞일에 대비하는 한편, 여러 가지 실업에 힘쓰고 실력을 양성한다면 그때에는 큰일도 기필코 쉽게 이루어질 것이다.[13]

<hr>

13 안중근, 앞의 책, 68~69쪽.

제 6 장
의병전쟁 그리고 단지동맹

우리 2000만 동포가 일심단체—心團體하여 생사를 불고한 연후에야 국권을 회복
하고 생명을 보전할지라. 그러나 우리 동포는 말로만 애국이니 일심단체이니 하
고 실제로 뜨거운 마음과 간절한 단체가 없으므로 특별히 한 회솔를 조직하니 그
이름은 동의단지회同義斷指會라.
                                                    — 안중근, 〈동의단지회 취지문〉

'처변삼사', 의병을 조직하고

구한말에 유인석柳麟錫이란 선비가 있었다. 호를 의암毅菴이라 하고, 조선 철종 시대의 거유 이항로李恒老를 스승으로 모시면서 그의 학통을 이어받았다. 강화도조약이 체결될 때 반대 상소를 시작으로 김홍집 친일내각이 성립되자 의병장으로 나서 충주와 제천 등지에서 친일관료를 죽이고 일제와 싸우다가 만주와 러시아로 망명했다. 뒷날에는 블라디보스토크에서 13도 의군도총재에 추대되어 일제와 치열하게 싸웠다.

유인석은 선비로서 분연히 떨치고 일어나 거병하면서 당시 조선의 처지에서 유학자들이 택해야 할 세 가지를 제시하고 자신은 결연하게 실천에 나섰다.

무릇 우리 유학의 도가 지극히 위대하고 몸은 귀중하니, 도道가 끝나려 하는 데 몸이 도와 함께 같이하지 않을 수 없는 까닭에 스스로 자결하여 뜻을 지킴自靖遂志이 정당하고, 도가 없어지려는 것을 참지 못해 몸이 도와 함께 보존하기를 도모하지 않을 수 없는 까닭에 떠나가서 옛 것을 지킴去之守舊을 말하는 것이니 이도 정당하며, 도는 동포와 함께 얻은 것이라서 몸이 도와 함께 보존하기를 도모하지 않을 수 없는 까닭에 거병擧兵하여 깨끗이 함擧義掃淸을 말함 또한 정당하다.[1]

유인석이 제시한 '처변삼사處變三事'는 유학자나 선비들의 몫만은 아니었다. 망천하망국가亡天下亡國家의 위기를 당해 이 땅에 생을 부여받아 사는 모든 생령들에게 주어진 선택이고 한편으로는 의무기도 했다. 경술국치를 당해 순국한 매천 황현은 〈절명시〉에서 "내가 여기 자결할 뿐 의병을 일으키지 못 한 것을 부끄럽게 생각한다"며 거병의 당위성을 역설했다. 앞에서도 언급한 면암 최익현은 "모두 죽으면 누가 나라를 위해 싸우겠는가"라고 탄식하며 노구를 이끌고 직접 의병에 나섰다.

---

1 의암 유인석, 《국역 소의신편國譯 昭儀新編》, 제2권, 사단법인 의암학회, 2006, 78쪽.

의병 이끌고 국내 진입작전

  안중근이 참여해 처음으로 시작한 의병전투는 국내 진입
작전이었다. 연합의병부대는 육로와 해로 두 방향으로 나누
어 국내에 진입하기로 전략을 짰다. 해로를 택한 500여 명의
의병부대는 두만강 하구 녹둔鹿屯에서 중국 선편으로 청진과
성진 사이의 해안으로 상륙하고, 안중근이 소속된 300여 명
은 지신허에서 출발해 두만강을 건너 회령에서 무산으로 이
동하기로 했다. 최종 집결지는 갑산과 무산이었다. 연합의병
부대는 갑산과 무산을 차례로 치고 회령을 점령한 다음 두만
강 상류 지역을 회복하여 본격적인 국내 진공작전의 거점을
마련할 계획이었다.

  안중근은 의병으로 출전하면서 적은 부대로 잘 훈련된 일
본군 정예부대와 대적하는 것이 결코 쉽지 않다는 것을 잘 알
고 있었다. 하지만 승패보다는 당위에서 총을 든 것이었다.
박은식은 "만일 성패成敗(이기고 지는 것)를 가지고 의병을 평

가한다면, 의병의 본질을 천박하게 이해하는 것"이라며《한국 독립운동 지혈사》에서 역설했다. 안중근과 연합의병부대에 참여한 병사들도 모두 같은 생각이었다.

안중근의 의병부대는 사명감에 불탔다. 그리고 용감했다. 안중근 부대는 두만강을 건너 함경북도 경흥군 노면 삼리에 주둔한 일본군 수비대를 급습했다. 일본군 여러 명을 사살하고 수비대 진지를 점령하는 등의 전과를 올렸지만 부대 전체로는 참담한 패배였다. 의병부대는 두만강의 국경수비를 맡고 있던 동부수비대와 치열한 전투를 벌였다. 무기도 열악하고 폭우가 쏟아지는 악천후 속에서 중과부적으로 4~5시간 동안 전투가 벌여졌다. 결과는 의병부대의 괴멸이었다. 안중근은《안응칠 역사》에서 당시의 상황을 이렇게 적었다.

그뒤 일본병들이 습격하므로 충돌하기 4~5시간 동안 날은 저물고 폭우가 쏟아져 지척을 분간하기 어려웠다. 장졸들이 이리저리 분산하여 얼마나 죽고 살았는지조차도 진단하기 어려웠다. 형세가 어찌할 길이 없어 수십 명과 함께 숲속에서 밤을 지새웠다. 그 이튿날 60~70명이 서로 만나 그동안의 사연을 물었더니 각각 대를 나누어 흩어져갔다는 것이다.

사전에 첩보를 입수한 일본군은 척후병 4명을 파견했으나 의병부대에 사로잡혀 처단되었다. 연합의병부대가 1개 사단이 넘는 일본군의 국경수비망을 뚫고 진격해 어느 정도의 전과를 올린 것은 높이 평가해야 할 것이다. 이때 안중근 부대는 일본 군인과 상인 몇 명을 포로로 붙잡았다.

사로잡은 왜군 포로 석방이 화근 돼

안중근은 사로잡은 일본 군인과 상인들을 이렇게 꾸짖었다.

"너희들은 모두 일본국 신민이다. 그런데 왜 천황의 거룩한 뜻을 받아들이지 않는가? 또한 러일전쟁을 시작할 때 선전문에 동양평화를 유지하고 대한독립을 굳건히 한다고 해놓고 오늘날 이렇게 조선과 싸우고 침략하니 이것을 어찌 평화 독립이라고 말할 수 있겠느냐? 이것이 역적 강도가 아니고 무엇이냐?"

그 사람들은 눈물을 흘리며 말했다.

"그것은 우리들의 본심이 아닙니다. 부득이한 사정으로 그렇게 된 것입니다. 사람이 세상에 태어나서 살기를 바라고 죽기를 두려워하는 것은 당연한 감정인데, 우리가 만리타향 싸움터에서 참혹하게 주인 없는 원혼이 되어버리면 어찌 원통하지 않겠습니까? 오늘 우리가 이렇게 된 것은 다른 까닭이 있는 것이 아니라 이토가 잘못을 저질렀기 때문입니다. 천황의 성지를 받들지 않고 제 마음대로 권세를 주물러, 일본과 한국의 귀한 생명을 무수히 죽이고, 저는 편안히 누워 복을 누리고 있으니 우리들도 분한 마음이 치솟고 있지만 어찌할 도리가 없어 사태가 이 지경에까지 이르게 된 것입니다."

말을 마치고는 통곡을 그치지 않았다.

"내가 너희들의 말을 들으니 과연 충의로운 사람이라는 생각이 든다. 너희들을 살려 보내줄 것이니 돌아가거든 그런 난신적자들을 쓸어버리도록 하여라. 만일 또 그 같은 간사한 무리들이 까닭 없이 전쟁을 일으켜 동족을 괴롭히고, 이웃나라를 침략하고자 하는 의견을 제시하면 그런 자를 쫓아가 제거해버려라. 그렇게만 하면 그런 자가 열 명이 되기 전에 동양평화가 이루어질 것이다. 그렇게 할 수 있겠느냐?"[2]

안중근은 포로들을 타이르고 만국공법萬國公法에 따라 이들을 석방했다. 포로들이 무기를 가져가지 않으면 처벌받는다고 애원해 그들이 지참했던 무기도 돌려주었다. 안중근의 행위는 어찌 보면 죽고 죽이는 처참한 전장에서의 치기어린

---

2 신용하, 《안중근 유고집》, 역민사, 1995, 69~70쪽.

휴머니즘이기도 했고, 달리 생각하면 지극한 인류애의 발로이기도 했다.

안중근의 포로석방 조치는 의병전쟁이 개인적인 감정이나 원한이 아니라 어디까지나 정의 인도의 법칙에 바탕을 두고 있었음을 말해준다. 이것은 또 안중근의 인도주의적이고 종교적인 일면이기도 하다. 그는 조국독립을 위해 의병전쟁을 하면서도 인명을 존중하는 휴머니즘을 보여주었다. 만국공법은 포로의 사살을 금하고 있었다. 전투 중의 사살과 포로의 살상은 전혀 다른 것이다.

그러나 이것이 화근이 되었다. 서로 간에 죽고 죽이는 전쟁터에서 사로잡은 적병을 살려서 돌려보낸 안중근에 대해 의병들의 질타가 쏟아졌다. "적은 우리 의병을 잡기만 하면 참혹하게 죽인다. 우리도 저놈들을 죽일 목적으로 싸우고 있는데, 잡은 놈들을 모두 보내준다면 우리의 목적은 무엇이냐"라는 '이유 있는' 항변이었다. 여기에 안중근의 답변은 차라리 철인哲人의 모습이다.

그렇지 않다. 절대로 그렇지 않다. 적들이 그렇게 폭행을 자행하는 것은 하느님과 사람을 다 함께 분노케 하는 것이다. 그런데 우리들마저 저들과 같은 야만적인 행동을 해야만 하겠는가? 또 그대들은 일본의 4000만 인구를 모두 죽인 다음에 국권을 회복하려고 하는가? 적을 알고 나를 알면 백번 싸워 백번 모두 이길 수 있다. 지금 우리는 약하고 적은 강하니 악전고투할 수밖에 없다. 그뿐 아니라 충성된 행동과 의로운 거사로 이토의 포악한 정략을 성토 하여 열강의 호응을 얻어야 우리의 한을 풀고 국권을 회복 할 수 있을 것이다. 이것이 바로 약한 것으로 강한 것을 물 리치고, 어진 것으로 악한 것에 대적한다는 것이다. 그대 들은 더이상 여러 말 하지 말아주기 바란다.[3]

─── **3** 신용하, 앞의 책, 71쪽.

만국공법 인식한 선각자

안중근의 간절한 설득에도 불구하고 사람들의 불만이 분분했고, 장교 중에는 부대를 이끌고 멀리 떠나버리는 사람도 있었다. 안중근은 만국공법을 이야기하며 거듭 동료들을 말리고, "천주님을 믿어 영생을 구원받도록" 하는 종교를 가지고 설득하기도 했다.

만국공법은 한말에 지식인 사회에 널리 전해져서 정부는 물론 개화파, 위정척사파를 가리지 않고 수용되었다. 특히 정부가 러일전쟁 직전에 대외중립을 선언하면서 만국공법은 식자들 사이에서 마치 '구원의 손길'처럼 인식되기도 했다. 안중근의 경우도 예외가 아니었다. 그렇지만 일제가 본격적으로 한국에 침략의 마수를 뻗기 시작하면서 만국공법에 대한 식자들의 인식은 크게 바뀌었다. 신채호는 "20세기의 이 세계는 군사를 숭상하는 세계다. 강한 군사가 향하는 곳에 정의가 힘을 못 쓰고 대포가 이르는 곳에 공법이 쓸 데가 없어서

오직 강력만 있고 강권만 있을 뿐이다"[4]라며 만국공법의 무
용성과 강권성을 비판했다.

안중근은 일본군 포로 2명을 석방하면서 만국공법을 제시
했다. 하지만 당시 의병들의 입장에서는 이것을 용인하기 어
려웠을 것이다. 그러나 어느 측면에서 안중근이 현실과는 부
합되지는 않지만, 대단히 선각적인 인식을 갖고 있었음이 드
러난다.

안중근은 '10.26의거' 뒤, 이번에 감행한 거사가 개인적으
로 이루어진 것이 아니라 의병으로서 전쟁에 나갔다가 포로
가 된 것이므로 만국공법에 따라 자신의 신병을 처리해줄 것
을 요청했다.

> 광무 3년 한청 통상조약에 의해 한국인은 청나라에서
> 치외법권을 가지고 있고 또 청국은 한국에서 치외법권을
> 가지고 있으므로 한국인이 해외에서 죄를 범하면 아무런
> 명문明文이 없으므로 무죄라고 한 것은 매우 부당한 말이
> 라고 생각한다. …… 나는 결코 개인적으로 한 것이 아니
> 라 의병으로서 한 것이며, 따라서 나는 전쟁에 나갔다가
> 포로가 되어 이곳에 온 것이라고 믿고 있으므로 생각건대
> 나를 만국공법에 의해 처벌해줄 것을 희망하는 바이다.[5]

4 《대한매일신보》, 1910년 2월 26일자.
5 독립기념관 엮음, 《안중근 의사 자료집》, 국학자료원, 179쪽.

안중근의 일본 포로 석방은 예상 외로 의병부대 내에 심각한 파장을 몰고 왔다. 우영장 엄인섭이 이끌었던 의병부대는 러시아로 돌아가고, 안중근 부대는 사방으로 흩어졌다. 안중근과 그의 잔류부대는 산속에서 4~5일 동안 헤매며 밥 한 끼도 제대로 먹지 못하고 신발도 신지 못한 채 험한 산길을 걸어야 했다. 풀뿌리를 캐먹고 담요를 찢어 발을 싸매면서 피신과 교전을 거듭했다. 풀어준 일본군이 의병의 위치를 알려주면서 기습공격을 해왔기 때문에 피해가 더 컸다.

이때 안중근은 일본군과 산발적인 교전을 하면서 산간 밀림의 폭우 속에서 밤을 보냈다. 다음날 흩어진 병사를 모았으나 60~70명에 지나지 않았다. 이들은 전투로 지쳐 있었고 군기도 서 있지 않았다. 이때 그는 의병의 현실을 보고서 창자가 끊어지고 간담이 찢어지는 것같이 괴로워했다. 이후 안중근은 의병을 재정비했으나 일본군의 습격을 받고 또다시 대오는 흩어지고 말았다. 이후 그는 고생 끝에 손, 김 두 부하를 만났다. 이들이 우왕좌왕하는 모습을 보이자 그는 "일본군과 더불어 한바탕 장쾌하게 싸움으로써 대한국인의 의무를 다한 다음에 죽으면 여한이 없을 것이다"라며 격려의 말을 잊지 않았다.[6]

----
6 안중근, 《안응칠 역사》, 79쪽.

참담한 상황이었다. 안중근은 며칠째 굶주림과 추위에 떨면서 살아남은 병졸들에게 물었다.

그들과 어떻게 하면 좋을 것인가를 의논하였으나 네 사람의 의견이 모두 달랐다. 한 사람은 목숨이 있을 때까지는 살아야 한다고 하고, 또 한 사람은 자살해버리고 싶다고 하고, 다른 한 사람은 차라리 일본군에게 잡혀 포로가 되겠다고 하였다.[7]

이때 안중근은 한 편의 즉흥시를 지어 동지들을 격려하고 자신의 마음을 다잡았다.

사나이 뜻을 품고 나라 밖에 나왔다가 男兒有志出洋外
큰일을 못 이루니 몸 두기 어려워라 事不入謨難處身
바라건대 동포들아 죽기를 맹세하고 望須同胞誓流血
세상에 의리 없는 귀신은 되지 말자 莫作世間無義神[8]

안중근은 한 달 반이 지난 7월 말에 우덕순, 갈화춘 등과 12일 동안 하루 두 끼만 요기하면서 구사일생으로 연추 본거지로 귀환했다. 피골이 상접하여 친구들도 알아보기 어려울

───
7 안중근, 앞의 책, 72쪽.
8 안중근, 앞의 책, 73쪽.

정도로 초췌해져 있었다. 출전할 때 입었던 옷은 넝마가 되어 있었고 이가 득실거렸다. 하지만 정작 안중근을 가슴 아프게 한 것은 동포들의 냉대였다. 일본군 포로들을 석방해서 의병 부대가 기습공격을 받게 되고 많은 희생자를 냈다는 것이다. 패배의 모든 책임은 안중근에게 떠넘겨졌다. 패전지장의 운명이 된 것이다. 심지어 블라디보스토크의 거부이자 의병조직에 많은 협력을 아끼지 않았던 최재형조차 지원을 끊었다.

그러나 블라디보스토크의 다수 한인들의 생각은 달랐다. 그들은 안중근의 의병투쟁을 크게 환영했고 환영대회에 참석해줄 것을 바랐다. 그러나 안중근은 참석하지 않았다. "패전해 돌아온 사람이 무슨 면목으로 여러분의 환영을 받을 수 있겠습니까?"라고 사양한 것이다. 하지만 동포들은 "지고 이기는 것은 전쟁터에서 흔히 있는 일이니 부끄럽게 생각하지 마시오. 더구나 그렇게 위험한 곳에서 살아 돌아왔으니 어찌 환영하지 않을 수 있겠소"라며 오히려 안중근을 격려했다.

이곳 동포들의 격려에 힘을 얻은 안중근이 이후 하바로프스크 방면으로 갔다. 여러 지역을 순회하며 동포들을 만나 다시 의병 조직을 준비했다. 그리고 동포들에 대한 교육사업을 벌이며 군자금을 모았다. 그러던 어느 날 안중근은 괴한 6~7명에게 붙잡혀 산속의 외딴집으로 끌려갔다. 일진회 무리들이 본국에서 이곳으로 피신해와 저지른 횡포였다. 이들은 안중근이 의병을 일으킨 것을 문제 삼았다. 안중근은 지략을 이용해 간신히 죽음을 면하고 빠져나왔다. 그리고 친구 집에서 다친 상처를 치료하면서 그해 겨울을 하바로프스크에서 보냈다.

그렇다고 안중근이 눈 덮인 하바로프스크에서 마냥 세월이나 축내고 있었던 것은 아니다. 안창호 등이 미주에서 조직한 공립협회가 블라디보스토크에 지회를 설치할 때 우덕순과 함께 참여했고, 1909년 1월경에는 박춘성 등 30여 명의 의병과 함께 연추 지역으로 진격하는 등 산발적이지만 여전히 의병활동을 전개했다. 또 여기저기 사람을 풀어 동지들을 규합했다.

● 선혈로 맺은 '단지동맹'

안중근이 하바로프스크에서 다시 연추로 온 것은 해가 바뀐 1909년 1월이었다. '병가상사兵家常事'라는 한 번의 패전으로 언제까지나 좌절하고 있을 수는 없었다. 그동안 구국의 뜻을 함께하는 동지들을 모았다. 그리하여 결행한 것이 우리 독립운동사에 선혈로 기록되는 '단지동맹斷指同盟'이다.

안중근은 1909년 3월 5일(음력 2월 7일), 연추 하리下里 마을에서 생사를 같이하며 구국운동에 투신하는 동지 11인과 단지동맹을 결행하고 '조국독립회복과 동양평화 유지'를 목적으로 한 '동의단지회同義斷指會'를 결성했다. 안중근은 이를 '정천正天 동맹'이라고 명명했다. 단지동맹을 결성했던 하리는 현재의 크라스키노 쮸카노바 마을에서 훈춘 방향으로 가는 길목이다.

대부분 의병출신인 '동의단지회' 맹원은 20대 중후반 혹은 30대 초반의 젊은이들로 김기룡, 강순기, 정원주, 박봉석,

189

유치홍, 김백춘, 백규삼, 황영길, 조응순, 김천화, 강창두 등이다. 이날 12인의 애국자들은 왼손 무명지 첫 관절을 잘라 태극기에 선혈로 '대한독립'이라 쓴 뒤 대한독립만세를 외쳤다. 안중근의 약지가 잘린 수형手形은 이때의 단지로 인한 것이다.

안중근은 12인의 피를 발에 모아 직접 서천동맹誓天同盟하여 결성하는 단지동의회의 취지문을 혈서했다.

〈동의단지회同義斷指會 취지문〉

오늘날 우리 한국 인종人種이 국가가 위급하고 생민生民이 멸망할 지경에 당하여 어찌 하였으면 좋은지 방법을 모르고 혹 왈曰 좋은 때가 되면 일이 없다 하고, 혹 왈 외국이 도와주면 된다거나, 이 말은 다 쓸데없는 말이니 이러한 사람은 다만 놀기를 좋아하고 남에게 의뢰하기만 즐겨하는 까닭이라.

우리 이천만 동포가 일심단체一心團體하여 생사를 불고한 연후에야 국권을 회복하고 생명을 보전할지라.

그러나 우리 동포는 말로만 애국이니 일심단체니 하고 실지로 뜨거운 마음과 간절한 단체가 없으므로 특별히 한 회會를 조직하니 그 이름은 동의단지회同義斷指會라. 우리 일반 회우會友가 손가락 하나씩 끊음은 비록 조그마한 일이나 첫째는 국가를 위하여 몸을 바치는 빙거憑據요, 둘째

는 일심단체하는 표標라. 오늘날 우리가 더운 피로써 청천
백일하에 맹세하오니 자금위시自今爲始하여 아무쪼록 이
전의 허물을 고치고 일심단체하여 마음을 변치 말고 목적
을 도달한 후에 태평동락을 만만세로 누리옵시다.[9]

안중근은 이 〈동의단지회취지문〉에서 외국이 도와주면 독
립이 될 수 있다고 생각하는 것은 잘못됐으며, 오로지 2000만
동포가 일심단체가 되어 생사를 뛰어넘어야 국권을 회복하고
생명을 보전할 수 있다고 천명했다.

단지동맹자 명단은 자료에 따라 다소 차이가 있다. 여기서
는 이 분야 전문가인 윤병석 교수의 명단을 취한다. 윤병석
교수는 "안중근이 '10.26의거' 뒤 동지들을 보호하기 위해 명
단을 될수록 밝히려 하지 않았고 언급한 명부도 신문 때마다
약간씩 성명을 달리한 경우가 있다. 현재 명백한 것은 안 의
사가 결의형제를 맺었던 김기룡과 단지와 혈서한 태극기를
보관하였던 백규삼 그리고 황영길, 조응순, 강순기, 강창두
정도다. 다음 12인의 동맹자 명부는 1909년 12월 12일자 사카
이 경시境警視의 단지동맹에 관한 신문 결과 보고 전문을 비
롯해 동년 12월 20일자 미조부치 다카오溝淵 검찰관 신문조

9 계봉우, 《만고의사 안중근전》, 윤병석, 〈안중근의 연해주 의병운동과 동의단
지회〉, 《한국 독립운동사 연구》 제14집, 독립기념관, 2000, 123~124쪽.

서, 1910년 2월 7일자 여순공판시 안 의사 답변 속기록, 1911년 7월 5일자 블라디보스토크 일본 총영사 보고서, 1920년 일제가 작성한 조응순 공술서 등을 종합해 작성한 것"이라면서[10] 12인이 손가락을 잘라 쓴 혈서는 "동맹의 1인인 백규삼이 보관하고 있었으나 안 의사의 동생 안정근이 안 의사의 옥중 유언에 따라 1912년 1월 이전 동맹자들에게 청하여 인수 보관하고 있었다"고 밝혔다.[11]

안중근과 맹원들이 선혈로 쓴 '한국독립기'와 단지동맹 때 자른 손가락 그리고 기타 서류는, 독립운동가들과 러시아 지역 한인들에게 항일투쟁을 전개하는 정신적인 지주가 되었다. 일본 외무성 자료에는 "배일배는 신을 숭경하듯이 하고 새로 조선에서 오는 자는 일부러 와서 예배를 청하는 자조차 있다"라고 기록돼 있다. 안중근은 단지동맹의 의미를 《안응칠 역사》에서 다음과 같이 썼다.

그 다음해 정월, 연추 방면으로 돌아와 동지 열둘과 상의하여 이르기를,

"우리가 이제까지 일을 이룩한 것이 없으니 남의 비웃음을 면할 길이 없다. 생각건대 특별한 단체가 없다면 무슨 일이든 목적을 이루기가 어렵다. 오늘 우리들은 손가락

─── **10** 윤병석, 앞의 글, 122~123쪽.
─── **11** 윤병석, 앞의 글, 123쪽, 주26.

을 끊어 맹세를 같이 하여 표적을 남긴 다음에 마음과 몸을 하나로 뭉쳐 나라를 위하여 몸을 바쳐 목적을 달성하도록 하는 것이 어떤가"라고 하였더니 모두가 좋다고 따랐다. 이에 열두 사람은 제각기 왼손 약지를 끊고 그 피로써 태극기의 앞면에 네 글자를 크게 쓰기를, '대한독립'이라 하고는 다 쓴 다음에 '대한독립만세'를 일제히 세 번 불러 하늘과 땅에 맹세하고 흩어졌다.

단지동맹은 의병재기가 어려운 상황에서 당장 일제와 싸우기보다 장기적인 계획을 추진하고자 결성된 것이다. 목적은 어디까지나 의병을 조직해 일제와 전쟁을 하려는 것이었다. 안중근과 의형제를 맺고 의병활동을 함께해온 김기룡은 뒷날 노령 지역에서 한인사회주의운동을 했고, 안중근 의병부대에 참가했던 조응순은 고려공산당의 한인부韓人部 위원과 한국독립단 부단장으로 활동했다. 황영길은 대한민회 연추지방회 사무원과 훈춘의용군사령관을 역임하고, 의용군 1300여 명을 조직해 경원과 은성 등 국경지방의 습격을 주도했다. 백규삼은 훈춘조선인기독교우회회장, 안중근유족구제회 간부 등을 지내면서 항일구국투쟁을 전개했다.

안중근의 '동의단지회' 결성은 이 지역 한인 세력의 판도에도 중대한 의미를 부여했다. 당시 이 지역 한인사회는 분열되어 있었다. 이범윤 세력과 최재형 세력 간에 대립이 심화되었고, 여기에 그동안 의병활동을 방관하다시피 해온 러시아 당국이 일제의 압력으로 탄압하고 나섰기 때문이다. 러시아 당국은 한인들의 훈련과 무기소지를 금지하고, 의병의 무기를 압수하는가 하면 의병본부의 해체를 요구했다. 이런 상황에서는 더이상 의병전쟁이 어려웠다. 이와 같은 국면에서 조직된 안중근의 단지동맹은 이러한 상황을 타개하려는 의지가 담겼다고 할 수 있다.

단지동맹은 안중근이 친로파로 단정한 이범윤·최재형 파와 결별을 선언하는 동시에 대내외에 안중근 세력의 건재함을 선포했다는 점에서 의미가 깊다. 이러한 측면에서 연추한인일심회는 단지동맹을 결성하기 위한 하나의 포석으로 그의 정치적 역량이 노령사회에서 확고하게 인정받는 시금석이 되었던 것이다.[12]

안중근은 '패전지장'의 좌절을 극복하고 줄기찬 노력 끝에 해삼위 지역 한인사회의 지도자로 일어섰다. 순수한 열정과 투철한 구국정신이 많은 동포들을 움직였고, 특히 의협심이 강한 청년들이 그의 휘하에 들어왔다. 안중근과 동지들은 1909년 3월, 약 300명의 의병을 동원해 다시 의병활동을 전개

━━ **12** 윤병석, 앞의 글, 72쪽.

하고, 이 지역에 들어와 밀정 노릇을 하고 있는 일진회 무리를 색출하기도 했다. 안중근은 이해 봄과 여름 사이에 국내에 들어와 동정을 살피려는 계획을 모색했으나 경비 부족으로 실행에 옮기지는 못했다.[13] 그러나 다른 자료에는 안중근이 은밀하게 한국에 들어와 활동했다는 기록도 있다.

━━ **13** 윤병석, 앞의 글, 73쪽.

제 7 장

안중근, 이토 히로부미를 쏘다

장부가 세상에 처함이여 그 뜻이 크도다. 때가 영웅을 지음이여, 어느 날에 과업을 이룰고 동풍이 점점 차가워짐이여, 장사의 의기는 뜨겁도다. 분기하여 한 번지나감이여, 반드시 목적을 이룰지어다. 쥐도적 이토여, 어찌 즐겨 목숨을 비길고……

– 안중근, 〈장부가〉

협객 형가의 의거

〈형가荊軻의 노래〉

연나라 태자 단丹은 인재를 아껴
강한 진나라를 쳐 보복하고자 했다
뛰어난 장사들을 모으던 그는
마침내 형가荊軻라는 영웅을 얻었다
군자는 지기를 위해 목숨을 바친다
형가는 칼 차고 연나라를 떠났노라
흰 말은 큰 길에서 울부짖고
사람들 비장하게 전송을 했다
곤두선 머리칼은 관을 치켜 받쳤고
사나운 기상 갓끈을 불어 날렸다
역수易水 강가에서 송별연을 여니
사방에 영웅들 떼 지어 앉았고
고점리高漸離는 비참하게 축筑을 튕기고

송의宋意는 높은 소리로 노래를 하며
소소히 애닯은 바람 불어 스치고
맑은 강에 출렁이는 파도가 차다
격한 상조商調에 더욱 눈물 흘리고
웅장한 우조羽調에 장사들 격동하여라
한 번 가면 다시 못 돌아오리
오직 후세에 이름을 남기고저
수레에 오른 그는 돌아볼 틈도 없이
진나라 대궐 향해 날듯이 달렸노라
만리 길을 막바로 모두 지났노라
지도 속에 칼을 숨겨 일을 벌이니
진왕이 기겁하여 놀라 도망쳐
칼 솜씨 생소하여 아까웁게도
기발한 공을 세우지 못하였노라
비록 형가는 이미 가고 없으나
천년 지난 오늘에도 뜻이 전하네[1]

도연명陶淵明(365~427)은 흔히 전원시인으로 알려져 있다. 대표작 〈귀거래사歸去來辭〉 때문일 것이다. 하지만 주자朱子는 〈영형가詠荊軻〉를 "도연명의 본색을 나타낸 시"라 하고, 양계

━━ 1 《도연명 전집》3, 북경인민출판사, 2001, 421쪽.

초梁啓超는 "도연명은 자못 열혈에 타는 사람임을 알아야 한다. 그를 오직 싸늘한 염세자로 보아서는 잘못이다"라고 평가했다. 협객 형가를 찬양하는 시 〈영형가〉를 두고 한 말이다.

전국시대의 협객 형가는 연나라의 태자 단丹의 부탁을 받고 나중에 진시황이 된 진왕을 죽이려다 실패하고 도리어 진나라 대궐 안에서 처참하게 죽었다. 도연명은 이를 두고 장엄한 한 편의 시를 지었다. 이것이 〈영형가〉다. 협객 형가의 의거가 성공했더라면 전대미문의 폭군 진시황의 폭정은 일찍이 그 싹이 제거되었을 것이다.

안중근은 블라디보스토크에서 더이상 대규모 의병모집과 항일전을 벌이기가 쉽지 않다는 것을 깨닫고 있었다. 의병전쟁의 한계성을 인식하면서 의열투쟁으로 선회하려는 찰나에 국적 이토의 만주 방문 소식에 접하게 되었다. 자신이 소싯적부터 연마한 사격술로 '늙은 도적' 하나쯤 처단할 수 있으리라는 자신감도 있었다.

안중근이 의열투쟁으로 전술을 바꾸게 된 것은 러시아 당국의 변화된 태도에도 기인한다. 일본의 압력을 두려워한 러시아가 한인의 의병활동을 탐탁지 않게 여기면서 점차 이들을 억제하고 탄압했던 것이다. 이런 상황에서 안중근은 러시아 당국과 러시아인들에게 한인의 독립열망이 얼마나 강렬한지를 보여주고 싶었다. 그럴 즈음에 이토의 만주 방문은 안중근에게 절호의 기회였다.

거사 자금 100원 빼앗다

안중근이 남의 돈을 빼앗은 적이 있다. 그것도 의병장의 돈을 빼앗았다. 1909년 9월 엔치야에 머물고 있던 안중근은 허송세월에 대한 자책으로 울적한 나날을 보내고 있었다. 의병재기도 쉽지 않았고, 단지동맹을 맺어 의열동지를 규합했지만 당장 기의할 처지도 못되었다. 그러던 어느 날 동지들에게 선뜻 블라디보스토크로 가겠다고 말했다. 너무 갑작스런 발언이라 모두들 놀라움을 금치 못했다.

"왜 그러시오? 갑자기 아무런 기약도 없이 왜 떠나려는 것이오?"

"나도 그 까닭을 모르겠소. 공연히 마음에 번민이 생겨 도저히 이곳에 머물러 있을 수가 없소. 그래서 떠나려는 것이오."

"이제 가면 언제 돌아오겠소?"

나는 홀연히 대답했다.

"다시는 돌아오지 않을 것이오."

그들은 무척 이상하게 생각했으며, 나 역시 무의식중에 그런 대답을 했던 것이다.[2]

안중근에게 어떤 영감inspiration이 떠올랐던 것 같다. 그는 동지들과 작별하고 보로실로프 항에서 일주일에 한두 번씩 오가는 블라디보스토크행 기선에 올랐다. 안중근이 항구에 도착했을 때 마침 기선이 출항 직전이었던 것도 행운이라면 행운이었다.

블라디보스토크에 도착하니 이토 히로부미가 곧 이곳에 올 것이라는 소문이 자자했다. 그러나 안중근은 이토가 블라디보스토크에 언제 온다는 것인지, 그 일정을 자세히 알 수가 없어 하얼빈으로 가고자 했다. 하지만 여비를 마련할 길이 없었다. 안중근은 궁리를 거듭한 끝에 마침 한국 황해도 출신 의병장 이석산李錫山이 이곳에 머물고 있다는 사실을 알고 그를 찾아갔다.

이석산은 그때 다른 곳으로 가려고 행장을 꾸려 문을 나서던 참이었다. 나는 급히 그를 불러 밀실로 들어가 돈

━━ 2 안중근, 《안응칠 역사》, 81~82쪽.

100원만 꾸어 달라고 사정을 했으나 그는 끝내 거절하였다. 나는 하는 수 없이 그에게 위협을 가하여 강제로 100원을 빼앗았다. 자금이 생기니 일이 반은 이루어진 것 같았다.[3]

의병장 이진룡李鎭龍으로 추정되는 이석산은 무기를 구입하고자 돈을 갖고 있다가 일부를 안중근에게 빼앗기게 되었다. 이때 안중근의 생각은 어땠을까. '성서를 읽기 위해 촛불을 훔치는 행위'는 정당하다고 믿었을까, 아니면 다급한 김에 특별한 고뇌 없이 오로지 '늙은 도적'을 토살하기 위해 벌인 단순한 행동이었을까. 혹시 일제의 신문을 받을 때 의병장 이석산을 보호하기 위하여 '빼앗은' 것으로 진술(기술)한 것은 아니었을까. 안중근은 의거 뒤 일제의 신문과 재판 과정에서 단지동맹의 맹원이나 핵심동지들을 보호하기 위해 가명을 대는 등 노력을 아끼지 않았다.

이석산은 그 이후 연해주에서 다량의 무기를 구입해 1909년 11월 하순에 한국으로 돌아와 의병전쟁을 전개했다. 독립운동가들이 일제와 싸우기 위해서는 군자금이 필요했다. 그러나 일제의 철통같은 감시망으로 동포들의 성금 모금이 불가능해지면서 어쩔 수 없이 악질 친일파나 부호들의 재산을 탈

3 안중근, 앞의 책, 82쪽.

취하여 군자금으로 활용하는 경우가 적지 않았다. 일본의 관청이나 은행을 턴 사례도 있었다.

경북 풍기에서 조직된 대한광복단大韓光復團은 1916년, 전 경상도 관찰사이며 악질 친일부호인 장승원張承遠과 충남 아산의 친일파 박용하朴容夏를 암살하고 독립운동자금을 빼앗았으며, 만주에서도 독립운동가 최봉설 등이 일본 관리들을 공격해 15만 원을 탈취하기도 했다.

18세기 프랑스혁명의 지도자 당통Danton은 "조국이 위기에 처했을 때 모든 것은 조국에 속한다"라는 말을 남기고 프랑스혁명을 지휘하다가 단두대의 이슬로 사라졌다. 혹시 안중근의 생각도 여기에 닿지 않았을까.

단재 신채호는 1928년 중국 망명지에서 항일 잡지 등을 발간하기 위해 국제위체를 위조하다가 일제에 피체되어 안중근이 처형된 여순감옥에서 옥사했다. 신채호는 "위체를 위조한 것이 나쁘지 않냐"는 일본 재판장의 질문에 "우리 동포가 나라를 찾기 위해 취하는 수단은 모두 정당한 것이니 사기가 아니며, 민족을 위해 도둑질을 할지라도 부끄럼이나 거리낌이 없다"고 단호하게 답변했다. 안중근도 신채호처럼 생각했던 것이 아닐까.

안중근은 국내에서 간도로 떠나기 전 이를 만류하는 빌렘 신부에게 "국가 앞에는 종교도 없다"[4]라고 선언했다. '국권

───── 4 〈복명서〉, 《한국 독립운동사》 자료 7, 국사편찬위원회, 1910, 534쪽.

회복'의 대의를 위해 '촛불'을 훔치는 행위는 종교 정신에 위
배되지 않는다고 생각했던 것이다.

"이토 처단은 내가 한다"

안중근이 포세트 항에서 기선 우수리호를 타고 9시간 만에 블라디보스토크에 도착한 것은 1909년 10월 19일이다. 우선 동포 이치권李致權의 집에 기숙하면서 분위기를 살폈다. 블라디보스토크의 한인사회에는 이토의 만주방문 소식이 화제가 되고 있었다. 열혈 청년들은 모이면, 지금이야말로 이토를 처단할 절호의 기회라고 공공연하게 주장했다. "이토는 내가 처단하겠다"라고 호기를 부리는 사람도 있었다.

안중근이 나타나자 그의 성격과 애국심을 익히 아는 사람들은 "이토가 오기 때문에 이곳으로 왔느냐"고 물었다. 그만큼 한인사회에서 안중근의 의협심은 널리 인식되고 있었다. 그러나 이 지역에도 일제의 밀정이 우글거리고 있음을 알고 있는 안중근은 속마음을 숨겼다. 청년들에게 오히려 동양 최고의 미인이나 나폴레옹 부인과 같은 부자, 프랑스의 잔다르크 같은 여성을 중매해달라고 너스레를 떨었다. 10월 20일 낮에는 《대동공보》사를 찾아가서는 친분이 있는 김만식金萬植을 만나 이토의 방문 소식을 확인했다. 김만식도 "이번에 이토가 온다고 하여 왔는가"라고 의중을 떠보려고 했다. 이에 안중근은 "이토 한 사람을 죽인다고 해서 문제가 해결될 것 같지 않다"며 거듭 연막을 피우고, 영웅을 알아보는 여자를 찾는 신문광고를 내면 어떻겠느냐고 화제를 돌렸다. 이에 《대동공보》 직원들도 비싼 광고료를 받고 그 내용을 실어주자는 등 서로 농담을 주고받았다. 어디까지나 자신의 거사 의도가 밀정들에게 새나가지 않도록 하려는 치밀한 계산이었다. 안중근은 이때의 행적과 심정을 다음과 같이 진술했다.

한결같이 정숙定宿인 이치권의 댁에 도착하였더니 동지同地에서 이토가 블라디보스토크에 온다는 평판이 높았고 동지 간에 그를 살해할 방법 등에 대해 때때로 의의凝議하고 있었으므로 나는 대단히 좋은 소식을 듣고 심중 기뻐 견딜 수가 없었으나 타인에게 선수를 빼앗길까 우려하여 누구에게도 입 밖에 내지 않고 곧 갔다.[5]

이 무렵 노령(시베리아 일대) 지방 한인사회의 분위기를 어

■■■ 5 〈경경시의 신문에 대한 안응칠의 공술(제7회)〉 1909. 12. 4, 국사편찬위원회, 428~429쪽.

느 정도 알 수 있다. 당시 국내에서도 의병들의 첫 번째 암살 대상으로 이토를 꼽고 있었다. 그런 그가 통감직에서 물러나 일본으로 건너가버리자 의병들의 실망은 이만저만이 아니었다. 이 같은 분위기는 노령에서도 그대로 나타나고 있었던 것이다.

안중근 의거에 《대동공보》의 역할은 어느 정도였을까. 《대동공보》는 《해조신문》의 후신으로 최재형, 최봉준, 김병학 등의 지원으로 매주 2회 수요일과 일요일에 4면씩 1000부 정도를 발행하는, 노령 지역 한인 민회의 기관지 역할을 수행하고 있었다. 법적인 대표는 러시아인 페트로비치 미하일로프였지만 실질적인 사장은 함경북도 경흥 출신의 유진율이었다. 그는 러시아에 귀화했으면서도 한국인 민회에 빠지지 않았고, 국권회복운동을 주도했다. 한인 사회에서 그의 신망은 대단히 높았다.

《대동공보》에는 이강李剛이라는 평안남도 평양 출신의 논설기자가 있었다. 그는 신민회가 발족하면서 블라디보스토크 지회의 간부로 선임되었고, 미국의 샌프란시스코와 하와이에 거주하고 있는 한인들과 연계를 맺고 있었던 인물이다. 안중근과 가장 친밀한 사이였다고 한다. 당시 이강은 《대동공보》의 주필을 맡고 있었다. 그는 해방 뒤 《내가 본 안중근 의사》에서 그때 《대동공보》를 찾아온 안중근에 대해 다음과 같이 썼다.

지금으로부터 바로 55년 전 4240년(1907년)에 내가 노령 해삼위에서 《대동공보》 주필로 일을 보고 있을 때 한 청년이 찾아왔는데 그 고상한 인품과 빛나는 눈으로부터 나는 그에게 비범한 첫인상을 받았다.

그 청년이야말로 그때 큰 뜻을 품고 따뜻한 고국강산을 떠나서 시베리아 눈보라치는 노령 땅으로 뛰쳐온 응칠이라고도 부르는 29세의 청년 안중근이었다. 그때 우리 두 청년은 서로 손을 맞잡고 내 방으로 들어가서 그 밤을 밝히지 않을 수 없었다.

(중략)

4242년(1909년) 10월에 해삼위에서 지방에 출장 중인 선생을 내가 전보를 쳐서 긴급 귀환케 한 후 우리 민족의 불구대천不俱戴天의 침략의 원흉 이등박문이 동양제패東洋制覇의 야망을 품고 중국대륙을 잠식하기 위하여 북만北滿을 시찰하는 한편 '할빈'에서 노국露國 대장대신大藏大臣과 회담한다는 정보를 제공하고 이등을 말살하기 위한 모의가 극비리에 진척되어 해삼위의 《대동공보》사 사장 유진율 씨와 한인거류민단 단장 양성춘 씨가 독일제 권총을 일정씩 제공하고 우덕순을 동행케 하여 10월 21일 해삼위역에서 내가 두 분 동지와 최후로 작별할 때 안중근 선생은 나의 손을 굳게 잡으시고 "이번 길에 꼭 총소리를 내리다. 뒷일은 동지가 맡아주오." 하고 떠나던 그 모습이 아직도

눈에 암암할 뿐이다.[6]

여기서는 이강이 전보를 쳐서 안중근을 블라디보스토크로 불러온 것으로 되어 있지만, 이것을 확인하기는 어렵다. 안중근은 《대동공보》 기자 정재관鄭在寬과도 만났다. 정재관은 일찍이 안창호와 함께 미국으로 건너가 《공립신보》를 발행하는 등 국권회복운동을 벌이다가 노령으로 왔다. 안중근이 그에게 이토의 방문 사실을 묻자 정재관은 이를 확인하면서 "이곳에서도 청년배가 모여서 이등 공이 온다니 칼을 갈아서 가지 않으면 안 된다고들 말하고 있었으므로 내가 '그런 일이 노국露國에 알려지면 그야말로 큰일이다. 바보 같은 소리 말라'고 제지하였다"[7]고 말했다. 안중근은 정재관의 이 같은 발언에 크게 실망하면서도 그러나 내심을 드러내지 않았다. 이를 미루어볼 때 《대동공보》가 안중근 의거에 적극 개입했다는 기록과는 차이가 있다.

■■■ 6 박환, 〈러시아 연해주에서의 안중근〉, 《안중근과 한인민족운동》, 국학자료원, 2002, 81쪽.
■■■ 7 〈경경시에 대한 안응칠의 공술〉, 《한국 독립운동사》 자료 7, 국사편찬위원회, 462쪽.

거사 동지 우덕순 등 만나

이토가 만주에 온다는 사실을 거듭 확인한 안중근은 함께 거사할 동지를 규합하고 나섰다. 혼자서 거사에 나섰다가 실패하면 세인의 조롱거리가 되고 동지들에게 면목이 없을 것이 두려웠던 것이다. 무엇보다 국적國賊이 제 발로 여기까지 오는데 이를 포살하지 못하면, 지금까지 국권회복 투쟁에서 희생된 영령들께 도리가 아니었다. 그뿐 아니라, 이토가 노령까지 일본의 손아귀에 넣게 되면 조선의 독립은 더욱 가망이 없어지는 것이었다.

안중근이 가장 먼저 떠올린 사람은 우덕순이었다. 우덕순은 충북 제천 출신으로 을사늑약 뒤 블라디보스토크로 건너와 1908년 7월, 안중근과 함께 의병전쟁에 참전한 동지이고 단지동맹원으로서 공립협회 블라디보스토크지회의 같은 회원이기도 했다. 당시에는 《대동공보》의 회계책임을 맡으면서 담배 가게로 생계를 꾸리고 있었다. 안중근은 솔직하게 이토를 처단할 뜻을 전하고, 함께 거사할 의향을 물었다. 우덕순은 안중근의 말을 듣고 두말없이 동의했다. 그리고 자신도 마음속으로 이토에 대해 분개하고 있었음을 밝혔다. 우덕순은 뒷날 일제 경찰의 신문에서 자신이 참여하게 된 과정을 당당하게 진술했다.

나는 5조약의 이야기를 《황성신문》에서 보았고, 또 《대한매일신보》 《신민보》 등에서 '이등 공이 아我의 국권을 강탈하고 황실을 속이고 국민을 통틀어 승려로 만들어 인권까지 빼앗으려 한다. 또 이등 공은 일본천황과 정부를 기만하고 한국에 대해 압박을 가하는 자다. 이등 공을 죽이지 않으면 동양삼국의 평화유지는 도저히 희망이 없다. 이등 공의 탐학한 대한정책은 천하를 속이고 지성至誠에서 나온 것이 아니다'라는 기사를 읽고 늘 분개하고 있었으므로 이번 안安의 유인에 응하여 살의를 결심한 것이다.[8]

우덕순은 뒷날 회고담에서 "안중근은 그때 거기(연추-필자 주)가 있다가 전보를 받고 8일 저녁에 돌아왔습니다. 그 신문(이토의 만주 방문 기사-필자주)을 내주니 이등의 기사를 읽고서는 일어서서 춤을 덩실덩실 추었습니다. '어떻게 하겠는가?'

━━ 8 〈경경시의 신문에 대한 안응칠의 공술(제1회)〉, 1909.

하고 내가 물은즉 '가야지' '어디로?' '하얼빈으로 가야지.'
이렇게 아주 간단하게 즉결되고 말았습니다"라며 안중근과
함께하게 된 과정을 증언했다.[9]

동북평원 중앙 헤룡강 최대의 지류인 송화강 연변에 자리
잡은 하얼빈은 만주족의 말로 '그물 말리는 곳'이란 뜻이라
한다. 19세기 무렵까지는 한촌에 지나지 않았으나 제정러시
아 동청東淸 철도의 철도기지가 된 이래 상업·교통도시로 크
게 발전했다.

하얼빈은 19세기 말 제정러시아에 의해 건설되었고, 볼셰
비키혁명 이후로는 반反 볼셰비키적 백계白系 러시아인의 최
대 근거지이기도 해서 중국의 한족, 만주족, 몽골족, 일본인,
조선인, 러시아인들까지 모여 사는 특이한 지역이 되었다.

이토가 하얼빈에 온다는 사실을 확인하고 거사에 뜻을 모
은 안중근과 우덕순은 22일 밤 9시경에 하얼빈에 도착했다.
한 사람이 더 있었다. 두 사람은 도중에 쁘그라니치에서 하차
해 유동하劉東夏를 러시아어 통역으로 대동키로 해 일행은 세
사람이 되었다. 유동하는 안중근과 평소 친분이 있는 한의사
유경집의 아들로 18세였다. 안중근은 이들 부자에게 고국에
서 오는 자신의 가족을 만나러 가는 것처럼 위장했다. 그래서
세 사람은 일이 탄로나지 않도록 철저하게 대비하느라 하얼

━━ 9 〈우덕순 선생의 회고담〉, 《안중근 의사 자료집》, 독립기념관, 1999, 206쪽.

빈까지 오는 기차 안에서도 따로 앉았다.

하얼빈에 도착한 세 사람은 《대동공보》 편집장 이강이 써 준 소개장을 갖고 《대동공보》 하얼빈 주재 기자 김형재를 찾아갔다. 그리고 김형재의 소개로 세탁업을 하는 조도선曺道先을 만났다. 유동하가 집안사정으로 중간에 귀향하게 되어 새로운 러시아어 통역으로 쓰기 위해서였다. 하얼빈에서 일행은 안중근과 친분이 있는 김성백金成伯의 집에 여장을 풀고 거사를 준비했다.

이곳에서 발행되는 《원동보》에는 10월 20일 밤 11시에 이토가 장춘長春에서 하얼빈에 온다는 기사가 실렸다. 그러나 이 기사는 오보였다. 며칠간 시간을 번 안중근과 우덕순은 이날 이발을 했다. 정신을 새롭게 하고자 함이었다. 그동안 멀고 험한 길을 여행하느라 머리칼이 자랄 대로 자라 있었던 것이다. 그리고 유동하와 셋이서 생애의 마지막이 될지도 모르는 사진을 찍었다. 안중근은 10월 24일 유동하의 뜻에 따라 이강에게 편지를 썼다. 그동안의 경과를 알리기 위해서였다. 거사 이틀 전이었다.

본월 6일(양력 10월 22일) 오후 당지에서 내착하여 《원동보》를 본즉, 이등은 내월 12일에 관성자를 출발하여 러시아 철도국 총독 특별열차로 하얼빈에 도착한다 하였으므로 우리들은 조도선과 함께 가족을 출영하는 것처럼 꾸며 관성자역으로 향할 것이다. 동역과 상거하기 전 몇 개 역쯤 되는 어느 역에서 이등을 기다렸다가 거사할 계획인데 일의 성공은 하늘에 있는지라. 요행히 동포의 선도善禱를 기다려 도움을 받을 것을 바라나이다. 당지 (김성백) 씨에게서 돈 50원을 빌어서 여비에 사용하였으니 갚아줄 것을 희망함, 대한독립만세![10]

김성백에게서 돈 50원을 빌어 여비에 사용했으니 갚아달라는 내용은 소크라테스를 연상케 한다. 소크라테스가 사형선고를 받고 독배를 마시기 전에 제자들에게 '외상 닭 한 마리' 값을 갚아달라고 유언했다는 철학사의 한 대목이다.

안중근은 거사에 필요한 여비가 부족할 것 같아 우덕순에게 김성백에게서 50원을 빌려오도록 했지만, 실제로는 빌리지 못했다. 이 편지는 돈을 빌려올 것으로 예상하고 미리 쓴 것이다. 차용 사실 여부와는 상관없이 50원을 갚아달라는 안중근의 마음씀씀이를 살필 수 있다.

▬ 10 독립운동사 편찬위원회, 《독립운동사 자료집》 11, 1976, 66~67쪽.

〈장부가〉 지어 의기 높이고

두 사람이 여러 가지 준비를 하느라 집밖으로 나간 저녁에 안중근은 만감이 교차하여 시 한 수를 지었다. 세칭 〈장부가 丈夫歌〉다. "그때 나는 홀로 방안의 희미한 등불 아래, 차디찬 침상 위에 앉아 장차 할 일을 생각했다. 그리고 비분강개한 마음을 이길 길 없어 시 한 수를 지었다."[11]

〈장부가〉

장부가 세상에 처함이여 그 뜻이 크도다
때가 영웅을 지음이여 어느 날에 과업을 이룰고
동풍이 점점 차가워짐이여 장사의 의기는 뜨겁도다
분기하여 한 번 지나감이여 반드시 목적을 이룰지어다
쥐도적 ○○여 어찌 즐겨 목숨을 비길고

---

11 안중근, 앞의 책, 83쪽(〈장부가〉라는 제목은 필자가 편의상 붙인 것임).

어찌 이에 이를 줄을 헤아렸으리오
사세가 고연하도다
동포 동포여 속히 대업을 이룰지어다
만세 만세여 대한독립이로다
만세 만만세여 대한동포로다[12]

이날 우덕순도 〈보구가報仇歌〉를 지었다.

〈보구가〉

만났도다 만났도다 너를 한번 만나고자
일평생에 원했지만 하상견지만야何相見之晩也런고
너를 한 번 만나려고 수륙으로 기만 리를
혹은 윤선 혹은 화차 천신만고 거듭하여
노청露淸 양지 지날 때에 앙천하고 기도하길
살피소서 살피소서 주 예수여 살피소서
동반도의 대제국을 내 원대로 구하소서
오호라 간악한 노적老賊아
우리 민족 2000만을 멸망까지 시켜놓고
금수강산 삼천리를 소리 없이 뺏느라고
궁흉극악 네 수단을……

━━ 12 안중근, 앞의 책, 83~84쪽.

지금 네 명 끊어지니 너도 원통하리로다
갑오 독립시켜놓고 을사 늑체한 연후에
오늘 네가 북향할 줄 나도 역시 몰랐도다
덕 닦으면 덕이 오고 죄 범하면 죄가 온다
네 뿐인 줄 알지 마라 너의 동포 5000만을
오늘부터 시작하여 하나둘씩 보는 대로
내 손으로 죽이리라[13]

거사의 날이 다가오고 있었다. 안중근과 동지들은 결의를
새로이 하면서 때를 기다렸다. 안중근은 의거의 완벽한 성공
을 위해서 이토가 탄 열차가 지나는 길목을 지키고 있다가 처
단하려는 생각이었다. 동청철도의 출발 지점인 남장춘南長春
과 관성자寬城子 그리고 이토의 도착지인 하얼빈과 채가구蔡
家溝에서 결행하는 방법을 강구했다.

안중근은 이토가 10월 25일 아침에 하얼빈에 도착한다는
소식을 듣고 채가구에 우덕순과 조도선을 배치하고 하얼빈으
로 돌아왔다. 하지만 채가구의 계획은 처음부터 악재가 따랐
다. 우덕순과 조도선이 투숙한 역 구내의 여인숙을 러시아 병
사들이 밖에서 잠궈버려 두 사람은 한동안 옴짝달싹할 수가
없었던 것이다.

---

13 임중빈 엮음, 《한말 저항 시집》, 1978.

일본을 떠난 이토는 10월 18일 대련大連 부두에 상륙해 러시아 측에서 보낸 귀빈열차를 타고 10월 21일 여순의 일본군 전적지를 시찰한 다음 봉천(심양)으로 가서 일본이 조차한 무순의 탄광지역을 돌아보고 10월 25일 밤 장춘에 도착했다. 이토는 이날 밤 청국이 주최한 환영회에 참석한 뒤 이 열차 편으로 하얼빈역에 도착하기로 예정되었다. 안중근은 이런 사실을《원동보》의 기사를 통해 접하고 만반의 준비를 할 수 있었다.

을사늑약 이래 희소식, 10월 26일

마침내 역사적인 1909년 10월 26일의 새날이 밝았다. 김성백의 집에서 마지막 밤을 보낸 안중근은 새벽 6시 30분경에 일어났다. 새 옷을 낡은 양복으로 갈아입고 권총을 휴대하고 7시경 하얼빈역에 도착했다. 지난밤에는 권총을 꺼내 깨끗이 닦고 소원의 성취를 기원했을 것이다. 안중근은 일본인처럼 환영식장으로 당당하게 들어갔다. 많은 일본인과 러시아인들이 입장해 별다른 제재나 검색 같은 것은 없었다. "일제는, 사건예방을 위해 동양인들에 대한 러시아 당국의 검문요구를 일본인의 출입 자유가 보장되어야 한다며 거절하였다."[14] 이런 연유로 안중근도 아무런 제재 없이 역내로 쉽게 들어갈 수 있었다. 천우신조, 그야말로 하늘의 도움이었다.

---

14 신운룡, 〈재무장관이 하얼빈에서 3등 서기관 베베르 앞으로 보낸 1909년 10월 13일자 전문〉, 제정러시아 대외정책문서 보관소ABIIPM, 앞의 논문, 86쪽.

정거장에 이르러 살펴보니 러시아 고관들과 군인들이 많이 나와 이토를 영접할 준비를 하고 있었다. 나는 찻집에 앉아 차를 두세 잔 마시며 기다렸다.

아홉 시쯤 되어 드디어 이토가 탄 기차가 도착했다. 사람들은 인산인해를 이루었다. 나는 찻집에 앉아 상황을 살펴보며 언제 저격하는 것이 좋을지를 곰곰이 생각해보았으나 결정을 내릴 수가 없었다.

이때 이토가 기차에서 내렸다. 군대가 경례를 붙이고 군악대 연주가 하늘을 울리며 귀에 들어왔다. 그 순간 분한 기운이 터지고, 삼천길 업화業火가 뇌리를 때렸다.

"어째서 세상일이 이렇게 공평하지 못한가? 슬프도다. 이웃나라를 강제로 빼앗고 사람의 목숨을 참혹하게 해치는 자는 저렇게 날뛰고 도무지 거리낌이 없는데, 왜 죄 없고 어질고 약한 민족은 오히려 이처럼 곤경에 빠져야 하는가?"[15]

국적 이토 히로부미 일행이 탄 기차는 9시 15분에 하얼빈역에 도착했다. 역전에는 러시아 경위병, 각국 영사단, 일본인, 구경 나온 러시아인 등 수천 명이 인산인해를 이루었다.

때를 맞춰 군악대의 환영곡이 울려 퍼지고 일장기를 높이

━━ **15** 안중근, 앞의 책, 86~87쪽.

든 일본인들의 만세 소리가 요란하게 울렸다. 이토는 러시아 재정대신 코코프체프의 안내로 동청철도 총재 등 귀빈들의 영접을 받으며 러시아군 수비대의 열병과 사열을 받고자 의장대의 정면을 우측에서 좌측으로 천천히 걸어오고 있었다.

세 발의 탄환 이토를 토살하다

안중근은 주머니에 손을 넣었다. 권총을 틀어잡은 손바닥에 땀이 배었다. 그러나 그의 예리한 눈길은 순초도 왜놈들에게서 떠나지 않았다. 여전히 그 늙다리가 키 큰 재정대신과 나란히 맨 앞에서 사열하고 있다. 군악대의 환영곡 소리가 귀 따갑게 울렸다.

"저 늙은 놈이 틀림없다. 아, 민족의 원수놈을 이제야 만났구나! 네놈만 쏴버리면⋯⋯."

안중근의 눈앞으로 연한 안개가 피어올랐다.

그 속에서 손을 높이 흔들며 달려오는 딸 현생, 아들 분도의 모습이 저 멀리에 나타났다. 그 뒤로 웃음을 머금은 아려가 보였다.

"아, 내 이제야 저 혈육들의 품으로⋯⋯."

순간 그들의 허상이 가뭇없이 사라졌다.

바람이 휘몰아쳤다. 천봉산의 굽은 로송이 비바람을

맞아 무섭게 설레고 있었다.

"왜 바람이 부는가, 제발 불지 말아다오. 제발⋯⋯."

그는 속이 편안치 않아 이맛살을 찌푸리고 앞을 내다
보았다.

안개 걷힌 그의 눈앞에 여전히 사열하고 있는 이등과
로씨야 재정대신의 꺽두룩한 모습이 확 안겨왔다.

이등이 제법 매우 근엄한 표정을 지은 채 코코프체프
와 무엇인가 간간이 이야기하면서 의장대 앞을 틀 차리며
지나간다.

가증스럽기 그지없는 몰골이 눈앞으로 확 안겨왔다.
그는 주머니 속의 권총을 으스러지게 틀어잡았다.

"지금 쏠까?"

그는 망설였다. 숲처럼 빼곡하게 정렬한 의장대 사이
로 총을 쏘기에는 불리할 것 같다. 주머니 속에 틀어잡았
던 권총을 놓고 손을 뽑았다.[16]

안중근은 망설이지 않았다. "곧바로 뚜벅뚜벅 걸어서 용
기 있게 앞으로 나가 군대의 대열 바로 뒤에 이르러 앞을 바

---

16 림종상 각색, 《안중근 이등박문을 쏘다》, 자음과 모음, 2006(《안중근 이등박
문을 쏘다》는 1928년 북한 김일성 주석이 무송일대를 돌며 항일투쟁을 벌일
당시 직접 창작해 공연했다는 혁명연극을 소설로 옮긴 것이다. 1979년에는
이 원작 소설을 바탕으로 동명의 영화를 제작, 한국에서도 1998년 SBS 방송
사를 통해 방영되었다).

라보았다."[17] 마침내 운명의 순간, 하늘이 마련해준 순간이 다가왔다.

러시아 관리들이 호위를 받으며 맨 앞에 누런 얼굴에, 흰 수염이 긴, 조그만 늙은이가 염치도 없이 감히 하늘과 땅 사이를 누비며 걸어나오고 있었다.

"저것이 틀림없이 늙은 도둑 이토일 것이다"라고 생각한 나는 곧바로 단총을 뽑아 들고 그의 오른쪽 가슴을 향해 통렬하게 네 발을 쏘았다.

쏘고 나서 생각해보니 의아심이 크게 일어났다. 내가 이토의 얼굴을 몰랐기 때문이었다. 만일 다른 사람을 쏘았다면 거사가 실패로 돌아가고 마는 것이었다.

뒤쪽을 향해 다시 총을 겨누었다. 걸어나오는 일본인들 중에서 가장 위엄이 있어 보이는 앞장선 자를 향해 세 발을 쏘았다. 그리고 만일 죄 없는 자를 쏘았다면 잘못된 일이라고 생각하며 잠시 머뭇거리고 있는 사이에, 달려온 러시아 헌병에게 붙잡히고 말았다.[18]

안중근은 "그의 오른쪽 가슴을 향해 통렬하게 세 발"을 쏘았다. 이때 쏜 총탄은 세 발이었다. 안중근은 재판장의 신

---

17 안중근, 앞의 책, 87쪽.
18 안중근, 앞의 책, 87쪽.

225

문에서 다음과 같이 밝혔다.

내가 러시아 병대의 대열 중간쯤의 지점으로 갔을 때,
이토는 그 앞에 열지어 있던 영사단 앞에서 되돌아왔다.
그래서 나는 병대의 열 사이에서 안으로 들어가 손을 내밀
고 맨 앞에서 행진하고 있는 이토라고 생각되는 사람을 향
해 십 보 남짓의 거리에서 그의 오른쪽 상박부를 노리고
세 발 정도를 발사했다. 그런데 그 뒤쪽에도 또 사복을 입
은 사람이 있었기 때문에, 그가 혹시 이토가 아닌가 생각
하고 그 쪽을 향해 두 발을 발사했다. 그리고 나는 러시아
헌병에게 잡혔다.[19]

안중근은 이때 약간 혼란스러웠던 것 같다. 실제로 경황이
없어 제대로 확인하기가 쉽지 않았을 것이다. 안중근이 먼저
쏜 총탄은 세 발이었다. 한국침략의 원흉, 동양평화의 교란자
이토는 안중근의 의탄을 맞고 현장에서 쓰러졌다. 세 발의 총
탄은 어김없이 이토의 복중에 명중했다. 안중근이 갖고 있던
권총은 브로닝 7연발이었다.

이토에게 세 발을 쏘아 명중시킨 안중근은 이어서 일본인
하얼빈 총영사 가와카미 도시히코, 궁내대신 모리 야스지로,

━━━ **19** 이기웅 옮겨 엮음,《안중근 전쟁 끝나지 않았다》, 열화당, 2000, 225쪽.

만철이사 다나카 세이지 등 세 사람을 연달아 쏘아 이들을 모두 쓰러뜨렸다. "권총 여섯 발을 연달아 쏘았는데, 헛방 없이 모두 명중시켰으니 세상에 드문 일이었다. 이는 중근의 담력과 사격술이 천하에 둘도 없이 뛰어난 것이라는 것을 보여준 것이다."[20] 안중근의 사격술은 과연 뛰어났다.

오야마小山 의원의 진단에 의하면 이토는 총알 3발이 모두 들어간 곳만 있을 뿐 나온 구멍이 없이 몸 안에 박혀 있는 맹관총창盲管銃創인데, 첫 번째 총알은 우상박右上膊 중앙 외면에서 그 상박을 관통하여 제7능골을 향해 수평으로 들어가 가슴 안에 다량의 출혈을 유발시켰다. 두 번째 총알은 오른쪽 팔꿈치 관절 바깥쪽으로부터 그 관절을 관통하여 아홉 번째 늑골에 들어가 흉막을 관통해서 왼쪽 늑골 밑에 박혔으며, 세 번째 총알은 상복부의 중앙에서 우측으로부터 들어가 좌측 복근腹筋에 박혔다.[21]

안중근의 신기에 가까운 사격술은 순식간에 이토를 포살하고, 한 발은 수행하던 하야시의 팔과 어깨를, 또 한 발은 가와카미의 팔에, 나머지 한 발은 다나카의 다리를 맞췄다. 과연 절륜의 사격 솜씨였다.

━━ **20** 박은식, 《안중근전》, 86쪽.
━ **21** 나카무라 기쿠오, 강창일 옮김, 《이등박문》, 중심, 2000, 254~255쪽.

◉하늘을 향해 '대한만세' 외쳐

　적도敵盜들이 쓰러지는 것을 지켜본 안중근은 "하늘을 향해 큰 소리로 '대한만세'를 세 번 불렀다."[22]고 《안응칠 역사》에 기록했다. 안중근은 국적 이토와 그 수하들을 포살하는 일이 '하늘의 뜻'이라 믿었다.

　동양에서는 고대부터 천명사상天命思想이 전해왔다. 악인이 법망을 피하거나 법망을 뛰어넘어 못된 짓을 할 때면 하늘이 일정한 형벌을 내린다는 인식이었다. 《서경書經》에서는 "백성이 하고자 하는 바를 하늘은 반드시 쫓는다民之所欲 天必從之"라고 했고, 《대학大學》에서는 "민중의 마음과 뜻을 얻으면 나라를 얻고 민중의 마음과 뜻을 잃으면 나라를 잃는다得衆測國 失衆測失衆國"고 했다. 맹자는 "백성을 학대하는 자는 반드시 죄를 물어야 한다以討虐民之罪"고도 주장했다. 모두 천

<hr>

22　안중근, 앞의 책, 88쪽.

명사상에 바탕을 둔 것이다. 자기 나라의 군주가 포악무도해도 '백성 학대하는 죄'를 물어야 한다는 것이 동양사상의 요체이거늘, 하물며 왜적이 침략해 국권을 오로지하고, 백성을 살육하는 마당이라면 이것을 방치하고 방관하는 것을 어찌하늘의 뜻이라 하겠는가. 그래서 안중근은 자신의 의거를 하늘에 고하는 심경으로 하늘을 향해 당당하게 큰 소리로 '독립만세'를 세 번 외쳤던 것이다.

안중근은 의거 뒤 러시아 병사들에게 끌려가 국경지방재판소에 구치되었을 때 벽에 걸린 그리스도 상像에 절하고 성호를 그은 뒤 "조국에 대한 의무를 다하기 위해 우리를 도와주시는 하느님께 감사드립니다"라고 한국말로 기도했다고한다. 하지만 안중근은 재판 과정에서, 그때까지는 이토의 죽음을 알지 못한 상태여서 하느님께 감사의 기도를 드릴 계제가 아니었다고 진술했다.

안중근의 총격으로 환영식장은 순식간에 혼란의 도가니로 변하고 말았다. 그도 그럴 것이 동양 3국은 물론 러시아에서까지 최고의 실력자로 알려진 일본 정계의 거물이 불시에 피살되었으니 보통 사건이 아니었을 것이다.

차가운 공기를 찢는 총성이 울렸다. 총성은 연속적으로 울렸다. 그와 동시에 이토의 몸이 튕겨지듯 흔들렸고, 이어 무언가 의지할 것을 찾는 듯 뒤로 물러섰다. 거의 틈도 없이 다시 총성이 울렸다. 이토의 뒤에 있던 가와카미, 모리, 다나카 세 명의 몸이 휘어졌다. 이토의 약간 앞에 있던 코코프체프가 돌아보며 오른손을 내밀어 이토를 부축하려 했다. 무로타, 후루타니, 나카무라 만철 총재가 달려와 이토를 부축했다. 무로타 등은 코코프체프의 지시를 받아 이토를 열차 내 객실로 옮겼고, 중앙의 큰 테이블에 모포를 겹쳐 깔고 즉석 침대를 만들었다. 이를 보고 있던 코코프체프는 소파에 있던 쿠션을 가져와 이토의 머리 아래로 넣어줬다.[23]

천벌은 받은 이토(와 그 무리)는 목숨이 경각에 달려 열차내 객실로 옮겨지고, 안중근은 러시아 병사들에게 포위되어 권총을 빼앗긴 채 끌려갔다. 이때 안중근을 끌고간 러시아 장교는 니콜라이 니키포로프 기병 1등 대위와 노그라조프 기병 1등 대위, 바데츠키 보병 중위 등이었다.

수천 명의 군대는 모두 흩어져 도망치거나 했지 감히 접근하는 자가 없었으며, 헌병과 장교들은 칼을 차고 멍하니 서로 바라보고만 있었다. 한참 지난 뒤 탄알이 떨어지게 되니 총소리가 멎었다. 군민들은 그제야 몰려들어 중근

---

23 미요시 도오루, 이혁재 옮김,《사전史傳 이토 히로부미》, 다락원, 2002, 702쪽.

의 권총을 빼앗아 헌병에게 넘겨주었다. 중근은 곧 라틴어로 대한독립만세를 세 번 외치고 포박당했다.

중근은 손뼉을 치고 큰 소리로 웃으며 "내가 도망칠 줄 아느냐? 내가 도망칠 생각을 했다면 죽음터에 들어서지도 않았을 것이다"라고 말했다. 그리하여 그는 하얼빈시의 러시아재판소에 붙들려 들어가게 되었다.[24]

안중근은 처음부터 적도들을 포살하고 당당하게 이토의 죄상과 일제의 침략 죄악을 밝힘으로써 한국의 자주독립의 당위성을 주장할 생각이었기 때문에 피신 같은 것은 생각지도 않았다. 옥중투쟁을 통해 만국공법의 원칙을 밝히고 국제 열강의 지지를 받아서 조국의 자주독립을 쟁취하고자 현장에서 순순히 피체되었다.

열차 특실로 옮겨진 이토는 피격 30분 만인 오전 10시경에 숨졌다. 당년 69세였다. 수행 중이던 의사와 거류민단의 일본인 의사가 응급치료를 했지만 워낙 상처가 깊어서 회생이 불가능했다. 이토는 숨지기 전 몇 마디를 남긴 것으로 알려지고 있지만, 여러 가지 자료와 정황으로 볼 때 현장에서 절명한 것 같다는 주장도 있다.

---

24 박은식, 앞의 책, 86~89쪽.

의사 고야마小山善는 거류민 대표 중 한 명으로 와 있던
일본인 의사와 러시아 의사의 도움을 받아 이토의 옷을 벗
겼다. 오른쪽 가슴과 복부에서 선혈이 넘쳐흐르고 있었다.
의사들은 상처에 거즈를 댔고, 이토에게 브랜디를 권했다.
무로타는 이토를 치료하면서 "저도 총을 맞은 적이 있습
니다. 이 정도로는 절대 죽지 않습니다"라고 힘을 북돋으
려 했다. 무로타는 미토 번 출신으로, 유신 무렵 도쿠가와
막부 진영과 싸울 때 오른쪽 어깨에 총을 맞았었다. 이토
역시 그 사실을 알고 있었다.

　　"아니, 자네보다는 내가 많이 맞았네."

　　이토가 말했다. 무로타가 이토의 손을 잡았다. 이토가
물었다.

　　"누가 쏘았지?"

　　"아직 모릅니다."

　　"나는 이제 글렀네. 또 누구 다친 사람은 없는가?"

　　"모리가 부상한 것 같습니다."

　　"모리도 당했는가"라고 말한 뒤 이토 히로부미는 눈을
감았다.

　　의사들이 피하주사를 놨고 붕대를 감았으나, 이토는
고통스럽다는 말을 하지 않았다. 이때 러시아 측에서 대한
제국인 한 명을 저격범으로 체포했다는 보고가 들어왔다.
무로타가 이를 알리자 이토가 신음하듯 "그런가. 어리석

은 녀석이다"라고 말했다. 그것이 사람들이 들은 이토의 마지막 말이었다. 이토의 얼굴이 창백해지고 혼수상태에 빠졌다.

후루타니가 이토의 입에 귀를 대고 "각하, 뭔가 유언을……"이라고 말했다. 대답이 없었다. 무로타가 쥐고 있던 이토의 손에서 맥박이 점차 약해졌고, 오전 10시 완전히 멈췄다.[25]

---

25 미요시 도오루, 앞의 책, 702~703쪽. 이 같은 주장은 완전히 픽션이지만 일본인들의 시각을 알아보기 위해 게재했음을 밝힌다.

이토 히로부미, 유언 없이 현장 즉사

여기서 인용한 미요시 도오루의 《사전史傳 이토 히로부미》를 비롯해 일본인이 쓴 각종 저서에는 피격된 이토가 위스키를 찾아 마셨다거나, 자신을 저격한 사람이 한국인임을 알고 "바보 같은 놈"이라고 했다거나 수행원들의 안부를 묻는 등 '위인의 면모'를 보인 것처럼 기술하고 있다. 그러나 이것은 조작된 것으로 사실과 다르다. 이토는 세 발의 총탄에 관통상을 입고 얼마 뒤 곧바로 절명했다. 그만큼 치명적이었던 것이다. 따라서 어떤 말이나 유언도 남길 수 없었다.

한편 채가구역에 남아서 거사를 대기하고 있던 우덕순은 갑자기 시내 경비가 삼엄해진 것을 보고 거사가 불가능하다고 판단했다. 그는 26일 안중근 의거 직후인 12시경에 러시아 헌병들에게 피체되어 구금되었다. 우덕순은 안중근에게 자기가 하얼빈역을 맡아 이토를 처단하겠다고 나섰다가 안중근에게 양보했다. 그리고 하얼빈역에서 거사가 실패했을 경우 채가구역에서 2차로 거사하기로 임무를 맡았다가 총 한 방 쏘아보지 못한 채 피체되었다. 어찌 보면 '불운한 지사'지만, 안중근이 가장 믿었던 애국심이 강하고 심기가 곧은 의혈 인물이었다.

제 **8** 장
교활한 검사에 맞서 당당히 진술

나는 3년 전부터 나라를 위해 생각하고 있던 일을 실행한 것이다. 하지만 나는 의병참모중장으로서 독립전쟁을 하여 이토를 죽였고 또 참모중장으로서 계획한 것인데, 지금 이 여순법원 공판정에서 신문을 받는 것은 잘못된 일이다.

– 안중근, 여순법정 진술

러시아 당국, 서둘러 일본에 재판권 넘겨

안중근은 성공적으로 의거를 마친 뒤 러시아 군인들에게 붙잡혀 현장에서 권총을 압수당하고 동청절도 하얼빈 철도경찰서 사무실에 구치되었다. 호주머니에는 1루블과 해군용 나이프 하나가 들어 있었다. 안중근은 첫 인정신문에서 다음과 같이 진술했다.

성명 : 안중근
국적 : 한인韓人
연령 : 30세
종교 : 가톨릭

안중근을 신문한 사람은 러시아 검사 밀레르였다. 당시 하얼빈은 청국령이었지만 러시아 관할지역이었다. 그래서 이토를 초청한 것도 러시아 당국이었고, 환영 준비와 경비 책임도 러시아 측이 맡았다. 그래서 처음에는 러시아 검사가 안중근을 신문했다.

밀레르 검찰관은 안중근에게 언제 어디에서 하얼빈에 왔는지, 전날 밤은 어디에서 보냈으며 높은 담장으로 둘러싸인 역에는 어떻게 들어왔는지 등을 상세히 물었다.

한편 러시아 당국은 안중근 외에 동조자가 있을 것으로 보고 하얼빈 주변 역에 수상한 한인을 수색하도록 긴급 지시해 전날부터 감시를 받고 있던 우덕순과 조도선을 체포했다. 두 사람은 권총을 소지하고 있어서 혐의를 받았는데 처음에는 이번 사건과 아무 연관이 없다며 완강히 부인했다. 그러다가 안중근의 의거가 성공해 이토가 사망했다는 소식을 듣고는 순순히 사실을 시인했다.

러시아 당국은 이를 계기로 그동안 이들이 주고받은 전보의 발신자와 수신자의 주소를 추적해 하얼빈에 거주하는 김성백 등 수십 명의 한인을 수색했다. 그리고 권총과 항일결사와 관련한 각종 문서를 압수하고 한인 6명을 더 구속했다.

안중근에 대한 러시아 당국의 신문은 당일 오후 9시 30분부터 2시간 동안 계속되었다. 밀레르 검찰관의 지휘 아래 하얼빈 제8지방 국제판사 스뜨로조프가 신문을 담당했고 다른 두 명의 러시아 검사가 수사를 진행했다. 이날 하얼빈은 기온이 영하 10도에 이르는 매우 추운 날씨였다. 그러나 안중근은 추위에도 아랑곳하지 않고 태연하게 신문에 응했다.

신문장에는 하얼빈 주재 일본 총영사관 서기 스기노彬野도 초청되었다. 한국인 안중근이 범인이라는 것이 밝혀질 경우를 대비해 재판관할권 문제를 협의하기 위해서였다. 수사에는 하얼빈 동청철도 당국 책임자, 경비 책임자는 물론 꺼깝초프 재무장관 그리고 채가구역에서 신분증 불심검문을 했던 헌병 하사 쎄민이 포함되어 있었다.

조사관들은 안중근이 하얼빈역 3등 대합실에서 밤을 새웠다는 말부터 확인하기 시작했다. 그들은 증인 중 한 명인 꺼깝초프에게 25일 밤에 숙소로 사용하고 있는 특별열차에서 나와 역 주변을 산책하면서 유심히 본 역사驛舍 내의 밤 상황이 어떠했는지에 대해 물었다. 이에 꺼깝초프는 전날 밤 하얼빈의 기온이 영하 10도였으며 역 대합실에서 아무도 발견하지 못했다고 증언했다.

이 말을 듣고 안중근은 침착한 목소리로 통역관을 통해 꺼깝초프의 말을 부정하고 싶지 않다면서 "본인은 증인을 모르나 그중 단 한 가지 진실은, 본인은 역에서 밤을 새지 않았으며 하얼빈에도 어제 온 것이 아니다. 언제 어디에서 왔으며 또 어떤 곳에서 밤을 새웠는지는 말할 수 없다. 누구와도 협의한 바 없으며 단독으로 거사했으니 본인 혼자 모든 책임을 지겠다"고 말했다.

꺼깝초프는 후에 회고록에서 비록 범인이지만 안중근에게서 매우 좋은 인상을 받았다고 회고했다.

안중근은 젊고 미남형이며 체격이 날씬하고 훤칠한 키에 얼굴빛도 희어 전혀 일본인과 닮지 않았다. 만약 일본 영사관에서 역내 출입 일본인을 조사했었다면 바로 구별해낼 수 있었을 것이다.[1]

마지막으로는 채가구역에서 10월 24일 안중근이 우덕순, 조도선과 함께 있을 때 불심검문을 했던 헌병 하사 쎄민의 증언이 있었다. 그는 하얼빈에 26일 저녁 늦게 도착했다. 그가 10월 24일 안중근에게 증명서를 제시하라고 요구했을 때 안중근은 러시아에서 발행한 '한인'이라고 쓰인 임시 거주증명서를 보였다고 말했다.

안중근의 이토 포살은 일본과 러시아 사이에 심각한 외교 문제를 야기할 수 있는 사건이었다. 러시아 관할지역에서 일본의 최고위급 인사가 피살되었기 때문이다. 더욱이 경호 책임이 초청 당사국인 러시아에게 있어 러시아는 책임 문제에서 자유로울 수 없었다. 그런데 문제는 하얼빈 주재 일본 총영사 가와카미가 전날 동청철도 경비대장 하르라트에게 일본인의 검색을 자제해달라고 요청한 것이었다. 그래서 러시아 군인들이 검색 과정에서 한인과 일본인을 구별하지 못했던 것이다. 따라서 책임은 일본 측에도 있었다.

■■■ 1 박종효, 〈안중근 의사의 하얼빈 의거 진상과 러시아의 반응〉, 《안중근 의사 위업과 사상 재조명》, 2004, 171~172쪽.

어느 정도의 신문과 관련 당사자들의 증언이 끝나자 러시아 측은 이날 밤 늦게 안중근과 우덕순 등 한국인 8명과 조서 서류 일체를 하얼빈 일본 총영사관으로 넘겼다. 재판관할권이 일본에 있다는 것이었다. 러시아는 아직 일본과 범죄자 인도협정을 맺지 않았음에도 불구하고 사건을 서둘러 일본에 넘겨버렸다.

러시아는 그때까지는 아직 일본과 범죄자 인도협정을 체결한 바 없었다. 그처럼 성급하게 안중근을 일본에 인도한 것은 국제법상 재판권은 범죄 발생지에 있다는 원칙에 배치되는 큰 양보였다.

러시아는 사건의 성격이 광복을 위한 대한제국과 일본과의 정치관계이므로 앞서 러일 비밀조약에 규정된 것처럼 대한제국 문제에서 일본의 권한을 존중하려 했다. 아울러 경호 책임에 대한 도덕적인 책임도 줄이고, 러일 간에 이 사건을 더이상 복잡하게 만들지 않으려는 정치적인 고려를 한 행정적인 해결책이었던 것으로 사료된다.[2]

러시아는 러일전쟁에서 패배한 뒤 일본에게 비굴한 모습을 보이고 있었다. 그러던 중에 이토를 친러파 일본 정치지도

━━ 2 박종효, 앞의 글, 172~173쪽.

자로 여겨 초청했다가 자국 관할지역에서 변을 당하자 크게 당황했던 것이다.

러시아는 일본과 포츠머스조약 체결 뒤 일본의 동향을 예의 주시하고 있었다. 흑룡강 연안 총독 운떼르베르게르는 1909년 상반기에 니콜라이 2세 황제에게 블라디보스토크 지역의 방위가 일본의 새로운 침략 음모에 무방비 상태로 방치되어 있다는 사실을 보고했다. 이에 따라 니콜라이 황제는 재무장관 꺼깝초프에게 청국 주재 러시아 공사 까라스토베츠를 비롯한 만주 북부 지방의 러시아 영사를 하얼빈으로 소집해 만주 북부와 몽골 문제 등을 협의하도록 지시했다.

재무장관 꺼깝초프의 극동 출장 소식은 즉각 일본 도쿄에 전해졌다. 일본은 꺼깝초프가 극동 출장길에 일본을 방문할 것을 요청했지만, 재무장관은 의회의 개회 시기와 맞물린다는 이유로 이를 거부했다. 이즈음 이토가 극동을 방문하면서 '극동의 주요 국제문제'를 해결하고자 꺼깝초프와 이토의 회동이 이루어지게 되었다.[3]

---

3 박종효, 앞의 글, 156~157쪽 정리.

● 재판장소 놓고 치밀하게 계산한 일제

안중근과 연루자 일행의 신병과 서류, 증거품 일체를 러시아로부터 인계받은 일제는 삼엄한 경비 속에서 이들에 대한 조사에 착수했다. 어느 정도 신문을 마친 하얼빈 영사관은 사건 이틀 뒤인 10월 28일 하얼빈 주재 총영사 가와카미 도시히코川上俊彦의 명의로 관동도독부 지방법원 검찰관 미조부치 다카오溝淵孝雄에게 신병과 사건 일체를 송치했다.

미조부치 검찰관에게 보낸 〈안응칠 외 15명의 송치서〉에는 "안응칠 외 15명. 이 사람들은 이토 공작 살해 피고인 및 혐의자로 이달 26일 재하얼빈 러시아 시심始審 재판소 검사로부터 이 사건에 관한 서류 일체와 함께 아래의 증거물이 본 영사관으로 송치됐으며, 메이지 42년 법률 제52호 제3조에 의거하여 이 피고사건은 외무대신의 명령에 의해 다시 귀청의 관할로 넘겨지므로 피고인의 신병과 함께 서류 및 증거물 전부를 송치한다"[4]는 내용이 적시돼 있다.

하얼빈 일본 영사관에 구금된 안중근은 그곳 일본 관리로부터 두 차례에 걸쳐 조사를 받고, 4~5일 뒤에는 미조부치 검찰관에게 직접 신문을 받았다. 미조부치가 왜 이토를 해쳤느냐고 묻자 안중근은 거침없이 15가지 죄목을 밝혔다.

〈안중근이 지적한 이토의 15가지 죄〉

1. 한국의 민 황후를 시해한 죄
2. 한국 황제를 폐위시킨 죄
3. 5조약과 7조약을 강제로 체결한 죄
4. 무고한 한국인들을 학살한 죄
5. 정권을 강제로 빼앗은 죄
6. 철도, 광산과 산림, 천택을 강제로 빼앗은 죄
7. 제일은행권 지폐를 강제로 사용한 죄
8. 군대를 해산시킨 죄
9. 교육을 방해한 죄
10. 한국인의 외국 유학을 금지시킨 죄
11. 교과서를 압수하여 불태워버린 죄
12. 한국인이 일본인의 보호를 받고자 한다고 세계를 속인 죄
13. 현재 한국과 일본 사이에 싸움이 그치지 않아 살육

---

4 이기웅 엮음,《안중근 전쟁 끝나지 않았다》, 열화당, 2000, 27쪽.

이 끊이지 않는데, 한국이 태평무사한 것처럼 위로
천황을 속인 죄

14. 동양 평화를 파괴한 죄

15. 일본 천황 폐하의 아버지인 태황제를 시해한 죄[5]

안중근의 논리정연한 진술에 미조부치 검찰관과 기록을
담당한 일본인 서기관들은 놀라움을 금치 못했다. 안중근의
박식과 이토 죄상에 대한 상세한 진술을 들은 미조부치는
"지금 진술한 것을 들으니 당신은 정말 동양의 의사義士라고
할 수 있습니다. 이런 의사는 절대로 사형을 받지 않을 것이
니 걱정하지 마시오"[6]라고 진정어린 말을 하기도 했다.

이에 안중근은 "내가 죽고 사는 것에 대해서는 말할 필요
가 없소. 단지 이 뜻을 일본 왕에게 속히 알려 이토의 못된 정
략을 시급히 고쳐 동양의 위급한 대세를 바로잡는 것이 내가
간절히 바라는 바요"라고 말해주었다.

안중근이 밝힌 이토의 죄상은 어김없는 사실이었다. 다만
마지막 죄목은 약간 착오가 있었던 듯하다. 명치왕의 아버지
효명왕은 1866년 12월 하순에 죽었다. 이때는 이토가 아직 궁
중에 출입하기 전이었고, 이 무렵 이토는 고향에서 와병으로

▬ **5** 안중근, 《안응칠 역사》, 88~89쪽.
▬ **6** 안중근, 앞의 책, 89쪽.

치료를 받고 있었다. 따라서 이토의 죄는 14가지라고 할 수 있다.

일본정부는 안중근의 재판을 어느 나라에서 할 것인가를 두고 심각한 논의를 벌였다. 논란 끝에 재판의 관할지를 여순의 관동도독부 지방법원으로 하기로 결정하고, 10월 27일 고무라 주타로 외상이 가와카미 도시히코 하얼빈 총영사에게 이를 통보했다. 일본정부는 안중근의 재판을 일본에서 하는 경우, 한국에서 하는 경우, 만주에서 하는 경우 등을 놓고 치밀하게 장단점을 분석했다.

첫째, 국제적 여론이 안중근 재판에 미칠 영향이다. 즉 일제는 일본 내에서 안중근을 재판할 경우 일본뿐 아니라, 세계적 관심이 안중근 재판에 집중되어 재판을 일제의 의도대로 이끌고가지 못할 수도 있다고 판단하여 그 재판지를 관동도독부 지방법원으로 결정한 것으로 보인다(創知鐵吉,《한일합방 경위》).

둘째, 정치범에 대한 일본 외무성의 경험을 들 수 있다. 예컨대, 1891년 5월 러시아 니콜라이 황태자가 시베리아 철도 기공식에 참석하러 가던 중 일제 현역 경찰관 쓰다田三藏에 의해 오오쓰大津에서 피격당한 이른바 '대진大津 사건'이 일어났다. 이 사건으로 곤경에 처한 귀족원 의장이자 궁중 고문관이었던 이토가 사법대신에게 쓰다를 사형에 처하도록 지시했다. 그리고 일본정부도 적극적으로 나서 사형을 선고하도록 장기 지방재판소의 판사들에게 압력을 가했다. 그러나 대법원의 선고 결과는 파렴치범이 아니라, '정치적 확신범'이라는 이유로 무기형을 선고했다. 그 이유는 행정부의 요구를 수용하면 사법부의 독립성을 훼손하게 될 것이고, 또 내외국인을 불문하고 법 앞에 평등하기 때문이라는 것이었다. 이러한 경험으로 인해 외무성은 안중근을 정치범으로 취급하여 일본 국내에서 재판을 한다면 외무성의 의도대로 안중근에게 사형을 구형할 수 없을 것이라고 우려했다(〈전보 제34호〉 (1909. 11. 13), 《한국 독립운동사》 자료 7, 국사편찬위원회, 476쪽).

셋째, 일본 국내에서 재판은 재판관들의 합의제로 운영되는 반면, 관동도독부에서는 재판관 한 사람에 의해 이루어진다는 것도 고려되었다. 이러한 맥락에서 히라이시平石 고등법원장을 일본으로 소환해 안중근 재판에 대한 외무성의 방침을 전하였고, 외무성 정무국장 구라치가 히라이시와 안중근 재판에 대해 구체적으로 협의한 배경을 이해할 수 있다.[7]

■■■ 7 신운룡, 〈재무장관이 하얼빈에서 3등 서기관 베베르 앞으로 보낸 1909년 10월 13일자 전문〉, 91쪽, 주 167, 재인용.

한편 조선통감부는 안중근 재판을 한국에서 하도록 하는 방안을 검토했다. 통감부는 안중근과 양위한 전 황제 고종 사이에 모종의 관계가 있는 것으로 단정하고, 안중근 의거를 계기로 야기된 반일 국면을 타개하고 한국병탄을 가속화하려는 의도에서 안중근의 재판 장소를 한국 내로 옮기려는 의도를 드러냈다.[8]

그러나 일본정부는 결국 여러 가지 이해득실을 따진 끝에 안중근과 그 연루자 9명의 재판관할권을 일본이 청일전쟁으로 점령한 중국 여순의 관동도독부 지방법원으로 지정했다. 국제여론에서 벗어날 수도 있고 단독 판사여서 일본정부의 의지대로 조종할 수 있기 때문이었다. 이에 따라 안중근은 1909년 11월 3일 연루자 일행과 함께 여순감옥에 수감되고, 다음날부터 12월 21일까지 4차례에 걸쳐 미조부치 검찰관의 신문을 받았다. 또 조선통감부에서 파견한 사카이 경시에게도 1909년 11월 26일부터 1910년 2월 6일까지 12차례 이상의 강도 높은 신문을 받았다.

---

8 신운룡, 앞의 글, 89쪽.

● 미조부치 검사와 치열한 '논쟁' 벌여

제1회 신문은 10월 30일 하얼빈 일본 총영사관에서 검찰관 미조부치 다카오, 서기 기시다 아이분岸田愛文, 통역촉탁 소노키 스에요시園木末喜의 통역으로 시작되었다. 인정신문에 이어 미조부치 검찰관이 "이토 공작을 왜 적대시하는가"라고 묻자, 안중근은 예의 15개 죄목을 열거했다.

검찰관이 다시 "한국에는 기차가 개통되었고, 수도공사 등 기타 위생시설이 완비됐으며, 대한병원도 설립되고, 식산공업은 점차 왕성해지고 있다. 특히 황태자는 일본 황실의 배려로 문명의 학문을 닦고 있다. 훗날 황제의 자리에 올라 세계의 여러 나라와 대립했을 때 명군으로서 부끄럽지 않도록 교육을 받고 있는데, 이 점에 대해 피고는 어떻게 생각하고 있는가"라고 물었다.

안중근은 "한국 황태자가 일본의 배려로 문명의 학문을 닦고 있다는 점에 대해서는 한국민 모두가 감사하고 있다. 그러나 총명하신 한국의 전 황제를 폐하고 젊으신 현 황제를 세워 좋은 결과를 얻지 못하고 있는 것으로 보아, 그 밖의 지금 물어본 일에 대해서는 한국의 진보나 편리라고 결코 생각하지 않는다"라고 단호하게 답변했다. 안중근과 미조부치 검찰관의 치열한 공방전 중에 몇 대목을 살펴보자.[9]

> 검찰관 : 이번 달 26일 아침 이토 공이 하얼빈 정거장에 도착했을 때 피고는 권총으로 공을 저격했는가.
>
> 안중근 : 틀림없다.
>
> 검찰관 : 피고 혼자서 실행했는가.
>
> 안중근 : 그렇다. 혼자서였다.
>
> 검찰관 : 그때 어떤 흉기를 사용했는가.
>
> 안중근 : 검은색의 굽은 칠연발 권총이었다.
>
> 검찰관 : (압수된 권총을 제시하며) 피고가 사용한 흉기는 이것인가.
>
> 안중근 : 그렇다.
>
> 검찰관 : 이 권총은 피고의 소유인가.
>
> 안중근 : 그렇다.
>
> 검찰관 : 어디서 입수했는가.
>
> 안중근 : 올해 5월경 내가 의병에 가입했을 때 동지가

---

9 이하 신문과 답변은 이기웅, 앞의 책.

어디에서 사다준 것이다.

검찰관 : 피고는 전부터 이토 공을 한국 또는 동양의 적
　　　　으로 생각하고, 죽이려고 결심하고 저격한 것
　　　　인가.

안중근 : 그렇다. 나는 3년 전부터 이토를 죽이려고 결심
　　　　하고 있었다. 처음에 나는 일본을 신뢰하고 있
　　　　었는데, 점점 한국이 이토에 의해 불행해져서
　　　　내 마음은 변했고, 결국 이토를 적대시하기에
　　　　이르렀다. 이는 나뿐이 아니라 한국의 2000만
　　　　동포가 모두 같은 마음이다.

검찰관 : 피고는 3년 전부터 끊임없이 이토 공을 죽이
　　　　고자 했는가.

안중근 : 그렇다. 나는 힘이 없었고, 기회가 오지 않았다.

검찰관 : 올 봄 한국 황제 행차 때 이토 공이 호종했는
　　　　데, 그때 평소에 품고 있던 생각을 실행할 기
　　　　회는 없었는가.

안중근 : 그때 나는 함경도 갑산에서 이토를 죽일 생각
　　　　도 했었다. 하지만 총기도 준비가 안 됐고, 먼
　　　　길일 뿐 아니라 호위병도 많았으며, 또 한국
　　　　황제께서도 일행에 계셨기 때문에 실행하지
　　　　않았던 것이다.

　　(중략)

검찰관 : 피고가 사진으로 보고 상상했던 이토 공과 실제로 본 이토 공의 모습이 일치하던가.

안중근 : 약간 다른 부분이 있었다. 특히 생각했던 것보다 왜소한 사람이었다.

검찰관 : 피고는 이토 공이라는 것을 알고 저격한 다음, 쓰러질 때까지 총알을 모두 발사했는가.

안중근 : 내가 사용했던 권총은 방아쇠를 한 번만 당기고 그대로 있으면 모두 발사되는 장치가 되어 있다.

검찰관 : 피고가 발사한 결과, 이토 공은 어떻게 됐는지 알고 있는가.

안중근 : 전혀 모른다. 그 결과는 아무한테도 듣지 못했다.

검찰관 : 피고는 이토 공의 생명을 잃게 했는데, 그러면 피고의 생명은 어떻게 할 생각인가?

안중근 : 나는 원래 내 몸에 대해 생각해본 적이 없다. 이토를 살해한 후 나는 법정에 나가서 이토의 죄악을 일일이 진술하고, 이후 나 자신은 일본 측에 맡길 생각이었다.

검찰관 : 피고가 사용한 권총은 친구 누구로부터 샀는가.

안중근 : 윤지총이라는 동지가 일본 제일은행권 40엔 정도에 사서 나에게 준 것이다. 하지만 어디서 샀는지 모른다.

안중근이 이토를 처단하는 현장에서 자진하여 붙잡힌 것은, 국적을 포살하고, 법정에서 국제사회에 당당하게 일제의 침략과 조선독립의 이유를 천명하고자 함이었다는 것은 앞에서도 밝힌 바 있다. 안중근의 이러한 심중을 간파한 일제는 재판 과정에서 여러 가지 흉계를 써서 이를 방해하고자 했다(이 부분에 대해서는 뒤에서 상론).

일제 수사관은 안중근의 가정문제와 관련해서도 집요하게 캐물었다.

검찰관 : 피고는 고국의 처자에게 돈을 부치고 있었는가.

안중근 : 한 번도 돈을 부친 적이 없다.

검찰관 : 피고의 처자는 누가 돌봐주고 있는가.

안중근 : 내 집에는 수백 석의 수확이 있는 전지田地가 있다. 따라서 생활은 되기 때문에 돌봐줄 사람이 필요치 않다.

검찰관 : 그 전지는 어디에 있는가.

안중근 : 신천의 문화文華라는 곳에 있다.

검찰관 : 그 땅은 소작을 부치고 있는가, 아니면 피고의 집에서 직접 농사를 짓고 있는가.

안중근 : 내 아우들이 짓고 있다.

검찰관 : 아우라면 정근과 공근을 말하는 것인가.

안중근 : 그렇다. 그러나 내가 집을 나온 뒤에는 누가

짓고 있는지 모른다.

검찰관 : 피고의 처자는 신천에 있는가.

안중근 : 진남포의 내 집에 있다.

검찰관 : 신천에 있는 전지의 수입은 진남포로 가지고 오는가.

안중근 : 배로 보내온다.

검찰관 : 피고는 부모가 있는가.

안중근 : 어머니가 진남포에 계시다.

(이상 제6회 신문조서 중 일부)

"이토가 미쳐서 한국을 침략해 응징했다"

미조부치는 일본의 한국통치를 합리화하고자 부단하게 동양의 정세를 말하며 이토를 변론해 안중근을 '교화'시키려 들었다.

> 검찰관 : 청일전쟁과 러일전쟁은 동양평화를 위한 것
> 이라고 일본이 선언한 일은 알고 있는가.
>
> 안중근 : 그렇다. 동양평화를 유지하고, 또 한국의 독립
> 을 도모한다는 것이었다.
>
> 검찰관 : 일한협약도 한국의 독립을 도모하기 위한 선
> 언이라는 것을 알고 있는가.
>
> 안중근 : 그런 선언이라는 것은 알고 있지만, 믿어지지
> 않는다.
>
> 검찰관 : 피고는 국제공법을 알고 있는가.
>
> 안중근 : 전부는 모르고, 일부분 알고 있다.

검찰관 : 일본이 아무리 제멋대로 해도, 국제협약에 가
　　　　 입하고 있는 만국이 묵시하지 않을 것이라는
　　　　 것도 알고 있는가.

안중근 : 그것도 알고 있다.

검찰관 : 그렇다면 일본이 동양평화를 부르짖으며 한
　　　　 국을 멸망시킨다든가 또는 병합시킨다든가
　　　　 해도, 만국이 감시하고 있기 때문에 그렇게 될
　　　　 수 없다는 것도 알고 있는가.

안중근 : 나는 일본이 한국을 병합하고자 하는 야심이
　　　　 있음에도 불구하고 열국이 묵시만 하고 있는
　　　　 이유도 알고 있다.

검찰관 : 일청전쟁에서 일본이 승리를 얻어 대만 외에 요
　　　　 동반도를 점령하고 있을 때, 프랑스·독일·러
　　　　 시아 삼국동맹이 일본의 요동 점령에 이의를
　　　　 제기해 마침내 이를 청국에 환수케 한 일을 알
　　　　 고 있는가.

안중근 : 알고 있다. 그 때문에 일러전쟁이 일어났던 것
　　　　 이다.

검찰관 : 그러면 일본 혼자서는 다른 나라를 병합하지
　　　　 못하도록 열국이 감시하고 있는 것이 아닌가.

안중근 : 감시하고 있게 돼 있다.

검찰관 : 조선도 예로부터 수백 년 역사를 가지고 독립

한 나라다. 그러므로 일본이 열국의 감시가 있음에도 불구하고 병합하려 하는 것은 불가능하다. 이는 조금만 생각해보면 알 수 있을 것이라고 생각하는데, 피고는 어떻게 생각하는가.

안중근 : 병합은 될 수 없을 것이다. 그런데 이토가 미쳐 있기 때문에 병합하고자 했던 것이다.

검찰관 : 일청전쟁은 청국의 출병을 한국이 독자적으로 막을 수 없었기 때문에 일본이 한국을 위해 출병한 결과 야기된 것으로, 한국은 독자적으로 행할 수 없는, 즉 자력이 없는 나라라는 것을 알고 있는가.

안중근 : 그건 알고 있다.

검찰관 : 또 일러전쟁도 일본이 요동반도를 청국에 환수하자 러시아가 관동주를 조차해 군사를 두고, 여순항 내에 군함을 배치해 한국에 출병하려고 위협을 가해 일어난 것이다. 한국이 지극히 자위력이 없기 때문에 마침내 일본이 러시아와 전쟁을 하게 된 셈인데, 이에 대해 어떻게 생각하는가.

안중근 : 그건 그렇다.

미조부치는 청일전쟁과 러일전쟁이 마치 일본이 한국을

보호하기 위해 벌인 전쟁인 것처럼 호도하면서 안중근을 신문했다. 안중근은 여기에 부분적으로 동조하면서, 일본제국과 이토를 일치시키지 않고 있는 듯한 인식의 한계를 보여주었다. 즉 일본은 국제관계 때문에 한국을 병합하기 어려운데, 이토가 '미쳐서' 그런 음모를 꾸미고 있었다는 듯한 인식인 것이다.

미조부치의 집요한 '회유'

미조부치는 집요하게 일본의 통감정치가 한국에 도움이 된다는 논리를 펴면서 안중근을 '회유'하려 들었다.

> 검찰관 : 한국은 독립해서 스스로를 지킬 수 없는 어린 아이와 같으며, 따라서 일본이 후견인이 되어 보호하고 있는 것이므로, 한국이 그 뜻을 잘 받들고 있다면 통감제도도 오래 둘 필요가 없는 것이다. 그러나 만일 한국이 후견인의 뜻에 반해 행동한다면 영영 통감제도를 폐지할 수 없게 되는데, 그 이유는 알고 있는가.
>
> 안중근 : 일본으로서는 그렇지만, 한국의 입장에서 말하면 그렇지 않다.
>
> 검찰관 : 열국이 승낙하고 있는 보호, 즉 통감제도는 한국이 세계의 대세를 자각하게 되면 필요 없게

되지만, 깨닫지 못하고 완명頑冥한 생각을 가지고 있다면 끝내 통감제도도 폐지할 수 없게 되는 것이다. 결국 일본이 한국을 망하게 하는 것이 아니라, 한국이 스스로 망하게 되는 것인데, 이를 알고 있는가.

안중근 : 그것이 한국인이 갖고 있는 생각 중 하나라는 것은 나도 알고 있다.

검찰관 : 그렇다면 통감정치에 대해 분개할 이유가 없으며, 오히려 자국민의 무능함을 깨우치지 않으면 안 되는 것이 아닌가.

안중근 : 나는 일본이 한국에 대해 야심이 있건 없건, 그런 일은 안중에 두고 있지 않다. 다만 동양평화라는 것을 안중에 두고, 잘못된 이토의 정책을 미워하는 것이다. 한국은 오늘날까지 진보하고 있다. 다만 독립해서 스스로 지킬 수 없는 것은 한국이 군주국君主國이라는 점에 기인하며, 그 책임이 위에 있는지 밑에 있는지는 의문이다.

검찰관 : 독립해서 스스로를 지킬 수 없다는 것을 아는 이상, 한국을 일본이 보호하는 것은 당연한 일이라고 생각하는데, 어떻게 생각하는가.

안중근 : 그건 당연하다. 그러나 그 방법이 아주 잘못

돼 있다. 즉 박영효와 같은 인물을 조약을 집
주執奏하지 않았다 하여 제주도로 유배하고,
현재 이완용, 이지용, 송병준, 권중현, 이근택,
신기선, 조중응, 이병무 따위의 하등 쓸모없는
자들을 내각에 두어 정치를 시키고 있다. 이는
정부의 잘못으로, 정부를 근본부터 타파하지
않으면 한국은 스스로 지킬 수 없는 것이다.

검찰관 : 한국 이조李朝의 황실인 이씨는 서북 출신으
로, 그 유훈에 "서북 사람은 정치에 관여해서
는 안 된다"고 했는데, 과연 그렇다면 한국 국
민은 자국의 황실을 원망하는 것이 된다고 생
각한다. 이에 대해 어떻게 생각하는가.

안중근 : 그런 일이 있기 때문에 서북인이 불평을 하는
것이다. 그러나 국민으로서 황실에 대해 그런
말을 해서는 안 된다.

검찰관 : 그렇다면 일본이 황실의 선언에 기초하여 보
호정책을 시행하고 있으므로, 이에 따르지 않
는 것은 소위 국민이 황실에 불평을 호소하는
것이 되는데, 이런 일을 해서는 안 되는 것이
아닌가.

안중근 : 황실에 대해 불평한 일은 할 수 없지만, 자신
의 의견을 말하는 것은 상관없다고 생각한다.

또 정부에 대해 말하는 것은 권리다.

(제6회 신문조서)

안중근은 한국이 "독립해 스스로 지킬 수 없는 것"은 '군주국'이기 때문이라고 인식하고 있었다. 또 "정부에 대해 의견을 말하는 것은 권리"라고 주장했다. 군주국이기 때문에 이완용 따위의 쓸모없는 자들에게 정치를 맡기고 있다면서 군주제 정치의 한계를 이야기했다. 여기에서 유추할 때 안중근은 공화주의 사상을 갖고 있었던 것 같다. 이 무렵 한국인 중에 공화제 정치사상을 가진 사람이 드물었다는 것에 비하면 안중근은 여러 방면에서 대단히 앞선 편이었다. 그러나 안중근이 과연 공화주의 사상가였는가, 아니면 근왕주의자였는가에 관해서는 더 많은 연구가 필요하다.

다시 검찰관과 안중근의 '논쟁'을 들어보자.

검찰관 : 이토 공을 죽이면 일본이 한국에 대해 시행하고 있는 보호정책, 즉 통감정치가 폐지될 것이라고 생각하고 있는가.

안중근 : 그렇게 생각하고 있다.

검찰관 : 이토 공이 죽었다 해도, 통감정치가 폐지될 까닭이 없다. 세계 열국과의 약속이 있기 때문에 이를 파기하지 않는 이상 보호협약은 결코 소

263

지 못했는가.

안중근 : 그 협약은 이토가 병력으로 황상皇上을 협박하여 강제로 승낙케 한 것이다.

검찰관 : 한국이 독립할 수 없기 때문에 이를 강박하여 협약케 한 것으로, 조약이 강박에 의해 성립된 예는 많으며, 결코 불법이 아닐 뿐 아니라 당연한 것인데, 어떻게 생각하는가.

안중근 : 그건 그렇지만, 이토가 한국 국민의 희망이기 때문에 보호하고 있다고 말함으로써 일본 황제를 비롯해 일본 국민을 기만했다. 그래서 이토를 죽이면 일본도 자각할 것이라고 생각하고 그를 죽인 것이다.

검찰관 : 만약에 중국은 말할 것도 없고 러시아에 대항할 힘도 없는 한국을 그대로 방치한다면 한국은 멸망할 수밖에 없다. 이는 곧 동양평화에 해가 되는 것이므로 일본이 보호하고 있는 것이다. 피고는 이런 사리를 모르고 있다고 생각하는데, 어떻게 생각하는가.

안중근 : 결국 이토의 방법이 나빴기 때문에 한국이 오늘날과 같은 상태에 이른 것으로, 만약 간책을 부리거나 강제협약을 하지 않았다면, 말할 것

도 없이 동양은 지극히 평화로웠을 것이라고
생각한다.

(제6회 신문조서)

"남의 나라 빼앗은 것을 방관하는 것은 더 큰 죄악"

일제는 1909년 12월 19일 관동도독부 지방법원에서 안중근의 동생 안정근과 안공근을 소환해 신문했다. 이때는 검찰관 미조부치, 서기 다케우치, 통역촉탁 소노키가 신문을 맡았다. 신문은 일반적인 내용이었다.

안중근은 감방에서 두 동생과 만났다. 고향을 떠나 만주와 러시아땅을 전전하며 의병전쟁을 벌이고 마침내 국적 이토를 포살하여 연일 조사를 받고 있는 상태에서 만난 것이다.

11월경이었다. 정근과 공근, 두 동생이 한국 진남포로부터 이곳으로 면회를 왔다. 작별한 지 3년 만이라 이렇게 만나는 것이 꿈인지 생시인지 모를 정도로 반가웠다. 그 다음부터는 항상 4~5일, 또는 열흘에 한 번씩 만나 이야기를 나누었다. 나는 동생들에게 한국인 변호사를 청하는 일과 천주교 신부를 청해 성사를 받을 일 등을 부탁했다.

두 동생을 만날 때까지만 해도, 미조부치 검찰관은 비교적 친절하게 대했다. 닭과 담배 등을 차입해주었다. 간수들도 일주일에 한 번씩 목욕을 하게 하고, 솜이불과 고급 담배, 서양과자를 넉넉히 넣어주었다.[10]

동생들이 다녀간 뒤부터는 미조부치의 말투와 행동이 크게 바뀌었다. 그동안은 안중근을 '동양의 의사'라고 표현하고, 비교적 예의를 갖춰 신문해오더니 곧 본색을 드러내기 시작한 것이다. 안중근은 이때부터 일제가 자신을 처형하리라는 예상을 하게 되었다.

그후 어느 날, 검찰관이 또 와서 신문을 하는데 말투와 행동이 전과는 전혀 달랐다. 압제도 하고, 억설도 하고, 모욕도 했다. 나는 혼자 생각했다.

"검찰관의 생각이 이렇게 돌변한 것은 아마 본심이 아니고, 다른 곳에서 큰 바람이 불어왔기 때문일 것이다. 도심道心은 희미하고 인심人心은 위태롭다는 말이 결코 헛말이 아니로구나."

나는 분통한 마음에 이렇게 대답했다.

"일본이 비록 백만 명의 군사를 보유하고, 천만 문의

대포를 갖추었다 해도 안응칠의 목숨 하나 빼앗는 권한 말고 또 무슨 권한이 있소. 사람이 세상에 태어나서 한번 죽으면 그만인데 무슨 걱정이 있겠소. 나는 더 대답할 것이 없으니 마음대로 하시오."

이때부터 다가올 나의 앞날은 크게 잘못되어, 공판도 틀림없이 그릇된 판결이 날 것 같은 생각이 들었다.

더구나 말할 권리마저 금지되어 내가 목적했던 의견을 진술할 방법도 없었다. 모든 사실을 감추고, 또 속이는 기색이 분명했다.[11]

일본정부는 미조부치의 그 '충성심'을 높이 인정해 안중근 재판이 끝났을 때 가장 많은 보상금을 지급했다. 미조부치 검찰관의 태도가 크게 바뀐 가운데 신문이 계속되었다.

    검찰관 : 러시아 관리로부터 취조를 받을 때, 피고 때문
           에 이토 공이 사거했다는 말을 듣지 않았는가.
    안중근 : 듣지 못했다.
    검찰관 : 러시아에서 작성한 서류에 의하면, 피고는 이
           토 공이 사거했다는 소식을 듣고 신에게 감사
           했다고 하는데, 이는 틀린 것인가.

---

11 안중근, 앞의 책, 92쪽.

안중근 : 나는 듣지 못했다. 러시아에서 신문을 받을 때 한국인 통역이 있었지만, 그의 러시아어 수준이 너무 낮았고, 또 한국어도 잘 하지 못했다. 그래서 내가 하는 말을 중간에서 전해주지 않고, 내가 진술하면 "그런 말은 필요 없다"고 하는 바람에, 나는 그냥 "모른다"라는 대답만 했다. 그래서 어떻게 기록되어 있는지 모른다.

검찰관 : 이토 공은 피고가 발사한 총알 세 발이 명중하여 15분 만에 사거했다.

안중근 : 병원에 가서 죽었는가. 또 한국인 때문이라는 것은 알았는가.

검찰관 : 그때 피고가 발사한 총알에 가와카미 총영사가 손을 부상당해 불구자가 되었다. 또 이토 공의 비서관 모리는 총알이 왼쪽 허리를 관통하여 복부 안에 박혀 있는데, 알고 있는가.

안중근 : 그렇다.

검찰관 : 또 남만주철도회사의 다나카 이사는 총알이 왼쪽 다리 관절을 관통하여 바지 오른쪽에 박혔다.

안중근 : 음…….

검찰관 : 한 사람을 죽이고, 세 명에게 부상을 입히고, 두 명에게 위험을 미치게 한 피고인의 행위를

잘한 것이라고 생각하는가.

안중근 : 이토 이외의 사람에 대해서는 안타깝게 생각한다.

검찰관 : 이토 공을 죽인 것은 정당한 행위라고 생각하는가.

안중근 : 나는 처음부터 그럴 생각으로 했던 것이므로 잘못이라고 생각하지 않는다.

검찰관 : 암살 자객은 예로부터 동서 각국에 그 예가 적지 않다. 그리고 한 나라의 정치와 관련하여 생기는 경우가 많다. 훗날에 이르러 생각하면, 피해자나 가해자가 목적은 같은데 다만 그 수단을 달리했을 뿐으로, 이러한 비참한 사태가 생긴 뒤에야 비로소 후회하는 경우가 많다. 잘 생각해보면 피고도 정치적인 목적으로 그런 행동을 했다고 하지만, 그것이 사람의 도리에 반하는 일임에는 틀림없다. 그래도 그 그릇됨을 깨닫지 못하는가.

안중근 : 나는 사람의 도리를 벗어나거나 또 이에 반하는 일을 했다고는 생각하지 않는다. 다만 오늘 유감인 것은 이토가 이곳에 없는 관계로, 내가 이토를 죽이려고 한 목적을 말하고 이에 대해 의견을 토론할 수 없다는 것이다.

검찰관 : 피고가 믿는 천주교에서도 사람을 죽이는 것은 죄악일 것이다.

안중근 : 그렇다.

검찰관 : 그렇다면 피고는 사람의 도리에 반하는 행위를 한 것이 아닌가.

안중근 : 敎에도 사람을 죽이는 것은 그 국면에 직면한 사람밖에는 알 수 없는 일이라고 나와 있는 것도 알고 있다. 또 성서에도 사람을 죽이는 것은 죄악이라고 했다. 그러나 남의 나라를 탈취하고 사람의 생명을 빼앗고자 하는 자가 있는데도 수수방관하는 것은 더 큰 죄악이므로 나는 그 죄악을 제거했을 뿐이다.

검찰관 : 피고가 믿는 홍 신부가 이번 범행을 듣고, 자기가 세례한 사람 중에 이런 사람이 나온 것은 유감이라며 한탄했다고 하는데, 그래도 피고는 자신의 행위를 사람의 도리나 종교의 취지에 반하지 않는다고 생각하는가.

안중근 : 묵묵부답.

(제10회 신문조서)

일제는 처음에는 동양의 정세를 내세워 청국과 러시아로부터 조선을 보호하기 위해 '보호정치'를 한다고 내세웠다.

그래도 '설득'이 안 되자 종교의 교리를 들어 사람을 죽인 것은 잘못이 아니냐고 힐책했다. 안중근은 단호하게 말했다. "남의 나라를 탈취하고 사람의 생명을 빼앗고자 하는 자가 있는데도 수수방관하는 것은 더 큰 죄악이므로 나는 그 죄악을 제거했을 뿐이다" 라고.

알제리아 전쟁이 한참 계속되고 있을 때, 신학교수 카잘리스Casalis는 '폭력에는 자유케 하는 폭력과 속박하는 폭력이 있다'고 선언했다. 이 선언은 많은 지성인들(뒤베르제, 도메나 등)의 입장을 총결산하는 것이라고 생각할 수 있다. 예를 들어 본다면, 알제리아 전쟁 동안에 민족해방전선은 프랑스의 식민지 해방에서부터 인민을 해방시키는 폭력을 사용했다. 그래서 폭력은 정죄되어야 하는 것이지만, 이 특수한 폭력은 묵인되어야 한다. 그러나 프랑스 군대는 사람들을 속박하는 폭력을 행사함으로써 폭력에 대한 봉사를 추가시켰다.[12]

안중근은 여순감옥에 유치되어 재판을 받으면서 소회의 일단을 적어 일본 관헌에게 주었다. 1909년 11월 6일 오후 2시경에 쓴 글이다.

━━━ **12** 자크 엘룰, 최종고 옮김, 《폭력》, 현대사상사, 1974, 128쪽.

〈한국인 안응칠의 느낀 바〉

하늘이 사람을 내어 세상이 모두 형제가 되었다. 각기 자유를 지켜 삶을 좋아하고 죽음을 싫어하는 것은 누구나 가진 떳떳한 정이다.

오늘날 세상 사람들은 으레 문명한 시대라 일컫지만, 나는 홀로 그렇지 않은 것을 탄식한다.

무릇 문명이란 것은 동서양, 잘난이 못난이, 남녀노소를 물을 것 없이, 각각 천부의 성품을 지키고 도덕을 숭상하며 서로 다투는 마음이 없이 제 땅에서 편안히 생업을 즐기면서, 같이 태평을 누리는 바로 그것이다.

그런데 오늘의 시대는 그렇지 못하여, 이른바 상등 사회의 고등 인물들은 의논한다는 것이 오로지 사람 죽이는 기계뿐이다. 그래서 동서양 육대주에 대포 연기와 탄환 빗발이 끊일 날이 없으니, 어찌 개탄할 일이 아니겠는가.

이제 동양 대세를 말하면 비참한 형상이 더욱 심하여 참으로 기록하기 어렵다. 이토 히로부미는 천하대세를 깊이 헤아려 알지 못하고, 함부로 잔혹한 정책을 써서 동양 전체가 장차 멸망을 면하지 못하게 되었다.

슬프다! 천하 대세를 멀리 걱정하는 청년들이 어찌 팔짱만 끼고 아무런 방책도 없이, 앉아서 죽기만을 기다리는 것이 옳을 수 있겠는가.

나는 생각다 못하여, 하얼빈에서 총 한 방으로 만인이

보는 눈 앞에서 늙은 도둑 이토의 죄악을 성토하여, 뜻있는 동양 청년들의 정신을 일깨운 것이다.[13]

▬ **13** 안중근, 앞의 책, 313쪽.

제 9 장

일제, 안중근에 사형을 선고

한국의 독립을 위해 이토를 없애지 않으면 안 된다고 생각하고 7개조의 조약이 성립될 당시부터 살해하려고 했다. 그리고 이토를 살해할 작정으로 블라디보스 토크 부근으로 가서 내 한 몸은 생각하지 않고 오로지 한국의 독립을 도모하고 있었다.

– 안중근, 제2회 공판 진술

잔혹한 조사 끝에 재판 회부

미조부치 검찰관은 1910년 2월 1일 안중근과 우덕순, 조도선, 유동하를 일본 관할의 관동도독부 지방법원 형사부에 송치했다. 마나베 주조가 재판장이었다. 미조부치는 1909년 10월 30일부터 11월 26일까지 한 달여 동안 7차례에 걸쳐 조사하고, 조선통감부에서 특별히 파견한 사카이 경사가 11월 26일부터 12월 11일까지 보름 동안 11차례나 조사했다. 그것도 모자라 미조부치는 또 1910년 2월 20일 이후 4차례나 더 조사를 진행한 끝에 2월 1일 공판청구를 했다.

사카이가 보름 동안 별도의 조사를 한 것은, 안중근 의거에 국내 연루자가 더 없는지를 철저히 캐서 항일 운동가를 색출하려는 통감부의 지침에 따른 것이었다. 일제는 이 기회에 국내 항일세력의 뿌리를 뽑겠다는 작정으로 안중근에 대해 잔혹할 정도의 조사를 실시했다.

미조부치가 적시한 〈사실의 표시〉라는 이름의 기소장 내용은 다음과 같다.

　　피고 안중근은 추밀원의장 공작 이토 히로부미 및 그
의 수행원을 살해하고자 결심하고 메이지 42년 10월 26일
오전 아홉 시가 지나서 러시아 동청철도 하얼빈역에서 미
리 준비한 권총을 발사하여 공작을 살해하고, 또 공작의
수행원인 총영사 가와카미 도시히코, 궁내대신 비서관 모
리 야스지로, 남만주철도주식회사 이사 다나카 세이지로
의 각 팔과 다리 그리고 가슴 등에 총상을 입혔다. 이 세
명은 살해되지 않았음. 피고 우덕순 및 조도선은 안중근과
공동의 목적으로 이토 공작을 살해하고자 동청철도 채가
구역에 체류하며 예비 행위를 했으나, 러시아 위병의 방해
를 받아 그 목적을 수행하지 못한 자임. 피고 유동하는 안
중근 등의 결의를 사전에 알고 통신 및 통역의 역할을 담
당하며 그 행위를 방조한 자임.

안중근과 연루자 3명을 여순지방법원으로 송치한 일제는
여순감옥은 물론 지방법원 주위를 삼엄하게 경계했다. 한국
의 의병들이 이들을 탈취해갈지 모른다는 정보가 있었기 때
문이었다. 이들을 감옥에서 법원까지 압송하는 데 필요한 호
송용 마차를 특별히 일본에서 제작해 들여올 정도로 경계에
철저했다. 여순항에는 일본에서 급파한 여러 척의 함선이 해

안경계에 나섰다.

피고 4명을 감옥에서 법원으로 압송하기 위해 새로 만
든 마차가 내지內地에서 도착하였는데 차내는 네 칸으로
나누어져 있고 그 후부에는 간수 2명이 탈 수 있다고 한
다. 피고 등은 일단 마차로 법원 구내의 경무계류장에 수
용하고 감시원으로 간수 2명을 두고…….[1]

일제는 또 재판에서 일반인의 방청과 보도를 통제하기 위
해 방청객이 지켜야 할 의무사항을 새로 만들고, 여순지방법
원에서 가장 규모가 큰 고등법원 제1호 법정을 재판 장소로
지정해 좌석배치와 각종 보안시설 등을 정비했다.

---

1 〈피고용의 마차〉, 《만주일일신문》, 1910년 2월 5일자, 신운룡, 〈재무장관이 하
얼빈에서 3등 서기관 베베르 앞으로 보낸 1909년 10월 13일자 전문〉, 98쪽, 재
인용.

일제, 변호사 선임 거부하고 일본인 관선변호사로 대체

　재판관할법원이 결정되면서 변호사가 선임되었다. 안중근은 여순감옥으로 면회 온 두 동생을 통해 변호사를 선임토록 했다. 선임된 변호사는 상해 주재 영국인 변호사 더글러스와 블라디보스토크 주재 변호사 러시아인 미하일로프 그리고 한국인 변호사 안병찬이었다. 그러나 일제는 변호사 선임을 허락했다가 갑자기 이를 번복해 일본인 관선변호사 2명으로 대체했다. 미즈노 기치타로오水野吉太郎와 카미다 세이지田正治였다.

　안중근을 변호할 변호사의 선임은 러시아 지역의 독립운동가들이 《대동공보》를 중심으로 전개했다. 《대동공보》 발행인이었던 러시아인 미하일로프를 상해로 보내 당시 저명한 영국인 변호사 더글러스를 만나 안중근 일행의 변론을 의뢰한 것이다. 안중근의 의로운 거사가 세계에 알려지면서 여러 나라에서 변호사들이 변론을 맡겠다고 나섰다. 러시아인 2명,

영국인 2명, 스페인인 1명, 한국인 2명 외에 무료변호를 자청한 일본인 1명도 있었다. 그러나 이들은 모두 불허되었다.

안중근 의거가 일어나자 국내외에서 유능한 변호사를 선정하여 안 의사를 살려야 한다는 구명운동이 전개되었고, 이와 더불어 재판에 대비한 의연금 모금 운동도 일어났다. 블라디보스토크에서는 최봉준이 2000루블, 최재형이 200루블을 선뜻 내놓았고, 미주에서는 정재관, 이강 등이, 노령과 상해에서는 정순만, 유진율, 윤일병 등이 모금운동에 앞장섰다. 영국인 더글러스 변호사에게는 상해에 거주하는 민영철, 민영익, 현상건 등이 모금한 10만 원을 주고 변호사 선임계를 체결했다. 특히 초대 주러시아공사를 역임한 이범진은 모스크바에서 순국 자결하기 3일 전에 블라디보스토크의 최봉준에게 5000루블을 보내면서, 이중 500루블을 안중근 부인에게 제공토록 했다.

안중근 일행의 국제변호사 선임을 불허한 것은 마나베 주조 재판장의 명의로 되어 있지만, 사실은 일제의 치밀한 계산에 따른 조처였다. 일제는 앞서 소개한 바 있는 '대진사건' 때 현역 경찰관 쓰다를 '정치범'으로 인정하고 변호사를 선임케한 적이 있었다. 그러나 안중근 사건에 대해 변호사 선임을 막고 일본인 관선변호사를 붙인 것은 재판을 자신들의 뜻대로 진행하겠다는 흑심을 드러낸 것이다.

더글러스와 미하일로프 변호사는 12월 1일 오후 여순에 와서 안중근을 면담하기까지 했다. 이와 관련해 안중근의 '소회'를 들어보자.

　　하루는 영국 변호사 한 사람과 러시아 변호사 한 사람이 나에게 면회를 와서 말했다.

　　"우리 두 사람은 블라디보스토크에 있는 한국인들의 위탁을 받고 당신의 변호를 맡으려고 이곳에 왔소. 법원의 허가는 이미 받았으니 공판하는 날 다시 만나도록 합시다."

　　나는 마음속으로 크게 놀라는 한편, 이상스럽다는 생각도 들었다.

　　"일본의 문명 정도가 여기까지 왔다는 말인가? 내가 지난날에는 미처 생각하지 못했던 일이다. 오늘 영국과 러시아의 변호사를 허용하는 것을 보니 과연 세계 일등 국가의 행동이라 할 만하다. 그렇다면 내가 오해했단 말인가? 그러한 과격한 수단을 사용한 것이 나의 망동이었단 말인가."[2]

안중근은 두 명의 국제변호사를 접견하면서 '일본의 문명 정도'에 놀라면서 자신의 행동이 정당한 것이었는지 고민하기도 했다. 하지만 결국 일제는 일본인 관선변호사를 선정해

━━ 2　안중근,《안응칠 역사》, 90~91쪽.

형식적인 재판절차를 밟아갔다.

일제가 이렇게 태도를 바꾼 것은 고무라 외상의 지령에 따라 통감부의 구라치 데쓰키치窟知鐵吉 정무국장이 마나베 재판장에게 안중근을 극형에 처하도록 지시했기 때문이었다.

안중근 가족이 선임한 한국인 안병찬 변호사의 선임도 거부되었다. 안중근의 두 동생은 여순에서 고국의 어머니에게 한국인 변호사를 선정해달라는 전보를 보냈다. 한성법학회를 통해 안병찬 변호사를 소개받은 어머니 조마리아는 직접 평양으로 안병찬 변호사를 찾아가 변론을 맡아달라고 요청하고, 안병찬은 조마리아에게 감동해 변호를 수락했다. 안 변호사는 1910년 1월 14일 대련에 도착하여 법원에 선임계를 제출했지만 거부당했다. 그러나 안 변호사는 변호사 선임 여부와는 상관없이 일본 육법전서 한 권을 안중근에게 건네주고 재판을 방청하고 여관으로 돌아와서 피를 토하고 쓰러졌다. 안병찬은 성하지 못한 몸으로 재판이 진행될 때마다 법정에 나가 일제의 일방적인 재판을 지켜봤다.

평북 의주 출신 안병찬(1854~1921)은 을사늑약 체결시 법부法部 주사로 을사오적 처단과 국정개혁을 국왕에게 상소했다가 구속되었다. 1909년 이용구, 송병준 등 일진회 수괴들을 대역미수 국권괴손죄國權壞損罪로 경성지방재판소에 고소하기도 했다. 그러던 중 안중근 의거 소식을 듣고 변호인 의뢰를 받게 된 것이다. 안병찬은 이후 이완용을 칼로 찌른 이재명 의사의 변호를 맡았고 이른바 데라우치 총독 암살음모사건 혐의로 구속되기도 했다. 그는 1915년 평북 신의주에서 변호사를 개업하고 1919년 3.1운동에 참여한 뒤 만주로 망명하여 독립운동에 생애를 바쳤다.

첫 공판정 인산인해 이뤄

마침내 제1회 공판이 열렸다. 1910년 2월 7일 오전 9시 관동도독부지방법원 형사법정이었다. 재판장 마나베, 검찰관 미조부치, 서기 와타나베의 입회 아래 소노키의 통역으로 재판이 개정되었다. 변호인으로 미즈노와 카미다 두 관선변호인이 출두했다.

공판 소식이 알려지면서 500여 명의 방청객이 새벽부터 법원으로 몰려들어 북새통을 이루었다. 대부분 일본인들이었다. 일본인들은 자신들의 영웅인 이토를 쏜 한국의 애국자를 직접 눈으로 확인하고자 새벽부터 장사진을 쳤다. 이들 중 방청권을 교부받은 230여 명만 입장하고, 나머지는 법원 정문에서 안중근 일행이 포승에 묶여 마차로 도착하는 것을 지켜보았다. 당시의 정황을 현지 신문은 다음과 같이 보도했다.

8시 40분 안중근을 선두로 피고인 등은 법정 내에 모습을 보였다. 지난 3개월여의 감옥생활도 그들에게는 너무 관대하다. 그들로 하여금 약간의 고통도 느끼게 한 것 같은 형적이 없다. 공판 전에 특별히 머리를 깎고 때를 밀었으니 일동의 면모는 한결 건강하게 보였다.

복장은 어떤가 하면 안중근은 깃을 접은 양복에 두 개의 단추가 달린 것을 입고 바지는 스카치로 상하 모두 매우 낡았다. 코 밑에는 한인 일류一流의 콧수염을 한 용모는 그다지 흉폭한 남자로는 보이지 않는다. 우덕순은 옷깃을 세운 양복, 유동하와 조도선은 검은색 깃을 세운 양복을 입고 있고 유는 한쪽 눈이 아프다.

장하다. 망국의 괴로움을 못 견디어 독립자유의 넉 자에 신명도 아깝게 여기지 않는 생사상계生死相契하고 우국우세하는 지사의 용모가 어떠한지를 예기한 수백 인의 방청인은 지금 눈앞의 이 초라한 복장 상태를 보고 상당히 의외로 느끼고 있었다. 그중에는 낮은 목소리로 개죽음이라고 평하는 사람도 있었다.[3]

재판장은 안중근, 우덕순, 조도선, 유동하 순으로 성명, 나이, 신분, 직업, 주소, 본적지, 출생 등을 차례로 물었다. 신문

---

3 〈피고인의 입장〉, 《만주일일신문》, 1910년 2월 8일자, 신운룡, 앞의 글, 98쪽, 재인용.

은 주로 안중근에게 집중되었다. 안중근은 검사의 신문 때와
다를 바 없이 당당하고 거침없이 소신을 밝혔다.

> 재판장 : 피고는 집을 나온 뒤 집으로부터 송금을 받고
> 있었는가?
> 안중근 : 집을 나올 때 조금 가지고 나왔고, 그후에는
> 각 부락에서 친구들로부터 보조를 받는 등 집
> 으로부터는 송금을 받지 않고 지내고 있었다.
> 재판장 : 그 3년간은 어떤 목적을 가지고 지내고 있었는가.
> 안중근 : 나는 외국에 나가 있는 한국 동포들의 교육을
> 위해 일할 계획을 하고 있었다. 또 나는 의병으
> 로서 본국을 떠나 한국의 국사國事로 분주했다.
> 이런 생각은 수년 전부터 했는데, 절실히 그 필
> 요를 느낀 것은 러일전쟁 당시로 지금으로부터
> 5년 전에 체결된 5개조의 조약과 3년 전에 체
> 결된 7개조의 조약 때문에 더욱 격분하여 지금
> 말한 목적으로 외국으로 나갔던 것이다.
> 재판장 : 피고는 한국의 앞날을 위해서는 어떻게 하지
> 않으면 안 되겠다고 생각하고 있는가.
> 안중근 : 1895년 러일전쟁에 즈음한 일본 천황의 선전
> 조칙宣戰詔勅에 따르면 "일본은 동양평화 유지
> 와 한국의 독립을 위해 러시아와 싸웠다"라고

했다. 그래서 한국인은 모두 감격했고, 일본인과 함께 전쟁에 나간 사람도 있었다. 또 한국인은 일본의 승리를 마치 자국이 승리한 듯이 기뻐했으며, 이에 따라 동양의 평화가 유지되고 한국은 독립될 것이라고 기뻐하고 있었다. 그런데 이토가 한국에 통감으로 와서 5개조의 조약을 체결했다. 이는 이전의 선언에 반하는, 한국에 불리한 것이어서 국민들은 전반적으로 복종하지 않고 있었다. 그뿐 아니라 1907년 또다시 7개조의 조약이 체결되었다. 이는 통감인 이토가 병력으로 압박하여 체결한 것이기 때문에 국민들 모두가 크게 분개하여, 일본과 싸우게 되더라도 세계에 알리려고 했다. 원래 한국은 무력에 의존하지 않고 문필로써 세운 나라다.

재판장 : 거기에 대해 어떤 목적을 가지고 행동할 생각이었는가.

안중근 : 이토는 일본에서도 제일의 인물로서 한국에 통감으로 왔으나, 지금 말한 두 가지 조약을 체결한 것은 일본 천황의 뜻이 아니라고 생각했다. 따라서 이토는 일본 천황을 속이고 또 한국인을 속인 것이므로, 한국의 독립을 위해

서는 이토를 없애지 않으면 안 된다고 생각하고, 7개조의 조약이 성립될 당시부터 살해할 생각을 했다. 그리고 이토를 살해할 작정으로 블라디보스토크 부근으로 가서 내 한 몸은 생각하지 않고, 오로지 한국의 독립을 도모하고 있었다.[4]

4 이기웅 엮음,《안중근 전쟁 끝나지 않았다》, 열화당, 2000, 204~205쪽.

"의병 참모중장이 왜 일본 판사의 심문 받나"

안중근은 재판장이 10월 26일 하얼빈역에서 이토를 사살하고 수행원들에게 총상을 입힌 사실을 묻자 거침없이 답변했다.

> 안중근 : 그렇게 발사했지만 그후의 일은 모른다. 이는 3년 전부터 내가 나라를 위해 생각하고 있던 일을 실행한 것이다. 하지만 나는 한국 의병의 참모중장으로서 독립전쟁을 하여 이토를 죽였고 또 참모중장으로서 계획한 것인데, 지금 이 법원 공판장에서 심문을 받는다는 것은 잘못된 일이다.[5]

---

5 이기웅, 앞의 책, 206쪽.

안중근은 한국 의병참모중장으로 독립전쟁을 해 이토를
포살한 것인데, 일제의 공판정에서 심문을 받는 것은 잘못된
일이라고 주장했다. 전쟁 중에 붙잡혔으니 만국공법에 따라
포로로 취급하라는 주장이었다.

> 재판장 : 피고는 러시아 관헌에게 체포되어 신문을 받
> 으면서, 휴식 중에 통역으로부터 이토 공이 사
> 망했음을 듣고 성상聖像을 향해 신에게 감사
> 했다고 하는데, 사실인가.
>
> 안중근 : 나는 이토가 절명했는지 어떤지 들은 일이 없다.
>
> 재판장 : 피고의 진술과 같이 정말 원대한 목적을 가지
> 고 있었다고 한다면, 결행한 후 체포당하지 않
> 도록 도주를 꾀했을 것이라고 생각하는데, 피
> 고는 도주할 작정이었는가.
>
> 안중근 : 나는 예상했던 목적을 달성할 기회를 얻기 위
> 해 거사한 것으로, 결코 도주할 생각 따위는
> 없었다.[6]

일제는 안중근이 이토를 쏜 뒤에 도주하지 않은 것이 이상
하고 궁금했을 것이다. 하얼빈 역두의 상황은 지극히 혼란스

----

6 이기웅, 앞의 책, 227쪽.

러웠고, 권총에는 아직 탄환이 하나 남아 있어서 피신하려고 마음만 먹으면 얼마든지 가능한 상황이었다. 그럼에도 안중근은 "예상했던 목적을 달성할 기회를 얻기 위해" 거사한 것이므로 도주할 생각이 없었다고 당당하게 밝혔다. 공판 과정에서 일제의 만행과 이토의 죄상을 천하에 공개하고자 했던 것이다. 하지만 간악한 일제는 그런 '기회'를 결코 허용하려 하지 않았다.

제2회 공판은 2월 8일과 9일 오전과 오후에 걸쳐 같은 장소에서 개정되었다. 재판장은 우덕순과 조도선, 유동하를 차례로 신문했다. 이들에게 안중근과의 관계, 거사에 합류하게 된 과정 등을 캐물었고 세 사람은 모두 소신껏 답변했다.

그러나 안중근은 동지들을 살리기 위해 모든 일을 자신이 구상하고 결행한 것이라고 답변했다.

일왕 비판하자 비공개 재판

안중근은 제3회 공판의 날 오후에 재개된 공판에서 10.26의 거에 대해 작심한 듯이 그 목적을 당당하게 피력했다. 발언에 놀란 재판장은 "사회의 안녕과 질서를 해칠 우려가 있다"는 이유로 방청객을 전부 퇴장시킨 가운데 비공개 재판을 시작했다.

안중근 : 이번의 거사에 대해 지금까지 그 목적의 대요는 말했다. 나는 헛되이 살인을 좋아해서 이토를 죽인 것이 아니다. 단지 나의 큰 목적을 발표하는 하나의 수단으로서 한 것이기 때문에, 세상의 오해를 없애기 위해 진술하고자 하는 것이 있으니, 다음과 같이 그 대요를 말하겠다. 이번의 거사는 나 일개인을 위해 한 것이 아니고 동양평화를 위해 한 것이다. 러일전쟁에 대한 일본 천황의 선전조칙宣戰詔勅에 따르면 러

일전쟁은 동양평화를 유지하고 한국의 독립을 공고히 하기 위해 한다는 것이었다. 그래서 일본이 개선했을 때, 한국인은 마치 자국인이 개선한 것처럼 기뻐했다. 그런데 이토가 통감으로 한국에 와서 한국의 상하上下 인민들을 속여 5개조의 조약이 체결됐다.

이는 일본 천황의 뜻에 반하는 것이었기 때문에 국민은 모두 통감을 원망하게 되었다. 그런데 이어서 또 7개조의 조약을 체결당함으로 인해 한국은 더욱더 불이익을 당했을 뿐 아니라, 있어서는 안 될 일로 황제 폐위까지 행해졌다. 그래서 모두 이토 통감을 원수로 생각하고 있던 것이다.

따라서 나는 3년간 도처에서 유세도 하고, 또 의병의 참모중장으로서 각지의 싸움에도 참여했다. 이번의 거사도 한국 독립전쟁의 하나로, 나는 의병의 참모중장으로서 한국을 위해 결행한 것이지 보통의 자객으로서 저지른 것이 아니다. 따라서 나는 지금 피고인이 아니라 적군에 의해 포로가 돼 있는 것이라고 생각하고 있다.

오늘날 한국과 일본과의 관계를 보면, 일본인

으로서 한국의 관리가 되고 또 한국인으로서 일본의 관리가 되어 있으니, 서로 일본과 한국을 위해 충성을 다하지 않으면 안 된다. 이토가 통감으로서 한국에 와 5개조와 7개조의 조약을 압박을 가해 강제로 체결하고, 또 이토 개인은 한국의 신민으로 취급해야 될 텐데, 심하게도 황제를 억류하여 마침내 폐위시키기까지 했다.

원래 사회에서 가장 존귀한 것은 황제이기 때문에, 황제를 침해하는 것은 있어서는 안 될 일인데도 공작은 황제를 침해했다. 이는 신하로서는 있을 수 없는 행위이며, 그는 더 이상 있을 수 없는 불충한 자다. 그러므로 한국에서는 지금도 의병이 도처에서 일어나 싸우고 있는 것이다. 일본 천황의 뜻은 한국의 독립을 공고히 하고 동양의 평화를 유지한다는 것인데, 이토가 통감으로 한국에 오고부터 그가 하는 방식이 이에 반하기 때문에 한일 양국은 지금도 싸우고 있는 것이다. 그리고 한국의 외부와 법부 및 통신기관 등은 모두 일본에 인계하기로 했는데, 그래서는 한국의 독립이 공고하게 될까닭이 없다. 그러므로 이토는 한국과 일본에

대한 역적이다. 특히 이토는 앞서 한국인을 교
사敎唆하여 민비를 살해하게 한 일도 있다.

또 이런 일은 이미 신문 등에 의해 세상에 발표
되어 있는 것이라 말하는 것인데, 우리들은 일
찍이 이토가 일본에 대해 공로가 있다는 것은
듣고 있었지만, 다른 한편으로는 일본 천황에
대해서 역적이라는 것도 들었다. 이제부터 그
사실을 말하고자 한다.

안중근의 발언이 이 부문에 이르자 재판장은 "이후 본건
의 재판을 공개하는 것은 사회의 안녕과 질서를 해칠 우려가
있다"고 말하면서 방청객을 모두 퇴장시켰다.

재판장 : (재판장은 변호인의 요구에 의해 피고 안중근에게)
　　　　피고가 정치상의 의견을 발표하고자 한다면
　　　　상세하게 서면으로 제출하는 것이 어떤가.
안중근 : 이건 주의받을 만한 것도 아니라고 생각한다.
　　　　그리고 나는 글을 쓸 수 없다. 또 옥중에서 이
　　　　렇게 추운 날씨에 글을 쓸 기분은 조금도 없
　　　　다. 나는 좋아서 여러 가지 말을 하는 것이 아
　　　　니다. 우리들의 목적만은 발표하고자 생각했
　　　　기 때문에 의견을 진술했고 그러던 중에 공개

를 금지했는데, 이 일들은 내가 보고 들은 것을 진술하는 것이므로 공개를 금지할 필요는 없다고 생각한다. 이번에 거사를 결행한 이유 중 하나는 우리들의 의견을 진술할 기회를 얻기 위한 것인데, 공개를 금지한 이상 진술할 필요는 없다고 생각한다.

재판장 : 그러면 피고는 앞서의 진술에 계속해서 진술할 의견은 없는가.

안중근 : 내가 진술하다가 만 것은 이미 알 것이라고 생각하기 때문에, 방청객이 없으면 진술할 필요가 없다.

재판장 : 그러면 그 밖에 피고의 흉행 목적에 대해 본건 심리 중에 진술해둘 필요가 있다고 생각하는 일을 이번에 진술하라.

안중근 : 그에 대해서는 할 말이 많으니 이야기하겠다. 나는 일본의 4000만 인민과 한국의 2000만 동포를 위해, 또 한국 황제폐하와 일본 천황에 충의를 다하기 위해 이번의 거사를 결행한 것이다. 지금까지 이미 수차 말한 대로 나의 목적은 동양평화에 대한 문제에 있고, 일본 천황의 선전조칙과 같이 한국으로 하여금 독립을 공고히 하는 것은 내 평생의 목적이자 평생의 일이

다. 무릇 세상에는 작은 벌레라도 제 몸의 생명과 재산의 안고安固를 빌지 않는 것이 없다. 하물며 인간된 자는 더더욱 자신들을 위해서 온 힘을 다하지 않으면 안 된다고 생각한다.

그런데 이토가 통감으로서 하는 짓은 입으로는 평화를 위한다고 말하지만 실제로는 이에 반하고 있다. 진정으로 그런 생각이 있었더라면, 한일 양국인 사이에 서로 격隔하는 곳이 없고 한나라 사람들이 같은 생각을 가지도록 온 힘을 다하지 않으면 안 된다고 생각한다. 이토는 통감으로서 한국에 온 이래로 한국 인민을 죽이고, 선제를 폐위시키고, 현 황제에 대해 자기 부하와 같이 압제하고, 인민을 파리 죽이듯이 죽였다.

원래 생명을 아끼는 것이 인정이지만, 영웅은 늘 신명을 던져 나라에 진충하도록 교훈하고 있다. 그러나 이토는 멋대로 다른 나라 사람을 죽이는 것을 영웅으로 알고, 한국의 평화를 어지럽게 하며 십수 만의 인민을 죽였다. 하지만 나는 일본 천황의 선전조칙에 있는 것과 같이 동양의 평화를 부르짖고 8000만 이상의 국민이 화합하여 점차 개화의 영역으로 진보하며,

나아가서는 유럽과 세계 각국과 더불어 평화에 온 힘을 다하면, 시민은 안도하여 비로소 선전 조칙에도 부응할 것이라고 생각한다. 그런데 이토가 있어서는 동양평화가 유지될 수 없다고 생각했기 때문에 이번 일을 결행한 것이다.

이상과 같이 이토는 통감으로 온 이래로 황제를 폐하고, 현 황제를 압제하며, 또 다수의 인민을 죽이는 등 더욱 한국을 피폐하게 했다. 그러고도 일본 천황이나 일본 국민에게는 한국은 일반적으로 일본의 보호에 복종하고 있다고 발표하여 일본의 상하 인민을 속이고 한국과 일본과의 사이를 소격케 했다. 나는 이렇게 생각하고 기회를 기다려 없애버리려고 하던 차에, 이번에 하얼빈에서 그 기회를 얻어 일찍부터의 목적에 의해 이토를 살해했던 것이다.[7]

━━ **7** 이기웅, 앞의 책, 281~284쪽.

비하로 일관된 검사의 사형 논고

이날 미조부치는 장문의 논고장을 낭독했다. 이 논고장에서 미조부치는 "안중근과 우덕순의 이번 범죄는 자기의 분수역량과 자국의 영고성쇠와 그 유래에 대한 정당한 지식의 결핍으로부터 생긴 오해와 다른 사람, 더구나 이토 공의 인격과 일본의 국시선언 및 열국 교섭과 국제법규 자체에 대한 지식의 결핍으로부터 생긴 오해 그리고 어리석고 잘난 체하는 배일신문排日新聞과 논객의 말을 맹종한 결과로 한국의 은인인 이토 공을 원수로 생각하여 그의 과거의 시정에 대해 복수하려 한 것이 바로 그 동기이다. 피고, 특히 안중근과 우덕순은 지사인 또는 우국지사로 자임하지만, 그 뜻만 공연히 거대하지 실제로는 이에 미치지 못한다. 스스로 영웅이라 자부하여 나폴레옹에 비교하기도 하고 혹은 이토 공과 동등한 인물이라고 주장하지만, 사람들로부터 금품을 강탈하고 무전취식을 평범한 일상사로 생각하는 자들이다"라고 헐뜯었다.[8]

미조부치의 논고는 지극히 유치하고 감정적이었다. 마치 안중근과 우덕순이 이토에 대한 오해와 영웅심에서 거사한 것처럼 왜곡하고 폄하하는 내용의 논고로 일관했다. 미조부치가 '철저하게' 조사한 안중근의 이토 처단 실상은 당일의 진상을 알려주는 훌륭한 자료가 된다. 역사의 아이러니라 하겠다.

　안중근이 사용한 총기는 정교한 브라우닝식 7연발 권총으로, 총알 한 발이 남아 장전돼 있었다. 피고는 권총을 다루는 데 있어서는 노련한 자로, 빗나간 총알이 한 발도 없었다. 세 발이 이토 공에게 명중했는데, 피고가 필살을 기한 가공할 십자 모양이 새겨진 총알은 인체의 견부와 접촉하면서 납과 니켈 껍질의 분리를 촉성하는 효과를 가져와 상처를 크게 했으며, 폐를 관통한 두 발의 총알은 흉강胸腔 내에서 대출혈을 일으켜 십 수분 만에 절명케 했다.
　어느 증인의 말에 따르면, 이토 공은 자기를 쏜 흉한이 한국인이라는 말을 듣고 "어리석은 놈"이라고 했다지만 사실은 그렇지 않다. 이토 공은 흉한의 국적 취조 결과를 기다리지 못하고 서거하신 것이다. 이토 공을 저격한 그 외의 결과로 공과 피고 사이에 있었던 가와카미 총영사가 다른 총알 한 발에 의해 좌상박左上膊에 부상을 당한 것은, 관

━━ **8** 이기웅, 앞의 책, 290쪽.

계자의 증언과 감정에 의한 것으로 긴 말이 필요 없다.

피고는 공작이라고 생각한 선두에 있던 사람에게 총구를 향하여 세 발을 발사한 후, 혹시 공작이 반대 방향에 있을지도 모른다고 생각하여 한 치의 착오도 없게 하려고 방향을 바꿔 세 발을 발사했다. 그래서 그 총알은 모리와 다나카 두 사람을 부상당하게 한 것이다. 그 부상은 감정과 같아 별로 열거할 필요가 없다. 남은 한 발은 플랫폼에 있었다는데, 십자 모양이 새겨진 부분에 옷감의 털이 끼어 있었다. 이는 러시아 관헌으로부터 송치돼 왔는데, 이 역시 증거물로 제출된 것이다. 이 탄환이 바로 나카무라와 무로다 두 사람의 바지를 관통한 탄환일 것이다.[9]

미조부치는 논고장에서 안중근 의거에 대해 이들이 형제 처자와 친구들에게 면목이 없어서, 위신을 세우기 위해 이토 암살을 기도했다고 폄하했다. "만약 그것이 진심에서 우러나온 것이라면 과대망상에 걸린 미친 사람임을 면치 못할 것이다"라고 악담도 서슴지 않았다. 검사의 논고라기보다는 삼류 작가의 소설과 같았다.

미조부치는 또 한국에서는 '불량도배'들의 살인사건을 그다지 중시하지 않고 있어서 유사 사건이 재발한다면서 스티

---

9 이기웅, 앞의 책, 293~294쪽.

븐스를 살해한 장인환이 유기 25년의 금고형을 받은 것과, 이재명이 이완용을 살해하려다 미수에 그친 것을 안중근이 본보기로 삼은 것이라며 중형 선고의 이유로 들었다. 그러면서 안중근에게 사형을 구형했다.

따라서 국법이 존재하는 이상 형의 응보적인 본질을 발휘하여 본건이 가장 흉악한 사건임을 알리지 않으면 안 될 것이다. 다만, 유동하에 대해서는 어린 나이로 안중근에게 유혹됐다는 특별한 사정이 있으니 가급적 감형하는 것이 마땅하다고 믿는다. 따라서 본인의 구형은, 첫째 안중근에 대해서는 사형, 둘째 우덕순과 조도선에 대해서는 예비의 극형, 즉 징역 2년, 셋째 유동하는 본 형을 3년 이상의 징역으로 하고, 법률 종범從犯의 감형, 즉 형법 제62조와 제71조 그리고 제63조 제3항에 의해 형기 이분의 일을 감등하여 1년 6월 이상의 징역에 처해야 하지만, 정상작량情狀酌量의 여지가 있으므로 형법 제66조와 제67조에 의해 최단기인 징역 1년 6월에 처해주기 바라며, 또 범죄에 사용했거나 사용하려고 했던 권총에 대해서는 형법 제19조 제2항에 의거 처리하고, 이에 대해 각각 언도하기 바란다.[10]

━━ **10** 이기웅, 앞의 책, 303쪽.

변호사의 황당한 변론

관선변호사 두 사람은 변론 준비를 위해 공판 연기 신청을 했고 이것이 받아들여졌다. 그래서 12일 오전 9시에 공판이 열렸다. 먼저 카미다가 입을 열었다.

본래 이 사건은 우리 제국의 원훈이고 또 한편으로는 세계의 위대한 인물이라 할 이토 공을 암살한 사건인데, 이 비보가 한 번 전해지자 일본 제국의 상하 신민들은 물론 세계 열국을 놀라게 하고 있으니, 저는 이 흉포한 작자를 어떤 극형에 처해도 아직 남음이 있을 줄 믿습니다. 지금 이 공판이 열린다는 소식을 듣고, 세상 사람들이 공판의 결과에 대해 얼마나 크고 비상한 결의를 가지고 관망하고 있는지는 실로 예상키 어려울 것입니다. 그러나 사건은 검찰관의 기소장을 검토해보면 명백한 것처럼, 참으로 단순한 하나의 살인사건에 불과합니다.[11]

카미다는 이 의거를 세계의 위대한 인물을 암살한 단순한 살인사건이라고 규정했다. 그러면서 법리 해석에 있어서 "입법상의 문제로 보면 피고 등을 처벌하기를 바라지만, 법의 불비不備로 인해 어쩔 수 없이 무죄라고 변론하지 않을 수 없는 처지"라고 말했다.

여기서 '법의 불비'는 약간의 설명이 필요하다. 재판이 열리고 있는 관동주는 일본이 재판권을 가지고 있음에도 불구하고 일본 형법은 아직 이곳에서 효력을 갖지 않았다. 따라서 카미다는 특별히 이를 시행할 법규를 기다린 다음 비로소 시행해야 된다는 주장이었다. 법 논리상으로는 타당한 변설이었다.

미즈노 변호사도 비슷한 '변론'을 전개했다. 먼저 "재판장님께서 이 세계의 주시 속에서 본건을 심리함에 있어서 극히 근엄하고도 친절하게 다스리는 모습을 보고, 저희 변호인들은 단지 피고인을 대신해서 감사할 뿐 아니라 우리 법조사회의 명예로 알고 축복해 마지않습니다"라는 아첨을 늘어놓았다.

미즈노 변호사 역시 이 사건은 일본 형법을 적용할 것이 아니라 한국 형법을 적용해야 하지만 한국 형법의 결함으로 처벌할 만한 정당한 조항이 없다고 밝혔다.

곧이어 카미다 변호사는 "형벌의 주의에서 생각하든지 우

━━ **11** 이기웅, 앞의 책, 304쪽.

리 형법의 위치에서 보든지, 피고에 대해서는 가볍게 처분하는 것이 지당하다"면서 "형법 제199조와 제166조에 의해 법이 허락하는 한도에서 극히 가볍게 처단하기를 희망한다"[12]고 변론했다.

변론이 끝나자 재판장은 안중근과 관련자들에게 최후 진술을 하도록 했다. 먼저 우덕순이 간단하게 그러나 의미심장한 진술을 했다. "이토는 일본과 한국 사이에 장벽을 만든 사람이다. 내가 이 장벽을 없애버리려고 한 것은 전부터 갖고 있던 생각이었기 때문에 본 사건에 가담했던 것이다. 그 밖에 별로 할 말은 없다."[13]

■■■ **12** 이기웅, 앞의 책, 337쪽.
■■■ **13** 이기웅, 앞의 책, 338쪽.

현하의 최후진술, 마침내 사형선고

안중근의 차례가 되었다. 장내의 시선이 온통 안중근의 입으로 모아졌다. 안중근은 침착하게, 그러나 당당하게 검찰관의 신문이 얼마나 억지투성인지에 대해 진술했다. 그리고 자신이 직접 만났던 일본의 군인, 농부, 상인, 예수교 전도사들의 전언을 통해 일본의 한국침략 실상과 이토의 죄상을 낱낱이 밝혔다. 다음은 최후진술의 몇 대목이다.

나는 검찰관의 논고를 듣고 나서 검찰관이 나를 오해하고 있다고 생각했다. 예컨대 하얼빈에서 검찰관이 올해로 다섯 살 난 나의 아이에게 내 사진을 보여주며 "이 사람이 네 아버지냐"고 물었더니 그렇다고 대답했다고 말했는데, 그 아이는 내가 고국을 떠날 때 두 살이었는데 그후 만난 적도 없는 나의 얼굴을 알고 있을 까닭이 없다. 이 일로만 미루어봐도 검찰관의 신문이 얼마나 엉성한지, 또 얼마나 사실과 다른지를 알 수 있다고 생각한다.

나의 이번 거사는 개인적으로 한 것이 아니고 한일 관계와 관련해서 결행한 것이다. 그런데 사건 심리에 있어서 재판장을 비롯해 변호인과 통역까지 일본인만으로 구성하고 있다. 나는 한국에서 변호인이 와 있으니 이 사람에게 변호를 허가하는 것이 지당하다고 생각한다.

또 변론 등도 그 요지만을 통역해서 들려주기 때문에 불공평하다고 생각한다. 또 다른 사람이 봐도 이 재판은 편파적이라는 비방을 면할 수 없을 것이라 생각한다.

검찰관이나 변호인의 변론을 들어보면, 모두 이토가 통감으로서 시행한 시정방침은 완전무결한 것이며 내가 오해하고 있다고 하는데 이는 부당하다. 나는 오해하고 있는 것이 아니라 오히려 이토의 죄상을 너무 잘 알고 있다고 생각하기 때문에 이토가 통감으로서 시행한 시정방침의 대요를 말하겠다. 1905년 5개조 보호조약에 대한 것이다. 황제를 비롯해 한국 국민 모두가 보호를 희망했던 것은 아니다.

그런데 이토는 한국 상하의 신민과 황제의 희망으로 조약을 체결한다고 말하며 일진회一進會를 사주하여 그들을 운동원으로 만들고, 황제의 옥새와 총리대신의 부서가 없는데도 각 대신을 돈으로 속여 조약을 체결했기 때문에, 이토의 정책에 대해 당시 뜻있는 사람들은 크게 분개하여 유생 등은 황제에게 상주上奏하고 이토에게 건의했다.

러일전쟁에 대한 일본 천황의 선전조칙에는 동양의 평화를 유지하고 한국의 독립을 공고히 한다는 말이 있었기 때문에 한국의 인민들은 이를 신뢰하며 일본과 더불어 동양에 설 것을 희망하고 있었지만, 이토의 정책은 이와 반대되는 것이었기 때문에 각처에서 의병이 일어났던 것이다.

그래서 가장 먼저 최익현이 그 방책을 냈다가 송병준에 의해 잡혀서 쓰시마에서 구금돼 있던 중 사망했다. 그래서 제2의 의병이 일어났다. 그후에도 방책을 냈지만 이토의 시정방침은 변경되지 않았다. 그래서 당시 황제의 밀사로 이상설이 헤이그의 평화회의에 가서 호소하기를, 5개조의 조약은 이토가 병력으로 체결한 것이니 만국공법에 따라 처분해달라고 했다. 그러나 당시 그 회의에 물의가 있었기 때문에 그 일은 성사되지 않았다. 그래서 이토는 한밤중에 칼을 뽑아 들고 황제를 협박해서 7개조의 조약을 체결시켜 황제를 폐위시켰고, 일본으로 사죄사死罪使를 보내게 되었다.

이런 상태였기 때문에 경성 부근의 상하 인민들은 분개하여 그중에 할복한 사람도 있었지만, 인민과 군인들은 손에 닿는 대로 무기를 들고 일본 군대와 싸워 '경성의 변'이 일어났던 것이다. 그후 십 수만의 의병이 일어났기 때문에 태황제께서 조칙을 내리셨는데, 나라의 위급존망

危急存亡에 즈음하여 수수방관하는 것은 국민된 자로서의 도리가 아니라는 것이었다.

그래서 국민들은 점점 격분하여 오늘날까지 일본군과 싸우고 있으며 아직도 수습되지 않았다. 이로 인해 십만 이상의 한국민이 학살되었다. 그들 모두가 국사에 힘쓰다가 죽었다면 본래 생각대로 된 것이지만, 모두 이토 때문에 학살된 것으로, 심한 사람은 머리를 노끈으로 꿰뚫는 등 사회를 위협하며 잔학무도하게 죽었다. 이 때문에 의병 장교도 적지 않게 전사했다.

이토의 정책이 이와 같이 한 명을 죽이면 열 명, 열 명을 죽이면 백 명의 의병이 일어나는 상황이 되어, 시정방침을 개선하지 않으면 한국의 보호는 안 되는 동시에 한일간의 전쟁은 영원히 끊이지 않을 것이라고 생각한다.

이토 그는 영웅이 아니다. 간웅奸雄으로 간사한 꾀가 뛰어나기 때문에 그 간사한 꾀로 "한국의 개명開明은 날로 달로 나아가고 있다"고 신문에 싣게 했다. 또 일본 천황과 일본정부에 "한국은 원만히 다스려 날로 달로 진보하고 있다"고 속이고 있었기 때문에 한국 동포는 모두 그의 죄악을 미워하고 그를 죽이고 싶은 마음을 갖고 있었다.

사람은 누구나 삶을 즐기고 싶어하지 않는 자가 없으며 죽음을 좋아하지 않는다. 그뿐 아니라 한국민은 십 수 년 동안 도탄의 괴로움에 울고 있기 때문에 평화를 희망함

은 일본 국민보다도 한층 깊은 것이다. 게다가 나는 지금
까지 일본의 군인, 상인, 도덕가, 기타 여러 계급의 사람과
만나 이야기한 적이 있다.

내가 이토를 죽인 이유는 이토가 있으면 동양의 평화
를 어지럽게 하고 한일 간이 멀어지게 되기 때문에 한국의
의병중장 자격으로 죄인을 처단한 것이다. 그리고 나는 한
일 양국이 더 친밀해지고, 또 평화롭게 다스려지면 나아가
서 오대주에도 모범이 돼줄 것을 희망하고 있었다. 결코
나는 오해하고 죽인 것이 아니다. 나의 목적을 달성할 기
회를 얻기 위해 한 것이다. 따라서 이제라도 이토가 그 시
정방침을 그르치고 있었다는 것을 일본 천황이 들었다면
반드시 나를 가상히 여길 것이라고 생각한다. 오늘 이후
일본 천황의 뜻에 따라 한국에 대한 시정방침을 개선한다
면 한일 간의 평화는 만세에 유지될 것이다. 나는 그것을
희망하고 있다.

변호인의 말에 따르면, 광무 3년에 체결된 조약에 의해
한국민은 청국 내에서 치외법권을 가지니 본건은 한국의
형법대전에 의해 다스려져야 할 것이며, 한국 형법에 따르
면 처벌할 규정이 없다고 했는데, 이는 부당하며 어리석은
논리라고 생각한다.

오늘날 인간은 모두 법에 따라 생활하고 있는데, 현실
적으로 사람을 죽인 자가 벌을 받지 않고 살아남을 도리는

없는 것이다. 그렇다면 나는 어떤 법에 의해 처벌돼야 하는가의 문제가 남아 있는데, 이에 대해 나는 한국의 의병이며 지금은 적군의 포로가 돼 있으니 당연히 만국공법에 의해 처리돼야 할 것이라고 생각한다.[14]

판결은 2월 14일 오전 10시 관동도독부 지방법원 형사법정에서 열렸다. 속전속결의 진행이었다. 2월 1일 검찰에서 송치된 지 13일 만에 선고공판이 열린 것이다. 마나베 재판장은 검사의 기소 내용을 대부분 그대로 받아들여 안중근에게 사형, 우덕순에게 징역 3년을 선고했다. 마나베가 선고한 주문과 선고 이유는 다음과 같다.

〈주문〉

피고 안중근을 사형에 처한다. 피고 우덕순을 징역 3년에 처한다. 피고 조도선과 유동하를 각각 징역 1년 6개월에 처한다. 압수물 중 피고 안중근의 소유이던 권총 1정, 사용하지 않은 탄환 1발, 탄창 2개, 탄환 7발(검영특 제1호의 1, 2, 5, 6)과 피고 우덕순의 소유이던 권총 1정(탄환 16발 포함, 검영특 제1호의 17)은 몰수하고, 그 외의 것은 각 소유자에게 돌려주기로 한다.[15]

---

14 이기웅, 앞의 책, 340~342쪽.
15 이기웅, 앞의 책, 343쪽.

〈이유〉

　피고 안중근은 메이지 42년 10월 26일 오전 아홉 시가 조금 지난 시각에, 러시아 동청철도 하얼빈 정거장 내에서 추밀원 의장 공작 이토 히로부미와 그 수행원을 살해할 의사를 가지고 그들을 겨누어 그가 소유하고 있던 권총(검영특 제1호의 1)을 연사連射하여, 그중 세 발을 공작이 맞아 사망에 이르게 하고, 또 수행원인 하얼빈 총영사 가와카미 도시히코, 궁내대신 비서관 모리 야스지로, 남만주철도주식회사 이사 다나카 세이지로 이렇게 세 사람에게도 각각 한 발씩을 명중시켜 팔과 다리 또는 가슴에 총상을 입혔으나, 이 세 명에 대해서는 피고의 목적을 이루지 못했다.

　피고 우덕순은 앞서 언급한 피고 안중근이 이토 히로부미를 살해하려는 목적을 알고, 그 범행을 방조할 의사를 가지고 메이지 42년 10월 21일 그의 소유인 권총(검영특 제1호의 17)과 탄환 수발을 범죄에 사용할 목적으로 휴대한 채, 피고 안중근과 함께 러시아 블라디보스토크 사덕斯德을 출발하여 하얼빈으로 왔다. 또 같은 달 24일 함께 남행하여 지야이지고(채가구―필자주)로 가서, 그 역에서 공작이 지나가기를 기다리며 범죄를 결행하기에 적당한지 아닌지를 알아보기 위해 이튿날인 25일까지 그 역의 형세를 살펴보며 안중근의 범죄 예비에 가담했다.

　(중략)

피고 안중근이 이토 공을 살해한 행위는 제국형법 제
199조, 즉 "사람을 죽인 자는 사형 또는 무기 또는 3년 이
상의 징역에 처함"이라는 것에 해당하며, 가와카미 총영
사, 모리 비서관, 다나카 이사를 살해하려다 목적을 이루지
못한 각 행위는 동법 제43조, 제44조, 제199조, 제203조,
제68조에 해당하여 모두 네 개의 살인죄가 병합됐다고 본
다. 그런데 그중 피고가 이토 공을 살해한 행위는 그 결의
가 개인적인 원한에서 나온 것이 아니라고 하더라도, 치밀
한 계획 끝에 엄숙한 경호를 뚫고 많은 저명인사들이 모인
장소에서 감행한 것이므로, 이에 살인죄에 대한 극형을 과
하는 것이 지당하다고 믿고 그 행위에 의해 피고 안중근을
사형에 처하는 것이다. 그러나 이 하나의 죄에 대해서만 사
형에 처하며, 제국형법 제46조 제1항의 규정에 의해 다른
세 건의 살인미수죄에 대해서는 그 형을 과하지 않는다.[16]

마나베가 안중근에게 사형을 선고한 것은 일본정부의 지
침에 따른 것이었다. 고무라小村 외상은 1909년 12월 3일 구
라치 정무국장에게 보낸 지시 전문에서 "정부는 안중근의 범
행이 극히 중대함을 감안, 응징의 정신에 의거 극형에 처함이
타당하다고 사려하고 있다"는 내용과 함께 우덕순에 대해서

━━━ 16 이기웅, 앞의 책, 343~345쪽.

도 모살 미수죄를 적용할 것을 지시하고, 조도선과 유동하에 대해서는 재량에 위임한다는 지시를 했다.[17] 안중근에 대한 사형선고는 재판을 맡은 마나베 판사의 결정이 아니라 일제의 방침이었다.

17 〈전보〉(1909년 12월 2일), 《한국 독립운동사》 자료 7, 국사편찬위원회, 477쪽.

사형선고 받고 미소 머금어

안중근이 사형선고를 받은 날 서울에서 발행된《대한매일신보》는 안중근이 사형선고를 받고도 태연자약했으며, 얼굴색 하나 변하지 않고 미소를 머금었다고 보도했다.

2월 14일은 안중근 씨에게 판결이 내려지는 날이다. 망국의 한을 품고 독립자주의 네 글자에 신명을 다 바친 애국열사로서, 세계의 이목을 모은 범인의 판결은 과연 어떻게 내려질 것인가, 개정 시각도 되기 전에 방청 희망자가 모여들었다.

그중에는 러시아 법학박사 야브친스키 부처, 러시아인 변호사 미하일로프 씨, 러시아 영사관원, 한국인 변호사 안병찬 씨, 안중근 씨의 동생 두 명, 그 종형제인 안명근 씨 등이 모습을 보이고 있다.

오전 10시 30분께 개정하여 마나베 재판관이 검찰관,

서기관, 통역관과 함께 참석하자 법정의 수백 명의 눈은 재판관에게 집중되고, 신문기자들은 연필을 들고 기다리고 있는데 이윽고 네 명의 피고인에 대한 본문을 읽었다.

그 다음에 '죄가 되는 사실' '형량의 이유'를 설명하고, 재판관은 "이 판결에 불복할 경우 5일 이내에 항소하라"고 선언했다.

여기에 대해 우덕순 씨와 조도선 씨는 "판결에 불복은 없다"고 말하고, 유동하 씨는 "제발 집으로 보내주시오"라고만 말했다.

안중근 씨는 "나의 목적을 법정에서 발표하는 것도 하나의 수단이므로 사회의 오해를 바로잡기 위해서도 더욱 말하지 않으면 안 될 것이 있다"고 발언을 요구했다. 그러나 재판관은 "고등법원에서 발표할 기회가 있다"며 그를 제지했다. 거기에서 안중근 씨는 "진술을 위해서도 항소하지 않을 수 없다"고 말했다. 그는 사형선고를 받고도 태연자약, 얼굴색 하나 변하지 않고 "이 판결은 처음부터 알고 있었다"면서 미소를 머금었다고 한다.[18]

■■■■ **18** 《대한매일신보》, 1909년 2월 15일자.

지금 서양 세력이 동양으로 뻗쳐오는 환난을 동양인종이 일치단결해서 극력 방
어해야 함이 제일의 상책임은 비록 어린아이일지라도 익히 아는 일이다. 그런데
도 무슨 이유로 일본은 이러한 순연한 형세를 돌아보지 않고 같은 인종인 이웃나
라를 깎고 우의를 끊어 스스로 방휼의 형세를 만들어 어부를 기다리는 듯하는가.

– 안중근, 《동양평화론》

한국 애국지사들이 순국한 여순감옥

이토 히로부미를 처단한 안중근이 수감되었다가 6개월 뒤
처형되고, 뒷날 신채호와 이회영이 옥사한 여순감옥은 중국
요녕성 대련시 여순구구旅順口區에 위치한다. 여순감옥의 현
재 정식명칭은 여순일아감옥구지旅順日俄監獄舊址다. 1902년
제정러시아가 최초로 건설했고, 1907년 일본 점령군이 그것
을 확장했다.

러시아는 19세기 중엽 연해주 지역을 점령하고 태평양까
지 진출했다. 그러나 극동 영토는 인구가 적고 식량자급에 어
려움이 있는 등 유지와 방위가 다급해 가급적이면 이 지역에
서 분쟁을 피한다는 것을 기본정책으로 삼고 있었다. 그러나
국경을 길게 접하고 있는 청나라와의 대립, 수에즈 운하의 개
통으로 극동까지 적극적으로 진출하려 하는 영국과의 대립이
격화되면서 러시아는 이에 대비하기 위해 1891년 시베리아
철도 건설을 시작했다.

러시아가 시베리아 철도를 건설하고 극동 지역에서 세력을 강화하자 일본은 당혹스러웠다. 러시아 세력이 뿌리내리기 전에 대륙, 특히 조선에 확고한 발판을 구축하려고 했던 까닭이다. 일본이 청일전쟁을 도발한 것도 조선에서 청국의 영향력을 배제하기 위해서였다.

청일전쟁에서 승리한 일본은 시모노세키조약을 통해 요동반도를 할양받았다. 그러나 이것은 만주 진출을 노리고 있었던 러시아에게 큰 위협이 되었다. 이에 제정러시아는 3국 간섭을 통해 일본이 요동반도를 청국에 다시 반환하도록 하고, 1896년 치타에서 블라디보스토크까지 북만주를 횡단하는 동청철도 부설권을 얻었다. 또 1897년 11월 여순항에 러시아 해군 함정을 파견하고, 이듬해인 1898년 청나라 조정을 압박해 여대조차조약을 체결하고 여대(여순·대련) 지역을 강제로 조차했으며, 하얼빈과 여순 간의 남부선 철도부설권도 획득했다.

1899년 러시아는 식민지 통치 지휘부로서 여순에 관동주關東州 총독부를 설치하고 총독 겸 태평양담당으로 해군장관 알렉세예프를 임명했다. 관동주 총독 에프게니이 이바노비치 알렉세예프Evgenii Ivanovich Alekseev(1843~1918)는 각지에 군대와 경찰, 비밀요원들을 풀어 강압적으로 통치했다. 1900년 의화단 운동이 발발하자 러시아군은 여순을 기지로 천진의 8개국 연합군에 참여해 의화단을 진압하는 한편, 수송로를 확보

한다는 미명 아래 만주 동삼성을 점령했다. 이때 체포 구금한 많은 중국인들을 수용하기에는 기존의 감옥은 너무 협소했다. 관동총독부는 이에 황제 니콜라이 2세에게 건의해 1902년 여순의 원보방元寶房에 감옥을 건설하기 시작했다. 1903년 8월, 바이칼 이동지역 문제에 전권을 갖는 극동 총독부가 설치되면서 알렉세예프는 다시 극동 총독에 임명되었는데, 대일 강경파인 그의 부상은 일본을 자극했다.

일본은 러시아철도가 완성되기 전에 러시아와 일전을 벌이기로 결정하고 1904년 2월 8일, 인천과 여순에 주둔하고 있던 러시아 함대를 기습 공격해 러일전쟁을 일으켰다. 이 때문에 여순감옥의 공사는 중단되었다. 그때까지 건설된 본관과 85칸의 옥사는 전쟁 중 양측의 야전병원과 기마대 병영으로 사용되었다.

1905년 러일전쟁이 일본의 승리로 끝나자 일본군은 다시 여순을 점령했다. 일본은 1907년 러시아가 건설하던 감옥을 확장해 2만 6000평방미터 대지 위에 275개의 감방을 지었다. 약 2000명 이상을 수감할 수 있는 감옥 내에는 보통옥사 253칸, 지하감옥 4칸, 병사 18칸과 몸수색실, 최조 및 고문실, 교수형실과 15개의 작업장이 있었다. 감옥 바깥에는 수감자들이 강제노역을 하는 벽돌가마, 임목장林木場, 과수원, 채소밭이 있었다. 감옥은 넓은 지역을 관할하고 있어 많은 중국인, 한국인, 일본인, 러시아인과 그리스인들이 수감되었으며 처형되기도 했다. 이렇게 확장한 여순감옥을 일본은 관동도독부감옥서關東都督府監獄署라고 했다가 1920년에는 관동청감옥關東廳監獄, 1926년에는 관동청형무소關東廳刑務所, 1934년에는 관동형무소, 1939년에는 여순형무소로 이름을 바꾸었다.

1945년 8월 소련군은 여순 지역에 들어와 이 감옥을 폐쇄했으며, 1971년 7월 개수작업을 거쳐 전시관으로 일반에게 공개했다. 1988년 중화인민공화국 국무원은 여순감옥을 전국 중점문물보호단위로 지정했다. 1995년 구여순감옥旅順日俄監獄 전시관은 전국문물박물관 우수애국자 교육기지로 선정되었다. 연간 50만 명이 이곳을 방문한다.[1]

1 김삼웅, 《단재 신채호 평전》, 시대의창, 2006, 387쪽.

●여순감옥에서 《안응칠 역사》 저술

　안중근은 공판 개시 2개월 전인 1909년 12월 13일부터 옥중 자서전 《안응칠 역사》를 쓰기 시작했다. 자신의 떳떳한 일생 행적을 밝히는 저술이었다. 자서전을 탈고한 것은 1910년 3월 15일이다. 3개월여 동안 혹심한 신문과 재판을 받는 과정에서 틈틈이 쓴 것이다. 이 무렵의 여순은 영하 20도가 오르내리는 혹한의 날씨였다.

　《안응칠 역사》는 한문으로 쓰였다. 자서전은 "1879년 기묘년 7월 16일, 대한국 황해도 해주부 수양산 아래에서 한 사내아이가 태어나 성은 안安이요, 이름은 중근重根(성질이 가볍고 급한 편이기에 지은 이름), 자는 응칠應七(배와 가슴에 일곱 개의 검은 점이 있어 지은 이름)이라 했다"라는 문장으로 시작된다. 안중근은 자서전에서 자신의 출생과 성장 과정, 이토를 처단하게 된 이유 등을 진솔하게 적었다. 그리고 자서전 말미에서는 빌렘 신부와 작별하게 된 과정에 대해서도 밝혔다.

다음 날 오후 2시쯤 홍 신부가 다시 나에게 와 말했다. "나는 오늘 한국으로 돌아가서 작별하러 왔다." 홍 신부와 나는 몇 시간 동안 이야기를 나누었다.

마침내 홍 신부는 헤어지기 위해 내 손을 잡으며 말했다. "인자하신 천주님께서는 너를 버리지 않을 것이다. 반드시 너를 거두어주실 것이니 안심하여라."

그리고 손을 들어 나에게 강복을 해주고 떠나니, 이 때가 1910년 경술년 2월 초하루 오후 4시경이었다.

이상이 안중근의 32년간 역사의 줄거리다.[2]

완성된 원고는 안중근 순국 즉시 일제에 압수되어 유족에게조차 전달되지 않고 극비 속에 일제의 한국통치 자료로만 이용되었다. 여순감옥에서 이 원고를 본 일제 고위 관헌들은 그 내용에 크게 감동을 받고 서로 이것을 베껴 가졌다고 한다.

안중근의 순국 60년이 지난 1969년 한국학연구원장 최서면은 도쿄 고서점에서 《안중근 자서전》 일역본을 발견했다.[3] 그뒤 10년이 지난 1979년 재일교포 김정명 교수가 일본 국회도서관 헌정자료실 '칠조청미七條淸美(히치죠 기요미)'의 문서 중 《안중근 전기급 논설安重根傳記及論說》이란 표제가 붙은 책

2 안중근, 《안응칠 역사》, 99~100쪽.
3 《한국일보》, 1970년 2월 26일~3월 21일 연재.

자에서 《안응칠 역사》의 등사본이 미완의 《동양평화론》 등사본과 합철 편책된 것을 발견해 세상을 놀라게 했다.[4]

그러나 지금까지도 《안응칠 역사》와 《동양평화론》 원본의 행방은 오리무중이다. 일본 정부기관 어딘가에 보관되어 있겠지만 일본은 여전히 함구하고 있다.

'안중근의사숭모회'는 1990년 3월 26일 안중근 순국 80주년에 맞춰 《안응칠 역사》 국역본을 간행했다. 이로 인해 많은 국민들이 안중근의 의거와 사상에 알게 되었다. 《안응칠 역사》는 "진실한 자기 심정을 표백해놓은 글로 저절로 고상한 문학서가 되고 또 한말의 풍운 속에서 활약한 자기 사실을 숨김없이 적어놓은 글이라 중요한 사료"[5]가 되고 있다.

《안응칠 역사》에는 안중근이 생존 동지들의 신변을 염려해 세심하게 배려한 흔적이 역력하다. 함께 의병활동을 하고 이번 의거를 함께한 우덕순이나 단지동맹에 참여한 동지들에 대해 언급을 자제한 것도 '동지들의 신변보호'를 위해서였다.

안 의사는 《안응칠 역사》 서술에서 생존 동지들의 신변을 위하여 가능한 한 관련 인물들에 대한 언급을 자제하거나 아예 생략한 부분이 적지 않다. 특히 하얼빈 의거 동지인 우덕순에 대해서는 1901년 여름 국내 6진지역 진공

---

4 윤병석, 《안중근 전기 전집》, 34쪽.
5 안중근의사숭모회 엮음, 《안중근 의사 자서전》 서문, 1990.

의병활동 대목에서 언급을 피하였고, 1909년 2월 연추 하리에서 행한 단지동맹 부분에서는 그때 동맹으로 성립한 동의단지회에 대한 언급을 회피하고 있다.[6]

안중근은 옥중 자서전에서 《동양평화론》을 쓰게 된 과정에 대해 다음과 같이 밝히고 있다.

그 후에 간수 구리하라 씨의 특별 소개로 고등법원장 히라이시平石 씨를 만나 같이 이야기를 나누었다.

나는 그에게 내가 사형 판결에 대해 불복하는 이유를 대강 설명한 다음에 동양 대세의 흐름과 평화정책에 관한 의견을 말했다.

나의 이야기를 다 듣고 난 그는 감격스러워하며 이렇게 말했다.

"내가 그대를 깊이 동정하지만 정부 기관이 하는 일을 어찌할 수 있겠습니까? 그러나 그대가 말한 의견을 정부에 상신해보겠습니다."

나는 그 말을 듣고 고맙게 여겼다.

"그런 공정하고 바른 말이 내 귀에 우뢰처럼 들린다는 것은 일생에 두 번 있기도 어려운 일일 것입니다. 당신 앞

━━ 6 윤병석, 앞의 책, 37쪽.

에서는 목석도 감복할 것입니다."

그리고 다시 요청했다.

"허가할 수 있다면《동양평화론》이란 책을 한 권 저술하고 싶으니 사형 집행날짜를 한 달 정도만 연기해주었으면 좋겠습니다."

"어찌 한 달 뿐이겠습니까? 몇 달이 걸리더라도 특별히 허가하도록 할 것이니 염려하지 마십시오."

나는 그에게 감사하고 돌아와 공소권을 포기했다. 다시 공소를 한다 해도 아무런 이득이 없을 것은 불을 보듯 분명한 일이었고, 또 고등법원장의 말이 진담이라면 굳이 더 생각할 것도 없었기 때문이었다.

나는《동양평화론》을 저술하기 시작했다.[7]

━━ 7 안중근, 앞의 책, 98쪽.

공소를 포기하고《동양평화론》집필

안중근은 항소권을 포기하는 대신《동양평화론》을 쓰고
자 했다. 그러자 변호사들이 의례적인 공소를 권유했다. 이에
안중근은 "내가 불공평한 재판에서 사형을 언도받고도 공소
권을 포기한 것을 두고 복죄服罪했다고 생각지 마시오. 나는
구차하게 목숨을 부지하고 싶지 않을 뿐이오. 상급법관 역시
일본인이니 그 결과가 뻔한 것 아니겠소"라며 거절했다.

그 대신 자신이 오랫동안 구상해온《동양평화론》을 집필
해 이토를 처단한 의거의 목적이 이루어지기를 바랐다. 또 동
양평화가 이루어지기를 기원했다. 안중근은 항소를 포기하면
서 3월 25일로 예정된 사형집행일을 보름 정도 연기해줄 것
을 요청하며 고등법원장의 약속까지 받았지만 일제는 이를
지키지 않았다. 오히려 고등법원에 항소하지 않았기 때문에
사형일이 3월 19일로 앞당겨졌다.

안중근이 항소를 포기한 데는 어머니의 간절한 전언傳言

도 크게 작용했다. 사형선고가 내린 날 안중근의 두 동생은 사후대책을 마련하기 위해 어머니가 계신 진남포로 돌아왔다. 전후 사정을 보고드리자 어머니는 여순으로 가서 자신의 뜻을 전하라면서 다음과 같이 일렀다.

중근은 큰일을 했다. 만인을 죽인 원수를 갚고 의를 세웠으니 무슨 잘못을 저질렀단 말인가. 큰일을 하였으니 목숨을 아끼지 말라. 일본 사람이 너를 살려줄 까닭이 없으니 비겁하게 항소 같은 것은 하지 말라. 깨끗이 죽음을 택하는 것이 이 어미의 희망이다. 사형 언도 소식을 듣고 교회에서는 신자들이 모여 너를 위해 기도를 올렸다. 네가 사랑하는 교우들도 모두 그렇게 생각한다. 살려달라고 구걸하면 양반집 체면을 떨어뜨리는 것이다. 이제는 평화스러운 천당에서 만나자.[8]

안중근의 옥중 저술활동의 모습은 전옥 구리하라栗原貞古가 3월 18일자로 통감부 사카이 경시에게 보낸 보고서에서 잘 나타나 있다.

안중근의 《전기》는 이제 막 탈고되어 목하 청사 중인

8 최서면, 《새로 쓴 안중근 의사》, 집문당, 1994, 161쪽.

바 완료 즉시 우송할 예정이지만《동양평화론》은 현재 서론은 끝났으나 본론은 3, 4절로 나누어 쓰되, 각 절은 생각날 때 집필하고 있다. 도저히 그 완성은 사기死期까지 어렵다고 생각될 뿐 아니라, 각 절을 조리 정연한 논문이라고 하기보다 잡감雜感을 서술하려고 하기 때문에 수미일관한 논문이 되지 않을 것으로 생각된다.

그러나 본인은 철저히《동양평화론》의 완성을 원하고 '사후에 빛을 볼 것'으로 생각하고 있기 때문에 얼마 전 논문의 서술을 이유로 사형의 집행을 15일 정도 연기될 수 있도록 탄원하였으나 허가되지 않을 것 같아 결국《동양평화론》의 완성은 바라기 어려울 것 같다.[9]

안중근은 법적으로 보장된 공소권까지 포기하면서《동양평화론》을 쓰고자 했다. 고등법원장도 이를 수용했다. 그러나 일제는 이 약속마저 어겼다. 그가 남긴 글의 내용이 두려웠던 것이다. 안중근에게 남은 시간은 얼마 되지 않았다. 니체는 "피로 쓴 글만이 읽을 가치가 있다"는 말을 남겼지만, 안중근은 피보다 더 중한 시간을 불사르면서《안응칠 역사》에 이어《동양평화론》의 집필에 들어갔다.

3월 15일《안응칠 역사》를 탈고한 것으로 보아 그 이튿날

9 윤병석, 앞의 책, 36쪽, 재인용.

부터 집필을 시작했거나《안응칠 역사》를 쓰면서《동양평화론》을 함께 집필했던 것 같다. 그러나 3월 18일에 서문을 완성한 것으로 볼 때, 후자 쪽일 가능성이 높아 보인다. 이때부터 휘호도 쓰기 시작했다. 안중근은 "그래서 (공소를 포기하는 대신 집필 시간을 충분히 주겠다는 히라이시 고등법원장의 약속을 믿고)《동양평화론》을 저술하기 시작했다. 그때 법원과 감옥소의 일반 관리들이 내 손으로 쓴 필적을 기념하고자 비단과 종이 수백 장을 사 넣고 청구하므로 나는 부득이 자신의 필법이 능하지 못하고 또 남의 웃음거리가 될 것도 생각하지 못하고서 매일 몇 시간씩 글씨를 썼다"고《안응칠 역사》에서 기술했다.

끝맺지 못한 논설《동양평화론》

　안중근은《동양평화론》의 체제를 서문, 전감前鑑, 현상, 복선伏線, 문답 등 5단계로 잡았다. 이중 서문과 전감만 완성되고 뒷부분은 형이 집행됨으로써 완성되지 못하고 말았다. 인류문화사에는 수많은 명저가 유배지나 옥중에서 집필되었다. 그렇지만 사형 집행을 며칠 앞두고 쓴 글이나 책은 많지 않다. 안중근은 보통사람들은 상상하기 어려운 극한 상황, 즉 형 집행일이 정해지고 영하 20도가 오르내리는 혹한의 감방에서《동양평화론》을 쓰기 시작한 것이다. 그리고 끝을 맺지 못한 채 생을 접어야 했다. 문화사에 남을 '옥중명저'가 완성되지 못한 것이다.

　"대저 합하면 성공하고 흩어지면 패망한다는 것은 만고에 분명히 정해지고 있는 이치이다"라고 시작되는《동양평화론》과 고등법원장과의 면담록에 나타난 동양평화사상의 골격은 다음과 같다.

1. 일본은 여순을 중국에 돌려주고 중립화하여 그곳에
   한중일이 공동으로 관리하는 군항을 만들고 3국이
   그곳에 대표를 파견하여 동양평화회의를 조직하도
   록 한다. 재정확보를 위해 회비를 모금하면 수억 명
   의 인민이 가입할 것이다. 각국 각 지역에 동양평화
   회의의 지부를 두도록 한다.
2. 원만한 금융을 위하여 공동의 은행을 설립하고 각국
   이 함께 쓰는 공용화폐를 발행하도록 한다. 각 지역
   에 은행의 지부를 설치한다.
3. 3국의 청년들로 공동의 군단을 만들고 그들에게 2개
   국 이상의 어학을 배우게 하여 우방 또는 형제의 관
   념을 높인다.
4. 한중 두 나라는 일본의 지도 아래 상공업의 발전을
   도모한다.
5. 한중일 세 나라의 황제가 로마 교황청을 방문하여
   협력을 맹세하고 왕관을 받는다. 세계 민중의 신용
   을 얻을 수 있을 것이다.[10]

전 산자부 장관 김영호 교수는 《동양평화론》을 현재와 미
래의 '동양평화론'으로 대입하여 다음과 같이 정리했다.

━━ **10** 김영호, 〈안중근의 동양평화론과 동북아 경제 통합론〉, 《안중근 학술 연구
지》, 2005, 102쪽.

- 여순의 중립화론 : 한반도의 중립적 조정국가론
- 3국 평화 회의론 : 동북아 평화회의 6자회담의 확대론
- 3국 공동군단 창설론 : 동북아 집단안보체제론·동북아 공동군축·비핵지대화론
- 개발은행 설립 : 동북아 개발은행 설립
- 공동 화폐론 : 아시아판 유로머니·ACU(아시아통화단위)의 창설론·동아시아 채권시장 창설론
- 공동 경제개발론 : 동북아 시장통합론·동북아 개발은행 설립론·동북아 테크노마트 설립론·동북아 공동 기술개발 훈련센터 설립론
- 로마 교황청 인증론 : 유엔의 틀 안에서 상호존중과 상호신뢰론

— 사단법인 안중근의사 숭모회, 2005.

안중근은 또 만국공법을 신뢰하면서도 일제의 행위 즉 을사늑약과 한일신협약 등 한국 침략을 경험하면서부터 만국공법과 엄정중립을 제국주의의 침략논리로 인식했다. 자신은 의병전쟁 과정에서 일본군 포로들을 만국공법 정신에서 풀어주었는데, 일제는 의병중장 신분으로 적장(이토)을 포살한 자신을 '암살자' 정도로만 처우하는 부당성을 논리적으로 반박하고자 했다. 이어서 만국공법과 중립주의가 침략논리로 둔갑하는 그 허구성을 논박하려 했다.

안중근의 이 논문이 완성되었다면 일제의 한국과 아시아 침략의 실상을 일목요연하게 밝혔을 것이고, 이토의 15개조 죄상을 조목조목 논거해 그 처단의 정당성을 입증했을 것이다. 안중근은 동양평화를 파괴한 이토의 처단은 동양평화를 진작하는 길이라고 확고하게 믿고 있었다. 그래서 형장에서도 "동양평화를 삼창하고 죽음을 맞고 싶다"고 말했을 정도였다.

안중근은 《동양평화론》에서 일본의 속성에 대해 매우 날카로운 '예언자적' 진단을 했다.

종래 외국에서 써오던 수법을 흉내 내고 있는 것으로 약한 나라를 병탄하는 수법이다. 이런 생각으로는 패권을 잡지 못한다. 아직 다른 강한 나라가 하지 않으면 안 된다. 이제 일본은 일등국으로서 세계열강과 나란히 하고 있지만 일본의 성질이 급해서 빨리 망하는 결함이 있다. 일본을 위해서는 애석한 일이다.[11]

안중근의 《동양평화론》은 아무런 자료와 준비 기간도 없이, 더구나 사형집행을 앞둔 매우 절박한 상황에서 쓰였다. 다만 일왕을 신뢰하고 있었고, 동양평화를 이끌 주체를 일본

---

11 〈청취서〉, 《21세기와 동양평화론》, 국가보훈처 · 광복회, 54~55쪽, 신운룡, 앞의 글, 154쪽.

으로 설정하는 등 일정한 한계성을 드러내고 있다는 지적도 따른다.[12]

안중근의 일제에 대한 인식에 한계가 있었던 것은 사실이다. 오영섭은 이에 대해 "안중근이 일본제국주의의 한국침략을 비판하는 초점을 이등 개인에게 맞추고 정작 침략정책의 최고 책임자인 일본 천황에 대해서는 우호적인 태도를 보였다는 점이다. …… 일본 천황을 옹호하고 이토만을 비판하는 논리는 안중근의 자서전과 공술에서 누차 일관되게 나타나고 있다. 그러므로 이러한 사상논리는 단순히 공판투쟁 과정에서 자신의 일신을 구하기 위한 임시방편적 대응책이 아니라 안중근이 평소 지니고 있던 지론이라고 보아도 무방할 것이다. 이는 안중근의 독립사상에 나타난 사상적 한계점이라고 볼 수 있다"고 말했다.[13]

그럼에도 불구하고 안중근의 《동양평화론》은 동아시아 현재와 미래의 '평화구도'와 공동체의 모델로 인식되는, 대단히 선구적인 제안으로 평가받는다. 김영호는 "그는 열강이 중국을 침략하는 것을 보고 서양제국주의에 대한 한중일 삼국연대를 주장했으나 아시아주의가 일본의 침략주의에 이용당하자 일본의 침략주의를 억제하는 틀로 아시아주의를 구상

■■■ **12** 신운룡, 앞의 글, 157쪽.
■■■ **13** 오영섭, 〈안중근의 정치사상〉, 안중근 의사 의거 100주년 기념준비 제7회 학술대회 발표문, 안중근의사기념사업회, 2008.

하고 있었다. 이는 마치 전후 유럽에서 밖으로는 옛 소련의 위협에 공동으로 대응하면서 안으로는 독일의 팽창을 억제하려고 서유럽연합을 추진했던 것과 비교된다. 안중근은 당시 국제적 분쟁지 여순을 중립화해 한중일 공동참여에 의한 동양평화회의 본부를 그곳에 둘 것을 제의했다. 분쟁의 축을 협력의 축으로 바꾸는 역전의 모델로 현대 동아시아 각종 분쟁지의 해결방향을 제시해준다고 생각한다"고 말했다.[14]

다음은 《동양평화론》의 한글 번역이다.

〈동양평화론東洋平和論〉

서문

대저 합하면 성공하고 흩어지면 패망한다는 것은 만고에 분명히 정해져 있는 이치이다. 지금 세계는 동서로 나뉘어져 있고 인종도 각각 달라 서로 경쟁하고 있다. 일상생활에서의 이기利器 연구 같은 것을 보더라도 농업이나 상업보다 대단하며 새 발명인 전기포電氣砲,[15] 비행선, 침수정浸水艇[16]은 모두 사람을 상하게 하고 물物을 해치는 기계이다.

---

14 김영호, 〈동아시아 공동체와 안중근〉, 《한겨레》, 2008년 3월 26일자.
15 기관총인 듯.

청년들을 훈련하여 전쟁터로 몰아넣어 수많은 귀중한 생명들을 희생犧牲[17]처럼 버리고 피가 냇물을 이루고 고기가 질펀히 널려짐이 날마다 그치질 않는다. 삶을 좋아하고 죽음을 싫어하는 것은 모든 사람의 상정이거늘 밝은 세계에 이 무슨 광경이란 말인가. 말과 생각이 이에 미치면 뼈가 시리고 마음이 서늘해진다.

그 근본을 따져보면 예로부터 동양민족은 다만 문학에만 힘쓰고 제 나라만 조심해 지켰을 뿐이지 도무지 구주의 한 치 땅이라도 침입해 빼앗지 않았다. 이는 5대주 위의 사람이나 짐승 초목까지 다 알고 있는 바이다.

그런데 구주의 여러 나라들은 가까이 수백 년 이래로 도덕을 까맣게 잊고 날로 무력을 일삼으며 경쟁하는 마음을 양성해서 조금도 기탄하는 바가 없다. 그중 러시아가 더욱 심하다. 그 폭행과 잔해함이 서구나 동아에 어느 곳이고 미치지 않는 곳이 없다. 악이 차고 죄가 넘쳐 신과 사람이 다같이 성낸 까닭에 하늘이 한 매듭을 내려 동해 가운데 조그만 섬나라인 일본으로 하여금 이와 같은 강대국인 러시아를 만주대륙에서 한 주먹으로 때려눕히게 되었다. 누가 능히 이런 일을 헤아렸겠는가. 이것은 하늘에 순하고 땅의

---

16 잠수함인 듯.

17 하늘과 땅이나 사당의 신에게 제사지낼 때 쓰는 짐승, 소, 돼지, 양 따위.

배려를 얻은 것이며 사람의 정에 응하는 이치다.

당시 만일 한청 양국 인민이 상하가 일치해서 전날의 원수를 갚고자 해서 일본을 배척하고 러시아를 도왔다면 큰 승리를 거둘 수 없었을 것이거늘 어찌 예상했겠는가. 그러나 한청 양국 인민은 이와 같은 행동이 없었을 뿐 아니라 도리어 일본 군대를 환영하고 운수, 치도治道, 정탐 등 일에 수고로움을 잊고 힘을 기울였다. 이것은 무슨 이유인가. 두 가지 큰 사유가 있었다.

일본과 러시아가 개전할 때, 일본 천황의 선전포고하는 글에 "동양평화를 유지하고 대한독립을 공고히 한다"라고 했다. 이와 같은 대의가 청천백일의 빛보다 더 밝았기 때문에 한청 인사는 지혜로운 이나 어리석은 이를 막론하고 일치동심해서 복종했음이 그 하나이고, 일본과 러시아의 다툼이 황백인종의 경쟁이라 할 수 있으므로 지난날의 원수진 심정이 하루아침에 사라져버리고 도리어 하나의 큰 인종 사랑하는 무리—大愛種黨를 이루었으니 이 또한 인정의 순서라 가히 합리적인 이유의 다른 하나이다.

쾌하도다 장하도다. 수백 년래 행악하던 백인종의 선봉을 한 북소리로 크게 부수었다. 가히 천고의 희한한 일이며 만방이 기념할 자취이다. 당시 한청 양국의 뜻있는 이들이 기약치 않고 함께 기뻐해 마지않은 것은 일본의 정략이나 일을 헤쳐나감이 동서양 천지가 개벽한 뒤로 가장 괴걸한 대사업이며 시원스런 일로 스스로 헤아렸기 때문이었다.

슬프다. 천천만만 의외로 승리하고 개선한 후로 가장 가깝고 가장 친하며 어질고 약한 같은 인종인 한국을 억압하여 조약을 맺고, 만주 장춘 이남을 조차를 빙자하여 점거하였다. 세계 일반인의 머릿속에 의심이 홀연히 일어나서 일본의 위대한 성명과 정대한 공훈이 하루아침에 바뀌어 만행을 일삼는 러시아보다 더 심하게 보게 되었다.

슬프다. 용호龍虎의 위세로서 어찌 뱀이나 고양이 같은 행동을 한단 말인가. 그와 같이 만나기 어려운 좋은 기회를 다시 찾은들 어떻게 얻을 것인가. 아깝고 통탄할 일이로다. 동양평화 한국독립의 단어에 이르러서는 이미 천하 만국의 사람들 이목에 드러나 금석처럼 믿게 되었고 한청 양국 사람들의 간뇌肝腦에 도장 찍혀진 것이다. 이와 같은 문자 사상은 비록 천신의 능력으로서도 마침내 소멸시키기 어려울 것이거늘 하물며 한두 사람의 지모로 어찌 능히 말살할 수 있겠는가.

지금 서양 세력이 동양으로 뻗쳐오는 화난을 동양인종이 일치단결해서 극력 방어해야 함이 제일의 상책임은 비록 어린아이일지라도 익히 아는 일이다. 그런데도 무슨 이유로 일본은 이러한 순연한 형세를 돌아보지 않고 같은 인종인 이웃나라를 깎고 우의를 끊어 스스로 방휼蚌鷸[18]의 형세를 만들어 어부漁夫를 기다리는 듯하는가. 한청 양국인의 소망이 크게 절단되어 버렸다.

만약 정략을 고치지 않고 핍박이 날로 심해진다면 부득이 차라리 다른 인종에게 망할지언정 차마 같은 인종에게 욕을 당하지 않겠다는 의론이 한청 양국인의 폐부에서 용솟음쳐서 상하 일체가 되어 스스로 백인의 앞잡이가 될 것이 명약관화한 형세이다.

그렇게 되면 동양의 몇 억 황인종 중의 허다한 유지와 강개 남아가 어찌 수수방관하고 앉아서 동양 전체가 까맣게 타죽는 참상을 기다릴 것이며 또한 그것이 옳겠는가. 그래서 동양평화를 위한 의전을 하얼빈에서 개전하고 담판하는 자리를 여순구旅順口에 정했으며 이어 동양평화문제에 관한 의견을 제출하는 바이다.

제공은 눈으로 깊이 살필지어다. 1910년 경술 2월 대한민국 안중근 여순옥중에서 쓰다.

〈전감前鑑〉[19]

예로부터 지금에 이르기까지 동서남북의 어느 주州를 막론하고 헤아리기 어려운 것은 대세의 번복이고 알 수 없

---

18 조개와 도요새가 서로 물고 싸우며 버리는 형세. 이때 어부가 나타나면 힘들이지 않고 잡아가게 된다고 해서 어부지리라는 말이 생겼다.

19 앞사람이 한 일을 거울삼아 스스로를 경계한다. 여기서는 지난 역사를 되새겨 일본군국주의의 무모함을 경계하는 뜻.

는 것은 인심의 변천이다. 지난날甲午年(1894년) 일청전역을 보더라도 그때 조선국의 서절배鼠竊輩[20] 동학당의 소요로 인연해서 청일 양국이 동병해서 건너왔고 무단히 개전해서 서로 충돌하였다. 청국이 패해 일본이 이기고 승승장구, 요동의 반을 점령하였다.

요험인 여순을 함락시키고 황해함대를 격파한 후 마관馬關에서 담판을 열어 조약을 체결하여 대만을 할양받고 2억 원을 배상금으로 받기로 하였다. 이는 일본의 유신 후 하나의 커다란 기념사이다.

청국은 물자가 풍부하고 땅이 넓어 일본에 비하면 수십 배는 족히 되는데 어떻게 해서 이와 같이 패했는가. 예로부터 청국인은 스스로를 중화대국이라 일컫고 다른 나라를 오랑캐라 일러 교만이 극심하였으며 더구나 권신척족이 국권을 천농擅弄하고 신민과 원수를 삼고 상하가 불화했기 때문에 이와 같이 욕을 당한 것이다.

일본은 유신 이래로 민족이 화목하지 못하고 다툼이 끊임이 없었으나 그 외교적 정쟁이 생겨난 후로는 집안 싸움이 하루아침에 화해가 되어 연합을 혼성하고 한 덩어리 애국당을 이루었으므로 이와 같이 개가를 올리게 된 것이다. 이것이 이른바 친절한 외인이 다투는 형제보다 못하다

---

20 좀도둑.

는 것이다. 이때의 러시아의 행동을 기억할지어다. 당일에 동양함대가 조직되고 프랑스와 독일 양국이 연합하여 요코하마 해상에서 크게 항의를 제출하니 요동반도가 청국에 환부되고 배상금이 감액되었다. 그 외면적인 행동을 보면 가히 천하의 공법이고 정의라 할 수 있으나 그 내용을 들여다보면 호랑虎狼의 심술보다 더 사납다.

불과 수년 동안에 민첩하고 교활한 수단으로 여순구를 조차한 후에 군항을 확장하고 철도를 부설하였다. 이런 일의 근본을 생각해보면 러시아 사람이 수십 년 이래로 봉천 이남 대련, 여순, 우장牛莊 등지에 부동항 한 곳을 억지로라도 가지고 싶은 욕심이 불같고 밀물 같았다. 그러나 감히 하수를 못한 것은 청국이 한 번 영불 양국의 천진 침략을 받은 이후로 관동의 각진各鎭에 신식 병마를 많이 설비했기 때문에 감히 생심을 못하고 단지 끊임없이 침만 흘리면서 오랫동안 때가 오기를 기다리고 있었다. 이때에 이르러 셈이 들어맞은 것이다.

이때를 당해서 일본인 중에도 식견이 있고 뜻이 있는 자는 누구라도 창자가 갈기갈기 찢어지지 않았겠는가. 그러나 그 이유를 따져보면 이 모두가 일본의 과실이다. 이것이 이른바 구멍이 있으면 바람이 생기는 법이요, 자기가 치니까 남도 친다는 격이다. 만일 일본이 먼저 청국을 침범하지 않았다면 러시아가 어찌 감히 이와 같이 행동했겠는가. 제 도끼에 제 발 찍힌 격이다.

이로부터 중국 전체의 모든 사회 언론이 들끓었으므로 무술개변戊戌改變[21]이 자연히 양성釀成되고 의화단義和團[22]이 들고 일어났으며 일본과 서양을 배척하는 화난이 크게 치열해졌다. 그래서 8개국 연합군이 발해 해상에 운집하여 천진이 함락되고 북경이 침입을 받았다. 청국 황제가 서안부西安府로 파천하는가 하면 군민 할 것 없이 상해를 입은 자가 수백만 명에 이르고 금은재화의 손해는 그 숫자를 헤아릴 수 없었다. 이와 같은 참화는 세계 역사상 드문 일이고 동양의 일대 수치일 뿐 아니라 장래 황인종과 백인종 사이의 분열경쟁이 그치지 않을 징조를 나타낸 것이다. 어찌 경계하고 탄식하지 않을 것인가.

이때 러시아 군대 11만이 철도 보호를 청탁하고 만주 경계상에 주둔해 있으면서 종내 철수하지 않으므로 러시아 주재 일본공사 율야栗野 씨가 혀를 닳고 입술이 부르트도록 폐단을 주장하였지만 러시아 정부는 들은 체도 않을 뿐 아니라 도리어 군사를 동원하였다. 슬프다. 일러 양국 간의 대참화를 종내 모면하지 못하였도다. 그 근본을 논하면 필경 어디로 몰아갈 것인가. 이것이야말로 동양의 일대 전철一大前轍이다.

---

21 무술개변은 강유위와 양계초 등 변법파에 의한 변법자강운동.

22 의화단, 중국 백련교계 등의 비밀결사.

당시 일러 양국이 각각 만주에 출병할 때 러시아는 단
지 시베리아 철도로 80만 군비를 실어내었으나 일본은 바
다를 건너고 남의 나라를 지나 4, 5군단과 치중輜重 군량을
수륙병진으로 요하 일대에 수송했으니 비록 정산定算이
있었다고는 하지만 어찌 위험하지 않았겠는가. 결코 만전
지책이 아니요 참으로 낭전浪戰이라 할 수밖에 없다.

　　그 육군이 잡은 길을 보면 한국의 각 해구海口와 성경盛京
금주만金州灣 등지로서 하륙할 때는 4000~5000리를 지나온
터이니 수륙의 괴로움은 말하지 않아도 짐작할 수 있다.

　　이때 일본군이 다행히 연전연승은 했지만 함경도를 아
직 벗어나지 못했고 여순구를 격파하지 못했으며 봉천에
서 채 이기지 못했을 즈음이다. 만약 한국의 관민이 일치
동성으로 을미년(1895년)에 일본인이 한국의 명성황후 민
씨를 무고히 시해한 원수를 이때 갚아야 한다고 사방에 격
문을 띄우고 일어나고 함경·평안 양도 사이에 있는 러시
아 군대가 생각지 못한 곳을 찌르고 나와 전후좌우로 충돌
하며, 청국도 또한 상하가 협동해서 지난날 의화단 때처럼
들고일어나 갑오년日清戰役의 묵은 원수를 갚겠다고 하면
서 북청 일대의 인민이 폭동을 일으키고 허실을 살펴 방비
없는 곳을 공격하며 개평蓋平 요양 방면으로 유격기습을
벌여 나아가 싸우고 물러가 지킨다면 일본군은 남북이 분
열되고 복배에 적을 맞아 사면으로 포위당한 비감을 면하

기 어려웠을 것이다.

만일 이런 지경에 이르렀다면 여순과 봉천 등지의 러시아 장졸들이 예기가 등등하고 기세가 배가해서 앞뒤로 가로막고 좌충우돌했을 것이다. 그렇게 되면 일본군의 세력이 머리와 꼬리가 맞아 떨어지지 못하고 치중과 군량미를 이어댈 방도가 아득해졌을 것이다. 그러하면 산현유붕山縣有朋[23], 내목희전乃木希典[24] 씨의 경략이 필히 무산되었을 것이며 또한 마땅히 이때 청국 정부와 주권자의 야심이 폭발해서 묵은 원한을 갚게 되었을 것이고 때도 놓치지 않았을 것이다.

이른바 만국공법이라느니 엄정중립이라느니 하는 말들은 모두 근래 외교가의 교활한 무술誣術이니 족히 말할 바가 못 된다. 병불염사兵不厭詐[25] 출기불의出其不意[26] 병가묘산兵家妙算[27] 운운하면서 관민이 일체가 되어 명분 없는 군사를 출동시키고 일본을 배척하는 상대가 극렬 참독해졌다면 동양 전체가 휩쓸 백년풍운을 어떻게 할 것인가.

만약 이와 같은 지경이 되었다면 구주 열강이 다행히 좋은 기회를 얻었다 해서 각기 앞을 다투어 군사를 출동시

23 러일전쟁 당시 2군사령관.
24 러일전쟁 당시 3군사령관.
25 군사행동에서는 적을 속이는 것도 마다하지 않는다는 뜻.
26 의외의 허점을 찌르고 나간다는 뜻.
27 군사가의 교묘한 셈이라는 뜻.

컸을 것이다.

그때 영국은 인도와 홍콩 등지에 주둔하고 있는 수륙 군대를 병진시켜 위해위[28] 방면에 집결시켜놓고는 필시 강경수단으로 청국 정부와 교섭하고 캐어물을 것이다. 또 프랑스는 사이공 가달마도加達馬島에 있는 육군과 군함을 일시에 지휘해서 아모이 등지로 모여들게 했을 것이고, 미국, 독일, 벨기에, 오스트리아, 포르투갈, 희랍 등의 동양 순양함대는 발해 해상에서 연합하여 합동조약을 예비하고 이익을 균점할 것을 희망했을 것이다.

그렇게 되면 일본은 부득불 밤새워 전국의 군사비와 국가 재정을 통틀어 짠 뒤에 만주와 한국 등지로 곧바로 수송했을 것이고 청국은 사방에 격문을 띄우고 만주, 산동, 하남河南, 형량荊襄 등지의 군대와 의용병을 급히 소집해서 용전호투龍戰虎鬪하는 형세로 일대 풍운을 자아냈을 것이다. 만약 이러한 형세가 벌어졌다면 동양의 참상은 말하지 않아도 상상하고도 남음이 있다.

이때 한청 양국은 그렇게 하지 않았을 뿐 아니라 오히려 약장을 준수하고 털끝만큼도 움직이지 않아 일본으로 하여금 위대한 공훈을 만주땅 위에서 세우게 했다. 이로 보면 한청 양국 인사의 개명 정도와 동양평화를 희망하는

---

28 산동반도에 위치한 군항.

정신을 족히 알 수가 있다. 그러하니 동양의 일반 유지들의 일대 사량思量은 가히 뒷날의 경계가 될 것이다. 그런데 그때 일로전역이 끝날 무렵 강화조약 성립을 전후해서 한청 양국 유지 인사의 허다한 소망이 다 절단되어버렸다.

당시 일러 양국의 전세를 논한다면 한 번 개전한 이후로 크고 작은 교전이 수백 차였으나 러시아 군대는 연전연패해서 상심낙담이 되어 멀리서 모습만 바라보고서 달아났다. 일본 군대는 백전백승하고 승승장구하여 동으로는 블라디보스토크 가까이까지 이르고 북으로는 하얼빈에 육박하였다. 사세가 여기까지 이른 바에야 기회를 놓쳐서는 안 될 일이었다. 이왕 벌인 춤이니 비록 전 국력을 기울여서라도 한두 달 동안 사력을 다해 진취하면 동으로 블라디보스토크를 뽑고 북으로 하얼빈을 격파할 수 있었음은 명약관화한 형세였다.

만약 그렇게 되었다면 러시아의 백년대계는 하루아침에 필시 토붕와해土崩瓦解의 형세가 되었을 것이다. 무슨 이유로 그렇게 하지를 않고 도리어 은밀히 구구하게 먼저 강화를 청해 (화를) 뿌리채 뽑아버리는 방도를 달성하지 않았는지 가위 애석한 일이다.

황차 일러 담판을 보더라도 이왕이면 강화 담판할 곳을 의정議定하면서 천하에 어떻게 워싱턴이 옳단 말인가. 당일 형세로 말한다면 미국이 비록 중립으로 편벽된 마음이 없다고는 하지만 짐승들이 다투어도 오히려 주객의 형세가 있는 법인데 하물며 인종의 다툼에 있어서랴.

일본은 전승국이고 러시아는 패전국인데 일본이 어찌 제 본뜻대로 정하지 못했는가. 동양에는 족히 합당할 만한 곳이 없어서 그랬단 말인가.

소촌小村壽太郞 외상이 구차스레 수만리 밖 워싱턴까지 가서 강화조약을 체결할 때에 화태도 반부를 벌칙조항에 넣은 일은 혹 그럴 수도 있어 이상하지 않지만 한국을 그 가운데 첨가해 넣어 우월권을 갖겠다고 이름한 것은 근거도 없는 일이고 합당함을 잃은 처사이다. 지난날 마관조약 때는 본시 한국은 청국의 속방이므로 그 조약 중에 간섭이 반드시 있게 마련이지만 한러 양국 간에는 처음부터 관계가 없는 터인데 무슨 이유로 그 조약 가운데 들어가야 한단 말인가.

일본이 한국에 대해서 이미 큰 욕심을 가지고 있다면 어찌 자기 수단으로 자유로이 행동하지 못하고 이와 같이 구라파 백인종과의 조약 중에 첨입添入해서 영세永世의 문제로 만들었단 말인가. 도시 방책이 없는 처사이다. 또 미국 대통령이 이왕 중재하는 주인으로 되었는지라 곧 한국이 구미 사이에 끼어 있는 것처럼 되었으니 중재주仲裁主가 필시 크게 놀라서 조금은 괴상하게 여겼을 것이다. 같은 인종을 사랑하는 의리로서는 만에 하나라도 승복할 수 없는 이치이다.

또 (미국 대통령이) 노련하고 교활한 수단으로 소촌 외상을 농락하여 약간의 해도 조각 땅과 파선 철도 등 잔물을 배상으로 나열하고서 거액의 벌금은 전폐시켜버렸다. 만일 이때 일본이 패하고 러시아가 승리해서 담판하는 자리를 워싱턴에서 개최했다면 일본에 대한 배상 요구가 어찌 이처럼 약소했겠는가. 그러하니 세상일의 공평되지 않음을 이를 미루어 가히 알 수 있을 뿐이고 다른 이유는 없다.

지난날 러시아가 동으로 침략하고 서로 정벌을 감행해 행위가 심히 가중하므로 구미열강이 각자 엄정중립을 지켜 서로 구조하지 않았지만 이미 이처럼 황인종에게 패전을 당한 뒤이고 사태가 결판이 난 마당에서야 어찌 같은 인종으로서 우의가 없었겠는가. 이것은 인정세태의 자연스런 형세이다.

슬프다. 그러므로 자연의 형세를 돌아보지 않고 같은 인종 이웃나라를 헤치는 자는 마침내 독부獨夫[29]의 판단을 기필코 면하지 못할 것이다.

---

29 악행을 일삼아 따돌림을 받는 사람을 지칭한다. 이곳에서는 일본을 가리킨다.

《동양평화론》의 구체적 실천방안 제시

안중근은 히라이시 관동도독부 고등법원장과 나눈 대화에서 《동양평화론》의 구체적인 실천방안을 제시했다.

새로운 정책은 여순을 개방하여 일본, 청국 그리고 한국이 공동으로 관리하는 군항으로 만들어 세 나라의 대표를 파견하여 평화회의를 조직한 뒤 이를 공표하는 것이다. 이것은 일본이 야심이 없다는 것을 보이는 일이다. 여순은 일단 청국에 돌려주고 그것을 평화의 근거지로 삼는 것이 가장 현명한 방법이라고 생각한다…….

재정확보에 대해 말하면 여순에 동양평화회의를 조직하여 회원을 모집하고 회원 1명당 회비로 1원을 모금하는 것이다. 일본, 청국 그리고 인민 수억이 이에 가입하는 것은 의심할 여지가 없다. 은행을 설립하고 각국이 통용하는 화폐를 발행하면 신용이 생기므로 금융은 자연히 원만해질 것이다. 그리고 중요한 곳에 평화회의 지부를 두고 은행의 지점도 병설하면 일본의 금융은 원만해지고 재정은 완전해질 것이다. 여순의 유지를 위해서 일본은 군함 5~6척만 계류해두면 된다. 이로써 여순을 돌려주기는 했지만 일본을 지키는 데는 걱정이 없다는 것을 다른 나라에 보여주는 것과 다름이 없다.

이상의 방법으로 동양의 평화는 지켜지나 일본을 노리는 열강에 대응하기 위해서는 무장을 하지 않을 수 없다. 이 문제에 대해서는 일본, 청국 그리고 한국의 3국에서 각각 대표를 파견하여 다루게 한다. 세 나라의 청년들로 군단을 편성하고 이들에게는 2개국 이상의 어학을 배우게 하여 우방 또는 형제의 관념이 높아지도록 지도한다…….

금일의 세계 열강이 아무리 힘을 써도 이루지 못하는 것이 있다. 서구에서는 나폴레옹 시대까지 로마교황으로부터 관을 받아씀으로써 왕위에 올랐었다. 그러나 나폴레옹이 이 제도를 거부한 뒤로는 이 같은 의식을 치르지 않게 되었다. 일본이 앞서 말한 것은 패권을 얻은 뒤 일청한 세 나라의 황제가 로마교황을 만나 서로 맹세하고 관을 쓴다면 세계는 이 소식에 놀랄 것이다. 오늘날 존재하는 종교 가운데 3분의 2는 천주교다. 로마교황을 통하여 세계 3분의 2의 민중으로부터 신용을 얻게 된다면 그것은 대단한 힘이 된다. 만일 이에 반대하면 여하히 일본이 강한 나라라고 해도 어쩔 수가 없게 된다.[30]

30 〈청취서〉, 《21세기와 동양평화론》, 국가보훈처, 1996, 55~57쪽.

안중근은 동양평화를 위하여 한일청 3국 연합 화평회의를 개설하고 은행을 설립해 3국 공통화폐를 발행해야 한다고 언급했다.[31] 오늘날 EU와 같은 지역경제 공동체를 제안한 것이다. 놀랄 만한 제안이고 선각적인 혜안이다.

안중근의 사상형성이나 《동양평화론》은 앞에서 설명한 대로 《대한매일신보》 등 신문에 실린 논설이나 기사에서 영향을 받았고, 한역 《태서신사》와 《만국사》 《만국공법》 등의 저술도 일정한 영향을 주었을 것이다. 이와 함께 천주교 사제들을 비롯해, 노령으로 떠나기 전에 여러 차례 배일 연설을 함께하는 등 교류가 있었던 안창호, 안중근이 '동양 평화주의자'로 지목한 이상설의 영향도 적지 않았을 것이다. 그러나 《동양평화론》은 어디까지나 안중근의 독창적인 사상의 산물이었음은 말할 나위도 없다.

《동양평화론》을 구상한 안중근은 기본적으로 당시 발행되던 신문이나 서책을 통하여 많은 영향을 받았다. 아울러 그와 접촉이 많았던 인물들, 예컨대 천주교 사제들도 일정하게 영향을 미쳤을 것이다. 그리고 안창호나 이상설 같은 우국지사들도 안중근의 국권회복사상과 동양평화론에 기여했다고 생각된다. 특히 안창호는 안중근과 밀접한

---

31 정원貞沅, 《안중근》, 윤병석, 〈안중근 의사 전기의 종합적 검토〉, 127~128쪽.

관계에 있었고, 이등박문의 포살과 동양평화론의 형성에
직접적인 관련이 있었던 것으로 짐작된다. 그러나 이러한
영향이 안중근의 《동양평화론》의 위치나 의의, 독창성을
감소시키는 것은 물론 아니다.[32]

■■ 32 최기영, 최석우 신부 수품 50주년 기념사업위원회 엮음, 〈안중근의 동양평
       화론〉, 《민족사와 교회사》, 한국교회사연구소, 2000, 183쪽.

제 **11** 장
안중근 의거 찬양 시문

손가락을 자르며 맹세하던 그가 변복하고 역내에 잠입했었다. 총 끝에서 붉은 불이 번쩍이더니 원수의 복부를 뚫어버렸다. 그가 죽음을 각오할 때에 그 어떤 보답을 바랐었던가. 아니다, 그는 오직 나라의 원한을 풀기 위해서였다.

- 황계강, 〈안중근 사건 소감〉

국내외에서 쏟아진 시문

안중근의 '10.26의거' 소식이 전해지면서 국내외에서는 이 거사를 찬양하고 격려하는 수많은 시문詩文이 발표되었다. 더러는 신문, 잡지에 게재되기도 했지만 일제의 보도 통제로 사장되는 경우가 훨씬 많았다. 얼마 뒤 백암 박은식 등이 《안중근 전기》를 집필해 발표하자 이를 읽고 안중근을 찬양하는 시문도 나타났다.

'10.26의거'는 동북아 정세의 지각변동을 일으키는 큰 사건이었다. 따라서 각국의 반응이 다양하게 나타났고 정치지도자들은 물론 지식인들의 관심도 많았다. 이들 중에도 시문을 남긴 경우가 적지 않았다.

게다가 안중근 의사가 사형선고를 받게 되자 헤아릴 수 없을 만큼 많은 시문이 또다시 발표되었다. 유지를 잇겠다는 애국충혼의 글도 이어졌다. 여기서는 지면 관계상 대표적인 것만 골랐다.[1] 인명 중에 생소한 이름은 당시 익명 또는 가명으로 발표된 것으로 추측된다.

중국 송나라 시대의 대표적인 문인, 의인義人으로 추앙받는 문천상文天祥의 글을 덧붙인 것은 〈정기가正氣歌〉의 명문이 안 의사의 생애와 뜻에 맞닿기 때문이다.

〈안중근 사건 소감〉

황계강黃季剛

진왕秦王을 찌르려던 형가荊軻의 뜻은
연燕의 종사를 지키려던 것이리라
그 종사 끝내 폐허가 됐건만
그의 혼백은 만민을 감동시켰다

세월은 흘러 천년이 지났건만
진번眞番 땅에 그의 계승자 나타났다
그는 나라의 원수를 처단했으니
그 위훈 해와 달처럼 길이 빛나리

손가락 자르며 맹세하던 그가
변복하고 역내에 잠입했었다

---

1 여기서는 윤병석 편역,《안중근 전기 전집》, 국가보훈처, 1999를 인용.

총 끝에서 붉은 불이 번쩍이더니
원수의 복부를 뚫어버렸다

그가 죽음을 각오할 때에
그 어떤 보답을 바랐었던가
아니다, 그는 오직
나라의 원한을 풀기 위해서였다

적들은 남의 나라 멸망시키는 것도
어렵지 않다고 떠벌였지만
이 나라의 호걸을 소멸하기란
손쉽게 될 일이 아니었다

잔혹한 강도들에게 경고하노니
제멋대로 권세를 부리지 말라

〈이등박문을 '추도함'〉

무명

아, 슬프도다
인생에 종말이 있음은

예로부터 그러했건만
일월마냥 높고 큰 뜻 깨여졌으니
그대의 죽음은 가엾기도 하구려
나라의 불행이라 통곡해야 할까
다난한 인생이라 한탄해야 할까

활활 타오르는 밝은 불도
나중엔 꺼지기 마련인데
그대는 어이하여 원한을 스스로 샀으니
도척盜跖의 이론理論을 믿는 의사
구리망치 들고 지옥까지 쫓아갔나니

그대가 나라 다스리는 재주 익힌 것도
아형阿衡처럼 되기 위해서였지
그대는 잉신媵臣이었던 이윤伊尹과도 같이
출신은 그야말로 비천했건만
어이하여 이다지도 그릇된 타산
바로잡지 못하고 재상이 되었던고

취사원이나 백정 같은 인간이
이런 자리를 얻게 되었으니
당초에 어찌 이런 행운을

바라기나 할 수 있었으리오

생전에 달관귀인이 되었으니
사후에도 영화부귀를 누려야 하건만
호감壺鑑에 공로를 새겨놓아도
시체는 온량거輼輬車에서 썩고 말리라

그대가 동해의 바닷가에서
발을 한 번 구르기만 하면
물속의 고기, 하늘의 새들도
겁을 먹고 갈팡질팡했다네

큰 고리 죽고 혜성이 떠서
불길한 조짐이 뚜렷했는데
어이하여 그대만은
이 기묘한 빛을 보지 못했던가

몇 자밖에 안 되는 물도랑에선
미꾸라지도 왕 노릇을 할 수 있지만
물도랑을 떠난 미꾸라지
어찌 제멋대로 할 수 있으랴

아! 기가 차다, 그대는
갖가지 조약으로 남을 얽매여놓고
황제의 환심을 얻으려고 애썼건만
제가 놓은 덫에 제가 걸리듯
그대는 상앙商鞅처럼 죽고 말았으니

완전무장한 전사들이 앞에서 지킨들
그 무슨 소용이 있으랴
하물며 전쟁은 불길한 조짐
어찌 흉년을 모면할 수 있으랴

장교莊蹻는 전지滇池 일대를 점령함으로써
제 목숨을 구했다 하는데
그대는 여러 번 외국으로 여행하더니
끝내 이국타향에서 쓰러지고 말았네

높은 자리에 기어오른 자
더 빨리 떨어지는 법이라더니
그대는 편안히 제 집에서
어찌 늙어죽기만 하겠는가

비록 재상의 화려한 옷을 남겨

사람들의 찬양을 받았다 하지만
그것은 제 집 식구의
영광스러운 추억으로 되었을 뿐

천 짜는 여자들은 비감에 잠겨
모두 다 일손을 멈추었고
상인들도 장사를 걷어치우고
저마다 거리에 나와 울고 있네

사람들은 미친개 쫓듯 갈팡질팡하고
온 나라가 뒤죽박죽되었으니 누구를 믿으려는고
가엾도다! 사람들이 제 몸을 팔아
남의 노예가 되려 한들
어찌 그대의 목숨을 바꿔올 수 있을까

아! 끝장을 보았구려
하느님의 도움마저 믿을 수 없고
귀신과는 약속을 못하는 법이니
그대 어찌 재앙을 미리 알리오

기린이 함정에 빠지면
산짐승과 아무런 다름없듯이

제 아무리 뛰어난 인간인들
죽으면 보통백성과 무슨 다름이 있겠는가

〈하얼빈 소식을 듣고〉

김택영 金澤榮

평안도 장사, 두 눈 부릅뜨고
염소새끼 죽이듯 나라원수 죽였다네
안 죽고 이 기쁜 소식 들었으니
국화철에 덩실덩실 춤노래 즐기네

해삼위 상공에 소리개 나래치더니
하얼빈 역두에 벼락이 치네
육대주에 많고 많은 영웅호걸들
세찬 가을바람에 수저를 떨어뜨렸다네

예로부터 망하지 않은 나라 없건만
언제나 나라 망치는 건 못된 벼슬아치들
하늘을 떠받들 듯 거인이 나타났으니
나라는 망할 때이건만 빛이 나더라

《안중근전》을 읽고

주증금周曾錦

사마천의 자객열전을 읽은 뒤부터
나는 천하호걸을 사랑했노라
이제 옛사람이 될 수는 없지만
북받치는 의로운 마음 진정 못했네
뜻밖에도 안 의사가 나타났기에
호걸의 모습을 나는 보았네
일격에 나라 원수 쏘아죽이던
그 총소리 세인을 놀라게 했네
온 누리를 떨친 그 호걸
자기도 눈물을 금치 못했네
그의 업적은 천지를 흔들었고
그의 모습은 산보다 높네
하느님이 이 세상에 복을 주실 때
하물며 그 땅은 기자箕子의 봉토임에랴
신의 은덕으로 한 핏줄이었네
예의범절 은주殷周를 방불하고
관제의식 한경漢京과 흡사하다
아름다운 산천에 영기 서리어
과감하고 억센 전투정신 키웠다

예로부터 망하지 않는 나라 없건만

인재가 나타났으니 망해도 영예롭다

그 나라 유로遺老에게 여쭈노니

비감에 잠겨 울지만 말라고

장하도다, 창해로방滄海老紡의 문필은

사마천의 뜻을 이었나니

원한이 사무치는 이 전기

책장에서 우레소리 들리네

그의 피는 마를 때가 있어도

그의 영혼은 사라지지 않으니

마치 요동의 강물처럼

천만년을 흐르며 흐느껴 울리라

〈동한열사를 노래함東韓烈士歌〉

임수성林樹聲

군은 못보았는가

대범하고 점잖은 장자방張子房이

철퇴 치켜들고 박랑사에 나타나

호랑이 같은 진왕秦王에 내리친 이야기를

군은 못보았는가
송나라의 문천상이
몽골의 천군만마와 싸우다가
인仁을 이루고 순국한 이야기를

영웅들은 이 세상 떠났어도
기특한 혼백을 키워냈으니
이 땅의 지사들은 성사여부를 따지지 않고
죽음을 예사로 여기며 일어섰나니

식견이 탁월한 안중근 의사
그는 그중에서도 뛰어난 호걸
그의 불타는 애국열의는
바닷물도 끓어번지게 할 수 있으리

지옥 속의 부처님이라 할까
인간세상의 구세주라 할까
제갈량처럼 고결한 그대의 인품
어찌 보통 인간에 비길 수 있으랴

동해에 노니는 크나큰 고래
하늘 높이 파도를 일으키듯이

열강들은 저마다 뒤질세라
호시탐탐 만몽滿蒙 땅을 노리고 있다

동아의 국세는 위기에 빠지고
삼한 땅에서 충돌이 생기니
이완용, 송병준은 원수에게 굽어들고
조병세, 민영환은 자살하여 순국했다

붉은 저고리 입던 어린 나이에
뛰어난 지휘 재능 나타낸 안 군
싸움터에서 공로를 세우니
병사들은 모두 경탄했다

국적을 소멸하지 못한다면
인도에 해를 끼치게 되거늘
피로써 평화를 쟁취하리라
그는 굳게 맹세했도다

외세를 등에 진 매국역적들
행패 부리는 꼴 이루다 못 헤아리리
강제조약까지 맺게 됐으니
나라는 안팎으로 곤경에 빠졌다

왜적의 13가지 죄악을 공소하니
세상 사람은 한반도 진상을 알게 되었다
회령성 밖에 우뚝 솟은 회령비會寧碑
몇 번이나 전란을 겪었었던가

망하는 나라 바라보는 우국지사들
피눈물 흘리며 통탄할 제
그 누가 해외에서 거사하여
괴수를 처단하고 첩보를 보냈던가

중천에 밝디밝은 정기 비추는데
광활한 대지를 굽어보니
아, 어째서 인간 세상엔
불공평과 억울함이 가득찼는가

천추에 길이 빛날 창해의 장수
그 정신 이어받은 이 땅의 의사들
정의 위해 태연하게 목숨 바치고
숙원을 풀었노라 만족하게 여긴다

안병찬은 국제공법으로 세상시비 가리고
만국의 여론을 명심하였네

법정에선 피를 토하여 변호를 하여
왜적들의 간계를 간파했단다

태백의 정기어린 반도땅이
키워낸 절세의 영웅 몇이던가
가슴에 박힌 북두칠성이 앞길을 비추니
유인도 위협도 그를 굽히지 못하리

아, 기가 차구나
헤이그 밀사가 피눈물 흘리며
이 나라의 억울함을 하소연했건만
열강은 한국을 돕지 않았다

안 군이 지척에서 발포하니
거물 이등박문은 거꾸러졌다
일본이 제 아무리 강하다 하지만
안 군은 그 나라의 기둥을 꺾었노라

국가 흥망의 무거운 책임을
어깨에 짊어진 안중근 의사
호의호식하는 조정의 벼슬아치들이
어찌 그대를 대신할 수 있으리

일개 필부도 뜻만 있으면
기어이 공업을 이룩하거늘
그 누가 2000만 민중이
속수무책이라 하던가

서울의 성곽은 함락되고
저녁노을이 서산에 비꼈는데
위인들의 사적에 감탄하며 나는 바란다
태극기 빛날 날이 다시 오기를

〈안 선생을 추도함〉

일주一舟

적막한 삼한 땅에 함성이 터지고
하얼빈의 일격에 온 세상이 놀랐네
사천년의 역사와 민족의 얼은
장군과 더불어 영생하리라

쌀쌀한 바람에 궂은비 내리니
하늘 땅도 비감에 잠겼나 보다
어이하여 대련의 한 모퉁이에

장군의 유골을 남겨야 하는가

장군의 무덤터가 없다는 말
내 차마 입밖에 못 내겠다만
나는 믿노라 수양산 기슭에
지지 않는 무궁화꽃 피어나리라

〈금루곡―안중근을 노래함金縷曲題安重根〉

정선지程善之

그 옛날 형가荊軻의 보검은
연燕나라 수도를 빛냈거늘
헤아리노니 오늘날
용龍 잡을 사나이 누구인가를
빼앗긴 강산 바라보며 눈물 흘리지만
나는 알았노라
장군은 의기남아 한 방이면 족하다는 것을
벼락이 터지니 귀신들 도망치고
해라도 뚫을 듯 기세 드높네
지척에서 괴수 잡은 안安 장군
천추에 길이 빛나리

석양 비낀 궁궐을 돌아보니
옛일이 생각나네
하백河伯의 딸, 햇님의 아들이
만리를 멀다 않고 부여땅에 이르러
패업을 이루었나니
하나, 세월은 마냥 흘러
성터는 물도랑으로 되고
나라는 망해버렸네
묻노니
장군의 뒤를 이어 결사전에 나서서
오늘과 같은 쾌락을 다시 누리며
삼한의 지사들이 다시 일어섰음을
왜노에게 알릴 자 누구인가를
고국은 지금 어디에 있느냐
바라보니
온 천지에 서풍이 거세찬데
옛 성터엔 무성한 오곡잡초뿐
가슴속엔 망국의 원한이 용솟음친다
고향소식 듣자 해도 알 길이 없어
외롭고 쓰라린 내 신세
하나, 나는 살길을 찾아
다시 머나먼 길 따라가리라

웃으며 돌아서서 내 님과 작별하고

나는 그대 따라가리라

그대와 생사를 같이하리라

기회는 순식간에 사라지나니

슬픈 마음 진정하고 지체 없이 일어서리라

기울어진 햇빛 아래

끝없이 펼쳐진 비옥한 전야

조국산천 그리워 눈물 흘린다

나는 나라의 혼을 불러오리라

하나, 그대와 영원히 작별하였거늘

그 소식

누구에게 전하오리까

〈의제문擬祭文〉

김택영金澤榮

해주海州 안공安公 중근이 순절한 이후 회남淮南에 망명
한 한국인 김택영은 이 머나먼 곳에서 안공에게 '해주海
州'란 호를 삼가 올리며 이 글을 지어 여순에 있는 그대의
무덤에 제사를 지내나이다.

예로부터 나라를 위해 용맹을 떨친 신하들은 거의 모

두가 강직한 성격을 가졌기에 저들이 당한 수치를 한시도 참을 수 없어서 천천히 여러모로 생각할 겨를이 없이 창졸간에 죽을 결심을 내렸던 것입니다. 그러므로 그들의 죽음은 매양 멸망하는 나라를 구하지 못하고 다만 나라의 영광으로 되었을 뿐 좀 야박하게 논의한다면 자신의 창백만을 지키려는 행위 같기도 하였나이다. 이와는 달리 뛰어난 용기와 걸출한 재능, 군센 의지와 인내성이 있으며 남의 장단에 노는 것이 아니라 바른 주견이 있어 난리와 패배에 봉착하여도 공업을 이룩하려 하고 일신의 죽음으로 나라를 보호하려 하였으며 산악이라도 돌려놓고 하늘땅이라도 바로잡고야 말리라 맹세한 영웅호걸들, 예를들면 장류후張留侯:張良, 문문산文文山:文天祥 같은 인물은 천년 동안에 몇 사람밖에 없었나이다.

아, 오늘 우리 해주 안공의 사적을 살펴보면 그대가 나라의 원수를 갚으리라 맹세하고 의병을 일으키라 호소한 것은 송나라를 구하려던 문상의 사적과 얼마나 비슷하며, 친히 총으로 원수를 쏘아죽인 것은 철퇴로 진왕秦王을 친 유후와도 흡사하지 않습니까?

공이 나라의 원수를 죽이던 그날부터 적들은 감언이설로 공을 유인하기 시작하였나이다. 만일 공이 조금이라도 후회하는 기색을 보였더라면 그자들은 기뻐 날뛰며 공을 이용하여 우리나라 사람들의 기를 꺾으려고 공의 쇠사슬을 벗겨주며 상좌에 앉히고 만금을 상으로 주려 하였을 것입니다. 그러나 감옥에 갇혀 있던 200일 동안 공의 마음은 시종여일하였으며 늠름함이 서리빛 같았고 의지는 무쇠마냥 굳세었으니 어이하여 3년 동안 옥중에 갇혔다가 웃으면서 시시柴市의 사형장으로 가던 문상과 그다지도 다름없었나이까?

아, 뛰어난 용기와 걸출한 재능, 굳센 의지와 인내성이 있는 대장부가 아니었다면 어이 이럴 수 있었나이까? 아, 비록 공은 세상을 떴지마는 공의 탁월한 공업만은 남아 있나이다. 세계의 여러 나라 공의 거사에 놀라움을 금치 못하고 자국 사람들은 분발하게 되었나이다. 이때에 한 통의 서한을 각국에 보내어 우리나라에 통감을 두기로 한 이전의 조약은 도의에 어긋나는 것으로서 체결하지 않은 것이나 다름없는 것입니다. 그 조약을 준수할 수 없다고 언명하고 국민에게 나라 잃은 고초와 서러움을 하소연하여 온 나라가 상하를 막론하고 피로써 항거하게 한다면 그들인들 우리를 어찌 하오리까?

하지만 머리에 큰 갓을 얹은 조정 달관귀인들은 공포에 떨면서 큰소리 한마디 치지 못하고 있습니다. 그리하여 공이 이미 이룩한 공업은 중도에서 그르치게 되었고 나라를 구하려던 공의 마음은 아뢰일 데 없게 되었사오니 공의 억울한 영혼은 저승에 가서도 울분을 못이겨 흐느껴 우시

오리다.

나는 공의 영전에 잔을 들고 북을 울리며 공이 이룬 공로를 축하하려 하옵니다. 공은 돌아보아 주시려는지요?

《안중근 선생전》을 읽고 삼가 씀

왕양汪洋

한 방의 총탄으로 원한을 풀었으니
그대 이름은 천추에 빛나리

몸을 돌이켜 고국을 바라보며
웃으며 세상을 떠났네

그 모습 그 정신 살아서인가
강물소리 밤마다 들려오네
송화강 기슭에서 그대를 추억하니
비장한 마음 금할 길 없네

《안중근 선생전》을 읽고 삼가 씀

라흡림羅洽霖

안중근 선생은 세계에서도 뛰어난 사나이 대장부이다. 그가 위력을 떨치자 남의 나라를 강점하고 잠식했던 강도 들마저 저들의 행패를 다소 삼가게 되었으니 그가 인도주 의에 미친 영향이 어찌 심각한 것이 아니라 할 수 있으랴. 그의 사람됨은 세인의 존경을 받을 것이며 그의 뜻은 뭇사 람의 동정을 불러일으킬 것이며 그의 업적은 널리 전해질 것이다. 오늘 그의 유난히도 빛나는 역사를 기술한 이 책 의 편찬 완성에 즈음하여 권말에 몇 자 첨부함으로써 심심 한 경의를 표하는 바이다.

나라 잃은 원한에 아픈 마음
죽어도 복수하리라 맹세했네
그대의 기세 일본 삼도三島를 억눌렀고
그대의 이름 오대주에 떨쳤네

허나, 전란의 불길 꺼지지 않았으니
순망치한脣亡齒寒이라 걱정스럽구나
묻노니, 그대의 뜻 이어
악당을 무찌를 자 누구인가를

《안중근 선생전》을 읽고 삼가 씀

장진청長震靑

문노니
이 나라 백성을 도탄에 빠뜨린
진시황같이 무도한 자를 저주하여
총칼 들고 나선 자 누구였던가

황제와 신하들은 모두 참는데
호걸만은 슬픔 견디지 못했네
박랑사의 철퇴 남아 있으니
고국 삼한은 멸망치 않으리

〈안중근 선생을 추도함〉

진원춘陳鴛春

그대 목숨 바쳐 원수를 처단하니
만백성은 열사가 떠남을 슬퍼하도다
노예처럼 산다면 살아도 수치이거늘
절개 지킨 그대의 영혼만은 영준하리라

내 알고 있도다
총칼로 빼앗긴 강산 찾으려던 그대의 뜻을
오직 사람마다 일어서서 대적한다면
이웃나라 사람들도
한국이 망했노라 하지 못하리

《안중근전》에 감동되어 지음

사사단査士端

피로써 원수의 옷깃 물들었나니
이 생명 어찌 아깝다 하리
가엾어라 철퇴 던지던 장자방
안중근에 비할 제 아낙네 같네

《안중근 선생전》을 읽고

왕도王燾

나는 들었노라 창해장사 진왕秦王 치던
그 이야기를
그 정신 길이길이 전해지려니

한국에 인재 없다 하지 못하리

파도 출렁이는 황해의 기슭에서
나라 잃은 늙은이 눈물 흘린다
어지러운 세상을 저주하면서
통탄하누나

단군의 신성스런 핏줄기 이어받은 민족
옛적부터 인륜도의 지켜왔거늘
이 전통 길이길이 키워간다면
따사로운 봄날이 다시 오리라

〈안 열사를 추도함〉

황성아부皇城啞夫

광활한 대지 위에 우뚝 솟은 사나이
동녘땅 이내 강산 찾고야 말리
그대의 소원 이룩될 시
집집마다 그대를 신령으로 모시리

〈하얼빈의 총소리를 듣고〉

청구한인青丘恨人

청천하늘에 터진 벽력소리
육대주 저자의 간담을 놀라게 했다
영웅이 노하여 원흉을 쓰러뜨리고
독립을 세 번 외쳤노라 조국은 재생하리

〈여순에서 수형한 열사를 추도함〉

청구한인青丘恨人

조국광복의 사명을 지니고
그는 동아의 평화를 주장했도다
피비린내 나는 송화강가에서
누가 장군의 영혼을 위로하리오?

〈의협지사 안 선생을 추도함〉

운인雲人

창해에 쏟아지던 비가 멎더니

청천백일 우레소리 울리노라
하느님이 그대를 부르시니
선생만은 웃음짓고 떠나시더라

복수의 철알
보검마냥 날아가더니
알알이 명중이로다
원수의 숨통이 끊어졌도다

장한 뜻 가슴에 품고
빼앗긴 강산 되찾고저 맹세하던 자
의병깃발 높이 들고 돌진했거늘
헤쳐나온 가시덤불 그 얼마였던가?

소멸되는 이 나라의 주권을
내 비록 되찾지는 못하였건만
저주로운 괴수놈 거꾸렸도다
눈 한번 깜빡할 순식간에……

만세소리 삼창에 국혼을 깨우치고
나라에 목숨 바쳐 충성 다하였건만
그래도 그대는

두 눈 감지 못하네

슬기로운 그대의 뜻
이어받을 자 뭇별같거늘
아니라면 황천의 영혼에
우리 무어라고 고하리오

안중근 의사 의거 3주기인 1913년 10월 26일 상해 모처에
서 추도회가 열렸다. 신규식 등 동제사同齊社에 참여한 애국
지사들이 참석하고 추모시 한 수씩을 지었다.

눈물로 어머니와 작별하고
손가락을 끊으며 맹세했도다
그 소원마저 이루지 못함을 통탄하면서
원수를 처단하고 말없이 목숨 바치니
온 누리가 다 함께 경탄하누나
선생은 열사됨에 손색이 없다오

평화를 유지하고 독립을 회복하라던
그대의 유언 저버리고
강도들에게 나라를 빼앗겼으니
조국강산엔 그대의 유골 묻을 터 없지요

묻노니 뒷 사람들이여
어찌 영웅의 영혼을 위로하리오

—동인同人

공적 이등박문 따위가
몇천 몇백으로 부지기수로다
비록 우리의 안 장군은 귀로에 올랐어도
어이 제 2, 3의 안 장군이 없으랴

—무명無名

나라도 3년 전에 그대 따라 갔나이다
혼이여, 하루빨리 나라와 함께 돌아오소서

—삼강三岡

저버렸던 그대의 뜻
실로 부끄러운 내 마음
선생이시여, 한탄하지 마소서
죽어도 영광이 있나이다

—동성東星

하얼빈에 쓸쓸한 바람 부는데
갈석碣石의 밤은 어둠침침하구나

그때 피흘렸건만
그 뜻 영생하리라

─성암醒庵

북풍이 낙엽 쓰는 차디찬 날에
노기 어린 눈을 들고 이국땅에 나타났네
벼락불이 번쩍이더니 공적은 쓰러지는데
그 순간이 대장부 웃던 때다

─지산志山

한 하늘 아래에서 살지 않으리라 맹세한 그대
이등의 목숨 빼앗고 요하가에서 순국했도다
아, 조국도 그대 따라 갔거늘
그대의 혼도 알았다면 괴로워하리라

─창주滄洲

일월마냥 빛나는 의로운 정신
육대주 건아들은 영웅을 우러러보네
장하다, 안 공을 추도하는 모임
각계 인사들이 성의를 다하네

─청령靑齡

안 공이 떠나신 지 몇 해이던가
육체는 갔다 해도 영혼만은 살아 있네
아직도 적막한 반도의 강산
영혼은 무덤에서 밤낮으로 울고 있네

—일석一石

떳떳한 포부와 적개는 타고난 성미
열사의 이름은 천추에 길이 빛나리
울며 노래하며 그대를 추모하면서
끓는 피로 물들이자 맹세하노라

—반오般吾

하얼빈의 넓은 천하에 우뚝 솟은
천주에 길이 빛날 동방의 영웅
열사의 영혼이여 오늘의 걱정은 하지 마소서
옹심 있는 젊은이들 많고 많지요

—철아鐵兒

송나라 문천상의 의기와 절필시

중국 송나라 리종理宗 연간에 문천상文天祥이란 대단한 학자가 있었다. 1275년 몽골군元軍이 장강을 넘어 쳐들어오자 문천상은 의병 1만여 명을 모아 항거했다. 이를 지켜본 친구가 "원나라 군대가 수도 근교에까지 쳐들어왔는데, 그까짓 오합지졸로 항거하는 것은 양떼를 몰아다가 사나운 호랑이와 싸우게 하는 것과 어찌 다르겠는가?"라며 의병을 해산하고 피신할 것을 권했다.

"내 어찌 이를 모르겠는가? 나라가 신하를 양육해온 지 어언 300여 년인데, 일단 나라가 위태로워지면 의병을 모집하여 단 한 기의 오랑캐도 국경을 넘어오지 못하게 해야 하네. 나는 이것이 한스러워 나의 힘을 가늠하지 않고 목숨을 바치기로 결심한 바, 천하의 충신열사들이 장차 소문을 듣고 봉기하기를 바랄 뿐이네. 의기가 넘치면 계모計謀가 서게 되고 사람이 많아지면 공이 이루어지니, 이렇게 되면 사직이 보존될

수 있을 것이네"라 하고 가산을 모두 군비로 충당하여 분연히 원군에 항거하였다.[2]

힘이 부동不同하여 수도가 포위당하고, 문천상은 황명으로 원군에게 화의를 청하는 사자가 되어 원군 진영으로 갔다. 원나라의 재상이 문천상의 소문을 들었던 터라 기를 꺾으려 들었다. 그러나 문천상은 "나는 송의 장원 출신 재상으로서 오직 한 가지 남은 일은 목숨을 바쳐 나라에 보답하는 것뿐이다. 송이 있으면 내가 있고, 송이 망하면 나 역시 망하니, 앞의 칼이나 톱 같은 잔혹한 형구가 있고 뒤에 (사람을 산 채로 삶아 죽이는) 큰 솥이 있다 한들 내 두려워할 바가 아니니 그 무엇이 나를 두렵게 하겠는가"라고 추호도 두려운 기색이 없이 당당하게 소견을 밝혔다.

문천상은 어렵사리 탈출했다가 다시 붙잡혀 와서 원나라 황제가 재상과 추밀자리로 회유했으나 끝내 거절, 1282년 47세의 젊은 나이로 절필시 한 편을 남겨놓고 형장의 이슬로 사라졌다.[3]

〈절필시〉

공자는 살신성인하라 하시고孔曰成仁
맹자는 사상취의하라 하셨나니孟曰取義

■■ **2** 이종진 외,《중국시와 시인(송대편)》, 역락, 2004, 908쪽.
■■ **3** 이종진 외, 앞의 책, 909~910쪽.

오직 충의로움을 다해야만惟其義盡

인에 이르는 소치노라所以仁至

성현의 책을 읽을 제讀聖賢書

배운 바 그 무엇이겠는가所學何事

오늘 이후에는而今而後

거의 부끄러움을 면하겠노라庶幾無傀

문천상의 기개와 지절, 시와 문장은 중국문학사에 찬연히 빛나는 성좌가 되었다. 문천상이 오늘에 이르기까지 문학사와 정신사에 빛을 발하는 것은 〈정기가正氣歌〉라는 불후의 시가 때문이다.

문천상은 안중근과 닮은 점이 있어 보인다. 700년의 시차가 가로놓여 있지만, 북쪽 오랑캐(원나라)와 남쪽 오랑캐(일본)의 침략을 받아 식자로서 의병을 일으키고 힘을 다해 싸웠지만 중과부적이라 적의 감옥에 갇히고 말았다.

안중근은 거사에 앞서 〈장부가〉를 지었고, 문천상은 〈절필시〉를 남겼다. 안중근은 수감 중에 《동양평화론》 등을 지었고, 문천상은 〈정기가〉 등을 썼다. 문천상의 〈정기가〉를 안중근에게 드리는 '미리 쓴 헌사'라 하면 어떨까.

〈정기가正氣歌〉

천지가 가득 올바른 기운 있으니

엇섞여 온갖 형체 빚어냈네

땅에서는 강과 산이 되고

하늘에서는 해와 별이 되었네

사람에게서는 호연浩然(호연지기)이라 이름하였는 바

허공 중에 가득 차 있도다

황로皇路가 맑고 평탄할 땐

조화로움 머금어 밝은 조정에 토해냈고

시대가 곤궁할 땐 그 절개 드러나서

일일이 역사에 드리웠어라

제齊에서는 태사의 죽간으로

진晉에서는 동호董狐의 붓으로

진秦에서는 장량張良의 철추로

한漢에서는 소무蘇武의 절개로 드러났고

엄嚴안 장군의 머리가 되었는가 하면

개稽소의 피가 되기도 했고

장張순의 신랄한 이로 화하기도 했고

안顔고경의 통렬한 혀로도 현신했다네

혹은 요동의 모자가 되어

그 맑은 지조가 빙설을 능가하고

혹은 출사표가 되어

귀신도 그 장렬함에 흐느끼고

혹은 강 건너는 노가 되니

그 비분강개함이 오랑캐 삼켜버리고
혹은 역적 치는 상아홀이 되어
역적의 머리 깨뜨렸도다
이 정기 천지에 충만하여
추상과 같이 만고에 존재하네
이 정기 해와 달을 관통할 제
살고 죽음 어찌 구구하게 따지리오
대지가 이에 의지해 우뚝 서고
천주가 이로 말미암아 드높나니
삼강三綱이 실로 이로서 명맥을 유지하고
도의가 이로 인해 뿌리내리노라
아아! 나라의 재난 만났어도
이 천한 몸 실로 무력하도다
초楚의 죄수처럼 관을 질끈 매고
수레에 실려 북방까지 끌려 왔네
가마솥에 삶여 죽은들 엿처럼 달게 받으련만
그러고 싶어도 할 수가 없네
음습한 감방 귀신불만 간간히
봄날의 동산 굳게 닫혀 칠흑 세상 되었구나
소와 천리마가 마굿간을 같이하고
닭과 봉황새 같이 깃들어 먹다가도
하루아침에 습기 가득한 풍습 병에

각기 도랑 속 시체로 변했도다
이렇게 두 해를 보냈거늘
모든 악기惡氣들 저절로 피해가네
아아 슬프도다! 이 음습한 곳
결국 나의 안식처가 되었는가
어찌 다른 기묘한 술책 있어
괴이한 기운도 날 해칠 수 없었겠는가?
다만 이 추상같은 정기 가슴에 간직할 뿐
고개 들어보니 흰 구름 더없이 깨끗하다
깊고도 깊도다 내 마음속의 비애감이여
저 푸른 하늘같이 어찌 그 끝이 있겠는가?
옛 철인들 날로 멀어지니
후세에 드리운 모범 내 가슴에 영원하리니
바람 부는 처마 밑 책 펼쳐 독서하니
옛 성현의 도리 얼굴 가득 비추네[4]

4 이종진 외, 앞의 책, 910~913쪽.

제 12 장

순국 전야, 죽을 준비 마치고

내가 한국 독립을 회복하고 동양평화를 유지하기 위하여, 3년 동안을 해외에서
풍찬노숙하다가 마침내 그 목적을 달성하지 못하고 이곳에서 죽노니, 우리들
2000만 형제자매는 각각 스스로 분발하여 학문을 힘쓰고 실업을 진흥하며 나의
끼친 뜻을 이어 자유독립을 회복하면 죽는 여한이 없겠노라
                                                                    － 안중근, 유언

집요한 회유와 완강한 배척

안중근은 이토를 처단하기로 결심했을 때 이미 생사를 초월한 심경이었다. 하얼빈 역두에서 도주하지 않고 붙잡힌 것이나 공소권을 포기한 데서도 드러난다. 그러나 여순감옥에 갇혀 재판을 받을 때 일본 측의 집요한 '유혹'이 있었다. 일본은 한국인이 메이지의 원훈 이토를 처단한 것에 크게 분개했고 자존심에 큰 상처를 입었다. 그래서 검사와 판사, 일본인 변호사들은 안중근에게 이토를 죽인 것은 오해에서 빚어진 일이라고 한마디만 하면 사형을 면할 수 있다고 설득했다. 그때마다 안중근은 단호하게 이를 물리치며 오히려 당당하게 '이토를 죽인 이유'를 설명하곤 했다.

이들의 '설득'이 먹혀들지 않자 조선통감부가 직접 나섰다. 오랫동안 한국에서 경찰업무에 종사하며 한국인과 한국 사정을 잘 아는 그리고 한국어에 능통한 민완 수사관 2명을 여순으로 파견한 것이다. 경부 사카이와 기지로가 그들이다.

이들은 '안중근 회유'라는 밀명을 받고 여순감옥에서 안중근을 만났다.

　이들은 여순감옥으로 안중근을 찾아가 공손하고 정중한 태도로 말을 걸었다.

　"공이 지닌 재주로 보면 전도가 무한한데 그냥 이대로 감옥에서 썩는다면, 혹은 여기서 생을 마감한다면 너무 원망스럽지 않겠소. 어째서 이번 사건을 저질렀는가는 묻지 않을 테니 오해를 해서 죄를 범했다고만 자복해주시오.

　그렇게 하면 우리 일본제국 정부는 공의 소망과 재주를 중히 여겨 반드시 특사해줄 것이오. 그러면 다시 세상에 나가 공업을 달성하게 될 것 아니겠소. 고집 세울 때가 아니오."

　안중근은 웃으면서 대답했다.

　"호생오사好生惡死(사는 것을 좋아하고 죽는 것을 싫어함)는 인간의 상식이지만 내가 억지로 살려고만 했다면 어찌 이번 일을 해낼 수 있었겠소. 하얼빈에서 이토를 포살하려고 작심했을 때 나는 이미 죽기를 각오한 바요. 이 감옥에 와서 오늘날까지 연명하고 있는 것도 사실은 내 생각 밖의 일이오. 나는 목숨 같은 것은 생각하고 있지 않으니 유혹하려 들지 마시오."

　그들은 낙담하여 도리 없이 발길을 돌리지 않을 수 없

었다. 그들은 다음날에도 안중근을 찾아왔다.

"세계의 신문들은 지금 모두 공의 행동이 무식에서 나온 무지막지한 것이었다고 심하게 꾸짖고 있소. 한국의 2000만 국민도 나라의 은인인 이토 공작을 살해한 사람은 일본의 적일 뿐 아니라 한국의 적이라고 난리요. '이토 같은 위대한 지도자를 어디서 또 찾을 수 있는가. 이제는 나라의 전도가 무망하게 되었다'고 공을 책망하고 있는 것이오. 안으로는 한국인, 밖으로는 외국인 모두가 공의 행동을 그처럼 비난하고 있소. 그런데 공은 왜 이처럼 그런 엄연한 현실을 인정치 않고 불복으로 일관하시오. 고집을 피운다고 천하의 공론을 이길 수 있다는 말이오?"

그들은 윽박지르기도 하고 타이르기도 했다. 안중근은 안색을 가다듬고 침착하게 대꾸했다.

"나의 행동은 의를 위함이지 절대로 사적 명예를 탐해서 나온 것이 아니오. 나는 의로 나라에 보답하고 의를 위해 내 생명을 기꺼이 바칠 것이오. 따라서 명예는 나와 하등 관계가 없소. 나는 몇 달 며칠 갇혀 있다 보니 밖의 여론을 듣지 못했고 신문도 보지 못했소. 그렇지만 우리 한국 동포들은 누구 하나 나를 책망하지 않을 것을 확신하오. 서방신문을 보지는 못했으나 그들이 나를 비방했다면 아마도 우리 동양을 자신들의 손아귀에 넣으려는 야욕 때문에 그랬을 것이오. 이토를 제멋대로 행동하게 놓아두면 결국 동양평화는 깨어지게 되고, 그리되면 동양침략에 절호의 기회가 되는 것이오. 이번 나의 이토 제거는 말하자면 그들에겐 동양침략의 기회상실을 의미하는 것이니 그들이 나에게 욕질했다고 해서 하등 관심 둘 바 아니오. 그렇지만 한국인도 서양사람들도 나를 욕한다는 공들의 말은 요언妖言이니 나는 믿지 않소."

그들은 이번엔 말을 둘러댔다.

"공이 한국의 태황제太皇帝로부터 금 4만 냥을 받고 이토 공작을 살해했다는 정보를 우리는 탐지하고 있소."

안중근의 얼굴엔 노기가 역력했다.

"공들은 음흉 교활하기 짝이 없소. 나를 모욕하다 못해 한국의 황제에까지 누를 끼치기로 작심했는가. 나는 이토 제거를 결심할 당시 생명을 포기한 사람인데, 죽은 다음에 금전이 무슨 소용이 있는가."[1]

---

1 나명순 · 조규석 외,《대한국인 안중근》, 세계일보, 1993, 153~155쪽.

총독부, 민완경찰 보내 회유

안중근에 대한 일제의 회유 공작이 얼마나 집요하게 전개되었는지 《대한매일신보》는 당시의 정황을 다음과 같이 보도했다.

안중근 씨 공판 전에 여순법원에서 일본인 가운데 한국어에 능통한 사람을 5일간이나 매일 안 씨에게 보내 좋은 낯으로 권유하되 "이토 살해는 그의 정책을 오해했기 때문이라고 공판정에서 한마디만 하면 무사히 방면되리라." 하매 안 씨가 정색하고 대답하되 "내가 이토를 살해함에 실로 3대 목적이 있거늘 어찌 정책을 오해하였다 하리오." 했고, 급기야 공판이 종결되어 사형을 선고하는 때에 안 씨는 태연히 웃으며 말하기를 "이보다 더 극심한 형벌은 없느냐"고 하였다더라.[2]

일제는 동학혁명을 주도하다 피체된 전봉준을 이용하기 위해 간교한 음모를 꾸몄다. 살려서 이용하고자 하는 속셈이었다. 극우 계열 천우협 관계자들이 하수인들이다. 다나카 지로田中待郞란 자가 일본 영사관의 동의 아래 죄인으로 가장하고 전봉준이 갇힌 감옥으로 들어갔다.

다나카는 전봉준에게 청일전쟁을 비롯하여 동양의 정세를 자세히 설명하고, 일본으로 탈출할 것을 권고했다. 전봉준이 살 길을 찾아 이에 동의했다면 생명을 건질 수도 있었을 것이다. 당시 서울은 이미 일본군이 장악하다시피하고 있어서 얼마든지 일본으로 탈출이 가능했던 정황이었다. 전봉준은 결코 흔들리지 않았다. 그리고 결연하게 죽음의 길을 선택하였다.[3]

그로부터 정확히 15년 뒤, 이번에는 안중근이 그와 유사한 선택의 기로에서 생명을 유혹받고 있었다. 전봉준은 말했었다. "구구한 생명을 위하여 활로를 구함은 내 본의가 아니다." 활로活路 — '사는 길'이 아니던가. 사는 길이 있음에도 불구하고 죽음을 택한 것은 혁명가만이 가는 길이다.

사마천이 죽음과 중형의 갈림길에서 "비사자난야非死者難也 처사지난處死者難", 가로되 "죽는다는 것은 어려운 일이 아니다. 죽음에 처하는 것이 어렵다"라며 감연히 사는 길을 택하고 결국 불후의 《사기》를 썼다. 사마천은 사가史家이지 혁명가는 아니었다.

■■■ 2 《대한매일신보》, 1910년 2월 26일자.
■■■ 3 김삼웅, 《녹두 전봉준 평전》, 시대의창, 2007, 482~484쪽.

그렇지만 전봉준과 안중근은 혁명가이고 의사이고 열사이다. 혁명가와 의열사는 생명보다 대의를 더 소중하게 여긴다. 교수대에 선 전봉준은 "나를 죽일진대, 종로 네거리에서 나의 목을 베어 오가는 사람에게 내 피를 뿌려주는 것이 옳거늘 어찌 컴컴한 적굴 속에서 암연히 죽이려 하느냐!"라고 호통을 치며 목을 내밀었다. 5년 뒤 안중근은 사형을 선고한 판사에게 태연히 웃으며 "이보다 더 극심한 형벌은 없느냐"라고 일갈하며 적도들을 조롱했다.

부끄럽기 그지없는 우리 근대 망국사에서 이런 절세의 영웅들이 있어서 민족사는 이어지고 역사의 맥은 유지되는 것 같다.

안중근이 인간 누구나 갖게 되는 본성인 생명을 저버리고 대의를 택한 데는 어머니의 영향이 적지 않았다는 것은 앞에서도 말했다. 어머니는 아들의 사형선고 소식을 듣고 수의壽衣를 만들면서 "우리 모자의 상면은 이승에서는 없기로 하자. 네가 혹시 늙은 어미보다 먼저 죽는 것이 불효하다고 생각한다면 이 어미를 욕되게 하는 것"이라는 뜻을 전했다. 어머니는 또 "살아서 나라와 민족의 욕이 될 때는 오히려 죽음을 택하라는 뜻을 아들에게 전함으로써 안중근의 마지막 결심에 흔들림이 없도록 권고했다."[4]

■■■ 4 장석홍, 《안중근의 생애와 구국운동》, 독립기념관, 1992, 137쪽.

어머니의 간곡한 말씀

안중근의 어머니의 이와 같은 내용을 중국의 《만주일일신문》은 다음과 같이 상세히 보도했다.

12일 아침 안중근의 제弟 정근과 공근 두 형제가 조심스럽게 검사국에 출두하고 13일에라도 형 안중근을 면회할 수 있도록 허가를 신청했다. 그 목적은 어머니의 말씀을 전하기 위해서라고 한다.

내용인즉 "앞으로 판결 선고가 사형이 되거든 당당하게 죽음을 택해서 가문의 명예를 더럽히지 말고 속히 하느님 앞으로 가라"는 것이었다.[5]

일본에서 발행되는 《동경조일신문東京朝日新聞》은 〈사형

5 《만주일일신문》, 1910년 2월 21일자.

선고 후의 안중근〉이란 기사에서 다음과 같이 썼다.

> 14일 형을 선고받은 안중근 등 4명 중 우寓, 조曺, 유劉
> 의 3명은 15일 공소 포기의 수속을 마침으로써 16일부터
> 형刑을 복역하게 된다.
> 안중근은 사형선고를 받은 후에도 모든 행동이 평상과
> 다름없을 뿐 아니라 식사나 수면도 줄지 않았다.
> 두 제弟와 종제從弟 안명근과 면회하고 어머니로부터
> 전언을 들었다. 형을 받은 마당에 가명家名을 더럽히는 일
> 이 없도록 하라고 하며, 공소 등 구명 행위는 단념하라는
> 충고여서 안중근도 예기치 않았던 내용이어서인지 잠시
> 침묵을 지켰다. 안중근은 십중팔구 공소하지 않을 것으로
> 보인다.
> 안중근은 프랑스 선교사 홍 신부에게 와달라는 전보를
> 쳤는데 안중근은 그에게 세례를 받았던 것이다.[6]

한편 서울의 《대한매일신보》는 〈놀라운 부인是母是子〉라
는 제목의 기사에서 안중근의 어머니의 모습을 다음과 같이
보도했다.

---

6 《동경조일신문》, 1910년 2월 17일자, 장석흥, 앞의 책, 재인용.

안중근 씨의 어머니가 변호를 위탁하기 위해 평양에 도착하여 안병찬 씨와 교섭할 때, 이곳 경찰서와 헌병대에서 순사와 헌병을 파견하여 수차 문초를 했는데 이 부인은 용모가 자약自若하고 이들의 질문에 대하여 물 흐르듯이 대답했다.

"이번에 중근이가 한 행동은 오래전부터 생각했던 일이다. 러시아와 일본이 전쟁을 시작한 이후 밤낮으로 말하고 행동하는 것이 오직 나라를 위해 몸을 바치는 사상에 있었으며 평상에 집에 있을 때도 매사가 올바른 생각뿐이고 조금도 사정私情을 두지 않았다. 따라서 집안사람들도 숙연해서 몇 해 전에 자주 독립하려면 일본에서 얻어온 차관부터 갚자고 하는 국채보상금 모집 때도 중근의 아내는 물론 제수들이 시집올 때 가져온 패물까지도 내놓게 하고 나라가 망하려고 하는데 무엇이 아깝겠느냐고 함에 며느리들이 기꺼이 이 말을 따라서 그 뜻을 어기지 않았다"고 하며 안중근 씨의 역사를 빠짐없이 설명하니 순사와 헌병들도 서로 바라보며 놀라고 말하기를 안중근이 한 일은 우리가 이미 놀라고 있지만 그 어머니의 사람됨도 한국에 드문 인물이라고 하였다더라.[7]

7 《대한매일신보》, 1910년 2월 30일자.

"이야! 나는 네가 경기 감사나 한 것보담 더 기쁘게 생각한다." 백범 김구가 일본 밀정 스치다를 죽이고 사형선고를 받고 서대문 감옥에 갇혔을 때 어머니 곽낙원이 면회를 와서 한 말이었다. 김구의 어머니나 안중근의 어머니를 보면 알 수 있듯이 김구와 안중근은 "그 어머니에 그 아들是母是子이다."

독립운동가 계봉우의 안중근 평가

    독립운동가 계봉우는 블라디보스토크에서 한인들이 내는 《권업신문》에 〈만고의사 안중근전〉을 썼다. 1914년 6월 28일과 갑인 6월 6일 제117호에 실렸다. 그는 "하늘에 계신 그의 영혼은 이렇듯 경배하고 사모하는 것으로 만족하지 아니하고 장래의 기천 기만 명의 안중근이 뒤를 따라서 일어나기를" 기대하는 심경으로 이 글을 썼다고 밝혔다.

    계봉우는 안중근을 '상무가尙武家 안중근' '대종교가 안중근' '대교육가 안중근' '대시가大詩家 안중근' '대여행가 안중근' '사군이충事君以忠의 안중근' '사친이효事親以孝의 안중근' '교우이신交友以信의 안중근' '임전무퇴臨戰無退의 안중근' 등 9가지로 평가했다. 그 이유를 간략히 들어보자.

    상무가 ─ 공의 가족들은 일찍 "사나이가 국사國事에 죽을지언정 어찌 여자의 손에서 죽으리오." 하던 쇠뇌 장군의 큰 뜻을 품었는지 전혀 알지 못하고 여러 가지 말로 전장에 나아가지 말라고 권고하나 공은 껄껄 웃고 곧 달려 나아가 죽기를 무릅쓰고 한 번 싸움에 원용일을 파하고 크게 승전하니 그때 공의 나이는 열여섯 살이라. 중악산 돌구멍에서 나라를 위하여 기도하던 김유신보다 한 살이 못하고 가림성에서 적국을 크게 파하고 소년 남자의 서슬을 자랑하던 국선國仙 사다함斯多솜보다 한 해가 더하더라. 이로부터 자원병이 되고자 하여 공에게 나온 자가 여러 백 명이 되고 또 황해도 방면에 나머지 동학당은 공의 위엄이 무서워 다 스스로 흩어지더라.

대종교가 — 하나님께서 가시밭길 가운데서 이스라엘 족속의 인도자 모세를 택하듯 다마식에서 외방사람의 구원자 보라를 부르듯, 공이 열일곱 살에 천주교에 들어가 신부 홍석구에게 영세를 받고 모든 가족과 더불어 계명誡命을 정성껏 지켜 진리를 자세히 연구하다가 및 보호조약(을사늑약—필자주)이 됨에 국권을 회복하기 위하여 몸을 희생에 바침은 평등주의니라.

대교육가 — 단군 4240년 4월 초사흗날에 평안남도 삼화三和 진남포에 이사하여 지금 세상에 내가 아니면 일할 자 누구냐 하는 뜻으로 그해 6월에 사립 돈의학교를 창설하고 또 시월 초아흐렛날에 본항本港 용정동에 사립 삼흥영어학교를 세우고 교사 세 분을 모셔오니 그 날로 입학한 사람이 쉰 명이 넘더라.

대시가 ─ 철천지 원수 되는 이등박문을 죽이려고 채가 구蔡家溝로 가던 전날 밤에 동지 우덕순으로 더불어 비분격렬하게 서로 화답하여 노래한 글을 들어보라. 어떻게 격분하며 어떻게 장쾌하며 어떻게 충직하던가. 그 글에 일렀으되 "장부가 세상에 처함이여 그 뜻이 크도다. 때가 영웅을 지음이여 영웅이 때를 지었도다. 천하를 응시함이여 언제나 사업을 이룰런고. 동풍이 점점 차옴이여 장사의 의열이로다. 분개코 한번 감이여 반드시 목적을 이루리로다. 어찌 이곳에 올 줄 알았으랴. 사세가 고연高燃함이로다. 쥐 같은 이등이여, 네 생명을 잃으리로다. 동포 동포여 속히 대업을 이룰지어다. 만세 만세여 대한독립 만세 만만세여 대한동포." 하였더라.

대여행가 ─ 하다 못하여 적수단권赤手單拳으로 싸움하다가 원수의 총에 죽을지언정 박랑사로 쳐부수다가 원수의 칼에 죽을지언정 나는 한 줌도 싸지 못한 얼 없는 죽음은 아니 하노라. 하고 그달 스무닷새날에 중국 여행을 떠났더라. 고동소리 한 번 뛰뛰 하자 발해를 건너 임진왜란에 원수를 함께 쳐 물리치던 명나라 옛 산천을 행할 때에 석상서石尙書 부인의 보은단을 받아 국가의 위태함을 평정하던 홍순언洪純彦을 생각하였으리라. 당 태종의 위인을 탐지하기 위하여 중원 천지를 두루 편답遍踏하던 천합소문泉蓋蘇文을 생각하였으리라. 산동반도의 인후지咽喉地가 되는 동주를 점령하고 자사刺使 위준을 쳐죽이던 발해장군 장분휘를 생각하였으리라. 절강성 동편쪽을 쳐서 백제의 영토를 만들던 근초고대왕을 생각하였으리라.

사군이충 — 여순감옥에서 "임금을 멀리에서 생각하니 바라는 눈이 뚫어지는도다. 한 조각 정성으로써 표하노니 나의 뜻을 등치지 마옵소서"라 하는 글을 기록하고 또 공판정에서 "임금이 욕을 보면 신하가 죽는 것은 당연한 일이니 죽어도 한이 없노라." 하였으니 이것은 임금을 사랑하는 충성이니라. 또 이 세상을 하직하는 형틀 위에서 대한독립만세와 동양평화만세를 세 번 불렀으니 이것은 대한국만 힘차게 사랑하는 충성뿐 아니고 동양 전체를 위하여 목숨을 버리고 고금에 없는 큰 충성을 드러내었나니라.

사친이효 — 닭이 장차 울고 동방으로 해가 올라오면 무정한 형을 위해서 세상을 하직할 그 전날에 두 아우를 향하여 유언하기를 "나는 부모의 자식이 되어 효도를 다 하지 못하였으므로 구천九天에 돌아가도 눈을 감지 못할지니 너희는 정성껏 어머니를 공경하라." 하였으니 이는 만국만민萬國萬民을 대신하여 십자가에서 피를 흘릴 제 그 어머니를 제자 요한에게 부탁하던 두 번째 예수시니라.

교우이신 — 우리 2000만 동포가 일심단체一心團体하여 생사를 불고한 연후에야 국권을 회복하고 생명을 보전할지라. 그러나 우리 동포는 다만 말로만 애국이니 일심단체니 하고 실지로 뜨거운 마음과 간절한 단체가 없으므로 특별히 한 회를 조직하니 그 이름은 동의단지회라. 우리 일반 회우會友가 손가락 하나씩 끊음은 비록 조그마한 일이나, 첫째는 국가를 위하여 몸을 바치는 빙거憑據요, 둘째는 일심단체는 표標라. 오늘날 우리가 더운 피로써 청천백일지하青天白日之下에 맹세하오니 자금위시自今爲始하여 아무쪼록 이전 허물을 고치고 일심단체하여 마음을 변치 말고 목적을 도달한 후에 태평동락을 만만세로 누리옵시다." 하였고 공이 회장이 되어 처음 회를 열고 회무를 처리하니 때는 단군

4242년 2월 초이렛날이더라.

임전무퇴 ― 7협약의 소식이 공의 귀에 들리자 곧 부모 처자를 이별하며 형제친척을 하직하고 천지가 아득한 가운데 참담한 행장을 수습하여 풍운아를 부르고자 하나 관북 의병장 이범윤은 우수리에 칩복蟄伏하였고, 기호 의병장 최익현은 대마도에서 원통한 귀신이 되었으니 장차 어디로 가야 목적을 달達할런가.

만일 녹록碌碌장부 같으면 한 번 패함에 다시 일어날 힘이 없겠지만 공은 하고자 하는 마음이 쉬지 아니하여 그해 10월에 수청水淸 등지에 다시 가서 의병을 모집함에 군수전軍需錢을 청구하다가 일이 여의치 못하매 그 이듬해 2월에 동의단지회를 결사하고 시세를 만들더니 마침 원수 이등박문이 만주 시찰로 온다는 소식을 듣고 의병참모중장의 자격으로 하얼빈 정거장에서 독립전쟁을 시작하여 적장 이등을 쏘아 죽이고 대승리를 얻었나니 그러므로 영산 싸움에 대패한 것은 시세요, 공의 마음은 아니라 하노라.

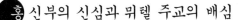# 홍 신부의 신심과 뮈텔 주교의 배심

안중근 의거가 일어나자 조선천주교는 신도의 애국투쟁 행위를 적대시했다. 특히 조선천주교를 이끌고 있던 뮈텔 주교는 안 의사를 거사 전부터 이미 잘 알고 있었음에도 불구하고 자신은 안중근을 알지 못한다 말하고 심지어 안중근이 신도가 아니라고 공언하기까지 했다. 그뿐 아니라 홍 신부의 여순행을 반대하고 명령불복종 등의 이유를 들어 그를 본국(프랑스)으로 쫓아보내는 등 성직자로서는 하기 어려운 짓을 서슴지 않았다.

뮈텔 주교는 11월 4일 서울 헌병본부에서 거행된 이토의 장례식에 선교사 3명과 함께 참여했다. 장례 행사가 일본의 신도神道의 예식이라 직접 참여하지는 않았으나 '조선천주교회'라고 쓴 조화를 식장에 진열케 했다.

1910년 2월 8일, 중국 봉천의 슐레Choulet 주교는 조선의 뮈텔 주교에게 서한을 보내 "홍 신부가 여순에서 안중근 의사에게 성사를 집전할 수 있는 권한을 허락했다"면서 홍 신부가 사형수에게 성사를 집행하러 여순으로 오는 문제에 대해 동의해줄 것을 요청했다. 일주일이 지난 2월 15일 뮈텔 주교는 드망즈 신부를 통해 "안중근에게 홍 신부를 파견하는 것은 불가능하다"고 답변했다. 다음날 여순감옥은 안중근과 홍 신부의 접견을 허락한다는 전보를 뮈텔에게 보냈다. 그러나 뮈텔은 홍 신부를 여순에 보낼 수 없다는 회답을 보냈다.

2월 21일 안중근의 사촌동생 안명근이 뮈텔을 찾아가 홍 신부를 안중근에게 파견해줄 것을 요청했지만 거부당했다. 홍 신부는 뮈텔의 허락을 받기가 불가능하다는 것을 알고, 3월 2일 여순으로 출발한다는 서한을 뮈텔에게 보냈다. 뮈텔은 홍 신부가 여순으로 가기 위해서는 먼저 안중근이 자신의 잘못을 사죄하는 정치적 입장을 밝혀야 한다고 주장했다. 그러나 홍 신부는 뮈텔의 이 같은 뜻을 따르지 않고 여순으로 출발했다.

여순에 도착한 홍 신부는 3월 8일 안중근을 만나고, 다음날 안중근은 홍 신부로부터 고백성사를 받았다. 그리고 3월 10일 홍 신부가 집접한 미사성제에 안중근과 감옥소 일반 관리들이 참례했다. 안중근은 이날 미사에 직접 복사服事하고 성체를 받아 모셨다. 홍 신부는 다음날 다시 감옥으로 안중근을 찾아가 위로하고 강복降福을 준 다음 여순을 떠나 한국으로 돌아왔다.

뮈텔 주교는 청계동으로 돌아온 홍 신부에게 명령불복종

과 정치적 문제에 관여했다는 이유로 2개월간 미사집전을 금하는 징계를 내렸다.

홍 신부는 뮈텔의 부당한 조처에 순응하지 않았다. 안중근에게 성사를 집행한 정당성을 구체적으로 밝히고, 자신이 소속된 파리외방전교회로 건너가 로마교황청 재판소에 가서 자기 행동의 정당성을 주장하는 항소를 제기했다. 교황청 포교성성S.C de la Propagande은 뒷날 홍 신부가 특수한 상황에서 행한 성무집행을 정당한 것으로 인정했지만, 홍 신부는 뮈텔과 그 세력의 미움을 받아 1914년 본국으로 쫓겨가고 말았다.

홍 신부는 뮈텔 주교에게 보낸 항의 서한에서 "마치 주교님께서는 일본의 재판보다 더 서두르시는 것 같습니다"라고 비판했다. 3월 27일 안중근 의사의 순국 소식을 들은 홍 신부는 안 의사가 사형 전에 10분간 무릎을 꿇고 기도한 뒤 "대한독립만세"를 외치다 사형당했다는 소식을 듣고 "고인의 성격에 잘 어울리는 소식이다"라고 말했다. 뮈텔 주교는 다음날 안 의사의 사형을 집행한 일본인들이 안 의사의 사체를 가족들에게 넘겨주지 않았다는 소식을 듣고 "그것은 매우 당연하다"고 논평했다. 홍 신부는 1911년 1월 11일 교구장에게 안중근 의사의 사촌 안명근이 신민회와 관련 독립운동에 적극 가담하고 있음을 뮈텔 주교에게 보고했다. 뮈텔은 악천후에도 불구하고 즉시 일본 헌병대를 찾아가 이 사실을 제보했다. 주교의 행동으로는 어울리지 않는 경망함이었다.

홍 신부가 자신의 행위의 정당성을 밝힌 내용의 보고서는 다음과 같다.

〈홍 신부의 보고서〉

저는 작년의 보고서에서는 주교님께서 제게 내리신 60일 간의 성무집행 정지 명령에 대하여 아무 말씀도 드리지 않았습니다. 주교님께서는 제가 어느 사형수에게 목자로서의 의무를 이행하러 갔다고 해서 제게 그런 벌을 내리셨습니다. 이제 와서 새삼스럽게 그 문제를 다시 거론하는 것은 제가 시간을 두고 생각해봄으로써만 얻을 수 있는 평정을 원했기 때문입니다.

저는 늘 주교님께 항의를 표시해왔지요. 그런데 저는 이 자리를 빌려 하느님과 사람들 앞에서 그 항의를 정식으로 다시 한 번 제기합니다. 한 사형수에게 성사를 거절하신 것에 대하여 그리고 저의 사랑의 행위가 저에게 가져다준 부당하기 짝이 없는 고통에 대해서 항의하는 것입니다.

주교님께서는 그 사형수에게 하신 잔혹하고 파렴치하며 교회법규에 반하는 그 엄청난 성사 거절에 관련해서 그 어떤 변명도 하실 필요가 없습니다. 그 불행한 사형수는 탄원을 했지요. 그러자 외교인 재판관은 주교님께 그를 위해 호의를 베풀어달라고 청하였습니다. 그는 바로 저를 초청했습니다. 그러나 그에 대해 교구가 그 어떤 희생도 치르게 하지는 않았습니다. 전제되어진 정책상의 신중함이라는 이유는 사실 무근입니다. 저의 여행이 그것을 충분히 입증해주었습니다. 제가 만난 일본인들은 누구나 그리고 그들 나라의 언론들도 저의 행동방식이 사제의 본분에 전적으로 부합되는 것이라며 이구동성으로 동의를 표했습니다. 그 죄인이 가톨릭 신자라는 것을 부정해보았자 아무 소용도 없는 일이었습니다.

성사 거부는 주교님 측의 부당하고도 교회법규에 어긋난 처사임이 명백했으므로 저로서는 그런 장애에 저지당하고 가만히 있어서는 안 될 의무가 있습니다. 따라서 그 사건으로 인하여 제가 처벌을 받는다는 것은 있어서는 안 될 일이었습니다. 1638년 12월 11일 포교성성에서 반포한 칙령에 따라 모든 선교사들에게는 사제가 없는 지역에서 일주일 동안 성직자로서의 직능을 수행할 수 있는 권한이 부여되었습니다. 그러므로 저에게는 절대적 불가항력으로 재판권의 모든 제약들을 무효화시키는 바로 그 죽음의 순간 말고도, 1910년 3월 7일부터 13일까지 일주일 동안 포르아르투르Pore-Orthur(여순)에서 성직자로서의 저의 모든 역량과 편의상의 이유들 그리고 그 훌륭한 규율을 정식으로 사용할 수 있는 권한이 있었습니다.

여순은 사제가 주재하고 있는 그 어느 곳에서도 적어도 600리는 됩니다. 다만 제게는 주교님께 허락을 청해야 할 의무가 있었는데 그 허락 역시 주교님께서 능히 내려주실 만한 것이었습니다. 그래도 주교님께서는 행정·관료적 관점에서 제게 금지령을 내리실 만한 근거가 남아 있었습니다. 그러나 주교님께서는 제게 금지령을 내리실 수도, 제가 여순에 가는 것을 막으실 수도 없었습니다. 이번 사건에서 주교님께서는 매우 소견머리 없는 조언자의 의견을 좇으신 것입니다. 그러나 그 금지 조치가 의도하는 바는 단 한 가지 제가 그 불행한 사형수에게 성사를 주지 못하게 하려는 것일 수밖에 없었지요. 따라서 저는 주교님께서 하신 것처럼 성사 거절 문제를 고려할 필요가 없었습니다.

저는 이 자리를 빌려 성사 거절과 제가 받은 고통에 대해서 공식적으로 항의를 제기하는 바입니다. 그뿐 아니라 주교님께서 사용하신 방법에 대해서도 항의를 제기합니다. 주교님께서는 제게 성무집행 정지령을 내리실 것이라는 것을 미리 통보해주시지도 않으셨고, 제게 그 어떤 해명도 요구해오시지 않았습니다. 다시 말씀드려서 홧김이라고 해도 좋을 만큼 갑작스레 성무집행 정지령을 내리신 것입니다. 그것은 정말 터무니없는 불행입니다. 3월 15일 주교님께서는 불과 10수Sou의 비용을 들여 우편으로 제가 저지른 죄값(죄명도 없는)에 해당하는 라틴어로 된 성무집행 정지령을 제게 보내셨습니다.

더구나 당사자 신부에 대한 한마디 위로의 말씀을 첨

가하시기는커녕 주교님께서는 저의 교우들 한가운데서 한창 성주간을 보내고 있는 저에게 그런 형벌을 느닷없이 내리셨습니다. 저의 그 불행한 속죄자의 처형이 집행되기도 전인데 말씀입니다. 그런 식으로 타격을 주지 않으면 안 된다고 믿으셨겠지만 마치 주교님께서는 일본의 재판보다 더 서두르시는 것 같습니다.[8]

▬ **8** 홍 신부의 1910~1911년 연말보고, 신성국 역저, 《의사 안중근》, 지평, 1999, 209~211쪽, 재인용.

●순국 전야, 여섯 통의 유서 동생들에게 전달

　안중근이 이토를 처단한 1909년과 순국한 1910년은 한국
의 운명(명운)과 관련되는 사건이 잇따랐다. 1909년 1월 15일
나철羅喆(1863~1916)이 조국의 비참한 운명을 내다보고 새로
운 출발을 예견이나 하는 듯이 단군을 신앙하는 대종교를 창
건했다. 나철은 을사늑약이 발표되자 을사오적 처단에 나선
인물이다. 그는 나라가 더욱 어려워지자 나라의 독립을 위해
서는 민족정신을 하나로 뭉치게 하는 종교가 필요하다고 믿
었다. 그리고 서일, 신규식 등과 함께 대종교를 창건했다. 대
종교는 독립운동단체가 되었다.

　2월 23일 조선통감부는 이른바 출판법을 공포해 출판물
을 사전 검열하고 배일 출판물을 압수했다. 7월 6일에는 일
본 각의에서 '조선합병 실행에 관한 건'을 의결해 본격적인
병탄에 나섰다. 일제는 물론 한국의 일부 학자 중에는 안중
근의 이토 처단이 일제의 한국병탄이 실행되는 빌미를 주었

다고 말하지만, 실제로 일제는 이미 7월 6일 비밀각의에서 조선병탄을 결정한 상태였다. 7월 12일 통감부는 기유각서를 통해 조선의 사법과 감옥 사무를 장악했다. 그리고 9월 초부터 10월까지 두 달 동안 이른바 '남한대토벌작전'이란 이름의 의병학살 작전을 전개하여 수많은 의병과 일반 주민들을 무차별 학살했다.

이해 9월 4일에는 청국과 안봉선 철도 부설권 교환을 조건으로 하는 간도협약을 체결해 한국 고대국가의 발상지이자 전통적으로 한국 영토인 간도 지역을 청국에 불법적으로 넘겨주었다. 이런 시점에 안중근 의거가 일어나 동양 천지에 큰 파장을 몰고온 것이다. 일제는 이해 11월 1일 창경궁을 동물원과 식물원으로 만들고 이름도 창경원으로 바꿨다. 남의 나라의 황궁을 동물원이나 식물원으로 만든 일은 일찍이 유례가 없는 만행이었다. 한국인들의 명예와 자존심을 짓밟으려는 의도적인 행위였다.

11월 26일에는 한성부민회에서 이토 추도회가 성대하게 열렸고, 12월 4일에는 일진회 무리들이 합방 요구 성명서를 발표하는 등 매국노들의 망동이 서울 장안을 누비고 다녔다. 12월 22일 이재명이 이완용을 습격했으나 상처만 입히고 죽이지는 못했다. 1910년 1월 29일에는 평안도 순천에서 민중 3000여 명이 경찰서, 군청, 일본인 점포를 습격하는 대대적인 항쟁이 일어났다.

1910년, 2000만 조선인과 삼천리강토와 4000년 역사는 일제의 폭압에 점점 무너져가고 있었다. 대장부 안중근이 불공대천不共戴天의 원수 이토를 처단했으나 무너져가는 나라를 구하지는 못했다. 그동안 조선이란 나라는 너무 낡고 썩고 나약해져 있었다.

일제의 지침에 따라 재판장 마나베는 "피고가 이토 공을 살해한 행위는 그 결의가 개인적인 원한에서 나온 것이 아니라고 하더라도, 치밀한 계획 끝에 감행한 것이므로 살인죄에 대한 극형을 과하는 것이 지당하다고 믿고, 피고 안중근을 사형에 처한다"라고 선고했다. 그리고 안중근이 항소를 포기하자 사형집행일이 3월 26일로 결정되었다.

안중근은 25일에 형을 집행해줄 것을 감옥 당국에 요청했다. 천주교 신자로서 예수님의 수난일에 형을 받고 주님 곁에서 영원한 안식을 취하고 싶어서였다. 하지만 일제는 이것마저 들어주지 않았다. 그래서 정해진 날이 3월 26일이었다. 26일은 달月은 달라도 이토가 죽은 날이었다. 일제가 이날을 택한 것은 이토를 죽인 것에 대한 보복 심리에서였을지도 모른다.

안중근은 집행 전야인 3월 25일에 그동안 미루어졌던 두 동생을 만났다. 입회한 미조부치가 "오늘은 최후가 될 터이니 서로 손을 잡아도 좋다"며 생색을 냈다. 삼형제는 그동안 철창 너머로 얼굴만 바라보다가 손을 내밀어 마주 잡고자 했다. 그러나 안중근은 침착하고 경건한 자세로 먼저 무릎을 꿇었다. "천주여, 들어주시고 나를 불쌍히 여기소서. 이 몸을 돕는 분이신 주여, 이 우리의 슬픈 울음을 춤으로 바꾸소서. 내 천주여, 영원히 당신을 찬미하오리다. 아멘."[9]

기도를 마친 안중근은 두 동생과 손을 마주잡았다. 혈육의 뜨거운 정이 전류처럼 삼형제에게 동시에 흘렀다. 안중근은 전날부터 쓴 6통의 편지를 동생들에게 전해주었다. 그리고 아내 김아려가 긴 밤들을 지새우며 지은 조선의 한복 바지와 저고리를 전달받았다. 안중근의 이 수의는 어머니가 지었다는 설도 있다. 누가 지었으면 어떠랴.

이날 안중근이 동생들을 통해 전달한 편지는 어니에게 쓴 〈모주전상서 母主前上書〉, 두 동생에게 주는 〈정근·공근에 여하는 서 형서 定根·恭根에 與하는 書 兄書〉, 사촌동생 명근에게 주는 〈명근 현제에게 기하는 서 明根 賢弟에게 奇하는 書〉, 뮈텔 주교에게 주는 〈민 주교전 상서 죄인 안다묵 배 閔主教前 上書 罪人 安多默 拜〉, 홍 신부에게 주는 〈홍 신부 전상서 죄인 안〉, 숙부에게 주는 〈첨위 숙부전에 답하는 서질 다묵 배 僉位 叔父 前 書姪 多默 拜〉 등이었다. 유서나 다름없는 편지를 보내 이승과 하직하고 자신의 뜻을 남긴 것이다(표기의 일자는 음력이다).

9 박노연,《안중근과 평화》, 을지출판공사, 2000, 301쪽.

'유서'들을 차례로 살펴보자. 또 전날 안병찬 변호사를 통해
남긴 〈동포에게 고함〉도 함께 싣는다.

〈정근 · 공근에게 보내는 글〉

형이 씀

동봉하는 편지 여섯 통은 각기 보낼 곳에 전하여라.
훗날 영원한 복지에서 다시 기쁘게 만나기를 기대하며
이제 마지막 말을 남길 뿐이다.

〈어머님 전상서〉

아들 도마 올림

예수를 찬미합니다.
불초한 자식은 감히 한 말씀을 어머님께 올리려 합니다.
엎드려 바라옵건대 자식의 막심한 불효와,
아침저녁 문안 인사 못 드림을 용서하여 주시옵소서.
이 이슬과도 같은 허무한 세상에서
감정에 이기지 못하시고
이 불초자를 너무나 생각해주시니

훗날 영원의 천당에서 만나 뵈올 것을 바라오며,
또 기도하옵니다.
이 현세의 일이야말로 모두 주님의 명령에 달려 있으니
마음을 평안히 하옵기를 천만번 바라올 뿐입니다.
분도는 장차 신부가 되게 하여 주기를 희망하오며,
후일에도 잊지 마옵시고 천주께 바치도록 키워주십시오.
이상이 대요이며, 그밖에도 드릴 말씀은 허다하오나
후일 천당에서 기쁘게 만나 뵈온 뒤
누누이 말씀드리겠습니다.
위아래 여러분께 문안도 드리지 못하오니,
반드시 꼭 주교님을 전심으로 신앙하시어
후일 천당에서 기쁘게 만나 뵈옵겠다고
전해주시기 바라옵니다.
이 세상의 여러 가지 일은 정근과 공근에게 들어주시
옵고, 배려를 거두시고, 마음 편안히 지내시옵소서.

〈분도 어머니에게 부치는 글〉

장부 안도마 드림

예수를 찬미하오.
우리들은 이 이슬과도 같은 허무한 세상에서
천주의 안배로 배필이 되고 다시 주님의 명으로
이제 헤어지게 되었으나, 또 멀지 않아 주님의 은혜로
천당 영복의 땅에서 영원에 모이려 하오.
반드시 감정에 괴로워함이 없이 주님의 안배만을 믿고
신앙을 열심히 하고 어머님에게 효도를 다하고
두 동생과 화목하여 자식의 교육에 힘쓰며
세상에 처하여
심신을 평안히 하고 후세 영원의 즐거움을 바랄 뿐이오.
장남 분도를 신부가 되게 하려고
나는 마음을 결정하고 믿고 있으니
그리 알고 반드시 잊지 말고 특히 천주께 바치어
후세에 신부가 되게 하시오.
많고 많은 말은 후일 천당에서 기쁘고 즐겁게 만나보고
상세히 이야기할 기회가 있을 것을 믿고 또 바랄 뿐이오.

1910년 경술 2월 14일

〈홍 신부 전상서〉

죄인 안도마 올림

예수를 찬미하옵니다.
자애로우신 신부님이시여.
저에게 처음으로 세례를 주시고
또 최후의 그러한 장소에 수많은 노고를 불구하고
특히 와주시어 친히 모든 성사를 베풀어주신
그 은혜야말로 어찌 다 사례를 할 수 있겠습니까.
감히 다시 바라옵건대
죄인을 잊지 마시고 주님 앞에 기도를 바쳐 주시옵고,
또 죄인이 욕되게 하는
여러 신부님과 여러 교우들에게 문안드려주시어
모쪼록 우리가 속히 천당 영복의 땅에서
흔연히 만날 기회를 기다린다는 뜻을 전해주시옵소서.
그리고 주교께도 상서하였사오니
그리 아시기를 바랍니다. 끝으로 자애로우신 신부님이
저를 잊지 마시기를 바라오며,
저 또한 결코 잊지 않겠습니다.

1910년 경술 2월 15일

〈명근 아우에게 보내는 글〉

도마 보냄

예수를 찬미한다.

홀연히 왔다가 홀연히 떠나니 꿈속의 꿈이라 할까.

다시 깊은 꿈속의 날을 끝내고 영원히 복된 땅에서

기쁘게 만나고, 더불어 영원히 태평한 안락을 받을 것을

바랄 뿐이다.

〈민 주교 전상서〉

죄인 안도마 올림

예수를 찬미합니다.

인자하신 주교께옵서는 죄인을 불쌍히 여기시고

그 죄를 용서해 주시옵소서.

그리고 죄인의 일에 관해서는

주교께 허다한 배려를 번거롭게 하여

황공하기 이를 데 없습니다.

우리 주 예수의 은혜를 입고 고백, 영성체의 비적 등

모든 성사를 받은 결과

심신이 모두 평안함을 얻었습니다.
성모의 홍은, 주교의 은혜는 감사할 말씀이 없사오며,
감히 다시 바라옵건대 죄인을 불쌍히 여기시어
주님 앞에 기도를 바쳐 속히 승천의 은혜를
얻게 하시옵기를 간절히 비옵니다.
동시에 주교님과 여러 신부님께옵서는
다같이 일체가 되어
천주교를 위해 진력하시어 그 덕화가 날로 융성하여
머지않아 우리 한국의 허다한 외국인과 기독교인들이
일제히 천주교로 귀의하여 우리 주 예수의
자애로우신 아들이 되게 할 것을 믿고
또 축원할 따름입니다.

1910년 경술 2월 15일

〈작은 아버님 전에 답하는 글〉

조카 도마 올림

아멘!
보내주신 글을 받아보고 기쁘기 끝이 없었습니다.
불초 조카의 신상에 대해서는 너무 상심하지 마옵소서.

이 이슬과도 같은 세상에서 화와 복을 불문하고
무슨 일이나 모두 주님의 뜻이오라
사람의 힘으로는 어떻게 할 수 없는 바이므로
다만 성모의 바다와 같은 은혜만을
믿고 또 축원하면서 기도할 뿐입니다.
가만히 생각건대
이번 은혜로 모든 성사를 받을 수 있었음은
구주 예수와 성모 마리아께서 저를 버리지 않으시고
그 분의 품 속으로 구해 올려주셨음이라고 믿으며
자연 심신의 평안을 느꼈습니다.
숙부님을 비롯하여 일가 친척께서는
어느 분이시고 마음 쓰지 마시고
성모의 은혜에 대해 저를 대신하여
사례해주시기를 기도하는 동시에, 바라옵건대 가내가
서로 일생을 화목하게 평안히 지내시기를 바라옵니다.
큰아버지께옵서는 아직 입교하지 않으셨다는 것을 듣고
참으로 유감된 마음을 견디기 어려운 바,
그러한 마음씨로는
성모의 가르침이 있는 것을 알지 못하신 것일까요.
마음과 몸을 다하여 속히 귀화하시기를 권유하여
마지않습니다. 이것이 제가 이 세상을 떠남에 있어
일생의 권고임을 전해주시기를 바랍니다.

여러 교우에게는 일일이 서신을 내지 못하오니

그 분들에게

다음의 취지로 문안을 전해 주시기 바라는 바,

반드시 여러 교우가

다 신앙하고 열심히 전에 종사하시어

우리나라를 천주교의 나라가 되도록

권면 진력하시기를 기도하는 동시에,

머지않아 우리들의 고향인 영복의 천당,

우리 주 예수의 앞에서 기쁘게 만날 것을 바라오니

여러 교우께서도 저를 대신하여 주께 감사 기도하시기를

천만번 엎드려 바라마지 않습니다.

시간이 부족하여 이만 마치옵니다.

1910년 경술 2월 15일 오후 4시 30분

〈동포에게 고함〉

내가 한국 독립을 회복하고

동양 평화를 유지하기 위하여

3년 동안을 해외에서 풍찬노숙하다가,

마침내 그 목적을 달성하지 못하고 이곳에서 죽는다.

429

우리들 2000만 형제 자매는 각각 스스로 분발하여
학문에 힘쓰고,
실업을 진흥하며, 나의 끼친 뜻을 이어
자유 독립을 회복한다면
죽는 자로서 유한이 없을 것이다.
(이것은 면회 온 안병찬 변호사를 통하여 동포에게 전한 것이다.)

제 13 장
순국, 죽어 천년을 가오리다

내가 죽은 뒤에 나의 뼈를 하얼빈공원 곁에 묻어두었다가 우리 국권이 회복되거
든 고국으로 반장해다오. 나는 천국에 가서도 또한 마땅히 우리나라의 회복을 위
해 힘쓸 것이다.
                                                              - 안중근, 유언

순국의 날 온종일 비 내리고

1910년 경술년 3월 26일 새날이 밝아오고 있었다. 이날 여순 지방에는 새벽부터 추적추적 비가 내렸다. 유교철학에는 하늘과 사람은 합일체라는 '천인합일설天人合一說'이 전한다. 또 '천인감응설天人感應說'도 있다. 하늘과 사람, 사람과 하늘이 합일이고 서로 감응한다는 학설이다. 최제우는 여기서 인내천人乃天 사상을 도출했다. 한대의 학자 동중서董仲舒는 "하늘은 인간과 같은 희로애락이 있다"고도 주장했다.

15년 전 전봉준이 처형되던 날에도 하루 종일 비가 내렸다. 조선의 마지막 두 영웅을 보내는 날 하늘도 두 장부의 뜻에 감응하여 비를 내렸을까. 이날 안중근은 평상시와 다름없이 새벽을 맞았다. 봄이라고는 하지만 아직도 싸늘한 감방에서 속절없이 내리는 봄비를 바라보며 아내가 섬섬옥수로 지어 보낸 한복으로 갈아입고 단정히 앉아 마지막으로 시 한 수를 짓고 싶어 붓을 들었다.

장부가 비록 죽을지라도 마음은 쇠와 같고

丈夫雖死心如鐵

의사는 위태로움에 처할지라도 기운이 구름과 같다

義士臨危氣似雲

조선시대 빼어난 반골선비 임제林悌(1549~1587)가 있었다.
선조 때 동서인이 갈려 싸우는 꼴을 보고 개탄하여 벼슬을 버
리고 명산대천을 찾아다니다 비분강개 속에 일찍 세상을 떠
났다. 임제의《백호집白湖集》에는 이런 시가 실려 있다.

북천北天이 맑다커늘 우장雨裝 없이 길을 나니
산에는 눈이 오고 들에는 찬비로다
오늘은 찬비 맞았으니 얼어 잘까 하노라

비 내리는 여순의 하늘을 무념히 바라보며 시 한 수를 짓
고 나니 간수 지바가 나타났고, 그에게 휘호 한 폭을 써주고
일어섰다.

북한 작가의 최후의 날 스케치

안중근이 순국한 3월 26일 아침의 상황을 북한의 작가는
팩트와 픽션을 잘 버무려 한 편의 서사로 만들었다.

　서른 두 살.
　안중근의 생애에서 마지막으로 맞는 이른 새벽이다.
　그는 안해 아려가 보낸 흰옷을 무릎 앞에 당겨 놓았다.
수륙수백 리를 거쳐 와 닿았을 옷이었다.
　세상에 태어나 처음으로 입은 옷도 어머님이 지어준
흰 애기 옷이었다. 세상에서 마지막으로 입고 떠날 옷도
안해가 지어 보낸 이 흰옷이다. 어머님은 제 손으로 애기
옷을 행복에 겨워 입혔으련만 안해는 그런 '권리' 마저 빼
앗겼다. 하아 어이하랴……
　이제 이 옷을 입고 형장으로 나가면 생은 끝나는 것이다.
　그는 투박한 손으로 흰옷을 어루만져보았다. 안해의

정이 가슴에 파고들었다. 그는 저도 모르게 시 한 수를 읊었다. 옥에서 지어본 시였다.

  님 생각 천 리 길에 바라보는 눈이 뚫어질 듯 하오이다
  행여 이 정을 저버리지 마소서

한 뜸 두 뜸 눈물을 머금고 시침을 마쳤을 바늘자리마다에 안해의 수심 어린 둥근 얼굴이 우렷이 떠오른다.

눈물과 한숨보다도 피맺힌 원한이 습배여 있을 흰옷이 그의 마음을 한없이 괴롭혔다. 애오라지 침략의 원흉 이등박문을 쏘아 죽이면 도탄에 빠진 나라를 구원할 수 있고 모진 생활의 풍파를 묵묵히 헤쳐온 마음씨 고운 안해와 엄한 가풍 속에서도 가끔 옷자락에 매달려 떨어지기 아쉬워하던 어린 자식들을 한 품에 안아 즐겁게 살 수 있으리라던 한 가닥 기대가 이다지도 허무하게 사그러지다니!

그는 안해가 흰옷 갈피 속에 넣어 보낸 가족사진을 젖어 오는 눈길로 하염없이 내려다보았다. 사진 속에서 안아본 적 없는 애기가 빤히 쳐다본다. 집 떠난 다음에 낳았다는 준생이다.

"아, 혈육의 정 가슴을 어여 내건만 내 그네들에게 무엇을 안겨주고 이 차디찬 옥에서 마지막 새벽을 맞고 보내야 하느뇨."

그는 쓰린 가슴을 부여안고 비록 짧은 한생이었으나 뜻을 알아주고 리해해주고 뒷받침해준 그런 안해를 되새겨보고 있었다.

밖에서는 여전히 함박눈이 내리고 있었다.

그는 또다시 흰옷을 엇쓸었다.

말은 없었으나 늘 자기의 속마음을 리해해주던 안해가 아니였던가!

내 그런 안해. 눈만 감으면 삼삼히 떠오르는 그런 안해 앞에 가져다준 것이 무엇이냐?[1]

━━ 1 림종상, 《안중근 이등박문을 쏘다》, 522~523쪽.

류동선의 최후의 날 증언

안중근의 사형집행 날에 대한 다른 기록도 있다. 의거 때 함께 구속되었던 유동하의 여동생 유동선(류동선)의 구술이다.

3월 26일 사형 날짜가 닥쳐왔다. 아침 8, 9시경, 사형장은 인산인해를 이루었다. 밖의 동포와 중국 사람들은 비분의 눈물을 머금고 일본 제국주의자들에 대한 증오심으로 가슴을 들먹이고 있었다.

교수대의 밧줄이 바람결에 흐느적이고 있었다.

검찰관 미조부치가 사형 정각 3분을 앞두고 안중근 곁으로 다가오며 공포어린 낯빛으로 말을 더듬거렸다.

"마지막 할 말은 없는가?"

안중근은 숭엄하게 머리를 쳐들고 광장의 사람들을 휘둘러보며 …… (공란-필자) 밝은 어조로 말문을 열었다.

"당신들이 동의한다면 나와 함께 이 자리에서 동양평

화만세를 부를 것을 요구하오."

그 말에 미조부치와 사형 집행수들은 흠칫 놀라며

"그건 절대로 그렇게 할 수 없소."

하고 당황한 기색을 감추지 못 하였다.

"그럼 다른 한 가지 부탁이 있소. 류동하만은 아무런 죄가 없으니 곧 석방해줄 것을 요구하오."

이때 집행석에서 손종을 절렁대며 …… (공란—필자) 종소리가 들리자 안중근은 격정된 목소리로 "조선독립만세!"를 외치는데 미조부치가 사형집행을 명령하자 사형리들이 올가미를 안중근의 목에 걸고 당겨 올렸다.

안중근의 목이 허공에 말려 올라가 몇 분간의 시간이 지나 질식 상태에서 혼미가 되었을 때 사형리들은 밧줄을 늦추어 안중근을 서서히 땅에 내려놓아 숨이 돌아서게 했다. 악독한 사형리들은 이것을 반복하더니 세 번째 만에 밧줄을 당겨 안중근 의사를 교살했다.[2]

---

2 류동선 구술, 김파 정리, 〈민족해방사화—안중근과 그의 동료들 7—오빠 류동하에 대한 회상〉, 《송화강》, 1985, 신성국, 《의사 안중근》, 215~216쪽, 재인용.

한국 연구가의 최후의 날 기록

또 다른 기록이 있다. 평생을 안중근 연구에 바친 이의 글이다.

26일이 되는 날 아침이었다. 형무소장이 직접 안중근 의사를 데리러 왔다. 감방을 나와 사형장으로 갔다.

"금년 2월 14일 언도한 판결에 항소가 없어 사형이 확정되었으니 명령에 의해 사형을 집행한다."

하는 선고가 있었다. 그러고는

"남기고 싶은 말이 있으면 지금 말하라."

고 하였다. 그러나 안중근 의사는

"아무것도 남길 말이 없다. 다만 내가 한 일은 동양평화를 위해서였다. 한일 양국이 협력하여 평화를 이루어지기를 바랄 뿐이다. 그것을 위해 기도를 올리고 싶다"고 하고, 숨소리도 들리지 않는 조용한 속에서 기도를 올렸다.

안중근 의사는 다 같이 동양평화만세를 부르고 싶었지만 죄수와 간수가 함께 부를 수 없기 때문에 그 뜻은 이루어지지 못했다.

간수가 두 장의 종이로 안중근 의사의 눈을 가린 뒤 흰 보를 씌워 앞을 못 보게 했다. 이윽고 7개의 계단을 걸어 올라간 뒤 교수대에서 숨을 거두었다.

교수형에 처해졌지만 형무소장 구리하라는 안중근 의사에게 최고의 예우를 했다. 안중근 의사를 모실 관은 일부러 밖에서 구해 와서 한국식으로 만들었다.

그리고 안중근 의사가 순국한 뒤 시신을 교회당에 모시고 우덕순, 조도선, 유동하에게 한국식으로 절을 하도록 기회를 주었다. 그리고 신부는 없지만 스님을 불러 정성껏 염불을 올리고 형무소 공동묘지에 정중히 묻었다.

그러고는 집에 가서 중얼거렸다.

"아까운 사람을 죽였어."[3]

안중근은 항소를 포기하고 형 집행 날로 3월 25일을 원했다. 이 날이 예수 그리스도가 십자가에 못박힌 날이기 때문이었다. 그러나 조선총독부는 당일이 바로 순종의 생신인 건원

---

3 최서면, 《새로 쓴 안중근 의사》, 181~182쪽. 그러나 신운룡은 사실과 차이가 있다고 말한다.

절이었으므로 다음날인 26일에 형을 집행하기를 요청해 받아들여졌다. 비록 아무 실권이 없는 망국전야의 임금이었지만 대한제국 황제의 생일에 안중근을 처형하기에는 민심이 두려웠던 것이다.

●통역 소노키의 '처형전후' 공식 보고서

안중근 연구가 최서면은 최근(2008년 3월) 일본 외교사료관
의 공식문서에서 안중근이 10.26의거로 피체되어 사형집행되
기까지 통역을 맡았던 소노키 스에요시가 작성해 일본 외무
성과 조선통감부에 보냈던 공식 보고서를 찾아내 공개했다.

앞에서 이미 기술한 내용과 다소 중복되지만, 일제의 '공
식 보고서'라는 점에서 재록한다.

〈사형 선고받다〉

1910년 2월 14일 오전 10시 30분 여순 관동도독부 지방
법원에서 사형을 선고받았다. 2월 7일부터 14일에 이르기
까지 불과 일주일 동안 여섯 번의 공판 끝에 안 의사에게
는 사형이, 공범인 우덕순에게는 징역 3년, 유동하, 조동
선은 각각 1년 3개월의 형이 내려졌다. 안 의사는 사형이
선고된 뒤 일본 당국의 특별 허가를 얻어 프랑스인 서울주

교 구스타프 뮈텔에게 보낸 전보에서 신부를 보내달라고
부탁했다.

〈사형집행일로 3월 25일 희망〉

2월 17일 히라이시 고등법원장을 면회해 사형선고 판
결 등 재판 과정에서 나라의 독립을 위한 의병장으로서 한
행동을 살인범으로 몰아 심리한 데 대해 이의를 제기했다.
안 의사는 "이토 히로부미가 살아 있으면 동양의 평화를
해할 뿐이다. 동양의 한 사람인 내가 이런 나쁜 자를 제거
하는 것은 당연한 의무라고 생각한다"고 말했다. 그는 또
세례를 준 홍석구(프랑스 이름 조셉 빌렘) 신부가 곧 이곳에
오는데 천주교 신도로서 기념스러운 3월 25일(예수가 십자
가에 못박힌 날)에 처형해주길 바란다는 뜻을 전했다.

〈3년 만의 만남〉

3월 7일 여러 곡절 끝에 홍 신부가 도착했다. 그는 재판
부가 안 의사의 고해성사를 허락한 데 대해 사의를 표명했
다. 그는 그러나 고해성사가 신부와 신자 사이에만 이뤄지
는 비밀행사이며 이 때문에 모든 일이 당국의 입회 아래
이뤄져야 한다는 형무소법과 충돌하는 문제를 상의했다
(최서면 국제연구원 원장은 입회는 하되 멀리서 고해성사는 듣지
않는 것으로 절충했다고 설명했다). 8일 오후 2시 홍 신부는 두

동생과 함께 법원 당국의 양해 하에 형무소를 찾아 3년 만에 안 의사를 다시 만났다. 홍 신부는 죽음을 앞둔 신자로서 해야 할 바를 알려주고 다음날 고해성사를 하기로 하고 돌아갔다. 홍 신부는 위로의 인사를 하고 서서히 자기가 온 이유에 대해서 설명하면서 "내가 이 만주 여순에 오기까지는 많은 비판과 장애가 많았다. 네가 아는 대로 너와 나는 사제관계에 있어서, 또 이번 거사는 내가 시킨 것처럼 어떤 신문에 와전됐기 때문에 적지 않은 의심을 받아 이번에 오는 것도 어떤 정치적 의미가 있는 것처럼 일반에게 전달되어 비상한 어려움을 겪었다"고 말했다. 홍 신부는 이어 "몇 번이고 여기 오는 것을 주저했으나 너와 두 동생의 간절한 부탁으로 나는 여순법원의 특별 면회허가가 났다는 전보를 받고 여러 차례 반복해 고려한 끝에 원래 선교사로서 처음부터 끝까지 천명을 받들 나는 국가나 정치에는 전혀 관계가 없고 공명정대한 것만을 생각하여 아무것도 두려울 것이 없다는 걸 느끼고 만난을 제치고 여기 오겠다고 결심했다"고 했다.

그는 "오늘 면회의 목적은 세 가지가 있는데 나는 내 아들인 신앙의 아들을 사랑하기 때문에 네가 죽을 때까지 사랑하고 목숨을 잃을 때까지 기도해야 한다. 그것이 하나다. 둘째, 나는 이번 너의 거행이 살인이라는 것이 옳지 않다는 것을 가르쳐야 한다. 셋째, 너의 고국의 동포와 교우들은 너의 이 큰 죄로 도저히 생명을 유지할 수 없다고 생각하며 어느 나라 국법에도 반드시 사형에 처해질 것이라고 하며, 네가 깨끗이 죽음에 임하는 것이 그 죄를 씻는다는 걸 원하고 있기 때문에 너의 모친과 교우의 위촉을 받아 네가 죽기 전에 일순간이라도 좋은 교우로서 죽기를 바란다"고 덧붙였다.

홍 신부는 "3년 전 일시 흥분에 쏠려 국가를 위해서 싸워야 한다고 하고 블라디보스토크에 가려고 할 적에 너의 성격을 알기 때문에 오늘이 올 것을 알고서 가지 말 것을 타일렀다"고 말했다. 또 보고서의 내용을 보면 "감옥장의 후의에 의하여 신부에게 차와 담배를 제공하고 안중근에게도 담배를 주니 홍 신부가 대죄인한테 이런 대우를 한다고 고맙다고 했다. 또 안중근이 형무소에 온 이래 법원과 감옥소의 취급은 매우 관대하여 파격적인 걸 미처 생각지도 못한 바 특별한 급여를 하고 매일 두 번 흡연실에서 차, 과자, 담배를 제공받았다고 하니, 홍 신부는 새삼스럽게 놀라며 평소 일본의 문명이 들은 바 이렇구나 하고 감사의 뜻을 표했다. 교우들도 이 관대함에 눈물을 흘릴 것이라고 하였다"고 돼 있다. 홍 신부는 "당국의 허가를 얻었으니 고해성사를 올려 하루속히 죄의 사함을 청하면 하느님은 반드시 네 큰 죄를 용서할 것"이라고 말하고 안 의사에게 기도를 하고 떠났다. 보고서에는 면회 중

홍 신부는 마치 어머니가 아들을 껴안는 것 같은 태도로 안 의사를 대하고 안 의사는 시종일관 어디까지나 경모하는 기분으로 홍 신부의 이야기를 들었다고 적혀 있다.

〈고해성사와 미사〉

3월 9일 오후 2시 안 의사는 홍 신부에게 고해성사를 했다. 고해성사는 백지 20장에 걸쳐서 적은 내용을 읽어가며 20분간 진행됐다. 홍 신부는 아주 작은 목소리로 하느님의 말씀을 전하는 것 같았고, 안 의사도 신부의 귀에 입을 대고 고해성사를 했다. 너무 목소리가 작아 신부 외에는 누구도 들을 수 없었다. 홍 신부는 그렇게 진지하고 생생 있게 말하는 것은 참으로 안 의사의 신앙을 보여주는 것 같은 느낌을 받았다고 밝혔다. 일본 관리들이 고해성사의 내용이 무엇이었는지 물었으나 홍 신부는 일체의 내용을 밝히길 거부했다.

홍 신부는 "안 의사의 사형집행이 25일이라고 하는데 혹은 27일이라는 설도 있어 분명치 않으나 25일은 예수가 십자가에 못박힌 날이므로 만일 그날 저녁 6시에 형이 집행된다면, 천주교 신자가 죽는 데 있어서 이처럼 좋은 날은 없겠지만 27일은 예수가 부활한 날이어서 모든 신자들이 가장 중요한 날로 부활절에 사형당하는 일은 없으므로 만일 27일 사형이 집행된다면 고의로 나쁜 날을 택한 것이 되어 세계 여론을 두려워하여 이날을 피하지 않을 수 없을 것"이라고 했다. 3월 10일 형무소 교회당에서 홍 신부에 의한 미사집전이 있었다. 미사에 참여한 신자는 안 의사뿐이었다. 그러나 당시 신문들은 교회당 안에는 지켜보는 사람들로 가득찼으며, 천주교 신자가 아닌 참가자들도 미사집행의 엄숙함에 감동을 받았다고 기록하고 있다.

동생들의 뜻밖의 면회

3월 25일로 예정됐던 사형집행일은 순종의 생신인 건원절이었다. 국제적으로 크리스마스와 정월 초하루, 국왕 탄신일에 사형을 집행하는 일이 없었다. 또 한국에서 의병투쟁이 심하게 전개되고 있어 통감부는 대한황제의 생일에 사형을 집행하는 것은 국제·국내적으로 곤란한 일이 야기되므로 피해달라고 건의했다. 이에 따라 사형집행은 25일에서 26일로 연기됐다. 이런 사실을 모르는 안중근은 25일 간수가 문을 열자 사형집행인 줄 알고 나왔는데 뜻밖에도 동생 둘이 면회를 와 있었다. 25일 오후 12시 40분 감옥에서 미조부치 검찰관, 구리하라 감옥장, 나카무라 간수장, 소노키 스에요시 통역의 입회 아래 미즈노, 카미다 두 변호사와 안중근의 두 동생 정근과 공근의 마지막 면회가 있었다. 소노키 통역은 다음과 같은 내용의 보고서를 일본 외무성과 통감부에 보냈다.

안중근은 우선 정근, 공근 두 동생에 대해 고향에서 오는 부탁한 한복이 왔느냐고 묻자 두 동생은 아직 도착하지 않았다고 하고 만일 때를 맞추지 못하면 이곳에서 양복을 조달해드릴 테니 걱정 마시라고 하였다. 근데 안중근은 미즈노 변호사가 있는 것에 놀라고 어찌된 일이냐고 했더니 미즈노 변호사가 홍 신부가 지난번 여순에 왔을 때 병이 나서 못 왔기 때문에 오늘 두 동생이 최후에 면회를 한다는 걸 알고 변호사였던 인연으로 만사를 제쳐놓고 위문차 왔다고 했다. 안중근은 그렇게도 나에게 동정을 베풀어주니 감사하다고 말하고 두 동생에게는 오늘이 최후의 면회라고 하니 나는 이미 죽음을 각오하고 있으므로 그런 생각에서 말을 할 테니 빠짐 없이 잘 들어달라고 하였다.

그는 우선 노모의 안부에 대하여 두 동생에게 부탁하며 평소에 아들된 도리를 다하지 못하고 효도를 못한 것을 부끄럽게 생각하며 이번 사건으로 매우 심려를 끼친 불효의 죄를 용서해주도록 말씀 여쭈어달라고 부탁하고, 또다시 이미 얘기한 대로 장남 분도를 장래에 신부가 되도록 길러달라고 하였다. 실은 차남이 중병이 걸렸을 적에 뜻밖에도 하느님의 가호로 회생한 것을 생각하여 차남을 신부가 되게 하려고 생각했었으나 몸이 약해 이를 감당할 수 없을 것 같으니 장남을 신부로 만들어달라고 하였다.

또 정근에겐 "너는 장래 공업에 종사하라. 한국은 공업

449

이 아직 발달되지 않았으므로 이를 발전시켜야 한다. 지금 돈밖에 모르는 세상이 되었지만, 실업을 이룩하는 것이 중요하다고 생각한다. 내 말은 꼭 공업에만 종사하라는 것이 아니고 (나무 심는) 식림 같은 일은 한국을 위하여 가장 필요한 일이므로 혹은 식림에 종사하여도 좋다. 결론적으로 국익을 증진시키라는 이야기다. 그것이 곧 우리 집안에 도움이 되는 것이다"라고 했다. 공근에게는 "학문에 종사하여 노모와 노모가 살아계시는 고향에서 잘 모시기 바란다"고 했다. 두 동생은 "땅이 넓으니 불편하면 다른 곳으로 이사하여 살 테니 어머님은 별로 걱정하지 말라"고 대답하더라.

안중근은 두 동생에 대해서 먼저 말한 대로 하얼빈에서 찍은 사진을 찾아 왔느냐 물으니 두 동생은 아직 받지 못했지만 귀국하면 시베리아로 이주할 작정이므로 그때 이것을 찾겠다고 대답하였다. 안중근은 두 동생에게 만일 시베리아로 가면 먼저 말한 대로 장봉금에게 5000원을 받을 것이 있는데 그 돈은 동의회의 돈이므로 갚으라고 당부하고 다음은 이치권의 아직 갚지 못한 숙박료가 있다고 하고 그 집에서 내 가방과 의류와 기타 단지동맹 때 자른 손가락을 돌려받으라고 했다. 또 두 동생에게 금번 의거에 대하여 각국 신문지상의 논평이 어떻냐고 물으니 두 동생은 한국에서는 의거를 게재하는 일이 용서되지 않고 있으며 일반 국민들은 좋다고도 하고 나쁘다고도 하여 알 수 없다고 했다.

안중근은 "실로 불가사의한 일이 있다. 내가 연초 블라디보스토크에 도착했을 때 미국의 신문지상에 풍자화가 실려 있었는데 내가 의거하려는 것과 일치되는 것이 있어서 당시 감동받은 바가 있다. 한 한국 미인이 서 있는 옆에 일본 사관이 많이 줄 서 있었는데 미인의 소지품을 약탈하려고 하는 한 일본 사관이 사법권과 외교권이라는 물품을 가져가자 그 뒤에 많은 조선인이 총을 들고 그 사관을 쏘려고 하는 걸 그린 것이다. 이것을 보고 나는 무엇인가 암시하는 것이 아닌가 느끼고 크게 웃었다"고 말했다.

입회한 감옥장(전옥)이 면회시간에 제한이 있으니 유언할 게 있으면 그걸 먼저 말하고 여담을 말하라고 당부했으나 귀관들은 목숨이 길고 나는 목숨이 단석에 이르니 이 면회를 좀 더 연장해주길 바란다고 하고 두 동생에게 다시 "나는 내 의무를 다하였다. 미리 각오하고 한 일이므로 내가 죽은 뒤의 일에 관해서는 하등 남길 말이 없다. 또 이때까지의 면회에서 이미 말한 대로 더 말할 것은 없다"고 했다. 노모에 대해서는 "자기에 대신해서 효도를 다 해줄 것을 당부한다. 집안이 화평하게 지내주길 바란다"고 말했다. 또 숙부, 홍 신부, 민 주교, 안명근, 형수에게는 편지를 써놨으니 이것을 전달해주길 바란다고 말했다.

동시에 동생들은 할 말이 없냐고 물으니 "아무것도 드릴 말씀이 없고 형이 분부하신 사회 일에 관해서는 동생들이 서로 협력하여 잘 되도록 노력할 것이니 걱정 말고 형의 길을 따르시길 바라며 천당에 오르시도록 희망한다"고 하였다. 안중근은 "사람은 한번은 반드시 죽는 것이므로 죽음을 일부러 두려워할 것은 아니다. 인생은 꿈과 같고 죽음은 영원한 것이라고 쉽게 생각하고 있기 때문에 걱정할 것이 없다"고 했다.

미즈노 변호사가 "이번 사건은 동정(이해)하지 않을 수 없는 사건을 일으킨 당신의 뜻이 길이 세상에 전해지길 바라며 나도 될 수 있는 대로 그 뜻을 전하려고 노력하겠다. 그러니 깨끗이 형에 따르고 빨리 천국에 가시기를 바란다. 천국에서는 언어에 지장이 없을 테니 나도 뒤에 천국에 가면 당신과 손을 잡고 정을 나눌 수 있을 것"이라고 말했더니 안중근은 "귀하의 동정과 이해에 매우 감사할 따름이다. 귀하가 이처럼 동정하고 이해해주시니 감사하다. 그러나 천국에 가는 것은 외국에 가는 것과 같아서 일정한 법이 있다. 모름지기 천주교 교도가 되어 천국에 가도록 하는 것이 어떠냐. 그렇다면 천국에서 같이 손을 잡고 서로 정을 나눌 수 있다"고 기독교 신앙을 권유했다. 카미다 변호사도 "나도 귀하에 대한 동정과 이해는 미즈노 변호사와 같으니 이번 사건과 같은 일이 다시 없도록 노력할 것이니 이해해달라"고 말하였다. 이에 안중근은 "나도 당신에게 감사하는 것은 미즈노 변호사에 대해 한 것과 같다"고 말했다. 세상사로 얘기가 옮겨지자 안중근은 내가 언제까지 끝없이 얘기할 것이 아니니 두 동생 보고 돌아가라고 했다.

그리고 간수에 대하여 이제 더 할 말이 없다고 하니, 감옥장은 마지막 악수와 기도를 허락한다고 하여 안중근과 두 동생은 기뻐하여 손을 잡고 악수한 뒤 무릎 꿇고 기도하고 돌아갔다. 오후 3시 30분의 일이다. 이날 안중근의 태도는 평소와 조금도 다름이 없었으나 역시 마지막 면회는 서로의 작별의 정을 억누르지 못하고 있다는 걸 느꼈다.

형장의 마지막 순간

소노키 스에요시 통역은 안중근의 사형집행에 대해서도 다음과 같이 기록하고 외무성과 통감부에 보고했다.

살인 피고인 안중근에 대한 사형은 3월 26일 오전 10시 감옥소 안의 사형장에서 집행되었다. 그 과정은 다음과 같다. 오전 10시 미조부치 검찰관, 구리하라 감옥장과 소관 등이 사형장 검시실에 앉고 안중근을 불러들여 사형집행의 뜻을 전하고 유언의 유무를 물은 데 대해 안중근은 별로 유언할 것이 없으나 자기의 이번 행동은 오직 동양의 평화와 평화를 도모하는 성의에서 나온 것이므로 바라건대 오늘 이 자리에 있는 일본 관헌 각의도 나의 뜻을 이해하고 피차의 구별 없이 합심하여 동양의 평화를 기할 것을 기원한다고 말했다. 그리고 이에 동양평화의 삼창을 하도록 허가해줄 것을 제의했는데 전옥은 그렇게 할 수 없다는 뜻을 설명하고 간수로 하여금 명령하여 백지와 흰 천으로 눈을 가리고 특별히 기도를 드릴 것을 허가하니 안중근은 2분여 묵도를 하였다. 그리하여 두 사람의 간수가 데리고 계단으로 교수대에 올라 태연하게 형의 집행을 받았다. 때는 10시를 조금 넘은 4분이며 15분에 이르러 감옥의가 시체를 검사하고 절명하였다는 보고를 하기에 이르러 이에 집행을 끝내고 일동 퇴장하였다.

10시 20분 안의 시체는 특별히 감옥에서 새로 만든 침관에 담아 흰 천을 덮고 교회당으로 옮긴 뒤 공범자인 우덕순, 조도선, 유동하 세 명을 끌어내 특별히 예배를 하게끔 하였다. 오후 1시 감옥의 장지에 이것을 매장하였다. 이날 안중근의 복장은 어제 밤늦게 고향에서 온 명주 한복으로, 한복 저고리는 흰색, 바지는 흑색을 입고 가슴에 십자가를 달았다. 그 태도는 매우 침착하고 안색과 언어에 이르기까지 평상과 조금도 다름이 없는 종용 자약 떳떳하게 그 죽음에 이르렀다.[4]

안중근은 마지막 기도가 끝난 오전 10시 4분에 사형이 집행되어 10시 15분에 절명했다. 감옥의사의 검시가 끝나고 입관된 안중근의 유해는 지바와 감옥 직원들에 의해서 차갑게

■■■ 4 《한겨레》, 2008년 3월 26일자.

쏟아지는 봄비 속에 형장에서 15킬로미터쯤 떨어진 곳에 있는 여순감옥 묘지에 매장되었다.

두 동생 만나 유서 여섯 통 전하고

여러 가지 기록과 자료로 보아 그날은 온종일 비가 내리고 세찬 바람이 불었던 것 같다. "비는 마치 관 뚜껑에/ 못질을 하듯이/ 맹렬하게/ 곧바로/ 내리퍼부었다"(G. 그린,《권력과 영광》)라는 시구처럼 그렇게 비가 내렸다.

비는 하루 종일 그치지 않았다. 안중근의 처형을 거부하는 듯이 또 애도하는 듯이 때때로 바람까지 강하게 불었다. 어느덧 저녁이 되자 여순의 거리는 싸늘하게 식어갔다. 형무소로 돌아온 지바는 한동안 혼이 나간 시체를 대하듯 안중근이 사라진 독방을 보고 있었다. 표현할 수 없는 전율을 느끼며 언제까지나 그곳에 머물러 있었다.

"얼어붙은 듯한 감방의 공기는 내 마음의 문을 굳게 닫아버리는 것 같았다"고 그는 그때의 심경을 일지에 남겼다.[5]

안중근 의사가 순국한 뒤 일제는 조선의 마지막 숨통을 더욱 심하게 조이기 시작했다. 6월 24일 경찰권 위탁각서가 조인되어 일본 헌병이 한국의 치안을 도맡게 되고, 6월 30일에는 경찰관서 관제를 공포하여, 헌병경찰제가 실시되었다. 헌병경찰이 조선인의 생사여탈권을 쥐고 모든 권리와 재물이 그들의 손아귀로 넘어갔다. 마침내 8월 22일 병탄조약이 조인되고 8월 29일 공표되었다. 이로써 대한제국의 국호는 사라지고 주권을 잃었으며, 조선은 일제의 식민지 종살이로 전락했다.

안중근 의사의 순국일에 내리던 궂은비는 일제강점기 35년 동안 하루도 빠짐없이 국민의 가슴에 피멍으로 퍼부었다. 햇볕을 잃은 세월, 그래서 해방을 빛을 되찾은 광복이라 했을 것이다.

> 아직도 비가 쏟아지고 있다
> 인간의 세계처럼 어둡게
> 우리들의 상실처럼 검게
> 아직도 비가 쏟아지고 있다
> ― G. 시트웰

---

5 사이토 다이켄, 장영순 옮김,《내 마음의 안중근》, 인지담, 1994, 252쪽.

안중근은 순국 전날 여순감옥에서 마지막으로 두 동생을 만났을 때 '최후의 유언'을 남겼다. 자신이 죽은 뒤 유해를 하얼빈공원 곁에 묻었다가 조국 광복이 되거든 고국으로 반장해달라는 것이었다. 그러나 100년이 지난 지금까지도 의사의 유해는 찾지 못하고 있다.

〈최후의 유언〉

내가 죽은 뒤에 나의 뼈를 하얼빈공원 곁에 묻어두었다가, 우리 국권이 회복되거든 고국으로 반장해다오.

나는 천국에 가서도 또한 마땅히 우리나라의 회복을 위해 힘쓸 것이다.

너희들은 돌아가서 동포들에게 각각 모두 나라의 책임을 지고 국민된 의무를 다하여, 마음을 같이하고 힘을 합하여 공로를 세우고 업을 이루도록 일러다오.

대한독립의 소리가 천국에 들려오면, 나는 마땅히 춤추며 만세를 부를 것이다.

폴란드의 한 저항시인은 침략자들과 싸우다가 사형선고를 받고 〈산 자들에게〉라는 시를 지었다. 안중근의 심사도 이러하지 않았을까.

⟨산 자들에게⟩

그대들에게는 슬퍼할 것이 없도다
그대들에게는
쉴 것도 없도다
계승은 그대의 것
그대들 형제의 가슴으로부터
흘린 피에 젖어 있도다

왜냐하면 그대는
미래를 창조하는
활동이니까

세월은
깊은 데서
그대를 밀고 나가도다
널리 열어젖히라
더욱 즐거운 아침으로
문들을![6]

---

6 E. 롤러(1893~1939), 폴란드의 저항 시인, 사형을 선고받고 옥고.

안중근이 처형되던 날, 정근과 공근 두 형제는 감옥 밖에서 형의 시신을 넘겨줄 줄 알고 기다렸다. "그러나 아무리 기다려도 소식이 없었다. 너무 늦어져서 형무소장을 찾아가 시신을 달라고 했더니 이미 사형이 끝나고 묘지에 묻었다는 것이었다." 두 동생은 통곡했다. "우리 형에게 두 번 사형을 하는 것이냐"라며 두 동생이 항의했지만 시신은 찾아갈 수 없었다.[7] 일제는 안 의사의 유해를 유족에게 돌려주면 안 의사가 묻힌 곳이 곧 한국독립운동의 성지가 될까 두려워했다. 그래서 의사의 유해를 공동묘지에 묻고 유족에게는 그 위치도 알려주지 않았다.

백암 박은식은 《안중근전》에서 안 의사의 사형집행 뒤 두 동생이 시신을 찾고자 일제 관헌들과 싸운 정경을 다음과 같이 기술했다.

형님은 두 동생에게 여러 번 국가독립 전에는 반장返葬하지 말라고 부탁하였으나 두 동생은 유해를 두고 돌아갈 수가 없어 감옥에 갔다. 순사는 그들의 몸을 검사하고 들여다봤다. 일본 변호사는 "일본 법률에는 유해를 내보내주는 법이 있으니 법원에서 비준하면 가져갈 수 있다. 그러나 정부의 명령이 있어서 줄 수 없다"고 하며 그곳에 매

■■■ 7   최서면, 앞의 책, 182쪽.

장하였으니 들어가보라고 하였다. 두 동생은 유해를 줄 수 있는가 없는가는 전옥의 직이고 변호사와는 관계없다고 하며 감옥으로 들어갔다.

감옥에는 전옥, 검찰관, 통역, 간수 수십 명이 있었다. 두 동생은 정부의 무슨 명령이며 법관이 어째서 제 맘대로 하는가를 똑똑히 말하라고 물었다. 전옥은 "당신들은 혈육의 정으로 유골을 가져가려고 하지만 정부의 명령이 있으니 어떻게 하겠는가?"라고 하였다. 두 동생은 "일본 법률에 유해를 내보내는 규정은 법관이 비준하여 실시하면 되는데 어째서 정부 명령에 미루고 법률규정을 위반하는가? 법관은 법률의 규정만 지키고 정부의 조종操縱을 받지 말아야 한다. 정부는 법률을 적용할 따름이지 어떻게 명령을 하는가?" 하니 전옥은 "정부의 명령이 있어도 자기의 직권으로 처리한다"고 하였다.

두 동생은 "전옥의 직권으로 법률규정대로 처리하지 무슨 정부 명령인가? 어째서 4~5분 사이에 식언하는가?" 하였다. 전옥은 소리치며 이미 공식으로 확정하였기에 천언만어千言萬語 하여도 들어줄 수 없다고 하였다. 두 동생은 분을 참을 수 없어 큰 소리로 "법관이 법리法理를 불고하고 위력으로 압제하니 이런 만행이 있는가. 우리는 지금 그것을 대항하지 못하지만 이 생명이 남아 있으니 분풀이할 그날이 꼭 있으리라." 하였다. 그들은 그냥 욕을 퍼부었다. 순사와 간수들이 그들을 감옥 밖으로 밀어내었다. 그들은 문밖에서 몇 시간 통곡하고 다시 들어가 전옥을 만나려 하였으나 끝내 거절당하였다.

그들은 대련에서 귀국하였다. 그후 일본인의 두 동생에 대한 기탄忌憚은 더욱 심해지고 경찰도 날로 엄해졌으며 사건을 만들어 그들을 제거하려고 하였다. 그들은 해외로 나가서 해害를 면하였다.[8]

8 박은식, 《안중근전》.

국내외에서 추도회 열고 추도가 지어

안 의사의 순국 소식이 알려지면서 국내외에서 애국지사들이 추모회를 갖거나 추도가를 지어 불렀다. 다음은 연해주 지역에서 널리 유행한 〈대한의사 안중근 씨 추도가〉다.

〈대한의사 안중근 씨 추도가〉

1절 우리 안공 높은 의 일월갖이 밝으며
   우리 안공 맑은 맘 눈과갖이 희도다
   단포삼성短砲三聲 놉더니 우리원슈 업샛네

2절 하이종자蝦夷種子 넉일코 동서양이 놀랏네
   일개호아一介好兒 업셰고 장사일거壯士一去 앗갑다
   부여민족扶餘民族 이 눈물 천추만세千秋萬歲 이즐까

3절 애국의사愛國義士 흘닌 피 우리에게 본되어

　　생각할 때 감격과 바라는 때 슯으미

　　간절하고 간절해 천고지사千萬志士 양양養養하네

4절 나라 위해 죽으니 만고萬古에 영혼 살앗네

　　살신성인 본삼고 사신취의법捨身取義法 삼아

　　조국광복 속히해 선열위로 해보세[9]

　　러시아 지역 한인들은 해마다 안 의사의 의거일이나 순국일에 모여 안 의사를 추모하고 국권회복을 다짐했다. 1917년 블라디보스토크에서 발행된《한인신보》는 옥사玉史의 이름으로《애국혼》이란 한글 책자를 발행, 동포들에게 배포했다. 이 책에는 9절로 된 안중근 추도가가 실려 있다.

1절 충의렬럴 안 의사난 대한국민 대표로다

　　할빈저자 아침날에 류혈포성 굉굉하니

2절 오조약과 칠협약을 억지로서 테결하든

　　원수일인 이등박문 고혼될줄 뉘알이오

■■ 9 블라디보스토크 극동문서보관소 소장자료, 문서번호 226-1-350-110.

3절 량국군사 헤어지고 텬하이목 놀내엿네
　　 나라수치 시첫으니 장하고도 쾌하도다

4절 국권회복 그날이오 민족보전 이때로다
　　 아름답고 빛날일홈 천추만세 유전일세

5절 협사섭정 짝안이오 필부형경 당할손가
　　 우리위해 몸바럿으니 뉘가안이 슲어하리

6절 슬픈눈물 슬픈노래 멀리충혼 추도하세
　　 의사의사 안 의사여 부디부디 눈감으오

7절 최면암과 민충정은 텬당에서 환영하고
　　 사라잇는 우리들은 동반도에 뒤를 잇네

8절 다른이등 또이슬가 근심하지 마옵시고
　　 우리들의 드난칼로 만명이등 당하리라

9절 만세만세 만만세는 대한제국 만만세라
　　 만세만세 만만세라 안 의사의 만만세라[10]

━━ 10 박환,《대륙으로 간 혁명가들》, 국학자료원, 2003, 335~336쪽, 재인용.

후렴 영웅일세 영웅일세 나라위해 밫인 몸은

만고영웅 안 의사라 죽어서도 영광이라.

청나라 원세개 등 만사 보내 조의

이것은 어디까지나 가정이지만, 안중근 묘소가 '한국독립 운동의 성지'가 되는 것을 두려워한 일제가 안 의사의 유해를 일단 여순감옥 공동묘지에 묻었다가 다시 파묘하여 은밀하게 일본으로 가져갔거나, 화장하여 분산시켜버렸을 가능성도 없지 않다. 일제는 죽은 안 의사의 시신도 두려웠던 것이다. 안중근이 유언을 통해 "내가 죽거든 하얼빈 국제공원 옆에 묻었다가 한국이 독립되는 날 고국으로 반장해다오"라는 내용이 얼마나 엄청난 폭발력을 갖고 있는 것인가를 일제는 너무 잘 알고 있었다.

안중근 의사의 순국 소식이 전해지면서 국내외에서는 수많은 만사輓詞와 조사弔辭가 나왔다. 시문詩文도 쓰였다. 대표적인 것은 청나라 실력자 원세개袁世凱의 만사다.

평생에 벼르던 일 이제야 끝났구려

平生營事只今畢

죽을 땅에서 살려는 건 장부 아니고

死地圖生非丈夫

몸은 한국에 있어도 만방에 이름 떨쳤소

身在三韓名萬國

살아선 백살이 없는 건데 죽어 천년을 가오리다

生垂百歲死千秋[11]

━━ **11** 이은상, 《민족의 향기》, 교학사, 1973, 148쪽.

고결한 생애, 순결한 죽음

안중근 의사는 조국의 독립을 위해, 동양평화를 위해, 한국의 독립을 짓밟고 동양평화를 유린하는 수괴 이토 히로부미를 처단하고 형장의 이슬로 사라졌다. 이승에서 생을 접기에는 아직 너무 이른 32세의 나이였다. 일본인들로만 구성된 재판에서 사형선고를 받고는 "안중근의 날을 외칠 날이 꼭 올 것"이라고 당당하게 밝힐 수 있었던 것은 돈독한 신앙심과 애국혼이 있었기 때문이다.

조르조 바사리는 말했다. "때로 하늘은 인성뿐 아니라 신성도 갖춘 인간을 우리에게 내려보낸다"라고. 안중근 의사의 고결한 삶과 순결한 인성은 눈물겹게 우리의 가슴을 저며오고, 고매한 죽음의 신성에는 오롯이 숙연해진다. 그의 삶과 죽음은 인성과 신성의 복합가치라 할 수 있다.

"자서전이란 자신을 드러내면서 자신을 위장하는 텍스트"(필리프 르죈)라는 말이 있다. 그러나 사형집행을 앞두고 안중근이 쓴 자서전 《안응칠 역사》는 일체의 가식이 들어 있지 않은 담담한 삶의 기록이다. 또 미완의 《동양평화론》은 한 세기를 뛰어넘는 시간과 동북아의 공간을 담아내는 현재형 미래의 가치를 담고 있다. 안 의사가 형장에서 죽음을 앞두고 외치고자 했던 "동양평화만세"라는 말에서 우리는 천고의 풍상에도 녹슬지 않는 평화사상과, 산부동山不動 해무량海無量의 인격을 발견할 수 있다. 또 100년에 한 번 만날까 말까 한 세기난우世紀難遇의 기개도 보인다.

안중근의 생애는 "나라가 위급한 상태임을 보면 목숨을 바친다"는 견위수명見危授命의 길(공자)이고, "삶을 버리고 의로움을 취한다"는 십생취의拾生取義의 길(맹자)이었다. 여기서 우리는 "그러나 파수꾼이 칼이 임함을 보고도 나팔을 불지 아니하여 백성에게 경고치 아니하므로 그중에 한 사람이 그 임하는 칼에 제함을 당하면 그는 자기 죄악 중에서 제한 바 되려니와 그 죄를 내가 파수꾼의 손에서 찾으리라"(에스겔 33:6)라는 선지자의 모습을 보게 된다.

필자의 둔탁한 붓으로는 안중근 의사의 거룩한 삶과 죽음을 갈무리할 단어를 찾기 어렵다. 그래서 미국 펜실베니아대학 인류학과장 로렌 아이슬리의 시 〈시간의 창〉으로 대신하련다.

〈시간의 창〉

시간의 창공에 빛나는 광휘는

가려질 수는 있어도 꺼지지는 않으리

별처럼 자기가 속한 자리까지 올라가리니

죽음은 낮게 드리운 안개와 같아

광휘의 베일을 드리울 수는 있어도

소멸시킬 수는 없으리라

안중근은 1909년 10월 26일 하얼빈에서 국적 제1호 이토 히로부미를 처단하고, 1910년 3월 26일 오전 꿋꿋한 기상으로 처형대에 올랐다. 추호도 죽음을 두려워하지 않았고 오히려 자신의 행동을 자랑스러워하면서, 마치 예수처럼 뚜벅뚜벅 계단으로 걸어 올라가 밧줄에 목을 걸었다. 예수보다 한 살이 적은 32세였다. 우리는 그가 태어난 날은 잘 기억하지 못해도 그의 의거일과 순국 날짜는 기억한다.

그가 출생한 날짜는 모르지만 그가 죽은 날짜를 우리가 기억한다는 것은 의미심장한 일이다. 우리는 모든 성인들에 대해서도 그 죽은 날짜를 기념한다. 왜냐하면 이 날이 바로 그들이 하나님 앞에서 새로 태어난 날이기 때문이다.

— 클레어 부으드 루스

공화주의자인가 근왕주의자인가

안중근의 정치사상에 관해서는 공화주의자라는 주장과 근왕주의자라는 주장이 엇갈린다. 안중근은 이론가형이 아니라 행동가형에 속하기 때문인지 정치사상에 대한 연구는 미진한 편이다. 한국독립운동사에서 샛별과 같은 역할을 한 안중근의 정치사상이나 철학을 이해하는 일은 매우 중요하다.

안중근은 소싯적부터 호걸풍 내지 협객풍의 인물이었다. 그래서 많은 독서나 문적을 섭렵할 기회를 갖지 못했다. 초기에는 《천자문》《동몽선습》《논어》《통감절요》 등 유학의 기초적인 책을 읽었고 천주교에 입문하고 나서는 《주교요지》《칠극》 등 조선에서 번역된 천주교 서적을 주로 읽었다. 사회운동에 눈뜨면서는 대한제국 학부에서 번역한 《조선역사》《만국역사》《태서신사》 등과 《대한자강회월보》《대한매일신보》《황성신문》《공립신보》 등을 열심히 찾아 읽었다.

안중근은 사회활동에 적극 참여하면서부터 국민계몽과

반일투쟁의 논조를 띤《제국신문》《대한매일신보》《황성신문》등에서 사상적 영향을 크게 받았다. 특히 미국에서 발행돼 국내에 들어온《공립신보》는 공화제에 대한 각종 논설이 많이 게재된 진보적인 신문이었다. 이 신문을 읽으면서 안중근은 서양의 근대정치사상에 눈을 뜨게 되고 관심을 갖게 되었다. 여기에 당시 문명개화론자들이 서양 근대문명의 근본이라고 소개된 천주교를 수용하면서 공화주의적 정치체제를 이해할 수 있었던 것 같다.

안중근은 의거 뒤 자신의 정치사상 형성배경에 관한 신문을 받을 때 "타인으로부터 들은 것은 아니다. 한국에서 발행하는《대한매일신보》《황성신문》《제국신문》, 미국에서 발행하는《공립신문》또는 포조浦潮에서 발행하는《대동공보》등의 논설을 읽고 위와 같은(진보주의 이념 - 필자주) 생각이 들었다"[12]고 진술했다.

안중근은 연해주 망명시절에《공립신보》를 접하게 되었다. 또 계동청년 임시사찰직을 맡고,《대동공보》기자와 계동학교 학감을 겸하고 있으면서 한인민회韓人民會의 고문 등도 맡았다. 계동학교는 공립협회 해삼위 지회면서 공립협회 기관지《공립신보》의 노령지국이었다. "안중근이 관여하고 있던 계동학교와 한인민회는 공화주의를 표방한 미국공립협회

━━ 12 〈피고인 신문조서〉,《자료》 6, 5~6쪽.

와 연관을 맺고 있었는데, 이들 기관을 통해《공립신보》가 블라디보스토크에 배포되어 안중근의 정치사상에 영향을 준 것이다."[13]

공립협회는 군신과 빈부귀천, 사농공상이 모두 공립하여 공동의 이익과 목표를 추구하는 공화주의를 표방하는 샌프란시스코 이주 한인들의 자치단체였다. 여기서 발행하는《공립신보》는 국민국가수립론을 주창하면서 한국독립운동의 목표를 공화정 수립에 두고 있었다.

하와이국민회 기관지《신한민보》도 블라디보스토크 지역에 배포되어 안중근을 비롯 독립운동가들이 접할 수 있었던 신문이다. 이강이《신한민보》의 블라디보스토크 통신원을 맡고 있었기 때문에 안중근은 이 신문을 쉽게 구할 수 있었다. 《신한민보》도 공화주의를 표방하는 진보성향의 교포 신문이었다.

그렇지만 안중근이 공화제 정치체제를 구체적으로 구상하거나 언급한 적은 거의 없었다. 다만 의거 뒤 검찰 신문과정에서 한국민의 무능 때문에 통감정치가 필요하지 않느냐는 질문에 "한국은 금일까지 진보하고 있으며 다만 독립자위가 되지 않은 것은 군주국인 결과에 기인하며 그 책임은 위에 있

---

13 한상권, 〈안중근의 국권회복운동과 정치사상〉,《한국 독립운동사》, 2003, 82쪽.
14 〈피고인 신문조서(제6회)〉,《자료》6, 173쪽.

는지 밑에 있는지는 의문일 것이라고 믿는다"[14]라며, '군주국' 때문에 나라의 독립이 어렵게 되었음을 분명히 했다. 이를 근거로 한 연구가는 안중근이 군주정을 비판하고 공화정을 염원했다고 주장한다.

안중근은 민권자유사상에 바탕을 둔 국권회복운동에 근거하여 전제군주정을 비판하였다. 전제군주정 때문에 국권을 상실하였고 나라가 쇠망하였다고 보았기 때문이다. 그의 정치사상은 군주주권의 군주정을 비판하고 국민주권의 공화정을 지향하는 것이었다. 안중근은 독립국가의 정체政體로 공화정을 염원하였다. 안중근의 공화주의 이념은 민권운동과 국권회복운동의 경험을 토대로 블라디보스토크에 전파된 선진사상에 영향을 받아 형성된 것이다.[15]

이와는 달리 안중근이 근왕주의자였다는 주장도 만만치 않다. 안중근이 대한제국의 정치체제인 군주제의 폐단을 강하게 비판하지 않았다는 것이다. 군주제를 비판한 대목 역시 군주제 자체의 문제점을 비판한 것이 아니라 군주제를 운영하는 친일파 대신들의 매국성을 질타한 것이라는 주장이다.

▬▬ **15** 한상권, 앞의 글, 84쪽.

엄밀히 말해 그는 군주제에 대해 본격적인 비판을 가한 적이 없었다. 안중근은 대한제국과 고종황제에 대해서는 극도의 존모의 태도를 나타냈다. 그는 신민이 황실에 대해 불경한 태도를 가져서는 안 된다고 했으며, 심지어는 자신이 하얼빈 의거를 벌인 것은 황제를 위해서였다고 말하기까지 했다. 이는 안중근의 정치적 지향성이 황제체제를 지지하는 단계에 머물렀음을 나타내는 것이다. 이런 점에서 안중근은 대한제국과 고종황제를 충실히 받들어 모신 충직한 근왕주의자였다고 말할 수 있다.[16]

안중근이 국내외에서 직접 만났거나 알고 있던 인물들에 대한 평가에서도 근왕주의사상을 엿볼 수 있다는 지적이 있다. 안중근은 철저한 근왕주의 독립운동가 이상설을 가장 높이 평가했다.

그러나 안중근을 공화주의자나 근왕주의자로 양분하는 것은 적절치 못하다. 그는 국난기에 조국독립운동을 위해 최전선에서 싸운 행동인이었을 뿐이다. "나는 산하 삼천만 동포를 위해 희생이 되려는 자이며 황실을 위해 죽으려는 자가 아니다"[17]라는 결연한 선언에서도 우리는 안중근의 지향성을 알 수 있다.

━━ **16** 오영섭, 〈안중근 가문의 독립운동〉, 42쪽.
━━ **17** 〈경경시의 신문에 대한 안응칠의 공술(제11회)〉,《자료》7, 443쪽.

안중근은 대단히 진보적인 사고와 선진적인 행동을 보여주었다. 소년시절 동학농민군과 싸운 것을 제외하면, 당대 일반 청년들에 비해 훨씬 앞서 사고하고 행동했다. 천주교에 입교하고서도 내세중심의 영혼구원에만 충실한 것이 아니고 교회의 현실문제에 관심을 갖고, 교육사업에 이어 직접 의병전쟁에 참여하고 국적 이토 처단을 결행했다. 옥중에서 집필한 《동양평화론》이나 신문 과정에서 나타난 확고한 평화정신은 안중근사상의 본령이 어디 있는지를 말해준다. 일본 절대권력의 상징인 일왕을 제쳐두고 이토 처단으로 한국독립을 기대했던 것을 '한계'로 지적하기도 하지만, 100년 전 30대 초반의 '한계'도 이해해야 할 대목이다.

제 **14** 장
문기 넘치는 휘호

동양대세 생각하니 아득하고 어둡나니 東洋大勢思杳玄
뜻있는 남아 편한 잠을 어이 이루리오 有志男兒豈安眠
평화정국 못 이룸이 이리도 슬픈지고 和局未成猶慷慨
침략정책 고치지 않으니 참으로 가엾도다 政略不改眞可燐
— 안중근 의사 유묵, 국가보물지정

●옥중에서 쓴 수많은 휘호

안중근은 여순감옥에서 《안응칠 역사》와 《동양평화론》을 저술한 것뿐 아니라 많은 휘호를 썼다.

신이나 천사 같은 모습으로 글씨를 쓰는 것을 보고 형무소 관리들이 앞 다투어 비단과 종이를 가져와서 글씨를 받으려고 했다. 전하는 말에 의하면 2월 말에서 3월 초까지 20일 사이에 200장을 썼다고 한다. 안중근 의사는 자기가 서도가도 아닌데 남에게 붓으로 써 준다는 것이 부끄러웠지만, 죄수인 자기의 글을 간곡히 청하니 붓글씨를 통해 자기가 의거한 이유를 두고두고 되새겨줄 계기가 될 것을 기대하고 매일 몇 시간씩 글을 써 주었다.[1]

---

1 최서면, 《새로 쓴 안중근 의사》, 171쪽.

안중근은 감옥에서 형 집행을 앞두고 태연한 모습으로 연일 글을 쓰고, 휘호를 썼다. 《안응칠 역사》와 《동양평화론》 그리고 지금까지 전해지고 있는 70여 점의 휘호에 나타난 글씨의 '문기文氣'를 보면 안중근 정신의 실체를 어느 정도 알게 된다. 그것은 혈기나 객기에서 오는 기운이 아닌 고도의 인격 수양을 통해서 오는 정기正氣의 소산이다. 이것은 곧 안중근의 이론적 지식과 실천적 행동을 통해서만 나타나는 힘인 것이다.

위진 시대의 문장가 조비曹丕는 《전론典論》에서 '문이기위주文以氣爲主' 즉 문기설文氣說을 주장했다. 같은 소재를 가지고 글을 쓰는데도 문장의 품격과 성숙도가 각기 다르게 되는 것은, 작가의 기氣가 어떤가에 달려 있다는 것이다.

안중근의 《동양평화론》에는 치밀한 논리성이 다소 부족하지만, 휘호에는 '문기'가 흐른다. 글씨가 살아서 움직인다는 평가도 있다.

안중근의 옥중 휘호는 일본인 간수나 관헌들이 특별히 갖고자 했다. 자기네 나라 메이지 원훈을 죽인 '살인범'의 글씨를 탐낼 만큼, 안중근의 재판 과정이나 옥중 생활은 신비의 대상이었다. 최서면은 이와 관련해 다음과 같이 썼다.

스스로 항소권을 포기하고 글만 쓰고 있는 안중근 의사의 모습은 형무소 관리들에게 신이나 천사같이 느껴졌다. 항소를 포기하고 죽음을 기다리면 때로는 흥분도 하고 때로는 울기도 할 줄 알았는데, 평소와 다름없이 나날을 보내고 식사도 보통 때보다 많이 들 만큼 초연하였다. 이런 소문은 재판소와 검찰국에도 전달되어 재판 중에도 보통사람과 다르더니 끝끝내 참 놀라운 인물이라고 감탄하였다.[2]

여순감옥의 감옥의사 오리다 타다스가 안 의사의 휘호를 받게 된 과정을 일본인이 쓴 책을 통해 살펴보자.

여순감옥의 제3동 9호 방에 수감된 안중근은 두 형제에게 붓글씨 도구를 차입받아 방안에서 서도를 즐겼다. 그 힘찬 글씨를 보고 감옥의사 오리다 타다스가 말을 건넸다.
"통역관 소노키 스에요시 군이 멋진 휘호를 받았던데, 표구를 하고 있더구만. 야, 소노키 군이 부럽군."
"선생이 원하신다면 힘이 날 때 한 점 써 드리지요."
"부탁해도 괜찮소? 참 고맙소."
"여하튼 선생은 나의 절명을 지켜보지 않으면 안 되지요. 살아 있을 때, 있는 힘을 다해 한번 써 보도록 하지요."
빙긋이 웃으며 약속을 하고, 수일 이내에 휘호하였다.

━━ 2 최서면, 앞의 책, 169쪽.

동양의 평화를 유지하기 위해서는 欲保東洋
일본의 침략을 먼저 개선하지 않으면 안 된다 先改政略
세월이 흘러 시기를 놓치게 되면 時過失機
아무리 후회해도 소용이 없다 追悔何及

당시 안중근은 글씨 연습을 하면서 한시를 짓고 있었
다. 여백에 습작으로 칠언절구와 율시를 기입하는 것이다.

사나이는 올바른 마음을 속일 수 없다 男兒寧時斯心正
판검사는 쓸 데 없는 말들을 하고 있지만
判檢何知用誣言
내가 잘못해서 철장 신세를 지고 있단 말인가
骨捕鐵戶平生誤
신중하게 생각하여 죄를 다스리는 것이 중요한 일이다
罪作審重百行先
지금에 와서 무엇을 할 수 있겠는가己矣於今無何奈
원수를 다 갚지도 못하고 이 생명이 다하는가
報讐卽地落孤魂[3]

━━ 3 사키류조佐木隆三, 양억관 옮김, 《광야의 열사 안중근》, 고려원, 1993, 282~
283쪽.

일인 관리들도 휘호 받기 원해

안중근은 3월 26일 형이 집행되던 날에도 한 편의 휘호를 썼다. 일본 헌병 육군 상등병 지바 도시치千葉十七는 '10.26의 거' 때부터 안중근을 호송하는 일원으로 차출되어 여순감옥에서 간수가 되었다. 그래서 안중근과는 주야로 접촉할 수 있었다. 지바는 일본 군인이지만 안중근을 마음속으로 몹시 경외하고 있었다.

최후로 지바 도시치가 안 의사와 이야기한 것은 사형 집행이 절박해온 일요일의 당직근무 때였다. 이날의 이야기 내용에 대하여 가노(나카노 야스오의 조카-필자주)는 다음과 같이 쓰고 있다.

생각 끝에 지바는 이런 말을 했다.

"안 씨, 일본이 당신 나라의 독립을 위협하게 된 것은 정말 미안한 일이오. 일본인의 한 사람으로서 깊이 사과드

리고 싶은 심정이오." 하고 이야기했더니, 안 의사는 손을
잡으면서,

"지바 씨 그 말에 가슴이 찡하오. 일본 사람, 특히 군인
의 신분인 당신으로부터 그와 같은 말을 듣게 된 것은 뜻
밖이오. 역사의 흐름은 개인의 힘으로는 어쩔 수 없는 것
이오. 전에 말한 바와 같이, 한일 간이 이렇게 불행한 사이
가 된 것도, 이토 한 사람만의 책임은 아닐지도 모르겠소.
그리고 나의 이번과 같은 행동에 의해서 역사의 흐름이 바
뀌지는 않을 것이오. 그러나 내가 저지른 이 같은 불상사
가 장차, 머지않아서, 아니, 먼 훗날에 있을지도 모르는 일
이나, 우리 한국 동포의 애국심과 독립심을 자각케 하는
계기가 되어 주기를 기대하고 있소. 특히 나는 나의 뒤를
이을 조국의 젊은이들의 애국심을 굳게 믿고 있소."

지바는 안 의사의 손을 양손으로 잡고 흔들면서,

"안 씨, 나는 일본의 군인, 특히 헌병이기 때문에 당신
과 같은 훌륭한 분을 중대범인으로, 간수하게 된 것이 매
우 괴롭소." 하자, 안 의사는

"아니오, 당신은 군인으로서 당연한 임무를 수행하고
있는 것이오. 이토 때문에, 굴욕적으로 한국 군대가 강제
로 해산된 뒤에 나는 동지들과 대한제국 의병대를 결성하
고, 그 참모중장이 되었고, 이 의병에 속하고 있는 동지들
은 각기 생업에 종사하면서 독립과 평화를 위해 동맹하는

것이며, 농부는 농사에, 선전유세를 담당하는 사람은 선전유세로, 이와 같이 각기의 임무를 별도로 하고 있소. 이토를 죽이게 된 것도, 나의 임무를 수행하기 위해서였소. 군인은 나라를 지키고, 일단 유사시에는 나라를 위해 목숨을 바치는 것이 그 본분이기 때문에 서로의 입장에서 어쩔 수 없는 일이고, 자기의 임무에 최후까지 충실하는 것만이 중요한 것이오."

지바의 손을 힘주어 잡고 있던 안 의사의 손은 따뜻하기만 했다.

마지막으로 지바는 전부터 염원하고 있었던 것을 용기를 내어 말을 했다.

"안 씨, 비단을 준비하였으니, 나에게 무언가 한 폭의 글을 써 주지 않겠소, 앞으로 소중히 간직하고 싶소……."[4]

지바의 부탁을 받은 안중근은 "오늘은 쓰고 싶은 생각이 없으니, 이해해달라"고 정중하게 거절했다. 그러나 늘 그것이 마음의 부담이 되었던 안중근은 사형이 집행되던 날 출발하기 직전에 그에게 한 폭의 글을 써 주었다.

사형이 집행되던 그 날, 안 의사가 친족들이 이 날을 위

━━ **4** 나카노 야스오中野泰雄, 김영광 편역, 《죽은 자의 죄를 묻는다》, 경운출판사, 2001, 221~222쪽.

해서 준비해두어 차입시킨 하얀 한복을 입고 출발을 기다리고 있던 바로 직전에, 지바는 안 의사로부터,

"전일에 당신이 부탁한 글 한 폭을 씁시다"라는 말을 듣고, 비단 한 폭, 붓, 벼루, 먹을 준비해주자, 안 의사는 붓을 잡고 "국가를 위해 몸을 바치는 것은 군인의 본분이다爲國獻身 軍人本分"라고 단숨에 쓰고, "경술 3월 어여순옥중庚戌三月 於旅順獄中 대한국인 안중근 근배大韓國人 安重根 謹拜"라 쓴 다음, 무명지를 절단한 왼손 손바닥의 수인을 찍었다. 이것은 안 의사 자신이 의병중장으로서 목숨을 나라에 바치는 것이 군인의 본분임을 나타내는 동시에, 지바 도시치의 장래를 위한 글월이었음은 짐작하고도 남음이 있다.

그리고 안 의사는 지바에게,

"친절하게 대해주시어 정말 감사합니다. 동양의 평화가 찾아와서 한일 간의 우호가 되살아나면, 다시 태어나서 만나 뵙도록 하겠습니다"라고 말했다. 지바는 이에 감격하여 자기도 모르게

"감사합니다"라고 큰 소리로 외쳐 대답했다. 잠시 후에 감옥의 문을 나서, 형장으로 출발한 것이 오전 9시의 일이었다. 1시간 후에 안 의사는 태연히 죽음을 맞이했다.[5]

---

5 나카노 야스오, 앞의 책, 223~224쪽, 이 부분과 관련, 신운룡은 사실과 차이가 있다고 주장한다.

순국 직전에 안중근의 친필 휘호를 받은 지바는 36세에 퇴역해 고향으로 돌아가 안중근 의사의 유덕을 기리며 안 의사의 사진과 '위국헌신 군인본분'의 족자를 소중히 간직하다가 1934년 50세로 사망했다. 그의 부인도 남편의 영향을 받아 안 의사의 영정을 남편의 위패와 나란히 모시고, 조석으로 불공을 드렸다. 그녀는 1965년 73세로 세상을 떠났다.[6]

지바가 사망하고 45년이 지난 1979년 12월 일본 《아사히신문》에는 다음과 같은 제목의 기사가 실렸다.

"안중근의 유묵 조국으로"

"미야기의 농가가 비장"

"일본인 간수에게 증정한 글씨"

안중근이 지바에게 써 준 유묵 '위국헌신 군인본분'을 지바의 질녀이자 소지자였던 미우라 쿠니코가 한국에 반환했다는 사실을 보도한 것이다. 이 유묵은 남산 안중근 의사기념관에 기증되었다. 안중근의 마지막 혼이 깃든 유묵이 고국으로 돌아온 것이다.[7]

---

6 나카노 야스오, 앞의 책, 224쪽.
7 《아사히신문》, 1979년 12월 12일자 조간.

제 15 장
전기에 나타난 안중근 평가

역사(행적)에 근거해 안중근을 평가할 때, 어떤 사람은 그를 몸 바쳐 나라를 구한 '지사'라 하였고, 또는 한국을 위해 복수한 '열협烈俠'이라고 하였다. 나는 이런 말로 안중근을 다 설명하지 못한다고 생각한다. 안중근은 세계적인 안광을 갖고 '평화의 대표자'를 자임한 사람이다. 어찌 그를 한국의 원수만을 갚은 사람이라 할 수 있으랴.

– 박은식, 《안중근전》 서언

●안중근 전기 누가 썼는가

안중근 의사의 전기는 여러 권(편)이 나왔다. 가장 먼저 저
술된 것은 순국 직후인 1914년경에 백암 박은식이 상해의 대
동편집국에서 창해로방실이라는 필명으로 펴낸 《안중근전》
이다. 민족주의 사학자이며 대한민국임시정부 제2대 대통령
인 박은식은 《안중근전》에서 자신이 중국 대륙을 편력하면서
사귄 나삼산羅南山, 주소연周少珩 등 6인의 글을 싣고, 책머리
에 장병린章炳麟의 〈안군비安君婢〉와 안 의사를 비롯한 관련
사진, 중국 유력인사들의 휘호를 함께 실었다.

책의 본문은 백암 자신이 쓴 〈서언〉과 28개 장 그리고 '결
론'으로 구성되었고, 말미에는 신규식의 〈독안중근감언讀安
重根感言〉, 안 의사 의거 후 중국 《민우일보民旰日報》에 실린
논찬사설 3편, 김택영의 〈의제문擬祭文〉, 양계초의 〈추풍단
등곡秋風斷藤曲〉 등을 실었다.

박은식의 저서 《안중근전》은, 1917년 12월 블라디보스토

크의 《한인신보》가 《애국혼》이라 이름 붙인 순국선열을 숭모하는 책자를 간행하면서 그 속에 《안중근전》을 쉽게 읽을 수 있도록 국문으로 초역해 〈만고의사 안중근전〉이란 제목으로 수록되었다. 이 책의 편저자는 《한인신보》의 주필 김하구金河球로 추정되는 '옥사玉史'라는 필명을 가진 사람이었다. 책의 말미에는 중국 신해혁명의 지도자 손문의 예송시도 수록되어 있다.

> 공은 삼한을 덮고 이름은 만국에 떨치나니
> 功蓋三韓萬國
> 백세의 삶은 아니나 죽어서 천추에 드리우니
> 生無百歲死千秋
> 약한 나라 죄인이요 강한 나라 재상이라
> 弱國罪人强國相
> 그래도 처지를 바꿔놓으니 이등도 죄인이라
> 縱然易地亦藤侯

작자 미상의 《근세역사》는 안 의사 순국 3주 뒤인 1910년 4월 15일 국내에서 간행돼 은밀히 읽힌 안 의사 최초의 전기다. 조선통감부가 국내에서 유포된 것을 입수해 일본에 보낸 정보보고서에 그 내용의 일부가 실려 있다. 200자 원고지 50매 내외의 분량인 이 보고서에는 "안 의사의 출생에서 의거 및 순국에 이르는 전 과정을 힘찬 필치로 기술하고 있으며 특히 공판 과정에서 안 의사가 보인 영웅적인 풍모가 생생하게 담겨 있다"라고 쓰여 있다.

창강 김택영은 안 의사가 순국한 직후 망명지인 중국 통주에서 《안중근전》 1만여 권을 발간하여 국내외에 배포했다. 김택영은 1916년 《안중근전》을 개작해 자신의 문집에 이를 수록했다. 또 안중근 의거 직후 안 의사에 '해주海州'라는 호를 올리며 '의제문'을 지었다. 《안중근전》은 비록 11쪽에 불과한 분량이지만 "자고로 충신의사의 죽엄에는 늘 그 뜻을 이루지 못했거늘 지금 안중근의 죽엄에는 그 뜻마저 이룬 것이다"라는 알찬 내용이 담겨 있다.

《안중근전》을 쓴 이건승은 이건창의 형으로서 경술국치 뒤 서간도 회인현으로 망명하여 독립운동을 벌였다. 김택영과도 가까워 망명 뒤 학문적 교류가 깊었다. 그러나 이건승의 《안중근전》은 간행되지 못하고 자필문집인 《해경당수초海耕堂收草》에 실렸다.

《대동위인 안중근전》은 《신한국보》의 주필 홍종표가 1911년 8월 하와이에서 지어 《신한국보》에서 간행했다. 이 책은 표제만 한자고 내용은 한글로 된 본문 16쪽의 안중근 전기다.

계봉우의 〈만고의사 안중근전〉은 계봉우가 1914년 6월부터 8월까지 단선檀仙이란 필명으로 블라디보스토크에서 《권업신문》에 10회에 걸쳐 연재한 한글본 안중근 전기다. 계봉우는 1910년 국치를 맞아 해외로 망명해 북간도, 연해주, 카자흐스탄공화국 등을 전전하면서 국학 연구와 고려인 교육에 헌신했다. 《만고의사 안중근전》은 그가 1913년 《권업신문》의 기자로 활동할 때 쓴 것이다. 안명근에게서 안중근 의사의 자료를 넘겨받아 전기 저술에 참고했다.

정원鄭沅의 《안중근》은 안 의사 순국 뒤 중국인이 쓴 최초의 안 의사 전기물이다. 상·중·하로 구성된 이 책은 상편에 《안중근전》, 중편에 《안중근 사략》 그리고 하편에는 한인 의열활동 개요를 편술한 〈한인살매국노지역사漢人殺賣國奴之歷史〉가 부록으로 실렸다.

그 밖에 안 의사의 돈의학교 문하생이었던 이전李全이 1947년에 저술한 《안중근 혈투기, 일명 의탄의 개가》가 있다. 성재 이시영의 휘호와 신익희, 김봉준, 이강, 김형순 등의 서序가 실려 있다. 사학자 황의돈은 1957년 국내의 한 신문에 《안 의사(중근)전》을 연재했다. 안 의사의 공판 기록과 조선총독부의 취조 기록, 《백범일지》 등 관련 문헌을 토대로 기술했다.

다음은 이들 안중근 전기에서 안중근을 평한 주요 내용을 발췌한 것이다. 이 밖에 이강의 회고와 양계초, 채원배 등의 안중근 평도 함께 모았다.[1]

---

1 이 부문은 윤병석 교수 엮음, 《안중근 전기전집》 해제를 참고, 인용했다.

박은식이 평한 안중근

내가 이 편(《안중근전》)을 서술하니 중국 언론이 이름을 붙여 부르기를 세계위인전이라 하였다. 안중근이 세계위인이된 것은 하얼빈의 일거로 천하를 진동시킨 때문인가? 대답은 그렇다고도 할 수 있고 아니라고도 할 수 있다. 안중근은 15세부터 이미 의병을 일으켜 적을 쳐서 두각을 나타내었다. 국민의 문약함을 개탄하고 상무주의를 열심히 제창하였다.

나라의 위험이 이미 닥쳐오는데도 국민이 깨닫지 못하자교육을 구국의 제일로 삼고 각지를 다니며 진력하였다. 해외로 떠돌아다니면서 의로운 남아들에게 의용전에 참가하라고호소하였고 천하막강의 적과 싸워 그 예봉을 맞받았다. 그러니 안중근이 한 일은 문산文山이 한 일보다 더 위대한 일이라할 수 있다. 다섯 발 거리에서 나라 원수를 친히 죽이니 육대주가 놀랐다. 자방 장양張良에 비하여도 그 장렬함이 더 빛난것이다. 감옥에 오랫동안 갇혀 있으면서 위합에 두려워하지 않고 이利에 유인당하지 않으면서 태연히 인仁을 이룩하였으니 문산의 전절全節과 같았던 것이다. 아! 바로 이로 말미암아 그는 세계위인이 된 것이다.

만약 저격한 일을 여러 형섭荊聶류에 비교한다면 억울한 것이다. 고금의 망국사를 두루 살펴보면 충의의 피 흔적이 낭자하지만 끝내 그 국망을 구하지 못하였다. 국가의 존망이 하늘에 있거늘 어찌 사람의 힘으로 미치겠는가?

(중략)

안중근이 평시에 대성질호大聲疾呼하며 우리 국민에게 고한 것은 단합주의다. 우리 동포들은 그것을 잊지 않았는가? 아! 안중근이 손에 칼을 쥐고 우리의 좌우에서 지켜보고 있다.[2]

---

2 박은식, 《안중근전》.

김택영이 평한 안중근

해주는 명산을 등지고 대해大海에 면한 해서海西의 일대 도회이니, 고려 때부터 '해동공자'라는 명유 최충崔冲이 나고 이제 중근이 또한 거기서 나 천하에 광대하고 준위한 절개를 세우니 이 또한 지기地氣가 시키는 바라고 한다. 이제 중근의 죽음은 능히 그 뜻을 이룬 뒤에 범이 맞아 죽고 고래가 잘려 죽는 것과 같은 죽음을 당하였으니, 이 세상에서 이를 듣는 자로 하여금 심야에 홀로 자는 가운데 천둥소리를 듣는 것과 같이 모두 놀라게 하였다. 오호라, 천재千載의 기이奇異라 하지 않겠는가마는 그가 이를 이룬 것은 하늘이 시켰다 할 것이나, 잡혀 있던 200일 동안에 산 사람으로서 뜻을 굽히지 않은 것은 사람으로서는 실지로 어려운 일이다.[3]

▬ 3 김택영, 《안중근전》, 1910년 지음 , 1916년 개작.

이건승이 평한 안중근

안중근은 감옥에서 수만 어의 《동양평화론》을 쓰고 시를 읊으면서 시간을 보냈다. 죽는 날에 양복을 벗고 한복을 갈아 입고 형을 받았는데 담소하는 것이 평시와 같았다. 다그라스 가 안병찬더러 말하기를 "천하의 사형수들을 많이 봤지만 이 러한 열사는 본 적이 없다. 돌아간다면 마땅히 천하 사람들을 위하여 그를 칭송할 것이다"라고 하였다. 일본 사람이 안중 근의 사진을 찍고 그의 글씨를 새겨 팔았는데 세상 사람들이 다투어 사서 보배로 간직하였다.

우덕순과 조도선도 모두 체포되었는데, 우덕순은 퍽이나 격방되어 굴하지 않았으며 3년형에 언도되어 한국 함흥에 옮 겨졌는데 얼마 후 자살했다고도 하고 혹은 도피하여 모면했 다고도 한다. 이어 이재명과 안명근의 일이 생겼다.[4]

---

4 경제耕齊 이건승은 경술국치 후서 간도 회인현에 망명하여 《안중근전》을 지 었다. 자필유교 《경제당수초耕齊當收草》에 실렸다.

홍종표가 평한 안중근

 망국의 한을 품고 독립자유 네 글자로 신명을 내기하던 애
국지사 기세 인걸의 처판處辦이 어찌 되는가 하여 각국 변호
사와 방청이 구름같이 모였으며 장군의 두 아우 정근, 공근과
그 종제 명근도 참석하였는데, 재판장이 판결주문을 선고하
니 안중근은 사형에, 우덕순은 징역 3년에 처한지라 곁에 있
던 변호사들이 크게 분개하여 팔을 뽐내며 다시 공손함을 의
론하고 만국 통신원 기자들은 인하여 통석하여 차마 붓을 들
어 기록치 못하며 묵묵히 서로 돌아보니 법정이 홀연 적적하
여 아무 소리가 들리지 아니하고 음침한 기운이 사람을 엄습
하여 심담이 송연하더라.

 장군이 신색身色이 자약하여 법원장에게 이르기를 "내 이
제 한국의 자유를 구하며 동양의 평화를 위하여 쾌활히 몸을
희생함이니 무슨 한이 있으리오마는 너희들의 공판이 이와
같을 것을 내 일찍이 알았노라. 다시 더불어 다툴 것이 없다."

하고 이에 공소권을 포기하니 세계 평론가에서 태연히 놀라
일본의 정도程度가 어떠한 것을 판단하며 국내 동포들은 통분
함을 이기지 못하여 여순법원에 글을 보내 가로되 "너희들의
불법이 이 같은 경우에는 반드시 강경한 수단으로 대적함이
있으라 하였는데, 그 끝에 평양 향화동이라 서명하였더라." [5]

---

5 홍종표는 하와이 대한민국민회기관지 《신한국보》의 주필로서 1911년 8월에
《신한국보》에서 애선자哀先子 홍종표洪宗杓 명의로 간행한 안중근 의사 전기
를 펴냈다.

계봉우가 평한 안중근

인걸은 지령地靈이요, 사람은 내역來歷이 있다. 하는 말이 과연 믿부도다. 우리나라 백두산의 정기가 합하여는 동서고 금에 독일무이한 안중근이 되고 흩어져서는 기천기백의 안중 근이 되었나니 장자방張子房의 원수를 갚아주기 위하여 박랑 사博浪沙 중에서 500근 철퇴로 만승천자萬乘天子 진시황을 치 던 동부여 사람 여구양도 공의 전생이오, 전직에 거짓 항복하 여 위나라 장수 관구검의 선봉을 찔러 죽이던 동부여 사람 추 유도 공의 전생이오, 수나라 집에 교만한 아이 양광의 가슴을 활로 쏘던 복노사伏弩士도 공의 전생이오, 한 조각 외로운 성 城에 수백 활로 쏘던 복노사伏弩士도 공의 전생이오, 한 조각 외로운 성城에 수백 약한 군사로 당태종 이세민의 눈을 쏘아 물리치던 양만춘도 공의 전신이오, 발해국을 다시 회복하기 위하여 원수 소보선을 찔러 죽이던 동경소년도 공의 전신이 오, 나이 겨우 여덟 살 되는 어린아이로 적극 분서왕을 찔러 죽이던 황창랑黃昌郎도 공의 전신이오, 또한 상황 정거장에서 일성 미국 사람 스티븐스를 쏘아 죽이던 장인환은 공의 한 몸이니라.

종현鍾峴 대로상에서 매국적 이완용을 다섯 걸음에 찌르던 이재명은 영원이니라. 오대양은 마를지언정 안중근은 무궁이니라. 오색인종은 없어질지언정 안중근은 영생이니라.[6]

---

6   계봉우,《만고의사 안중근젼》 1,《권업신문》, 1914년 6월 28일자.

정육이 평한 안중근

    오호, 하나의 이등이 죽었다지만 일본의 5000만이 사람마다 모두 이등이 될 수 있는 것이다. 입헌국 국가주의 교육이 이럴진대 어찌 포악한 진나라라고 하지만 이에 비길 수 있겠는가? 게다가 나라는 반드시 스스로 자기를 해친 뒤에야 다른 사람이 진공할 수 있는 것이다. 그러므로 한국은 이등의 손에 망한 것이 아니라 이완용, 이용구 등과 같은 사람에 의하여 망한 것이다. 돌아보면 사람들은 비록 자기 나라를 사랑하지 않지만 자기 가정을 사랑하지 않거나 자기 자신을 사랑하기에 그 몸을 나라에 순국시키지 못하는 것이다. 만일 안중근이 일찍 사람들로 하여금 스스로 나라를 망하게 한다면 그 화가 우선 자기 집과 자신한테로 돌아온다는 것을 알게 했다면 사람들은 모두 스스로 나라를 망하게 하는 마음을 감히 갖지 못했을 것이다. 그렇다면 한국이 망하지 않았을 것이며 한국이 망하지 않는다면 이등은 아직까지 살아 있을 수 있을 것이다.

안중근은 이미 죽었으나 그 사람과 그가 한 일은 항상 사람들의 이목에서 빛나는 것이다. 내가 중외의 신문과 잡지에서 발췌하여 전기로 묶었으나 사서에는 미치지 못한다. 안중근의 성명은 형가와 유후留侯(장랑을 가리킴)보다 더욱 빛나는데도 내가 지금 그를 표양하는 것은 천하후세에 표창하기 위해서다. 후세에 무릇 스스로 나라를 멸망시키는 것을 용서하지 못하는 사람이라면 마땅히 자기 나라를 망하게 하는 자에게 칼날을 들어 밀어야 한다. 감히 자기 나라를 스스로 말하게 하는 자들은 나라 안에 혹시 안중근 같은 사람이 있다면 오호, 가히 두려워할 것인가.[7]

---

7 중국인 정원鄭沅은 중국인으로서는 최초로 간행된 안 의사 전기를 편술했다. 여기에 정육程淯도 한 편의 글을 썼다.

오전기가 평한 안중근

안중근의 이름은 후세만대에 남을 것이다. 조선에서 이런 의협열사가 나타났다. 조선은 비록 나라가 망해도 영광이 있다. 자고로 영웅들은 한 번 죽음으로 겨루었으니 일을 함에 있어서 후세의 평가를 고려할 틈이 없었다. 다만 그 뜻을 이루려고 하면서 스스로 자기의 애국지성을 다하였던 것이다. 그것은 추운 겨울에도 변함없는 송백의 절개이다. 의협열사 유골은 천년 후에도 향기롭다.

(중략)

동아대세가 이렇게 나빠진 것을 어찌 야만들의 싸움과 같이 보겠는가? 동북하늘이 기울어져도 어찌할 방법이 없었다. 망국의 아픔을 자기 몸으로 받아들이고 호방한 기개에 들끓는 분노를 터뜨렸다. 이등이 첫 번째 괴수로 나라를 해쳤으니 탄환은 마음대로 그를 규탄할 수 있었다. 대장부로 태어난 그는 난세에 직면하여 한 번 크게 기백을 떨치었다. 그는 가슴을 뻗치어 작은 천하를 굽어보고 평범한 사람들은 모두가 두 꺼비와 같았다. 정후작의 걸작에 하나의 해석을 가하자니 나라의 흥망성쇠에 대한 감개무량으로 가슴이 두근거린다. 춘추의 꾸짖음은 현자들의 뜻이거늘 세속의 분분한 평가는 따르지 않았다. 조선의 정치는 오랫동안 어두워서 그들은 무관심 속에 대세를 역행하기 즐기었다.

(중략)

오늘 이등을 죽였지만 적들은 손해가 없다. 오히려 헛된 죽음으로 경중을 잃은 것 같다. 나는 이 말을 듣고 길게 탄식하였으며 말없이 마주앉아 새로 느끼는 바가 있었다. 당신께서 크게 외쳐 여러 사람들을 깨우칠 것을 바라며 물우의 종과 북소리 둥둥 울린다. 깊은 잠에서 깨어나는 사람들이 적어 어쩔 수 없다. 나는 동포들을 위해 홀로 근심한다. 흐느끼며 탄식하다가 위령제를 올려 안중근 영전에 바친다. 석양 비낀 옛날 황초길의 역사무덤엔 바람안개 스산하다.[8]

8 정원이 편찬한 《안중근 전기》에 실린 오전기의 글이다.

안정근이 평한 안중근

오호! 여러분들은 생각해보시라! 세계 그 어느 민족이 피를 흘리지 않고 국가의 위엄을 떨칠 수 있었는가? 호랑이와 함께 자면서 달콤한 꿈을 이루고 도적을 집안에 불러들여서 재산을 잃지 않는 일은 결코 있을 수 없다. 지금 중국에서 한 차례 혈전을 일으켜 외적을 물리치지 않고 안녕을 구해 누릴 수 있는가? 그 도리는 매우 명백하여 어린애들도 모두 알고 있다. 하지만 지금도 강도에게 아첨하는 재간과 순종하는 책략으로 국민을 선도하려 하고 암암리에 국민기상을 소실시켜 4억 인구로 하여금 죄다 거의 죽어가는 모양을 하게 하며 달갑게 외국인의 노예가 되게 함은 무엇 때문인가? 오호! 오늘의 중국을 구하려면 반드시 국민의 뜻을 격려하고 민족기상을 배양하며 4억 인구의 뜨거운 피로써 섬나라 민족에 대처해야만 한다. 그렇지 않다면 여러 가지 정책은 모두 공론공담으로 아무런 쓸모가 없다. 그 결과는 곧 자멸에 빠지고 말 것이다. 한마디로 나라를 구한다는 것은 바로 피를 흘린다는 말이 아닌가?

나의 형님인 안중근은 여순감옥에서 임종할 때 나에게 최후의 몇 마디 말을 유언하였다. 하나는 조국동포들에 대한 것이고 다른 하나는 중국동포들에 대한 것이었다. 그는 말하기를 "나는 조국을 위해 나라의 원수를 죽였으니 오늘이 한 몸이 죽어도 여한이 없다. 다만 나라의 회복을 보지 못하고 먼저 죽으니 유감스러울 뿐이다. 다행으로 우리 동포형제들이 있는 힘을 다하여 조국회복에 협력한다는 소식이 천국에 전달되면 나의 하늘에 있는 영혼과 땅에 파묻힌 유골도 당연히 즐겁게 춤출 것이다.

우리의 국적은 바로 중국의 국적이다. 나는 두 나라 관계와 동양대세를 위해 이등을 죽이고 이 몸도 죽게 되니 중화민족은 나의 이 진심을 응당 이해하고 두 나라의 운명관계를 깊이 생각하며 우리 한국 2000만 인과 중국 4억 인을 도탄에서 구해내야 한다. 내가 오늘 말하는 것은 한국독립이 회복되기 전에는 중화민족도 필연코 편안한 날이 없다는 것이다"라고 하였다. 그때부터 10년 후에 나는 우리 한국독립운동을 이어받게 되었다. 중국에 대하여 감상의 표출을 금할 수 없어 정성스러운 이 진심을 그대로 알리는 바이다.[9]

---

9 안중근의 동생 안정근이 쓴 〈안정근의 피눈물 맺힌 말〉의 뒷부분이다. 정원의 앞의 책 부록으로 게재되었다.

황의돈이 평한 안중근

그럭저럭 유수같이 흘러가는 세월은 어느덧 형의 선고를 받은 후 40일이 지나게 되었다. 그래서 융희4년 경술(1910년) 3월 26일 오전 10시가 되자 정의의 천사요 충용의 장사이신 안중근 의사는 악마 같은 일본인의 형장에서 32세를 일기로 마치고 자기의 소원과 임무를 뜻대로 이루어놓고 간다는 듯이 빙그레 웃으면서 돌아가고 말았다.

아! 사람은 누구든지 80세를 사나 100세를 사나 마침내 가고 마는 것이 원칙이다. 그러나 누구나 다 이 허무한 생에 집착이 되지 않는 사람이 없는 것이다. 그러므로 아무리 백련百鍊의 감상일지라도 한번 죽는 자리에 임하면 벌벌 떨지 않는 사람이 드문 것이다.

(중략)

지자智者는 불혹하고 인자仁者는 불우不憂하고 용자勇者는 불구不懼라 하였고, 맹자는 위무威武 불능굴하며 부귀 불능굴하며 진천이 불능이不能移 시지위是之謂 대장부라 하였으며 당조도인唐朝道人 한산선사寒山禪師는 현애철수懸崖撒手 장부라 부르짖었다.

(중략)

아! 우리는 어찌하여야 이 위대한 안중근 의사의 정신을 본받고 배워서 항원에 야수같이 날뛰는 불의의 악마를 숙청하고 광풍에 낙엽처럼 표류하는 기회주의자를 개선시켜서 평화정의의 행복적 세계를 건설케 함에 도움이 되게 하여볼까? 그리고 또 이 안중근 의사의 여택은 그때에도 직접 환경에 파급하여 아령俄領에 거주하는 은거 동포를 쫓아내려 하던 아인들도 안 의사의 용감한 의거를 보고 찬탄하면서 이 훌륭한 한민족을 잘 친근케 했다. 뒷날 일본에 대한 복수전을 할 때에 앞잡이로 이용하자 하는 의논이 우승하여 그 즉시로 냉온의 기색이 전환되면서 수십만 한인의 거주와 생애에 대하여 편의케 도와주었다.[10]

---

10 사학자 황의돈이 해방 뒤 공판 기록과 우덕순 등의 증언을 토대로 1956년에 쓴 글이다.

이강이 평한 안중근

지금으로부터 바로 55년 전 4240년에 내가 노령 해삼위에서 《대동공보》 주필로 일을 보고 있을 때 한 청년이 찾아왔는데, 그 고상한 인품과 빛나는 눈으로부터 나는 그에게 비범한 첫 인상을 받았다.

그 청년이야말로 그때 큰 뜻을 품고 따뜻한 고국강산을 떠나서 시베리아 눈보라치는 노령 땅으로 뛰쳐온 응칠이라고도 부르는 29세의 청년 안중근이었다. 그때 우리 두 청년은 서로 손을 맞잡고 내 방으로 들어가서 그 밤을 밝히지 않을 수가 없었다.

회고하건데 금년 내 나이 84세고 안 의사 생존하셨다면 83세이시니 32세의 청년으로 위국연생爲國捐生하신 지 어느 덧 반세기가 지난 오늘날, 동지 안중근 의사를 추억할 때 옛날의 만감이 교집함을 금치 못하는 바이다.

내가 이제 안 의사의 성스럽고 위대한 애국애족의 정신과

업적에 대하여 구구히 설명치 않아도 여러분께서는 잘 알고 계실 줄로 믿기 때문에 다만 내가 노령 해삼위에서 3년간 안 의사와 같이 지낸 소감의 일단만 이야기하려는 바이다.

선생이 단기 4240년 29세 때에 해삼위로 들어가서 진작부터 국권회복 운동에 주동의 역을 맡아 열렬히 활약하매 동포들의 애국심이 불과 같이 일어나고 특히 사격의 명성이 사방에 높았다.

(중략)

독일제 권총을 일정씩 제공하고 우덕순을 동행케 하여 10월 26일 해삼위에서 내가 두 분 동지와 최후로 작별할 때에 안중근 선생은 나의 손을 굳게 잡으시고 "이번 길에 꼭 총소리를 내리다, 뒷일은 동지가 맡아주오." 하고 떠나던 그 모습이 아직도 눈에 암암할 뿐이다.[11]

---

11 이강, 《내가 본 안중근 의사》, 연해주의 《대동공보》 주필로서 해방 뒤 귀국하여 기술한 안 의사 회고담이다.

채원배가 평한 안중근

아! 열사가 나라를 위해 죽으니 호연정기가 흥기하누나. 당년에 북쪽으로 가서 손가락을 잘라 굳게 맹세하고 큰 뜻에 비장한 노래를 불렀다. 한 번 가서 다시 돌아오지 않는 역수의 결의를 다지고 일격에 수치를 씻고 몸은 오히려 죽게 되었다. 통분한 것은 정권을 잡은 그들 모두가 간사함에 의뢰하여 정치교육을 잃고 국가법도를 망치었다.

이해관계에서 처음에는 약간의 차이였지만 나중에는 대단한 차이가 생기었다. 혹은 스스로 죽거나 권력을 다투면서 서로 당기었다. 물건이 썩으면 개미가 와서 훔치는 것과 같았다. 침묵 속에 많이 잠겨 있는 우리가 애달과 상심으로 이가 갈린다. 아아 열사여![12]

---

12 채원배는 중국의 저명한 교육가로서 북경대 총장 등을 지냈다. 정원이 편찬한 책에 실린 글이다.

양계초가 평한 안중근

함부로 시세에 따르지 않는 그 사나이 누구였던고, 그대 범문梵文을 따라 배우더니 나라 위해 목숨 바치리라 맹세하더라.

다리 밑에 숨어 있던 예양豫讓처럼 만리를 마다않고 국적을 추격하고 연태자 중금重金으로 비수를 사듯 그 사나이 권총 사서 품에 감췄네.

흙모래 대지를 휩쓸고 강쇠바람 울부짖는데 칼날 같은 흰 눈이 흑룡강에 쏟진다.

다섯 발자국에 피 솟구치게 하여 대사를 이루었으니 웃음소리 대지를 덮었네.

만민이 형가 같은 영웅을 우러러보니 그 사나이 평소마냥 태연자약하고 공개 재판에 나서서도 떳떳하게 법관 질문에 대답하기를, 내가 사나이 대장부로 태어나 자기의 죽음을 예사로 여기지만 나라의 치욕을 씻지 못했으니 어찌 공업을 이루었다 하리오.

깊고도 혼탁한 독롱강 물결 세상은 이 강물처럼 험악한데 사람들의 원한도 흐르는 그 물결마냥 해마다 날마다 이어져 가리.

절세의 공명을 이룩하였고 늘어서 국사 위해 숨졌지만 캄캄한 귀로에 올라선 영구 쓸쓸한 비바람이 돛대를 밀어줄 뿐.

천추의 은덕, 만대의 원한 그 누가 옳고 그름을 가릴 수 있으랴, 두 위인은 이 세상을 떠났다만 그들의 죽음은 태산보다 높도다.

사마천이 안자晏子를 추모하듯 나는 그대(이등)를 경중하였도다. 허나 나의 무덤만은 내 안 군과 나란히 있으리.

나의 이 구슬픈 노래 들으면 귀신도 울음 금치 못하리. 저 산너머 황혼의 햇빛이 서리맞은 단풍은 붉게 비출 제.[13]

---

13 청말의 대사상가 양계초의 〈추풍에 덩굴 끊어지도다〉는 정원의 앞의 책에 수록되어 있다.

제 16 장

안중근 의사의 유족 그 이후

영예와 치욕에 놀라지 아니하고, 한가로이 뜰 앞에 피고지는 꽃을 본다. 가고 머묾에 뜻을 두지 않고, 부질없이 하늘가에 걷히고 펼쳐지는 구름을 따른다. 맑은 하늘과 밝은 달이 어느 곳엔들 날아가지 못하리오. 그런데 나는 나방은 오로지 밤 촛불에 뛰어드는구나. 맑은 샘과 푸른 풀은 어느 것인들 먹고 마시고 싶지 않으리오. 그런데 올빼미는 오직 썩은 쥐를 즐겨 먹는다. 아, 슬프다! 세상에 나방과 올빼미 같지 않은 자 몇이나 되는가.

― 김구, 《총욕불경寵辱不驚》, 1949년 3월에 쓴 안중근 의사 순국 39주년 추념시

유족, 의거 뒤 러시아로 이주

안중근의 할아버지와 할머니는 태진, 태현, 태훈 세 아들을 낳았다. 장남 태진은 종근, 장근, 창근 3형제를 두고 둘째 아들 태현은 영근, 홍근과 딸 익근을 낳았다.

셋째아들 태훈은 중근, 정근, 공근과 딸 성녀를 두었다. 중근은 김아려와 결혼해 아들 분도와 준생 그리고 딸 현생을 낳았다. 장남 분도는 12세 때 사망하고 준생은 정옥녀와 결혼해 아들 웅호, 선호, 현호를 낳았다. 현생은 딸 황은주와 황은실을 낳았다.

중근의 동생 정근은 아들 원생과 진생, 딸 혜생, 미생, 옥생, 은생을 낳고, 막내 동생 공근은 아들 우생, 낙생과 딸 지생, 연생, 금생을 낳았다.

안인수의 넷째아들 태건은 아들 봉근, 충근, 성근을 낳고, 다섯째 아들 태민은 아들 경근, 형근을 낳았다. 경근은 아들 철생을 낳고, 형근은 아들만 6형제를 두었는데, 명생, 품생,

홍생, 의생, 용생, 달생이다. 안인수의 여섯째아들 태순은 절손되었다.

여기서는 안중근의 형제와 직계가족을 중심으로 유족관계를 살펴보기로 한다.

안 의사는 1909년 음력 7, 8월경 정대호鄭大鎬의 편지를 통해 오랜만에 고향의 소식을 듣고 가족들을 데리고 와달라고 부탁했다. 이때 이미 이토를 처단하려는 결심을 하고 가족의 안위를 염려해 러시아로 망명시키고자 했던 것 같다. 안 의사의 어머니와 처자는 정대호의 도움과 두 동생의 주선으로 이해 여름 평양과 하얼빈을 거쳐 블라디보스토크에 도착했다. 그러나 안 의사는 가족을 상봉하지 못한 채 블라디보스토크를 떠남으로써 생전에 가족을 만나지 못하고 사별하게 되었다.

블라디보스토크에 도착한 가족은 낯선 땅에서 가장의 의거 소식을 접하고,《대동공보》직원들과 이곳 거주 동포들의 지원으로 어렵게 생계를 유지할 수 있었다. 유지 최재형과 대한제국 러시아공사를 지낸 이범진의 지원 그리고 국내외에서 답지한 성금이 생활에 도움을 주었다. 최봉준, 김병학, 김학만, 유진율 등 블라디보스토크의 한인 지도자들은 안중근의 사유족구제회를 결성해 안중근 추모사업을 모색했다.[1]

의거가 일어난 뒤 안 의사의 두 동생은 더 이상 국내에 머

▬▬ 1 박환,《러시아한인 민족운동사》, 탐구당, 1995, 98쪽.

물 수 없는 형편이 되었다. "일제가 더욱 단련을 가해 헌병과 순사들이 매일 그 대문을 두드리고 그 출입자들을 탐문하고 그 의사를 캐물으니, 옥리가 죄수를 감시하는 것과 다름이 없었다." "일인들이 안중근의 두 동생을 매우 기피하여 심히 정찰하며 어떤 일을 만들어 없애버리려 하였다"[2]고 한다. 이 같은 상황에서 안정근과 안공근은 형의 유지를 받들고 유족을 돌보기 위해 연해주로 떠나기로 결정했다. 연해주를 택한 것은 형의 유족이 머물고 있고, 10.26의거 뒤 안 의사 추모열기가 뜨거워서 항일운동을 하는 데 적합했기 때문이었다.

1910년 5월경 안정근은 북간도를 거쳐서 블라디보스토크로 건너가고 안공근은 원산에서 배를 타고 블라디보스토크에 도착했다. 형제가 따로따로 행로를 잡은 것은 일제의 삼엄한 감시망을 피하기 위해서였다. 블라디보스토크에서 합류한 형제는 안중근의 주요 활동 근거지로서 단지동맹을 결행했던 크라스키노에서 형수의 가족과 상봉했다. 크라스키노에서 안중근 일족은 엄인섭의 집과 최재형의 집에 머물렀다.[3]

그러나 언제까지나 남의 집에 얹혀 살 수는 없는 노릇이었다. 세 가족을 합쳐 8명에 이르는 대식구였다. 일족은 중국 길림성 목릉현 동청철도 조차지에서 수년간 생활했다. 이곳에 거주지를 정하는 데는 도산 안창호의 도움이 있었다. 안창호

■■■ **2** 송상도, 《기려수필》, 국사편찬위원회, 1971, 159쪽.
■■■ **3** 한시준, 〈안공근의 생애와 독립운동〉, 121쪽.

와 안중근은 신민회에 관계할 때부터 교분이 있었던 것이다. 길림성 목릉현은 연해주와 중러 접경지대로 독립운동 근거지로는 적합한 지역이었다. 농사를 지을 수 있는 미간지가 많은 것도 선택의 요인이 되었다.

안 의사 유족의 해외 망명과 관련해 또 다른 증언이 있다. 앞에서도 인용한 바 있는 유동하의 여동생의 구술증언이다.

> 안중근 의사의 가족은 안 의사의 아내(김아려), 3명의 자녀(장녀 현생, 장남 분도, 차남 마태), 안 의사의 모친, 동생 정근과 정근의 처 한씨, 동생 공근 등 모두 8명이었으며 1910년 2월 14일 안중근 의사에게 사형이 선고되자 류승렬이 안 의사의 가족들을 조선으로부터 우선 러시아령 꼬르지포로 맞아들이고 약 보름 후에 목릉 강변에 있는 마을로 이주시켰다고 한다.[4]

증언에 따라 약간의 차이가 있는 것 같다. 다만 일족이 길림성 목릉강변에 망명생활의 새 둥지를 튼 것은 확실하다.

━━ 4 유동선 구술, 김파 정리, 〈민족해방사화-안중근과 그의 동료들-오빠 류동하에 대한 회상〉, 《송화강》, 1985.

●장남 분도의 사인 의문점 많아

안중근 유족이 블라디보스토크에 머물고 있을 때, 단재 신 채호와 함께 《대한매일신보》의 논설위원을 지낸 장도빈이 이 들과 만난 회고담이 있다.

나는 그곳(블라디보스토크)에 이갑 씨와 함께 있는 중에 안정근 씨를 만났는데, 정근 씨는 곧 안중근 씨의 영제로 서 그 모친 및 안중근 씨 처자와 함께 있었다. 안 의사의 모친은 여자 가운데 애국자로서 매우 현명한 분이요, 안의 부인은 수척한 몸에 병상이 있어 보이고, 안 의사의 아들 은 두 명인데 장남은 10세 정도로 신체 쇠약하더니 후에 들은즉 일찍이 사망하였다 하고, 차남은 5~6세가량인데 매우 건강하게 보였다.[5]

▬▬ 5 장도빈, 〈암운 짙은 구한말〉, 《사상계》 1962년 4월호, 283~284쪽.

안 의사가 유언으로 신부가 되도록 키워달라고 당부하였던 장남 분도는 유족이 목릉에 머물고 있을 때 일제에 의해 어린 나이에 독살되었다고 한다. 다시 유동선(류동선)의 증언이다.

1911년 여름이었다. 언니와 나는 목릉에 있는 안중근 가족들에게 문안을 갔었다. 그리하여 안중근 가족들의 집에서 며칠간 지내게 되었는데 나는 군도와(장남 분도를 군도로 오기한 듯) 마태 셋이서 숨바꼭질도 하고 목릉강변에 나가 가재잡이도 하곤 하였다. 그러던 어느 날이었다. 군도가 강변에 나간 지 이윽했는데 갑자기 비지땀을 흘리면서 배를 끌어안고 뜰악으로 비칠비칠 들어오며 "엄마, 나 죽소, 아이고 배야, 아이고 배야……." 하며 집안에 들어서자 쓰러지는 것이었다.

군도의 어머니 김아려는 당황하며 어쩔 바를 몰라 하며, "애! 군도야! 너 어찌된 일이냐! 어서 말하려무나!" 하고 달래듯이 물었다. 군도는 모지름을 쓰며 정신을 가다듬더니 간신히 입속말로 알리었다.

"웬 조선사람이 낚시질을 하며 나를 부르기에 가까이 갔더니 과자를 먹자고 했어요. 그 사람도 먹고 나도 먹었는데 이렇게 배가 아파요……."

"그래? 그 사람이 강변에 그냥 있니?"

"가, 갔어요."

군도는 눈을 치뜨며 더는 말을 잊지 못하더니 어쩔 사이 없이 숨지고 말았다. 후에야 안 일이지만 그 낚시꾼은 일본놈들이 파견한 간첩이었다. 일본놈들은 앞으로의 일을 우려하여 안중근의 후손들까지 멸족시킬 야심이었다. 이 일이 있은 후 안중근의 유가족들을 보호하기 위하여 동지들은 그 일가를 차츰 상해로 이주시켰다.[6]

안중근 일족이 목릉에 자리 잡고 지낼 때 안정근이 생활비를 벌기 위해 잡화상을 운영했다. 안공근은 형님의 유지에 따라 1912년 6월부터 러시아 상트페테르부르크와 모스크바에서 러시아어를 공부했다. 안공근은 대학에 들어가 더 공부하려고 했지만 경비 부족으로 중단하고 1914년 4월경에 돌아왔다. 안중근은 의거 전에는 편지로, 의거 후에는 면회를 통해 안정근은 법률학을 공부하고 안공근은 고등학교에 진학해 더 많은 공부를 해 국가의 동량이 되어달라고 각별히 당부했다. 그러나 안 의사의 의거로 집안이 풍비박산 나면서 동생들은 공부를 계속할 처지가 못 되었다. 그러나 안공근이 모스크바 유학 중에 익힌 러시아어는 나중에 임시정부의 주러대사가 되는 데 큰 보탬이 되었다.

6 류동선 구술, 김파 정리, 〈민족해방사화-안중근과 그의 동료들-가족들의 수난〉, 《송화강》, 1985.

안중근 일족은 1914년 3월에 이갑의 가족과 함께 러시아령 니콜리스크로 이주했다. 일제의 감시가 심했기 때문에 택한 피신이었다.

그들이 니콜리스크로 이주한 것은 제1차 세계대전으로 동청철도 연변에 일본군이 널리 퍼져 가택수색과 감시가 나날이 심해졌고 동시에 니콜리스크에서 이갑의 동생이 차린 '우리국수집'이 성황을 이루었기 때문이었다. 니콜리스크에서 이갑의 동생은 안정근에게 생활비를 보조했고, 이어 안정근의 식구들까지 니콜리스크로 불러와 생활하도록 주선해주었다. 이때 안정근은 니콜리스크에서 4000원의 자본금을 가지고 국내에서 건너온 인사들과 함께 상점을 개설했다. 그는 상점을 잘 운영하여 니콜리스크 한인 사회에서 가장 유력한 기관으로 양성함과 동시에 이전에 실패했던 독립운동 기지개척 관련 사업들을 복구할 계획을 갖고 있었다. 모스크바에서 돌아온 다음에 안공근은 형이 개설한 상점에서 일했다.[7]

7 《독립신문》, 1920년 1월 31일자, 〈안 의사의 유족〉 등을 정리한 오영섭, 《한국 근현대사를 수놓은 인물들》 1, 274쪽 인용.

⬤안 의사 모친, 동포 경성운동 나서

안중근 일족의 니콜리스크 생활도 오래가기 어렵게 되었다. 제1차 세계대전이 끝나고 러시아와 일본이 동맹관계를 맺으면서, 일제는 재러 한인 지도자들을 연해주에서 축출할 것을 요구했다. 이에 따라 러시아 정부의 탄압으로 《권업신문》이 폐간되는 등 시련이 가중되었다. 그 무렵 안공근과 안정근은 러시아 한인사회의 지도급 인사로 부상했고, 일제의 감시와 탄압의 대상이 되었다. 일제가 러시아 측에 보낸 축출 한인명단에는 이종호, 이동휘, 이동녕, 정재관, 계봉우, 이범윤, 이갑 등과 함께 안공근, 안정근 형제도 포함되어 있었다.

니콜리스크에서 안중근 일족의 활약은 놀라울 정도였다. "어머니 조 씨는 거의 영일이 없이 동은 해삼위로 서는 바이칼에 지至하기까지 분주하여 동포의 경성警醒에 종사하였을 정도로 러시아 동포들의 민족의식 고취에 여념이 없었다"[8]라는 기록에서 보듯이 안 의사의 모친은 아들을 잃은 상심을 씻고 일어나 동포들의 '경성'운동에 나섰다.

안정근과 안공근은 의열 동포들과 함께 1914년 9월 포그라니치나야 역 부근 산속에서 하얼빈 일본 총영사관 스파이 조선인 김정국을 처단했다. 이후 일제의 끈질긴 추적을 피해 러시아 국적을 취득한 안정근은 1915년 8월 러시아 국민병으로 종군하게 되고, 안공근은 은신하면서 니콜리스크 지방에서 벼농사에 성공해 200석가량의 쌀을 수확하는 성과를 거뒀다. 군복무를 마치고 돌아온 안정근과 형 안공근은, 니콜리스크의 기후와 풍토로는 벼농사가 불가능하다는 통념을 깨고 연구와 실험을 거듭한 끝에 벼농사에 성공했다. 이것은 동포들의 생활은 물론 러시아인들에게도 큰 도움을 주는 쾌거였다. 형제가 이 지역에서 벼농사에 관심을 둔 것은 독립운동기지를 마련하려는 원대한 계획에 따른 것이었다.

안정근은 1917년 러시아의 2월혁명 결과 1918년 1월 노령에서 한인사회당이 결성되자 여기에 가입하고, 안공근은 1918년 6월 니콜리스크에서 결성한 한인 비밀회합에 참여하는 등 항일운동에 적극 참여했다. 그러던 중 안정근은 1919년 4월 임시정부가 수립되자 1918년 11월경 상해로 건너갔다. 안정근은 임시정부에 참여해 본격적인 독립운동을 전개하는 일과 함께 안중근의 딸 현생과 아들 준생, 안공근의 아들 우

8 《독립신문》, 1920년 1월 31일자, 오영섭, 〈안 의사의 유족〉, 앞의 책, 275쪽.

생 그리고 자기 아들 원생의 교육을 위해 상해로 거처를 옮기기로 한 것이다. 안 의사의 유지를 받들기 위해서는 2세들의 교육이 무엇보다 시급하다고 생각했던 것이다.

안공근은 니콜리스크에 잔류했다. 그리고 남은 가족을 돌보면서 비밀결사 활동에 가담해 홍범도군, 황병길군 등 우리 의병부대와 결사대에 많은 무기와 자금을 공급해주었다. 그러던 중 임시정부 내무총감 겸 국무총리로 부임한 안창호의 연락을 받고 상해로 건너갔다. 안공근이 니콜리스크에 남아 있던 가족과 함께 상해로 온 것은 1920년 5월이다. 안창호는 안공근이 러시아어에 능통하고 모스크바의 사정에 익숙하다는 점을 알고 그를 임시정부의 러시아특사로 임명했다. 그러나 안창호의 후임으로 국무총리가 된 이동휘가 자신의 측근인 한형권을 모스크바로 파견해 안공근은 특사로 임명되고서도 모스크바로 부임하지 못했다.

이동휘가 국무총리에서 물러나면서 안공근은 1920년 7월 임시정부 최초의 러시아대사 겸 외무차장에 임명되고, 1922년 초에 모스크바에 도착해 외교활동을 벌였다. 이 무렵 이동휘의 측근이 레닌 정부가 임시정부에 지원하기로 한 200만 루블의 원조자금을 받아 상해로 돌아왔다. 안공근은 현지에서 잔액 140만 루블을 받아내려고 노력했지만 성공하지 못했다.

이 무렵 안정근은 뇌병으로 활동을 중지하고 1924년 2월 가족과 함께 북경으로 이주한 데 이어 이듬해 위해위로 요양을 떠났다. 안정근의 활동은 이로써 끝나게 되었다. 한편 1923년 상해로 돌아온 안공근은 어머니와 안중근의 가족 생계까지 떠맡아 구미 공사관에서 통역과 정탐원 노릇을 하며 생활을 꾸렸다. 안중근의 자녀들은 어려운 생계로 교육을 받기 어렵게 되자 중국인 교장의 도움으로 학업을 계속할 수 있었다.

안공근의 혁혁한 항일운동

안공근은 경제적으로 어려운 처지에서도 독립운동을 계속
했다. 1926년 5월경 조직된 독립운동촉성회 회장을 역임하고
1926년 조카 안원생 등 청년들과 결사대 8인단을 결성했다.
또 1927년 4월 한국유일독립당 집행위원을 맡았고 1930년
1월 안창호, 김구 등 민족주의자 28명과 함께 한국독립당을
창당했다. 1931년 11월 김구가 한인애국단을 만들 때는 핵심
적인 역할을 담당했다. "한인애국단의 본부는 안공근의 집에
설치되었고, 따라서 한인애국단의 중요한 일들은 안공근의
집에서 이루어졌다. 1931년 12월 13일 이봉창 의사의 선서식
이 안공근의 집에서 거행되었고, 또 단원들의 통신 연락처도
안공근의 집이었다. 윤봉길 의사가 출정에 앞서 태극기를 들
고 찍은 사진은 안공근의 차남 안낙생의 집에서 촬영한 것이
다. 안공근의 집은 프랑스 조계 패륵로 신천상리 20호였는데,
각지로 파견된 단원들이 이곳에서 통신연락을 했다." [9]

안공근의 독립운동은 줄기차게 전개되었다. 그는 김구의 최측근으로 한인애국단의 실질적인 운영자였다. 윤봉길 의거 뒤 김구가 가흥으로 피신할 때 동행한 것을 비롯해 항주와 남경을 오가면서 김구와 독립운동가들은 물론 중국 장개석 정부와의 연락관계 역할을 도맡았다. 1933년 8월에는 제약회사를 경영하면서 일제와 내통한 밀정 옥관빈 처단을 주도하고, 1934년 12월에는 한인특별반의 후신인 한국특무대독립군의 관리와 운영 책임을 맡았다. 안공근은 임시정부에 참여하기보다 외곽에서 특무조직을 관리하고 운영하는 일에 심혈을 기울였다. 1937년 7월에 한국국민당의 전위조직인 한국국민당청년당과 한국청년전위단을 조직해 운영하기도 했다. 전위단은 김구의 아들 김인과 안공근의 장남 안우생 등이 실무조직책임을 맡아 수행했다.

안공근이 독립운동 무대에서 퇴장한 것은 1937년 7월 이후 김구의 신임을 잃게 되면서였다. '김구의 신뢰 상실'을 두고는 견해가 엇갈린다. 중국정부로부터 독립운동기금의 창구 역할을 해온 안공근이 독립자금 사용에 '전횡불륜專橫不倫'이 있었다는 것과, 중일전쟁이 발발했을 때 안중근의 가족을 상해에서 탈출시키지 않았기 때문이라는 주장이 있다.

━━ **9** 오영섭, 앞의 책, 290쪽.

안공근과 김구가 갈라선 이유에 대해 중일전쟁 이후 안공근이 큰형의 가족을 상해에서 탈출시키지 못했기 때문이라는 설은 널리 퍼져 있다. 《백범일지》에 따르면, 1937년 10월 일본군이 상해를 공격해오자 안공근은 자신의 가족들을 제쳐두고 김구 모친 곽낙원만을 모시고 남경으로 나왔다. 당시 곽낙원은 안공근의 집에 머물고 있었는데 안공근은 자신의 가족들보다 곽낙원의 안위를 중시한 셈이었다. 이로 보아 안공근의 김구에 대한 절대적 충성심을 익히 짐작할 수 있다. 이후 김구는 다시 안공근에게 상해로 들어가 그의 가솔과 안중근 의사의 부인을 모셔오도록 거듭 당부했으나 안공근은 자기 가솔만을 데리고 나왔다.[10]

　김구는 안공근이 안 의사의 부인을 적지에 두고 나온 데 대해 호된 꾸지람을 했다. 김구는 "양반의 집에 화재가 나면 사당에 가서 신주神主부터 안고 나오거늘, 혁명가가 피난하면서 국가를 위하여 살신성인한 의사의 부인을 왜구의 점령구에 버리고 오는 것은, 안 군 가문의 도덕에는 물론이고 혁명가의 도덕으로 용인할 수 없는 일이다"(《백범일지》)라고 질책했다.
　여기서 우리는 김구와 안공근의 고매한 인격을 볼 수 있

■■■ **10**　오영섭, 앞의 책, 300쪽.

다. 김구는 자신의 어머니를 모셔온 안공근에게 안 의사의 부인을 먼저 모셔오지 않았다고 질책했고, 안공근은 자기 가솔보다 민족의 지도자의 모친을 먼저 모시고 전쟁터를 빠져나온 것이다. 보통사람들로서는 하기 어려운 일이다.

큰형의 가족을 데려오지 못하면 온갖 비난이 쏟아질 것임은 누구보다도 안공근이 잘 알고 있었을 것이다. 그럼에도 그가 큰형의 가족을 피신시키지 못한 것은 이미 일제의 수중에 떨어진 상해의 현지 상황이 여의치 못했기 때문으로 보인다. 다만 명분과 도덕과 의리를 중시하는 김구는 이러한 상황을 고려치 않고 원칙론에 입각하여 안공근의 부도덕성만을 일방적으로 꾸짖는 말을 《백범일지》에 남겼다.[11]

■■■ 11 오영섭, 앞의 책, 301쪽.

김구와 안중근 가문의 '운명적' 관계

김구와 안중근 가문과의 관계는 '운명적'이었다. 김구가 안태훈의 초청으로 청계동을 방문한 이래 시작된 인연은 나중에 혈연관계로 발전했다.

안공근의 차남 안낙생 역시 아버지 안공근의 특무활동을 도왔다. 그는 한인애국단의 단원으로 활동하면서 한인애국단이 주도한 의열투쟁을 지원했다. 그는 부친이 주도한 특무공작의 초기부터 깊숙이 간여했다.

안중근의 당질인 안춘생은 1933년 위해위의 안정근 집을 거쳐 낙약군관학교에 입교했다. 1935년에는 남경중앙군관학교로 건너갔으며, 안경근과 접촉하여 임시정부와 관련된 활동을 전개했다. 그는 중국군에 근무하던 중 광복군이 창설되자 제1지대 간부로 활동했다.

안정근의 딸 안미생은 백범의 큰아들 김인과 결혼하여

독립운동을 내조했고, 해방 후에는 백범의 비서로서 보좌했다. 이렇듯 생자生字 항렬의 젊은 청년들은 임시정부나 광복군, 또는 특무공작에서 실무를 맡아 백범을 도우며 안중근 집안의 독립운동을 전개해갔다.[12]

안공근이 중경에서 실종된 것은 1939년 5월 30일이다. 이 시기는 임시정부가 유주에서 사천성 기강을 거쳐 중경으로 옮겨가고, 7월 17일 김구 계열의 한국광복운동단체연합회와 김원봉 계열의 조선민족전선연맹이 통합해 전국연합전선협회를 결성할 때다.

안중근 의사 순국 이후 안씨 가문의 정신적 지주였던 안공근의 실종에 관해서는 두 가지 설이 있다. 독립운동단체 내부의 분파투쟁에서 희생되었다는 설과, 일제 밀정이 암살했다는 주장이다. 1920년대부터 안공근과 교유관계에 있었던 독립운동가 정화암은 "안공근이 독립운동자금 명목으로 중국정부에게 많은 돈을 받아 멋대로 낭비해 김구의 질책을 받고 두 사람 관계가 소원해졌다. 반격에 나선 안공근은 국민정부의 정보기관인 남의사의 대립戴笠이란 사람과 손을 잡고 김구를 축출하고 그 자리에 자기 형인 안정근을 세우려는 계략을 꾸몄다. 이를 알게 된 김구가 안공근을 축출하고 그동안 안공

12 장석흥, 〈안중근과 백범집안의 인연과 독립운동〉, 《대한국인 안중근》, 2006년 가을호, 36～37쪽.

근이 맡았던 중국정부와의 모든 연락과 교섭업무 일체를 다른 사람에게 넘겼다. 그후 안공근은 쓰던 집까지 몰수당하고 중경에서 병원을 경영하는 교포의 집을 내왕하다가 그뒤 소식이 두절되었다"고 말했다.[13]

안공근의 '소식두절'과 관련해 "김구의 최측근 인사인 모독립지사의 수하들이 안공근을 제거했다는 주장이 지금까지도 독립운동가 후손들 사이에 널리 언급되고 있다"[14]는 '설'도 나돌았지만, 김구와 안중근 가문과의 관계로 볼 때 설혹 안공근이 '일탈 행동'을 했다 하더라도 '제거'까지 했겠는가라는 의문이 따른다.

두 번째 설은 홍콩에서 일제 밀정을 추적하던 안공근이, 항일운동가로 알고 있었던 영국 국적을 취득한 중국인 국제간첩 나검북羅劍北이 일제 밀정과 접선하는 장면을 목격하게 되었는데, 자신의 밀정 접선 사실이 안공근에 의해 탄로날 것을 두려워한 나검북이 중경으로 잠입해 안공근과 친한 조웅趙雄과 결탁해 안공근을 살해하고 그 시체를 폐광의 갱내에 버렸다는 것이다. 장개석 정부는 나검북이 영국인이라 처형하지 못하고 조웅 등 3인만 처형했다고 한다.[15]

■■■ **13** 정화암,《이 조국 어디로 갈 것인가》, 자유문고, 1982, 180~181쪽.
■■■ **14** 오영섭, 앞의 책, 128쪽.
■■■ **15** 왕병의王炳毅, 〈한국항일의사 안공근 중경실종 안내막〉, 37쪽, 오영섭, 앞의 책, 303쪽, 재인용.

안 의사 유족의 시련과 비극

한국독립운동사에 큰 족적을 남긴 안공근은 50세가 되는 1939년 의문의 죽음으로 무대에서 사라졌다. 그는 중일전쟁으로 상해에서 탈출할 때까지 어머니와 안중근의 가족을 돌보았다. 그러나 전쟁 시기에 홀로 상해에 남겨진 안중근 의사의 유족은 생계와 일제의 감시 속에서 힘겹게 살아야 했다.

안 의사의 아들 안준생에 대해서는 몇 가지 '불미스러운' 이야기가 전한다. 안준생은 일제의 강압으로 이토 히로부미의 손자 이토 도시와 함께 이토의 기일에 묘소를 참배했다고 한다. 또 8.15해방을 맞아 임시정부 요인들이 상해에 도착했을 때 안준생이 김구 주석의 면담을 세 차례나 요청했지만, 김구는 그의 여러 가지 '상해 행적'을 이유로 끝내 면담을 거절했다는 증언도 있다.[16]

---

16 전 광복회장 A씨 등 독립운동가 출신 인사들의 복수 증언.

안준생은 6.25한국전쟁 직전 상해에서 선편으로 부산을 통해 귀국했다가 1951년 전쟁 중에 사망했다. 세인들은 일부 독립운동지도자 자식들의 행동을 두고 '호부견자虎父犬子'라는 비판을 한다. 유림柳林 선생의 아들은 만주군관학교를 졸업하고 일본군 장교가 되자 부친에게서 의절을 당하기도 했다.

안중근 의사의 유족들은 안 의사의 의거 이후 일제의 감시와 탄압으로 평탄한 삶이 불가능했다. 해외에서의 생활은 심한 간고와 궁핍이 따랐다. 모든 것이 '안중근 유족'이기에 떠안아야 하는 운명이고 숙명이었다.

그런 상황에서도 안중근 일족 중에는 독립운동과 해방 뒤통일운동에 종사한 사람이 적지 않았다. 독립운동의 경우 한가문에서 가장 많은 서훈자가 나왔다. 독립운동에 참여한 인사는 40여 명으로 추산된다. 대표적인 서훈자는 안 의사를 비롯하여 두 동생 정근, 공근, 사촌 명근, 경근, 조카 춘생, 봉생, 원생, 낙생, 안명근의 매제 최익형 그리고 안춘생의 부인 조순옥 등이다.

안 의사 일가의 나라사랑 정신은 해방 뒤에도 계속되었다. 안 의사의 사촌동생 안경근과 오촌 조카 안우생, 임시정부 군사위원으로 귀국한 안경근은 1948년 김구의 밀서를 갖고 북한에 들어가 김일성과 김두봉을 만나 남북연석회의를 이끌어 냈다.

김구의 대외담당 비서였던 안우생은 남북합작의 불가피

성을 역설하며 김구와 김규식의 남북연석회의 참석에 결정적 역할을 했다. 이후 이승만 정권이 들어서자 안경근은 '민주구국동지회'를 만들어 정치민주화와 통일운동에 앞장섰다.

그러나 안경근은 5.16군사정권에 의해 7년형을 선고받고 투옥되었으며 감옥생활을 마친 이후 세상을 떠났다. 또 만주에서 독립운동을 했던 안공근의 삼남 안민생 역시 해방 후 평화통일운동과 교원노조운동에 투신했다. 그러나 역시 5.16 이후 반국가범으로 몰려 10년형을 선고받았다.

독립운동의 최고 명가이지만, 안중근 가문의 후손들은 해방 이후 크게 빛을 보지 못했다. 유족들이 해외로, 북으로 흩어져 남한에서 활동하는 후손은 많지 않았다. 안 의사의 직계인 장남 분도는 요절했고 차남 준생은 1951년 한국전쟁 중에 사망했다. 준생의 아들 웅호는 미국에서 의사로 활동하고 있으며 딸 선호, 연호도 미국에 머무르고 있는 것으로 알려져 있다.

현재 안중근기념사업회에서 소재를 알고 있는 안 의사의 혈연으로는 안 의사의 외손녀 황은주, 황은실 씨와 조카 안춘생 씨, 안정근의 며느리 박태정 씨 정도다. 이 가운데 안춘생 씨는 해방 이후 국방국 차관보를 거쳐 광복회 회장, 독립기념관장 등을 역임하며 안 의사 후손들의 대부 역할을 해왔다.[17]

안중근 의사 의거 100주년에 즈음하여 나라 안팎이 심히 어지럽다. 친일파 후예들은 날이 갈수록 세력이 강해져 득세하고, 독립운동가 후손들은 몰락해간다. 안 의사의 가문도 예외는 아니다. 지금 진행중인 일본의 군사대국화는 동양평화의 새로운 적이 되고 있다.

안중근 의사 순국 100주년에 이르렀음에도 우리는 의사의 유해조차 찾지 못했다. 중국의 학자 동중서董仲舒는 "하늘이 변하지 않는 한 도 역시 변치 않는다天不變 道亦不變"라고 했다. 과연 그럴까. 안중근의 길, 그의 정신, 사상을 지키고, 살리고, 이어가는 것은 우리들의 몫이다.

후손들에게
우리가 잠겨버린
홍수로부터 떠오르게 될 그대들이여
기억해다오
그대들이 우리의 약점에 대해 얘기할 때
그대들이 빠져나온
그 암울한 시대도

— 베르톨트 브레히트

---

17 〈안중근 의사의 가문〉, 《경향신문》, 2005년 2월 27일자.

부 록

- 이등감국 암살안건을 논함
- 안중근 선생 추념가
- 대한국인 안중근 유묵
- 안중근이 비중 있게 거론한 인사들에 대한 인물평

이등감국監國 암살안건을 논함[1]

이등박문은 조상으로부터 내려 받은 공작公爵이며 지금은 일본국 추밀원 원장이다. 전에 그는 조선 감국監國이었다. 우리가 그를 감국이라 부르는 것은 그가 공작이기 때문에 죽은 것이 아니고 추밀원을 위해 죽은 것도 아니라 감국의 일로 죽었기 때문이다. 그래서 그를 감국이라고 부른다.

감국 암살사건이란 무엇인가? 20세기에 들어서면서 사람들 위에 올라타고 있는 자들이 난처해지고 있다. 강권은 바뀌고 세계를 힘으로 정복하려는 자는 매일 위험한 지경에 처하게 된다. 이등의 생명을 종결지은 이등 사건도 이등이 생각했던 바라 할 수 있다. 세계에 성철聖哲 군자君子는 이렇게 예감을 하게 된다.

도란스웰 공화통령共和統領 구정쟈는 "영국이 도란스웰을

---

1 중국에서 발행된《민우일보民吁日報》사설, 1909년 10월 28일자.

빼앗으려면 그리 쉽지 않으리라. 그만한 대가가 있어야 한다"라고 했다. 폴란드학자 료캉브는 "지구상에는 대가 없이 얻은 자유는 없다. 그를 얻으려면 상당히 귀중한 대가를 바쳐야 한다"고 했다. 자유의 대가를 말하면 지극히 심하다 하여도 수 없는 푸른 핏물에 불가하다. 이 푸른 핏물은 지구상에 가장 특출한 현인 철자哲者들이 내놓은 것이다. 비참하다. 사람들의 마음이 너무 독하다. 원怨도 하겠지만 두려워할 것 없다. 세계 암살사건을 고찰하면 기원전 336년 마치돈 국왕 훼라의 암살사건부터 시작해 그후 각조대와 열방列邦에서 발생하고 있는데 지금까지 2240여 년이 된다. 중국고대에도 장량張良이 차를 때려 부순 것과 징칭이 궁전을 습격한 사건 등이 모두 정치적 암살이다. 근년에 구미열방의 인도주의를 제창하면서 군주위엄이 내려가고 강권도 점점 기를 펴지 못하고 암살은 점점 많아지고 있다. 훼라 사건으로부터 1881년 러시아황제 알렉산드로 2세의 사건까지 구미 암살안건을 통계하면 정치문제와 민족문제에 관계되는 것은 30여 건이 된다. 그들은 이미 지난 일이기에 더 논하지 않는다. 근년기近年紀를 논하면 1901년 아메리카 대통령 마이젠니 사건이 있고 1903년 세르비아 국왕 알렉산드로 1세의 사건이 있었다. 최근 시대를 극히 진동한 사건은 포르투갈 사람이 그 나라 왕태자를 살해한 일이다.

그로부터 세계군주정치와 인도철학人道哲學의 학설은 모

두 변하였다. 신시대의 신사조는 이미 유럽 사람들의 머릿속으로 잠입하였다. 그들의 정치개혁의 수단으로는 경상 몇 발자국 내에서 쏘아낸 총알로 백만 혁명군대를 대신하려고 한다. 이와 같은 것은 유럽에만 제한되고 있으며 아시아 대륙에는 없었다. 이것은 아시아주 각국의 침몰이 극에 이르고 있음을 말한다. 조선은 인도, 버마, 월남, 대만, 여송呂宋(필리핀)과 같이 떨어졌다. 여송은 법률이 관대寬大하고 사람들이 지혜가 고원高遠하여 독립이 가망하다. 유구는 아주 구천九泉에 떨어졌고 버마와 월남은 지금도 구천에 빠져 헤매고 있다.

인도는 6~7년 전 깨어나기 시작하여 그 나라의 독립신문이 300여 개나 된다. 중국은 그보다 더 많다. 근세에 독립광복의 목소리는 사해를 울리며, 부녀와 지식분자도 모두 일어서서 온 나라가 미친 듯이 들끓는다. 근년에 미국에서 유학하는 인도 학생 정격영丁格榮은 인도 전 총독 혜례惠禮를 폭살시켰다. 동방에 영토를 가지고 있는 유럽 여러 국가들은 이 소식을 듣고 크게 놀랐다. 또 팔동자八童子가 비밀리에 영국 사람을 죽이는 것을 무상의 환락사歡樂事로 삼자고 맹세하였다고 한다. 이들은 인도 윤락 100년 이래 전에 없었던 일들이다.

삼한의 민족정기가 인도보다 못하다 하여도 나라와 사회가 복멸하기 시작하니 내려온 조대의 유민들도 힘써서 반성하고 고물故物을 광복하고자 한다. 인도의 뒤를 따랐다고 하지만 오늘 과연 세계정치 위인이며 삼한 전감도자를 폭살시

킨 사건이 발생하였다. 우리는 그이의 뜻을 잊지 않고 판탕板
蕩의 땅이 다시 침몰된다고 하여도 삼한은 다시 중흥될 희망
이 있다고 믿는다. 이것은 동아 10여 개 나라가 유사 이래 없
었던 일이다. 인도 이외에는 백성들이 죽음을 두려워하고 있
다. 그래서 세계의 암살사건은 서반구에만 있는 일이었다. 하
늘이 돌고 바다가 뒤집혀져서인지, 육리광괴陸離光怪의 기운
인지 돌연히 원동황지에서도 이런 일이 나타났다. 우주에서
사람들의 지혜는 나란히 날게 된다.

옛날 제양공齊襄公은 아홉 대를 내려온 원수를 갚았다. 춘
추대의 후 주자朱子는 "천하를 가진 사람이면 만년의 업적을
세우고자 하게 되며 만세를 두고도 갚아야 할 원수가 있게 된
다"고 하였다. 한국인들의 숙원宿怨은 아주 깊다. 지반이 윤
락되고 종묘도 다달이 헐어지고 있다. 세상은 폐허로 되며 자
기 나라의 황제, 황후가 신하로 되고 백성들은 노비로 되었
다. 그래서 그들은 죽는 한이 있더라도 일본놈들과는 한 하늘
아래 같이 살지 못할 원수로 되었다.

15년 전 서울 단화당원袒華黨員이 단일당袒日黨 수령을 역
여逆旅의 일로 죽인 일이 있다. 이는 정치적인 암살인데, 하늘
이 내려준 일이라 할 수 있다. 몇 해 전 이등박문이 미국 사람
스테윈스 고문을 요청했는데 그가 입국하기 전에 룩셈부르크
부두에서 한국인이 그를 죽였다. 우리를 도와주는 사람은 우
리의 어른이요, 우리를 구박하는 자는 우리의 원수이다. 한국

인의 비수匕首가 일본인과 미국인의 피를 가르지 못 할진데 그들이 스테윈스와 이등을 죽인 것을 어찌 그들을 죽였다고만 보겠는가. 기실 한국인은 자기의 원수를 갚은 것이다. 한국인들이 죄를 품으면서 원한을 삼킨 것이 일조일석의 일이 아니다. 일러전쟁 후 일본은 삼한병탄주의를 실행하면서부터 오늘의 이등伊藤정책까지 원만히 성공하였다. 한국인들은 다시는 참을 수 없었고 용서할 수 없었다.

러시아를 몰아내고 고려를 함락하고 일본인들은 춤을 추며 환락하고 더욱 힘을 낼 것이니 그들이 인도를 생각하고 길을 막으며 우는 백성들의 울음소리를 생각하리라 믿겠는가! 이등은 자기의 정치재능과 풍부한 지혜로 타국을 소멸하고 경영하는 데 성적을 거두어 태상太上에 기록되고 그의 공은 인심 속에 있게 되었다. 그의 이름도 불멸일 터이니 늙은 몸으로 그의 경영을 그만두었어야 할 것인데 그는 화와 복을 비교하지 못하고, 때를 가리지 않고 아첨하는 자들을 내세우고, 앞일을 우려하여 울며 따르는 자들을 써서 뒷일을 살피지 못하였다. 그래서 그는 광풍에 부딪혔으며 자기의 생명을 바쳤다. 그가 다른 사람의 손에 죽었으니 천하가 웃을 일이요. 가엾은 일이다. 세상에 제 손으로 타인의 사회를 망해 놓은 자를 그곳에 가서 유람하여 제 평생을 누리도록 할 수 있겠는가? 손을 들어 벌판 불을 가로막던 이등박문이 아닌가! 그도 제 몸을 황막한 벌판에 던졌으니 이것 또한 세상 사람들의 웃음감이다.

그가 타국을 소멸시킨 대가라고 생각하면 가슴이 서늘하다. 원로 하나로 인방隣邦을 이겼다고 하면 일본의 요동 전사들이 피를 대가로 얻은 것을 초과한다. 이렇게 백만 상금을 받았으며 분할지를 얻었다. 그들은 병졸 하나 화살 한 대 쓰지 않고 고려를 얻은 것이다. 자고로 이렇게 쉽게 타국을 멸망시킨 일은 없다. 오늘 비록 이등 하나의 피를 흘렸어도 일본에게 대하여는 구우일모九牛一毛에 불과하다. 고려가 얼마의 대가를 요구한다 하여도 일본인들이 앞으로 받을 무량한 복리를 초과하지 못할 것이다. 이등은 신하로서 천자를 받들었고 제후들의 친구로서 힘을 썼으니 인생평생을 극도로 살렸다고 하겠다. 그는 자고로 더없는 영광을 가진 자라 하겠다.

이등감국 암살안건을 논함[2]

고금에 암살사건은 많았다. 혹은 종교문제로 또는 정치문제로 인하여 생겼다. 대체로 종교적인 암살사건은 16~17세기에 많았다. 불란서의 선리宣利 제3의 지사智士 마수커리馬銖喬力 제 사건은 모두 종교문제로 생긴 사건들이다. 기타 암살사는 마커톤 왕으로부터 작년 포르투갈 왕의 일까지 2000여 년이 되었다. 실로 너무도 많아서 하나하나 열거할 여유가 없으나 모두가 종교문제이거나 정치문제가 아니면 대체로 종족문제로 생긴 암살들이다.

18세기에 암살이 더욱 늘어났다. 18세기에 들어서면서 열강이 굴기屈起하고 병탄이 격렬해졌다. 나라가 망하는 것도 국민 대중 스스로의 일이기 때문에 반항이 열렬해지고 암살의 암류도 더욱 열렬해졌다. 대부분 종족으로 인한 암살은 모두

━━ 2 《민우일보》, 1909년 10월 29일자.

정치상의 불평등으로 생긴 것이다. 그러므로 국가가 형성된 후 추장제도가 세워지고 과두귀족의 정치를 하면서 내정의 전제세력이 나왔다. 하늘이 준 인권을 침식하여 국내에서 정치혁명이 일어나서 자유제도가 세워졌다. 정치혁명을 눌러버리면 전국의 힘은 밖으로 뻗치고 나가게 된다. 이렇게 경쟁을 오래 할수록 멸망자가 더욱 많아진다. 이래서 국제상에서 종족의 정치혁명이 다시 일어나는데 그들은 혁명군의 흥기가 어렵고 효익이 쉽지 않음을 검토하여 암살사건을 일으키게 되었다. 그러므로 암살은 혁명군의 보충적인 방법으로 된 한 가지 기능이다. 그들의 국내 이유로 국내의 것과 국제의 것이 있으나, 자유를 희망하고 평등을 사모하면서 하늘이 준 인권을 회복하고 인도주의를 견지하는 것은 같다. 고로 세계종족 간의 암살은 모두 정치적 성질을 갖는다. 그래서 그것들을 종족암살이라 하는 것보다 정치적 암살이라 하는 것이 합당하다.

19세기 말엽부터 20세기 초까지 멸국의 환해가 심하다. 우주 속에서 작은 나라와 잔약한 민족은 조금만 조심하지 않으면 참혹하고 비참한 경지에 빠지게 된다. 유럽 사람들은 멸국주의에 취하여 승냥이 같은 탐욕한 본성으로 작은 나라를 유린하고 약한 민족을 후려치는 것을 자기의 천직으로 삼고 있다. 그들은 하늘이 준 인도를 더는 고려하지 않는다. 정치가들은 천연天演의 우승열패학설을 그들의 멸족망국행위의 구실로 이용하여 세계를 들먹이고 있다. 그들은 잔약한 자를 소멸시키는 것은 강국 사람들이 해야 할 의무라고 믿고 있다.

아! 사람들은 다만 군주귀족들이 권력으로 평민을 유린함이 아프고 처참한 일이라고 알고 국가가 무력으로 약소국가와 민족을 강탈함이 더욱 아프고 지극히 애처로우며 하소연할 곳마저 없음을 모른다. 사람들은 군주전제 세력이 인도를 침해하면 받게 되는 반항력이 무섭다는 것을 알지만, 국제관계 면에서 세력을 피우며 인도를 침해할 때 받게 되는 반항의 위험성을 모르고 있다. 이익추구에만 넋을 잃고 화해를 판단하지 못하니 그들은 상지에 도달할 수 없을 뿐 아니라 인도마저 모두 내버리게 된다. 참으로 가련하다고 탄식할 일이다.

그러므로 우리는 국내에서 군민 간에 정치평등을 요구하며 국제적인 종족 간에도 정치평등을 요구한다. 이러므로 부득이 국내에서 쓰던 수단을 국제적 차원에서도 쓰게 된다. 때문에 국내혁명암살에 뒤이어 국제혁명암살사건이 성행하게 되었다.

19세기부터 오늘에 이르기까지 세상에 이름 있다는 정치가들은 모두 인류에게 복록은 주지 못하지만 화해는 많이 짜내왔다. 그들로부터 화해를 받은 사람은 많지만 복을 받은 자는 아주 적다. 그리고 그들의 복을 받았다고 하여도 그것이 진정으로 낙樂이 되고 이익이 되는 것이 아니었다. 그들은 타인의 것을 탈취하여 경영하고 터는 자기의 수명마저 보호할 수 없었다. 그들은 인방 사람들에게 종족지간의 전혈을 전해주었으며, 자기 국내에서 한 정치혁명 역사의 반짝거리는 불빛을 계속하였다. 그래서 20세기는 능히 타국을 경영하는 사람을 높은 정치가라고 보기 때문에 인도를 해하는 벌레가 더욱 많아졌다.

그들은 팔 하나, 다리 하나로 잔포殘暴를 제거할 수 있다고 하여 탕무湯武가 판자板子 다리를 놓는 식의 정치를 하였다. 비록 그들이 짧은 기간에 효익을 거두지 못한다 하여도 앞서 가는 창업자로서 뒤에 오는 사람들에게 경고는 주게 된다. 그저 꼿꼿하게만 밀고 나가면 아픔을 당하고 위험에 부딪친다고 알려준다. 눈앞에 재해를 당하였으나 이후에 복리가 있으리라고 믿는다.

오늘 한국인이 쏜 조그마한 총알이 일본 정책의 진행에 대하여 큰 영향을 주지 못하였으나, 고려의 윤락을 울면서 올린 몇 천 장의 간서諫書를 초과하였다. 고려의 윤락은 너무하다. 종사가 뒤집어지고 임금이 당하였으니 그 나라가 있은 후 전에 없었던 깊고 큰 상처를 입었다. 지난날 중국의 형상은 넓고 크고 후하였다. 어째서 그런가. 중국은 그의 속국을 친하게 대하였으며 회유정책을 하였다. 그러나 오늘 열강들은 속국을 매로 때리고 착취하는 주의를 쓰고 있다.

고로 동방지국 고려와 월남은 많은 변화를 겪으면서도 하루도 한漢(중국)을 잊지 않고 있다. 우리 중국은 힘이 미약하고 자기가 진흥하지 못하여 자기 주위에 형제 나라들을 보호하지 못하고 있다. 우리들은 폐부같이 완정한 정책인데 척척 갈라져서 서로 마주보며 울기만 하고 부축하지 못하고 있다. 이런 사정은 우리나라 사람들로 하여금 호통하며 피를 토하게 한다.

고려의 총알 한 발이 명중하여 불세不世의 원수를 갚았고 독부獨夫를 까부수었다. 그러나 고려 사람들의 고통은 그지없다. 어쩌면 생명을 바치고 피를 뿌렸겠는가. 가련하다. 아시아에는 윤락된 나라가 많구나. 그래서 한과 아픔을 삼키면서 총알로라도 분을 풀자는 자가 말할 수도 없이 많다. 이러한 정치암살을 부득이 한국 사람이 하여 그들로 하여금 그 명예를 독차지하게 되었다. 조선은 단군, 기자의 후손으로 우리와 같은 혈족이다. 수천 년간 우리 두 동포는 서로 친하고 조금도 틈이 없었다. 일본은 교활하게 우리의 육군 병력을 탈취하였고 해군을 침몰시켰다.

그래서 10년 전 우리형제들은 삼한을 구하기 위하여 한을 품고 자기의 육체를 요동 풀 속에 던졌고, 황해바다 물고기 배 속에 묻혔다. 고려의 원수는 우리의 원수이다. 그들은 고려를 만주로 가는 무지개다리로 삼고 요동과 심양을 삼도三島(일본)로 귀속시키려고 한다. 그래도 삼한에는 사람이 있어서 일본이 길게 내뻗친 팔다리를 꺾었다. 비록 한인이 자기의 원수를 갚았다고 하지만 역시 우리의 원수를 갚은 것이 아닌가. 우리의 행운이다. 이 사건은 한인 손에서 발생되었다. 요동

삼성을 우리에게 불행을 가져다준 자, 이들의 묘지가 되게 하였다. 원수 왜구를 마음 깊이 품고 외교정책의 길흉화복을 추호까지 심사하여 이 일을 처리하여야 하겠다.

이등감국 암살안건을 논함[3]

입국의 도리는 천천히 퇴축退縮해서도 안 되고 맹랑하게 광적으로 밀고 나가도 안 된다. 퇴축하면 미란해서 망하고 광적으로 나가면 다리가 부러져서 엎어진다. 모두 불패자가 되지 못한다. 일본은 러시아를 패망시키고 그들의 기가 불어나고 통이 커졌다.

자기의 웅자를 뽐내면서 전국이 들끓으며 모두 광적으로 맹진하고 있다. 그들은 제국침략주의를 지나 대륙으로 확장하고, 그들의 만주경영은 일진월보 핍박하며 끝없는 탐욕을 부리고 있다. 구라파 사람들이 교활하게 박탈하고 호탕하게 침탈하였다고 하여도 이들과 같이 심하지는 않았다. 그들은 섬사람들이다. 몇 천 년을 물고기나 새우처럼 살다가 일조에 세계와 상면하고 대국의 수림에 들어서게 되니 그 나라 사람

━━ **3** 《민우일보》, 1909년 11월 2일자.

들의 허영심이 절박하고 약진의 의욕이 지급하게 되었다. 그들은 더 많은 이익에만 유혹되고 그 뒤에 따라오는 후환을 예측하지 않았다. 이익에 정신을 팔고 이지가 혼도되어 물불을 가리지 않고 칼날을 밀고 나가는 인종이 되었다. 참으로 감탄할 일이다.

이등의 이번 만주행은 기실 그 나라 사람들의 여론의 핍박 아래 부득이한 것이었다. 그들의 신문은 "우리 공작을 깊이 사랑하고 있으나 만주에 대한 사랑이 더하다"고 한다. 이로부터 그들의 내정內情을 엿볼 수 있다. 일본은 중국 본토를 분할하기 전에 만주를 자기 세력범위 안에 잡아 쥐자는 것이었다. 이등은 일본 정치가들 중에서 보수주의를 주장하는 음유파에 속한다. 그래서 그 나라 사람들은 그들을 정책상 너무 고식姑息하고 수완手腕은 너무도 기력이 없다고 자주 비난하였다. 이등은 이와 같은 비난에 가만히 있을 수 없었다. 그는 분발하고 노력하여 특이한 훈업을 세워서 나라 사람들의 잔잔한 말썽을 막으려고 하였다.

도행역시하는 그는 끝내 죽고 말았다. 그러므로 이등의 죽음은 실로 일본 사람들이 핍박한 살인사건이라 하겠다. 일본 사람들은 몇 세대를 걸쳐서 나타난 위인을 아낄 줄 모르고 망치로 치고 회초리로 그의 등을 후려쳤다.

그는 늙은 몸으로 숨이 차면서도 뛸 수밖에 없었다. 그는 고꾸라졌다. 그는 힘이 마르고 기진하여 화산 탕해에 빠지고 말았다. 일본 사람들은 이등을 홍모나 풀잎처럼 가볍게 볼 테지만 우리는 부득불 이 노약자를 위하여 일본 사람들에게 한마디 말을 해야 하겠다. 벌은 독이 있으니 건드리기 무섭다. 순종과 극기만 아는 한국 사람들 속에도 정치적 자객이 있으며 횡행활보하던 이등이 정치적 암살로 그의 최종을 마칠 줄이야 어찌 알았겠는가. 영국의 전前 인도 구총독 커우충 남작도 인도를 자치하면서 이등이 고려를 통치할 때와 같은 감상이 있어서 동방인민東方人民들은 통치하기 쉽지 않고 아주 곤란하다고 느낀다고 하였다.

그도 일본 사람들을 타이르지 못하고 동정에만 빠졌다. 어색한 말로 세상 사람을 유혹했다고도 할 수 있다. 자기가 저절로 자기의 정책의 잔혹과 인도의 유린을 반성하지 않고 도리어 반항자들을 통치하기 힘들다 하였으니 소백장의 고함이나 다름이 없다. 지금 세상에 속국을 경영하는 자들은 그의 종족을 박멸시키는 것을 최종목적으로 삼고 있다. 그들의 기름을 짜내고 그들의 살길을 약탈하여 그들로 하여금 차츰 침몰되고 말라죽게 한다. 이것이 원수들의 참살을 받는 것과 무슨 다툼이 있는가.

놀란 사슴은 험로를 무릅쓰고 달리며 갇힌 맹수는 발악을 하게 된다. 그들은 모두 죽음에 다 달았음을 알고 불고하는 참상慘狀이다. 여기 다루기 힘들다는 것은 말이 되지 않는다. 오늘 한국 사람들이 눈물과 원한을 머금는 것도 부득이한 일이다. 군자는 부엌을 멀리하라 했다고 손에 든 칼을 숨길 필요가 있겠는가. 우리는 일본이 우주의 인도를 생각하면서 동아의 공동원수가 누구인가를 고려하기를 바란다. 나는 한국 수천 년 고국의 전도를 축복하며 한국 억만 사람들의 복리를 기원한다. 한국 사람들의 복이 곧 일본 사람들의 복이다.

우리는 일본 사람들에게 또 한마디 말하고 싶다. 동아나라들은 모두 망하다시피 되었으나 의연하게 남아 있는 나라는 중국 외에 일본이다. 차바퀴는 서로 짝이 되는 터이고 입술과 이는 떨어질 수 없는 사이다. 일본이 혼자 강성했다고 하더라고 19세기말 구미 사람들이 동쪽으로 밀고 들어올 때 중국의 병장이 없었다면 그 섬나라 사람들이 분발할 여지도 없었을 것이다. 오늘 그들이 자립했다고 해서 호란하게 이웃을 살해하고 이족을 끌어들여 형제나라들을 분열시키고 있다. 그들은 실심失心한 미치광이 같이 어리석기 한이 없다. 중국이 망하여 일본이 고립무원이 된다면 그도 중국의 복이 아니며 일본의 행운이 될 수 없다.

나라를 진정으로 관심하는 자는 만세무궁한 이익을 기대하고 일시에 미소한 이익을 무시한다. 근세기에 종족과 국토의 경쟁은 더욱 격렬해지고 있다. 황인종들이 목숨걸고 황黃, 백白의 전쟁은 피면하지 못한다라고 한다. 소위 박애라는 것은 어떤 때는 동종인들 사이에 국한되어 이른바 인도의 뜻으로도 풀이되지만 특수한 민족에만 국한되는 것이 아니다. 일본인들은 이 도리를 알아듣지 못하고 있는지 모르겠다. 다행히 오늘 오대주의 여러 열국들은 차츰 전쟁을 정지하고 있다. 지나 일선에 전국을 휘두르는 군대들이 없다. 일본은 지금 자기의 장비를 갖추고 주먹을 움켜쥐는 것은 난리를 일으키고 도적패거리를 몰아들여 신주神州(중국)를 회멸시키자는 것이다. 그들은 눈살을 돌리며 세세한 이익을 찾고 있으나 세계에 더 없는 재난을 일으키고 있다.

한국은 독립 국민의 성질은 없다 하여도 그의 반항은 쉽게 누르지 못할 것이다. 어떻게 삼도三島(일본) 조그만 것들이 수천 년 내려온 고국의 400조의 민중을 통제할 수 있다는 말인가. 그에게 닥칠 위기와 재화는 말할 필요도 없다. 영국 사람들의 재능으로 아메리카를 통제하려고 하다 내민 주먹을 꺾기우고 물린 꼬리를 뺄 수 없는 난처함에 빠져서 10년 혈전의 재화를 가져왔었다. 일본은 지금 그들의 발자취를 밟으며 그들이 떨어진 낭떠러지로 가고 있다. 천하에 무슨 일이면 용인들이 제 맘대로 하겠는가. 그들이 하는 것은 복사蝮蛇가 코끼리를 삼키고자 함이요, 당랑螳螂이 마차를 막자는 짓이요, 개미가 산을 만들려는 꼴이요, 비부小動物가 큰 나무를 흔들자는 격이다. 그들은 자기 덕을 반성할 줄 모르고 자기의 힘을 요량할 줄 모르는 사람들임을 알 수 있다.

일본 사람들에게 주고 싶은 충고는 그들이 중국을 먹어 삼키자고 하는 야심을 버리고 동아의 평화를 유지하기 바란다는 것이다. 중국을 분열해 중국을 보존하고자 하는 자들은 우둔해서이고 그 자신이 대란을 일으키지 않고 타인들을 끌어들여서 그 속에 한 몫 끼어들어 먹자는 모험이다. 그러나 일본이 중국을 멸살하자면, 다만 해를 입을 뿐 이익을 보지 못하게 된다. 이는 식탐을 부려서 목이 메이도록 집어삼키는 격이 된다. 우리는 중국 사람들에게도 말하고 싶다.

일본은 우리를 입에 물고 있는 고깃덩이로 보고 있으니 이 고기를 먹어서 넘기지 않고는 참지 못할 형편이다. 그의 급한 거동으로 이등의 이번 만주행을 말할 수 있다. 그들은 그의 개인관광이고 정치적 성질은 포함하지 않았다고 선언宣言하지만 그 나라 신문들은 일본의 만주경영이 목적이라고 하면서 이등은 이 보고의 실행발단을 시찰할 것이라고 하였다.

세계 각국의 관점으로 보면 일본은 미국이 만주신협약을 반개할까봐 두려워서 이등 일행은 소재를 수집해 변호 자료로 하려고 하였으나 그것을 다 하지 못하였다. 전 일본신문(동경시사신문)은 "관동도독부 조직 외의 사람은 수시로 비난을 받는다. 우리나라 사람도 그의 옆에 들어서기를 꺼린다. 청나라는 도독부의 일거일동을 주시하고 있다. 그래서 우리 만주사업의 발전은 아주 불편하다. 만약 한 지현知縣에 맡겨 대리하게 하면 청나라에서 주의하지 않을 것이고 도독을 자기가 전문관할할 군정사업만 보게 하면 만주경영은 성공하게 될 것이다. 가능한 일이다." 하였다.

이등이 죽은 다음 세계를 넣기 위해 뒤흔든 전설을 보면 그의 목적은 관동도독을 철거하고 한국통감의 권력을 만주에까지 확장하자는 것이었다. 그 신문이 전하는 주의가 만주에 관한 일을 처리한 것과 부합되며 중국 내정을 감독하고자 하는 희망과 중국을 통감하는 주장으로 중국의 재정을 감독하였음과 부합된다. 이등이 도착하기 전에 각국 밀사들이 만주에서 기다렸다. 이등이 죽은 후에도 각국 밀사들은 그곳에 남아 있었다. 그러므로 이등의 만주행은 세계 각국을 초청하여 중국 재정감독에 대한 진행과 만주를 좌로 분할하는 일을 담판하자는 데 있다.

무릇 비밀리에 싸고 하던 일도 일단 변고가 생기면 진상이 폭로되는 법이다. 러시아 재정대신 커커후스브는 원동에 남아 있으면서 일본이 다시 이등의 뒤를 잇달아 대신을 요동遼東회의에 파견하기를 기다렸다. 일본은 다시 정무국장 구라시와 민정장 시로지를 그날로 만주로 가서 이등의 일을 계속하게 하였다. 이등이 정치적 비밀회의를 하기 위함이 아니고 개인여행이라고 하고서도 급히 대신을 파견하여 그의 뜻을 이었다. 그리고 가쓰라 내각 때도 이등의 뜻을 꼭 계승하겠다고 하였다.

유람이라고 했으니 무슨 계승할 유지가 있겠는가마는 오늘 이등의 뒤를 이어 만주경영하는 급진파를 만주에 보내 왔다. 이것이 전에 있은 안봉安奉 문제다. 처음으로 자유행동을 제창한 것은 구라시倉知지만 일본이 요동遼東을 탐내고 있는 것은 음밀히 이전부터 모략하며 거동擧動했다. 오늘 그들은 그들의 뜻을 세계에 선언하고 자기들의 정략政略을 밀고 나갈 길을 찾았다. 이렇기 때문에 우리는 이등이 죽음으로 해서 중국의 외교는 더욱 위험에 다다랐다고 한다. 이것도 모르고 광언망설狂言妄說만 하겠는가.

궁전 안에서 친 종소리는 궁 밖에서 듣는다. 특별히 조심하지 않으면 이로부터 중국도 미란靡攔해서 망하게 된다.

안중근 선생 추념가

김경운 金卿雲

1절 청계동 명산 정기
　　　의인이 타고나서
　　　피끓는 애국성愛國誠에
　　　온 땅을 두루 돌며
　　　의군을 일으키어
　　　광복에 힘 쓰셨네

2절 나랏집 기울어져
　　　대세가 그릇되매
　　　할빈역 찬바람에
　　　슬게힘 아울러서
　　　의義의 팔 높이드니
　　　큰 원수 쓰러졌네

3절 충의에 밧친 목숨
　　천추의 한을 벗어
　　한족의 애국단심
　　온세상 비최엿네
　　장열한 그 공적은
　　하눌땅 무궁하리

4절 위대한 의사기백
　　이 강토 지키나니
　　삼천만 동포이여
　　그의 뜻 바더나려
　　독립과 자유행복
　　억만년 불면하세

후렴 장하다 품으신 뜻
　　크도다 밟으신 길
　　온 겨레 뭉치어서
　　영원히 노래하세

다음은 남산 기념관 뜰 안중근 동상 대석臺石 뒷면에 각인된 노산 이은상의 명銘이다.

조국이 기울어 갈 때
정기를 세우신 이여
역사의 파도위에 산 같이 우뚝한 이여
해 달도 길을 멈추고
다시 굽어 보도다

⚫대한국인 안중근 유묵

〈보물로 지정된 유묵遺墨〉

1. **國家安危勞心焦思** : 국가의 안위를 걱정하고 애태운다. 폭 42cm 길이 152cm 명주천에 휘호되었다. 안 의사의 애국심이 집결된 유묵이다. 1993년 1월 13일 〈危國獻身 軍人本分〉 유묵과 함께 보물 제1150-1호(뒤에 제569-22 호로 변경)로 지정되고 안중근의사기념관에 소장, 전시 되고 있다. 유묵 오른쪽에 증 야스오카 검찰관贈安岡檢 察官, 왼쪽에 '경술 3월 여순옥중 대한국민 안중근 근배 庚戌三月 旅順獄中 大韓國民 安重根謹拜'라고 쓰여 있다. 당 시 여순법원 검찰관 야스오카 세이시로安岡靜四郞가 안 의사에게 친절하게 대해준 데 대한 보답으로 증정한 것 으로, 야스오카安岡 사후 장녀 우에노上野俊子가 소장하 다가 1976년 2월 11일 동경국제한국연구원을 통해 안 중근의사기념관에 기증했다.

2. 爲國獻身軍人本分 : 나라 위해 몸 바침은 군인의 본분이
   다. 폭 25.9cm 길이 126.1cm. 명주천에 휘호되었다. 안
   의사의 숭고한 군인정신을 실증하는 유묵이다. 보물 제
   1150-2호(뒤에 제569-23호로 변경)로 지정되고 안중근의
   사기념관에 소장, 전시되고 있다. 안 의사가 여순감옥에
   서 공판정을 오갈 때 경호를 맡던 일본군 헌병 지바
   도시치에게 써준 것으로 안 의사의 인품과 사상에 감복
   한 지바는 제대 후 고향에 돌아가서 안 의사의 사진과
   이 유묵을 고이 봉안했다. 그의 사후에 부인과 질녀 미
   우라 쿠니코가 이어받았고 1980년 8월 23일 동경국제한
   국연구원을 통하여 안중근의사기념관에 기증했다.

3. 見利思義見危授命 : 이익을 보거든 정의를 생각하고 위
   태로움을 보거든 목숨을 바쳐라. 폭 30.6cm 길이
   140.8cm. 한지에 휘호되었다. 보물 제569-6호로 지정
   되었다. 동아대학교 박물관 소장, 안중근의사기념관에
   사진본이 전시되고 있다. 안 의사의 의로운 생애를 상
   징한 명언으로 평가된다. 《논어》〈헌문憲問편〉에 "이익
   을 보거던 의를 생각하고見利思義, 위태로움을 보면 목
   숨을 바치고見危授命, 오래된 약속일지라도 전날의 자기
   말을 잊지 않고 실천하는 것이다久要不忘 平生之言"라고
   한 공자의 말을 인용한 글이다.

4. **人無遠慮難成大業** : 사람이 멀리 생각지 못하면 큰일을 이루기 어렵다. 폭 33.5cm 길이 135.8cm. 보물 제569-8호, 숭실대학교 한국기독교박물관에 소장, 전시되고 있다. 안중근의사기념관에 사진본이 전시되고 있다. 《논어》 〈영공靈公편〉에 "사람은 멀리 생각하지 않으면人無遠慮 반드시 가까운 근심이 있다必有近憂"고 한 공자의 말을 인용하면서 안 의사의 경륜을 표현한 글이다.

5. **百忍堂中有泰和** : 백 번 참는 집안에 태평과 화목이 있다. 폭 33.2cm 길이 137.4cm. 보물 제569-1호 강신종 소장, 안중근의사기념관에 사진본이 전시되고 있다. 선혈들의 구전 글귀로 화락한 집안을 만들기 위해서는 '忍耐'가 긴요하다는 뜻이다.

6. **庸工難用連抱奇材** : 서투른 목수는 아름드리 큰 재목을 쓰기 어렵다. 폭 33.4cm 길이 137.4cm. 보물 제569-7, 국립중앙박물관 소장, 안중근의사기념관에 사진본이 전시되고 있다. 《통감通鑑》에 자사子思가 위왕에게 "열 아름의 가래나무는杞梓連抱 썩은 부분이 있더라도而有數尺之朽 훌륭한 목수는 버리지 않는다良工不棄"라고 한 말에서 인용되었다. 큰 인물이 아니면 뛰어난 인재를 기용하지 못한다는 뜻으로 해석된다.

7. **博學於文約之以禮** : 글공부를 널리 하고 예법으로 이를
단속하라. 폭 33.3cm 길이 137.9cm. 보물 제569-13호,
안중근의사기념관에 소장, 전시되고 있다. 《논어》〈안
연顏淵편〉에 "널리 공부하며 예법으로 이를 단속하면約
之以禮 빗나가는 일이 좀처럼 없을 것이 아니냐"는 말에
서 나온 글귀다. 박학과 예법을 강조한 안 의사의 수신
철학이 담긴 유묵으로 여겨진다. 안 의사는 여순감옥에
투옥된 지 사흘 만인 1909년 11월 6일에 신문訊問을 담
당하는 검찰관에게 '이토 죄악 15개' 조목과 함께 제시
한 〈대한국인 안응칠 소회〉에서 "무릇 문명文明이란 것
은 동서양의 잘난이 못난이 남녀노소를 물을 것도 없이
각각 천부의 성품을 지키고 도덕을 숭상하며 서로 다투
는 마음이 없이 제 땅에서 편안히 생을 즐기면서 함께
태평을 누리는 것이다"라고 이 뜻을 부연하고 있다.

8. **歲寒然後知松栢之不彫** : 눈보라 친 연후에야 잣나무가
이울지 않음을 안다. 폭 30.6cm 길이 133.6cm. 보물 제
569-10호, 안 의사의 자부 정옥녀가 소장하던 것을 안
중근의사기념관에 기증해 전시되고 있다. 《논어》에 나
오는 글귀로 안 의사의 옥중심경을 토로한 것으로 여겨
진다. 추사 김정희가 제주 유배 당시 그린〈세한도歲寒圖〉
에도 이 글귀가 인용되었다.

9. **恥惡依惡食者不足興議** : 궂은 옷, 궂은 밥을 부끄러워하는 자는 더불어 의논할 수 없다. 폭 31cm 길이 130.5cm. 보물 제 569-4호, 박근혜 소장, 사진본이 안중근의사기념관에 전시되고 있다. 가난하고 천한 것을 결코 부끄러워하지 않는다는 뜻으로 안 의사의 인생관이 반영된 글귀로 여겨진다. 《논어》에 "선비로서 도道에 뜻을 두고 궂은 옷과 궂은 음식을 부끄럽게 여기면 더불어 이야기할 수 없다"라는 구절을 인용한 것이다.

10. **一日不讀書口中生荊棘** : 하루라도 글을 읽지 않으면 입 안에 가시가 돋친다. 폭 34.9cm 길이 147.7cm. 보물 제569-2호, 동국대학교 박물관 소장, 안중근의사기념관에 사진본이 전시되어 있다. 선현들의 "하루의 독서는 천년의 보배요, 백년간 물질만 탐하는 것은 하루아침의 티끌과 같다"라는 글귀와 유사하다. 안 의사는 어려서 배웠을 이 같은 글월을 촌철살인의 경구로 재구성했다.

11. **丈夫雖死心如鐵 義士臨危氣以雲** : 장부가 비록 죽을지라도 마음은 쇠와 같고 의사는 위태로움에 이를지라도 기운이 구름 같다. 폭 31.7cm 길이 135.4cm. 보물 제569-12호, 숭실대학교 한국기독교박물관에 소

장, 전시되고 있다. 안중근의사기념관에 사진본이 전시되고 있다. 143일 동안 여순감옥에서 생활한 안 의사의 죽음을 두려워하지 않는 결연한 기상과 불굴의 호국애족 정신을 돋보이게 한다.

12. 年年歲歲花相以歲歲年年人不同 : 해마다 계절 따라 같은 꽃이 피건만 해마다 사람들은 같지 않고 변한다. 폭 41.3cm 길이 109.6cm 보물 제569-3호, 민병도 소장, 안중근의사기념관에 전시되고 있다. 자연의 섭리는 세월이 가도 그냥 그대로 있건만 사람들은 세월 따라 변화하고 있다는 뜻으로 암울해가는 세태를 걱정하는 글귀다.

13. 思君千車 望眼欲穿 以表寸誠 幸勿負情 : 님 생각 천리 길에 바라보는 눈이 뚫어질 듯 하오이다. 이로써 작은 정성을 바치오니 행여 이 정을 저버리지 마소서. 폭 31.5cm 길이 96.3cm. 보물 제569-11호, 오만기 소장, 사진본이 안중근의사기념관에 전시되고 있다. 조국을 위해 목숨을 바친 안 의사의 우국충절의 절시다. 조선조 정철의 가사 〈사미인곡思美人曲〉에서 임금에 대한 간절한 충절을 한 지아비를 사모하는 여인의 마음에 비유하면서 자신의 충성을 표현한 것과 방불한 기법이

나 그보다도 월등한 애국열정을 담고 있다 할 것이다.

14. 五老峯爲筆 三湘作硯池 靑天一丈紙 寫我腹中侍 : 오로 봉으로 붓을 삼고 삼상의 물로 먹을 갈아 푸른 하늘 한 장 종이 삼아 뱃속에 담긴 시를 쓰련다. 폭 31.8cm 길이 138.4cm. 보물 제569-9호, 홍익대학교 박물관 소장, 안중근의사기념관에 사진본이 전시되고 있다. 장부의 기개가 충천하는 글귀로 안 의사의 호연지기를 느낄 수 있다. 중국 이백의 오언절구五言絶句라고 전한다. 안 의사는 자서전《안응칠 역사》에서 스스로 청소년 시절 가장 즐기던 것이 "첫째 친구와 의를 맺는 것이요, 둘째 술 마시고 노래하고 춤추는 것이요, 셋째 총을 들고 사냥하는 것이요, 넷째 준마를 타고 달리는 것이다"라고 했듯이 의리와 호방한 기개를 갖춘 상무尙武의 기상을 지녔다.

15. 東洋大勢思杳玄 有志男兒豈安眠 和局未成猶慷慨 政略不改眞可憐 : 동양대세 생각하매 아득하고 어둡거니 뜻 있는 사나이 편한 잠을 어이 자리. 평화시국 못 이룸이 이리도 슬픈지고 정략(침략전쟁)을 고치지 않으니 참 가엾도다. 폭 36cm 길이 138.5cm. 보물 제569-5호, 김선량 목사가 소장하던 것으로 숭실대학교 기독교박

물관에 기증, 전시되고 있다. 안중근의사기념관에 사진본이 전시되고 있다. 안 의사의 《동양평화론》을 가장 집약적으로 표현한 명시라도 할 수 있다. 전하는 말로는 사형집행을 며칠 앞두고 취조관의 한 사람인 사카이 경시가 《동양평화론》을 완성하지 못할 것을 알고 안 의사에게 《동양평화론》의 결론만이라도 써 달라고 청하자 안 의사가 서슴지 않고 써준 것이라 한다.

16. 欲保東洋先改政界 時過失機追悔何及 : 동양을 보호하려면 먼저 정계를 고쳐야 한다. 때를 놓쳐 실기하면 후회한들 무엇하리요. 보물 제569-21호, 단국대학교 박물관에 소장되어 있다. 동양평화를 이룩하기 위해서는 지금 일본의 침략정책을 고치지 않으면 시기를 놓쳐 후일 후회해도 소용없다는 안 의사의 지론을 나타낸 글귀이다.

17. 孤莫孤於自恃 : 스스로 잘난 체 하는 것보다 더 외로운 것은 없다. 폭 74.9cm 길이 39.7cm. 보물 제569-1호, 한중호 소장, 사진본이 안중근의사기념관에 전시되고 있다. 평소 남에게 과시하지 않는 안 의사의 겸손한 성품이 표현된 휘호이다.

18. **忍耐** : 폭 72.1cm 길이 26.8cm. 보물 제569-18호, 김성섭 소장, 안중근의사기념관에 사진본이 전시되고 있다. '참고 견딘다'는 것이 안 의사의 평생 좌우명이었을 것이다. 일찍 한학을 수학하면서 체득한 이 명구는 안 의사가 소요로 번진 동학농민군 진압에 가담한 이후 구국계몽운동에 이어 의병활동, 하얼빈 의거, 여순옥중투쟁, 순국의 순간까지 일관되게 관통한 엄한 계율이었다고 할 수 있다.

19. **第一江山** : 폭 96.6cm 길이 38.6cm. 보물 제569-14호, 김선량 목사 소장으로 숭실대학교 한국기독교박물관에 기증, 전시되고 있다. 금수강산 삼천리 한반도에 대한 사랑과 조국애가 반영된 유묵이다.

20. **極樂** : 폭 67cm 길이 33.3cm. 보물 제569-19호, 원 강신종 소유로 안중근의사기념관에 기증, 전시되고 있다. 안 의사의 신앙과 종교관이 깃든 글귀다.

21. **仁智堂** : 어질고 지혜로워야 한다는 뜻의 당호. 폭 67cm 길이 37.6cm. 보물 제569-17호, 임병천이 소장하고 있다.

22. 雲 齋 : 보물 제569-20호, 안중근의사기념관에 소장, 전시되고 있다.

23. 靑草塘 : 보물 제569-15호, 민장식 소장, 안중근의사 기념관에 사진본이 전시되고 있다.

24. 天興不受反受其殃耳 : 만일 하늘이 주는 것을 받지 않으면 도리어 벌을 받게 된다. 폭 31.7cm 길이 135cm. 보물 제569-24호, 강윤호 소장, 안중근의사기념관에 사진본이 전시되고 있다. 안 의사는 이토가 스스로 하얼빈에 온 것을 하늘이 준 기회로 확신하고 1909년 10월 26일 하얼빈 의거를 감행하였다.

〈보물로 아직 지정되지 않은 유묵과 그 밖에 사진본으로만 알려진 유묵〉

25. 志士仁人殺身成仁 : 지사와 어진 사람은 몸을 죽여 인을 이룩한다. 폭 40cm 길이 150cm. 일본인이 소장하고 있는 이 유묵은 나카노 야쓰오中野泰雄 교수가 사진본을 보내와 안중근의사기념관에 전시되어 있다.《논어》에 "지사志士와 어진 사람은 살기 위해 인仁을 해치는 일이 없고 몸을 죽여 인仁을 이룩한다"라는 공자의

말을 인용한 글귀다. 안 의사는 유가의 네 가지 덕목 중 '의義'를 가장 중시했지만 '인仁·예禮·지智'에 관한 유묵도 남겼다. 이는 바로 성인成仁에 대한 안 의사의 심회가 담긴 글귀이다.

26. 戒愼乎其所不睹 : 아무도 보지 않는 곳에서 근신한다. 폭 40cm 길이 150cm. 일본 정심사靜心寺 소장이다. 안 의사가 여순감옥 수감시 본원사本願寺 소속의 진전해 순津田海純 승려가 감옥의 근무했던 인연으로 입수해 전승된 것 같다. 《중용中庸》에 나오는 "군자는 보이지 않는 데를 경계해서 삼가며 그 들리지 않는 곳을 두려워한다"는 구절에서 인용한 말이다. 하늘의 이치는 잠시도 쉬지 않고 운행하기 때문에 큰 뜻을 이루려는 사람은 보이지 않는 곳, 들리지 않는 곳에서조차 감히 소홀한 마음을 가져서는 안 되고 도리어 경계해서 삼가야 된다는 뜻이다.

27. 天堂之福永遠之樂 : 천당의 복은 영원한 즐거움이다. 이 유묵은 일본 동경 이생미술관 소장으로 사진본이 안중근의사기념관에 전시되고 있다. 안 의사는 19세 때 부친을 따라 천주교에 귀의해 세례를 받은 후 32세 때 여순에서 순국할 때까지 일편단심 모든 것을 천주

께 바치는 깊은 신앙으로 일관했다. 천당의 존재와 신앙에 대해서 자서전《안응칠 역사》에서 "상은 천당의 영원한 복이요, 벌은 지옥의 영원한 고통으로서, 천당에 오르고 지옥에 떨어지는 것은 한 번 정하고 다시 변동이 없는 것이요"라고 확신하고 있다. '천당영복'의 말은 안 의사가 순국 직전 모친과 부인, 홍 신부 등에 보내는 유서에서도 언급되고 있다.

28. **劍山刀水慘雲難息** : 검산과 칼물에 처참한 구름조차 쉬기 어렵다. 폭 30cm 길이 102cm. 침략전쟁을 일삼는 국제정세를 풍자한 글이다. 안 의사의 자부 정옥녀가 소장, 안중근의사기념관에 사본이 전시되고 있다.

29. **喫蔬飮水樂在其中** : 나물 먹고 물 마시니 그 속에 낙이 있다. 폭 26.5cm 길이 133cm. 일본인이 소장하고 있는 이 유묵은 현재 안중근의사기념관에 사본이 전시되고 있다.《논어》의 "거친 밥을 먹고 물 마시고 팔을 굽혀 베개 삼아 즐거움이 그 가운데 있다. 의롭지 못한 부귀는 내게는 뜬구름과 같다"에서 인용한 글이다. 부귀를 부러워하지 않는 탈속의 심사가 표현된 글이다. 안 의사의 온 생애를 보더라도 부귀는 한낱 뜬구름에 불과했다.

30. **貧而無諂富而無驕** : 가난하되 아첨하지 않고 부유하되 교만하지 않는다. 폭 32cm 길이 137cm. 일본 덕부노화기념관에 소장되어 있고 안중근의사기념관에 사진본이 전시되고 있다. 《논어》에 자공이 "가난해도 아첨하지 않고 부유해도 교만하지 않으면 어떻겠습니까"라고 공자에게 묻자 공자가 "옳다. 그러나 가난하면서 즐기는 것만 같지 못하고 부하면서도 예를 좋아하는 것만 못하다"라고 대답한 대목에서 인용한 글귀다.

31. **弱肉强食風塵時代** : 강한 자가 약한 자를 잡아먹는 풍진시대다. 일본에서 국제한국연구원 원장 최서면이 확인, 안중근의사기념관에 사진본을 보내와 전시되고 있다. 제국주의의 약소국 침략을 풍자한 글귀라 할 수 있다.

32. **白日莫虛度 靑春不再來** : 세월을 헛되이 보내지 말라. 청춘은 다시 오지 않는다. 폭 31cm 길이 145cm. 정석수 소장, 안중근의사기념관에 사진본이 전시되고 있다. 안 의사의 성실한 인생철학을 나타낸 글귀로 해석된다.

33. **黃金百萬兩不如一敎子** : 황금 백만 냥도 자식 하나 가

르침만 못하다. 폭 35cm 길이 150cm. 일본에서 재일교포 김주억이 확인, 사진본을 보내와 안중근의사기념관에 전시되고 있다.《명심보감》에 나오는 "황금 한 궤짝이 자식에게 경서 한 권 가르치는 것만 못하다"라는 말과 같은 뜻이다. 안 의사의 뛰어난 문장력이 엿보이는 글귀다.

34. 言語無非菩薩 手段擧皆虎狼 : 말은 보살 아닌 것이 없건만 하는 짓은 모두가 사납고 간특하다. 일본에서 최서면이 확인, 안중근의사기념관에 사진을 보내와 전시되고 있다. 일제가 대한제국을 위협하여 체결한 한일의정서를 비롯해 을사늑약, 정미7조약 등 일련의 외교적 침략행위가 다 겉으로는 대한제국의 독립과 인민의 보호를 위한 것이라고 표방하면서도 내용은 한국을 그들의 식민지로 만들고자 하는 침략행위라는 것을 비판하고 있는 글귀로 생각된다.

35. 年年點檢人間事 惟有東風不世情 : 해마다 세상일 헤아려보니 다만 동쪽 바람만이 세태를 따르지 않도다. 조선총독부 관리를 역임한 일본인의 후손이 간직하고 있는 것을 최서면이 확인, 사진본을 보내와 안중근의사기념관에 전시되고 있다. 조국이 위태로워지고 있

는데 동풍이 불어 친일파만 늘어나는 세정을 한탄한
글귀로 여겨진다.

36. 日通靑話公 : 청나라말을 할 줄 아는 일본인 통역관.
폭 37cm 길이 41.1cm. 소재가 불명한 이 유묵은 오른
쪽에 '증청전 선생'이라고 기입되어 있다. 안중근의사
기념관에 사진본이 전시되고 있다.

37. 日出露消兮 正合運理 日盈必昃兮 不覺其兆 : 해가 뜨
면 이슬이 사라지나니 천지의 이치에 부합되도다. 해
가 차면 반드시 기우나니 그 징조를 깨닫지 못하는도
다. 폭 47cm 길이 143cm. 안중근의사순모회 황명수
이사가 일본에서 확인하고, 사진본이 안중근의사기념
관에 전시되고 있다. 우주순행의 원리를 비유하여 침
략전쟁을 감행한 일제의 패망을 예언한 풍자시다.

38. 臥病人事絶 嗟君萬里行 河橋不相送 江樹遠含情 : 나는
병석에 누워 일어나지 못하고 그대는 만리 먼 길 떠나
가는가. 다릿목에 같이 나가 보낼 길 없고 강언덕 나무
숲에 정만 어렸도다. 일본에서 최서면이 확인, 사진본
을 보내와 안중근의사기념관에 전시되어 있다. 중국
당나라 시인 송지문宋之問의《별두심언別杜審言》에서

인용한 구절로 송지문과 두보의 할아버지인 두심언杜審言 간의 우정과 이별의 심정을 5언절구로 표현하였다. 여순 옥중의 안 의사의 심회와 일치하여 휘호하였을 것이다.

39. 山不高而秀麗 水不深而澄淸 地不廣而平坦 林不大而茂盛 : 산은 높지 않으나 수려하고 물은 깊지 않으나 청결하고 땅은 넓지 않으나 평탄하고 숲은 크지 않으나 무성하다. 폭 34.5cm 길이 136cm. 공창교가 재일교포로부터 인수, 소장하고 있다. 사진본이 안중근의사 기념관에 전시되고 있다. 금수강산 조국을 6언절구로 읊은 시다.

40. 貧興賤人之所惡者也 : 가난해도 천한 것은 사람들이 싫어한다. 폭 42cm 길이 120cm 가량. 안 의사가 순국한 여순감옥에 소장되어 있다. 사진본이 안중근의사 기념관에 전시되고 있다. 안 의사의 빈부귀천에 대한 올바른 생활철학이 간결하게 표현된 유묵이다. 《논어》에 "부귀는 누구나 탐내는 것이나 올바른 도리로 얻은 것이 아니면 누리지 말며 사람마다 가난과 천함은 싫어하는 바이지만 그 도道로 얻음이 아니더라도 버리지 말고 감수하라"라는 글귀에서 인용된 것이나 간결한

재구성의 표현이 돋보인다.

41. **敬 天** : 폭 67cm 길이 34.5cm. 부산 자비사 박삼중 주
    지가 일본에서 확인, 국내에 소개한 것이다. 경전의
    '경천애인'에서 인용한 것으로 일제의 침략을 질타하
    는 뜻이 담겼다.

42. **百世淸風** : 국내에 사진본이 소개되고 있다. 이 문구는
    정의로운 세계가 실현되기를 바랐던 안 의사의 염원
    이 담긴 것으로 해석된다.

43. **自愛室** : "스스로를 아끼는 집"이라는 뜻이다. 사진본
    만이 전해지고 있고 소재가 불분명하다.

44. **一勤天下無難事** : 부지런하면 천하에 어려운 것이 없
    다. 안 의사의 순국일인 1910년 3월 26일자 《만주일일
    신문》에 사진본으로 보도된 것으로 안 의사 유묵으로
    는 최초로 세상에 알려진 것이다. 원본의 전래 여부는
    확인되지 않는다. 안 의사의 성실한 인생관이 투영된
    휘호이고 '백인당중유태화百忍堂中有泰和'와 짝을 이루
    는 글귀라고 할 수 있다.

45. 人類社會代表重任 : 인류사회의 대표는 책임이 무겁다. 안 의사의 자서전《안응칠 역사》와 미완의《동양평화론》필사본을 간직한 히치죠 기요미의 딸 앨범 속에 사진본으로 남아 있는 휘호다. 안중근의사기념관에 전시되고 있다.

46. 不仁者不可以久處約 : 어질지 못한 자는 궁핍한 곳에서 오래 견디지 못한다. 폭 40cm 길이 150cm. 일본 정심사淨心寺 소장이다.《논어》에서 인용한 글귀다. 안의사의 어진 성품과 인내심을 엿볼 수 있는 휘호로 평가된다.

47. 敏而好學不恥下問 : 민첩하고 아랫사람에게 묻는 것을 부끄러워 말라. 폭 40cm 길이 150cm. 일본 정심사 소장이다.《논어》에서 인용했다. 상무 기질을 갖고 있었던 안 의사지만 학문을 중시하였음을 보여주는 글귀다.

48. 日韓交誼善作昭介 : 한일 간의 교의는 소개가 잘 되어야 한다. 안 의사의 하얼빈 의거 직후부터 순국할 때까지 모든 통역을 전담하다시피 한 통역 소노키에게 써 준 휘호다. 소노키가園木이 소장했던 안 의사 관련 신

문 스크랩철 및 관련 사진과 함께 그의 유족이 소장하고 있다. 국제학국연구원장 최서면이 확인, 보도했다. 원본의 전래 여부는 확인되지 않고 있다.

49. **通情明白光照世界** : 통정을 명백히 하면 세계를 밝게 밝힐 것이다.《여순안주일일신문》1910년 3월 27일에 사진본으로 게재되어 세상에 소개되었다. 원본의 전래 여부는 확인되지 않고 있다.

50. **澹泊明志寧靜致遠** : 담백한 밝은 뜻이 편안하고 고요하여 오래 전수된다.《조선일보》조사부에 사진본이 소장되어 있다. 유묵 소재와 진부 여부를 확인중이다.

51. **臨敵先進爲將義務** : 적을 맞아 먼저 전진하는 것이 장수의 의무이다. 명주천에 휘호된 이 유묵은 진해 해군사관학교 박물관에 소장, 전시되고 있다. 군 지휘관의 의무를 간결하게 표현한 글귀다.

52. **臨水羨魚不如退結網** : 물에 다다라 고기를 부러워함은 물러가서 그물을 뜨는 것만 못하다. 구관동도독부법원 율사집안에서 최서면이 확인, 사진본이 공개된 것이다. 안 의사의 '실천하는 의지'를 엿볼 수 있는 글귀

다. 이 글귀가 휘호된 사실은 계봉우의 《만고의사 안
중근젼》에서도 확인된다.

53. 長歎一聲 先弔日本 : 장탄 일성으로 먼저 일본의 멸망
을 조상한다. 일본 구대만총독부 관리를 역임한 집안
에 전래하는 유묵으로 근래 김광만이 확인, 국내에 사
진본이 소개되었다. 진위 여부와 전래 과정 등을 확인
중이다. 폭 40cm 길이 230cm 가량으로 명주천에 휘호
되었다. 내용은 특이하게 '일본 멸망을 조상'하는 뜻
을 담고 있다.

54. 獨 立 : 폭 63cm 길이 33cm. 일본에 있다. 상세한 것은
확인 중이다. 안 의사는 구국운동 중 동지 11인과 '단
지동맹'을 통해 단지동지회를 결성할 때도 태극기에
'大韓獨立'이라 혈서했다.

⬤안중근이 비중 있게 거론한 인사들에 대한 인물평

인명	직업 및 성향	만남 유무	인물평	비고
김가진	개화파(고관)	無	친일당 혹은 사회당의 수뇌인 친일의 두목	
김달하	계몽운동가	有	만난 적은 있으나 성질은 모름	
김명준	계몽운동가	有	사회정당 조직에 열심인 인물	
김인수	군인	有	인사하지 않았으나 전 한국 참령	
김진성	밀정	有	해삼위 영사관의 고등 밀정	김홍륙 의 생질
김학만	상인	有	해삼위의 상인	
김현토	교사	有	이용익 살해 도모자, 러시아 동양대학교 교사	
민긍호	의병장	無	군인으로서 당당히 의병을 일으킨 의사義士	
민영익	개화파(고관)	有	국폐를 도적질하고 국가안위를 모르는 국적國賊	
민영환	관료(대신)	無	사후에 충신의 명성을 얻은 인물	
박영효	개화파(고관)	無	개혁을 도모하여 성공하지 못했고, 7조약 성립에 반대하여 유배된 충신	
박정빈	의병장	有	문학에 깊은 진심 충의의 지사志士	
박제순	관료(대신)	無	매국문서에 날인한 국적國賊	

인명	직업 및 성향	만남 유무	인물평	비고
박태암	의병	有	유인석의 제자	
배설 E.T. Bethell	언론인	無	한국을 위해 갈력한 은인	
서상근	상인	有	국가 안위를 모르는 인물	
송병준	관료(대신)		일본을 위해 생긴 인물	
안창호	계몽운동가	有	웅변의 연설가, 교육발달을 도모하고 국가의 기초를 굳게 하려는 유지가有志家, 가장 사상이 견실한 인물, 별로 친한 사이는 아님	
양기탁	계몽운동가	無	신문사업에 열심이며 민지발달에 공헌한 유지가有志家	
양성춘	어업가	有	해삼위의 원거류민장	
엄인섭	의병장	有	해삼위 방면에서 나(안중근)와 가장 친한 사람	안중근 의형제
유길준	개화파(고관)	無	우리나라의 혁명을 생각해낸 사나이	
유인석	의병장	有	노쇠하고 일본인을 미워할 뿐이며 세계대세와 동양국면을 몰라 금일의 형세에 통하지 않는 인물	
유진률	계몽운동가	有	러시아에 입적한 인물	
윤일병	계몽운동가	有	러시아 사관학교에 들어갔으나 무지하며 친교할 만한 인물이 아님	
이 갑	계몽운동가	無	교육에 열심이고 민지발달을 도모하는 의사義士	
이 강	《대동공보》 편집인	有	점진주의자로서 나(안중근)와 아무런 관련이 없음	
이강년	의병장	無	국가위난에 진충갈력하여 국민의 의무를 다한 충신	
이근택	관료(대신)	無	박제순과 동일한 국적	
이범윤	의병장	有	의견이 불합하여 의병활동을 달리함	
이범진	관료(공사)	無	국권을 회복하여 총리대신이 되려는 야심가	이위종 부친

인명	직업 및 성향	만남 유무	인물평	비고
이상설	계몽운동가 (고관)	有	법률과 수산數算에 밝은 재사, 외국어에 능통, 세계대세에 통하고 애국심이 강해 교육발달을 도모하고 국가백년의 대계를 세우는 인물	
이석산	의병장	有	해삼위 방면에 평판이 있는 의병장	
이세직	황실세력	無	황실에 출입하며 왜인과 관계가 있다는 협잡배	
이완용	관료(대신)	無	나라를 망하게 만든 국적國賊의 거괴	
이용익	관료(대신)	無	광부에서 입신한 인물	
이위종	관리 (공사관원)	有	연소하고 영리하나 일정한 생각이 없음. 장래 상당한 인물이 될 것이나 헌신적 사업은 어려움	
장 박	관료(대신)	無	유길준과 같은 인물	
장지연	언론인		문사, 애국지사(?)	
전명운	지사	有	아직 연소하여 일정한 생각은 없으나 심사心事가 강정함	
정순만	계몽운동가	有	《대동공보》사 기자	
조중응	관료(대신)	無	박재순, 이근택과 동일 인물	
차석보	상인	有	《대동공보》사 사주	
최봉준	사업가	有	인사한 일은 있음	
최익현	의병장	無	고명한 사인士人, 국가를 우려해 격렬한 상서를 올린 인사, 5조약에 반대하여 의병을 일으킨 의사義士, 만고에 얻기 어려운 근세 제일의 인물	
최재학	계몽운동가		서북학회의 유지가이며 교육발달에 열심	
최재형	관리 (연추도헌)	有	러시아에 입적한 인사로 한국을 생각하는 지성 은 한국인과 다름. 엄인섭처럼 친하지는 않음 우리를 경시하고 상담에 불응하는 인물	
한형권	통역인	有	러시아 통역, 인사만 나누었음	
허 곤	유생	有	학자이며 촌부자村夫子	
허 위	의병장	無	진충갈력하고 용맹한 기상이 있는 고등충신	

인명	직업 및 성향	만남 유무	인물평	비고
헐버트 H.B.Hulbert	언론인	無	한국을 위해 진력한 은인	
홍범도	의병장	有	노동계에서 나와 국가의 위난을 구하려 한 애국의 의사義士 충신	

오영섭, 〈안중근의 정치사상〉, 《안중근의 사상과 그 영향》, 안중근 의사 의거 100주년 기념 준비 제7회 학술대회 발표논문, 2008.

연 보

1879년 9월 2일
순흥 안씨 진사 안태훈공의 장남으로 황해도 해주부에서 태어남. 이름을 중근重根, 자를 응칠應七이라 함.

1884년 6세
조부와 부친을 따라 신천군 두라면 청계동으로 이사.

1994년 16세
부친을 도와 동학을 빙자, 양민을 괴롭히는 무장 폭도들을 진압.
김아려金亞麗 규수와 결혼하여 2남 1녀를 둠.

1897년 1월 19세
천주교에 입교하여 홍석구(프랑스인 J. Wihelm) 신부에게 영세를 받고 도마(道鳴 : Thomas)라는 세례명을 받음.
그후 홍 신부와 함께 황해도 여러 지방을 순회전도함.

1905년 12월 27세
일본의 불법 침략을 세계 각국에 호소, 국권을 회복하기 위해 청국 상해 등지를 여행함. 귀국 후 부친별세. 청계동에서 장례식을 엄수함.

1906년 3월 28세
가족과 함께 청계동을 떠나 진남포로 이사한 후 가산을 들어 삼흥三興학교와 돈의敦義학교를 설립하여 구국영재를 양성함.

1907년 8월 29세
서울에서 군대 해산의 참상을 보고 망명길에 올라 북간도 지방을 37개월 동안 시찰한 후 연해주 블라디보스토크에 도착함.

1908년 7월 30세

연추延秋 지방에서 이범윤李範允, 김두성金斗星, 엄인섭嚴仁燮, 김기룡金起龍 등과 의군을 양성함. 의군 참모중장 겸 특파독립대장이 되어 두만강을 건너 국내 6진 지역 진입작전을 감행하고 회령 령산靈山 전투에서 중과부적으로 패퇴함.

1909년 2월 31세

연추 하리에서 12명의 동지와 단지혈맹斷指血盟을 맺음. 이 피로 태극기에 대한독립大韓獨立 네 자를 쓰고 동의단지회同義斷指會를 조직함. 조국과 민족을 구하기로 하늘과 땅에 맹세하고, 동의단지회 회장이 되어 회무를 주재.

1909년 10월 26일

하얼빈 역두에서 한국 침략의 원흉이며 동양평화의 교란자 일본의 이토 히로부미를 총살로 응징함으로써 세계 인사들로부터 한국이 살아 있다는 대찬사를 받음.

1910년 2월 14일

여순 일제의 법정에서 6회의 공판 만에 사형이 언도됨.

1910년 3월 8일

진남포로부터 찾아온 홍석구 신부와 재회함.

1910년 3월 9일~10일

홍 신부로부터 '영생영락永生永樂'을 위해 '고해성사告解聖事'와 '미철성제 대례彌撒聖祭大禮', 예수의 '성예성혈聖禮聖血'을 받아모시는 대예식大禮式을 거행. 감옥소의 일반관리들도 참례함.

여순감옥 면회실에서 미조부치 검찰관溝淵檢察官, 나카무라 전옥栗原典獄, 소노키 통역, 구리하라 간수장中村看守長, 미즈노水野, 카미다鎌田, 두 변호사 등의 입회하에 안정근, 안공근 두 아우와 홍석구 신부를 면회하고 20분 동안 기도를 드린 후 동포에게 고하는 최후의 유언을 남김.

1910년 3월 15일

옥중에서 자서전 《안응칠 역사安應七歷史》를 92일 만에 탈고하고 《동양평화론東洋平和論》을 집필하기 시작했으나 일제의 위약으로 사형이 집행되어 미완인 채로 끝남. 또 이와 전후하여 〈국가안위노심초사國家安危勞心焦思〉와 〈위국헌신군인본분爲國獻身軍人本分〉 등의 여러 유묵을 휘호함.

1910년 3월 26일

의거 후 152일이 되는 3월 26일 상오 10시에 사형이 집행됨. 어머니가 보내온 한복을 갈아입고 여순감옥 형장에 임하여 "나는 동양평화를 위하여 한 일이니 내가 죽은 뒤에라도 한일 양국은 동양평화를 위하여 서로 협력해주기를 바란다"는 간곡한 말씀을 남기고 천주님께 기도를 드린 후 10시 15분에 순국함. 향년 32세.

유해는 수감되었던 여순감옥 묘지에 권빈權殯됨. 그후 권빈지가 실전되어 아직까지 조국에 반장되지 못하고 있음.

안중근 의사

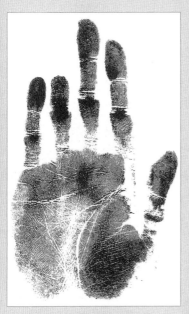

안의人의손가락
安義士之手躰

단지한 안중근 의사

591

안중근 의사의 출생지 해주부와 수양산

안중근 의사의 부친 안태훈 진사와 모친 조마리아

안중근 의사의 부인 김아려와 장남 분도, 차남 준생

안중근 의사의 부친과 동생 정근, 공근

안중근 의사의 조모 고 씨와 동생 정근 그리고 사촌들

황해도 신천군 천봉산 밑 청계동

청계동의 안중근 의사 본가 앞 정자

청계동 입구

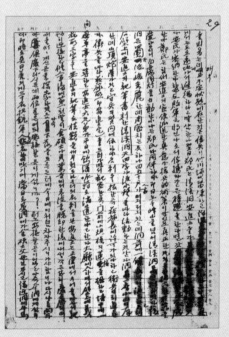

《백범일지》의 청계동 기술

뮈텔 주교(한국명 민덕효)

조셉 빌렘 신부(한국명 홍석구)

여순감옥에서 옥리 입회 아래 안 의사를 면담하는 빌렘 신부(왼쪽 두 번째)

천주교 청계동 본관 내부

천주교 청계동 본관과 교우들

안 의사가 사재를 기울여 돈의학교와 삼흥학교를 세웠던 진남포

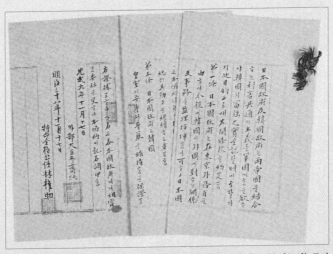

제목도 없고 인준서도 붙지 않은 '을사늑약' 문서

안 의사가 망명한 후 구국투쟁을 벌이던 카레스카야 스라보카라고 불리던
블라디보스토크 개척리

블라디보스토크 개척리에서 간행된《해조신문》

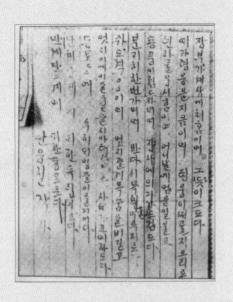

안 의사의 친필 〈장부가〉

안 의사와 단지동맹 동지인 황영길(오른쪽에서 두 번째)과 백규삼(왼쪽에서 두 번째)
그리고 국내진공작전 동지였던 엄인섭(맨 오른쪽)

안 의사와 우덕순, 유동하의 의거 기념사진

단지동맹 동지 조응순과 그가 공술한 단지동맹의 전말

607

한국침략의 원흉이자 동양평화의 교란자
이토 히로부미

러시아 대장대신 코코프체프

1909년 10월 26일 의거 직전의 하얼빈역

안 의사 의거 당시의 하얼빈역

의거 때 사용한 브로닝 권총

뒤로 수갑이 채워져 쇠사슬에 묶인 안중근 의사

안 의사가 갇혀 있던 하얼빈 일본 총영사관

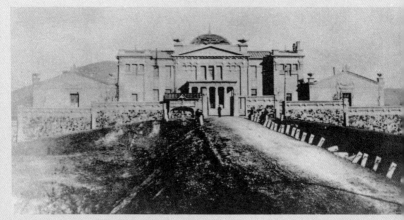

안 의사의 공판이 진행된 관동도독부 고등법원

안 의사 의거 직전 하얼빈역에 내린 이토 히로부미 일행과 마중하는
러시아 대장대신 코코프체프 일행

홍석구 신부와 동생 정근, 공근에게 유언하는 안중근 의사

안 의사의 공판 광경

안 의사 수감 당시의 여순감옥

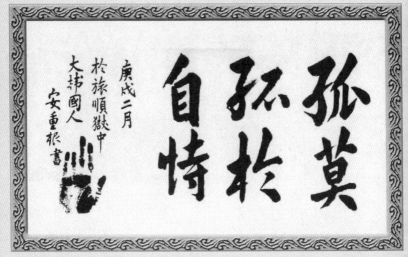

〈스스로 잘난 체하는 것보다 더 외로운 것은 없다〉

〈참고 견딘다〉

贈 安岡檢察官

國家安危勞心焦思

庚戌三月 於旅順獄中 大韓國人 安重根 謹拜

〈국가의 안위를 걱정하고 애태운다〉

為國獻身軍人本分

庚戌三月 於旅順獄中 大韓國人 安重根 謹拜

〈나라 위해 몸 바침은 군인의 본분이다〉

617

찾아보기

인 물

가

나

다

내 용